Franz Schnauder

# Grundzüge des Privatrechts für den Bachelor

Franz Schnauder

# Grundzüge des Privatrechts für den Bachelor

Bürgerliches Recht mit Handels- und Gesellschaftsrecht, Arbeitsrecht, Zivilprozess- und Insolvenzrecht

4., neu bearbeitete Auflage

C.F. Müller

*Franz Schnauder*, Jahrgang 1952, Dr. jur. utr. (Heidelberg 1980), wissenschaftlicher Assistent an den Universitäten Heidelberg (Weitnauer) und Trier (Ehmann). 1982 Eintritt in den Justizdienst des Landes Baden-Württemberg; Staatsanwalt, Richter am Amts- und Landgericht; nach Abordnungen an die Fachhochschule für Rechtspflege in Schwetzingen (Dozent) und an den Bundesgerichtshof (wissenschaftlicher Mitarbeiter) Ernennung zum Richter am Oberlandesgericht in Karlsruhe (1994); von 1990 bis 2009 Prüfer für die Erste Juristische Staatsprüfung; von 1999 bis 2004 Lehrbeauftragter an der Juristischen Fakultät der Universität Heidelberg; seit 2006 Dozent an der Dualen Hochschule Baden-Württemberg (DHBW Mosbach). Über 150 Veröffentlichungen zum Zivil-, Arbeits- und Zivilprozessrecht.

Bibliografische Information der Deutschen Nationalbibliothek

Die Deutsche Nationalbibliothek verzeichnet diese Publikation in der Deutschen Nationalbibliografie; detaillierte bibliografische Daten sind im Internet über http://dnb.d-nb.de abrufbar.


ISBN 978-3-8114-4536-9


E-Mail: kundenservice@cfmueller.de
Telefon: +49 89 2183 7923
Telefax: +49 89 2183 7620

www.cfmueller.de
www.cfmueller-campus.de


© 2017 C.F. Müller GmbH, Waldhofer Straße 100, 69123 Heidelberg

Satz: Gottemeyer, Rot
Druck: CPI Clausen & Bosse, Leck

# Vorwort

Die Grundzüge des Privatrechts für den Bachelor werden hiermit in vierter Auflage präsentiert. Das Studienbuch ist überarbeitet und auf den neuesten Stand gebracht worden. Dazu bestand insbesondere bei den Verbraucherverträgen Anlass, die im Zuge der europarechtlichen Dauerbaustelle beständig erweitert und umgestaltet werden. Diese und andere Gesetzesänderungen sind eingearbeitet. Der Neuauflage liegt das Bürgerliche Gesetzbuch mit Stand vom 1. Januar 2018 zugrunde.

An dem bisherigen Konzept zur Darstellung des Rechtsstoffs habe ich festgehalten. Es beruht auf langjähriger Unterrichtserfahrung.

Karlsruhe/Mosbach, im August 2017                    *Franz Schnauder*

# Aus dem Vorwort zur ersten Auflage

… Der vorliegende Grundriss zur Einführung in die Kernmaterien des Privatrechts im Studienbereich Wirtschaft trägt dem neuen Anforderungsprofil Rechnung. Er ist an der Prüfungsordnung BA-Wirtschaft und an dem Ziel des Studiums ausgerichtet, das darin besteht, die Studierenden zu einem wirtschaftlichen Handeln unter Anwendung praxisbezogener sowie wissenschaftlicher Erkenntnisse und Methoden zu befähigen. Der Buchtitel verweist als Adressaten auf Studierende an Berufsakademien (BA). …

Das Lehrbuch wendet sich aber darüber hinaus auch allgemein an Studierende mit dem Studienziel des Bachelor of Arts (B.A.) an denjenigen Hochschulen (FH und Universitäten), die im Bereich der Wirtschaftswissenschaften das Fach „Wirtschaftsprivatrecht" mit gleicher Wertigkeit und entsprechenden Leistungspunkten anbieten ….

Der vorliegende Grundriss des Privatrechts deckt dabei in kompakter Weise den gesamten Pflichtstoff nach den Modulbeschreibungen des betriebswirtschaftlichen Bachelor-Studiums an den Berufsakademien ab. Das Lehrbuch stellt entsprechend den Anforderungen in der beruflichen Praxis der Studierenden den schuldrechtlichen Vertrag in den Mittelpunkt der Darstellung.

Die im Literaturverzeichnis angegebene Auswahl an Lehrbüchern ist zur Vertiefung und Ergänzung des Stoffs gedacht. Vordringlich ist aber die Lektüre des Gesetzestextes. Ohne Arbeit mit dem jeweils in Bezug genommenen Normtext kann das Studium des Rechts keine Früchte bringen. Dem detaillierten Sachverzeichnis am Ende kommt vor allem didaktische Funktion für das Selbststudium zu. Die Stichworte dienen der Aufschlüsselung des Stoffs zum Zwecke der Wissenskontrolle. Mit ihrer Hilfe können die Studierenden nicht nur die dort angegebenen Einzelbegriffe, sondern auch die entsprechenden Zusammenhänge und Lehrinhalte rekapitulieren. Am Ende einzelner Abschnitte in den beiden ersten Kapiteln erfolgen Bezugnahmen auf Multiple-Choice-Fragen aus dem Aufgabenbuch von *Kornblum/Schünemann*, Privatrecht für den Bachelor, durch deren Beantwortung im Rahmen zusätzlicher Trainingseinheiten überprüft werden kann, ob die behandelten Rechtsmaterien verstanden worden sind.

# Inhaltsverzeichnis

2. Teil
**Vertragliche Sekundäransprüche** .................................. 69

## Drittes Kapitel
# Grundzüge des Arbeits-, Zivilprozess- und Insolvenzrechts

## 1. Teil
# Arbeitsrecht

# Abkürzungsverzeichnis

| | |
|---|---|
| a.A. | anderer Ansicht |
| a.a.O. | am angegebenen Ort |
| a.E. | am Ende |
| a.F. | alte Fassung |
| AG | Aktiengesellschaft |
| AGB | Allgemeine Geschäftsbedingungen |
| AGG | Allgemeines Gleichbehandlungsgesetz |
| AktG | Aktiengesetz |
| Alt. | Alternative |
| ArbGG | Arbeitsgerichtsgesetz |
| ArbZG | Arbeitszeitgesetz |
| Art. | Artikel |
| AOK | Allgemeine Ortskrankenkasse |
| AP | Arbeitsrechtliche Praxis, Nachschlagewerk des Bundesarbeitsgerichts |
| ArbGG | Arbeitsgerichtsgesetz |
| AT | Allgemeiner Teil |
| Aufl. | Auflage |
| | |
| BAG | Bundesarbeitsgericht |
| BAGE | Entscheidungen des Bundesarbeitsgerichts (Amtliche Sammlung) |
| BAT | Bundesangestelltentarifvertrag |
| BBiG | Berufsbildungsgesetz |
| beschr. | beschränkt |
| betr. | betreffend |
| BEEG | Bundeselterngeld- und Erziehungsgesetz |
| BeurkG | Beurkundungsgesetz |
| BetrVG | Betriebsverfassungsgesetz |
| BGB | Bürgerliches Gesetzbuch |
| BfA | Bundesversicherungsanstalt für Angestellte (jetzt: Deutsche Rentenversicherung) |
| BGBl. | Bundesgesetzblatt |
| BGH | Bundesgerichtshof |
| BGHZ | Entscheidungen des Bundesgerichtshofes in Zivilsachen (Amtliche Sammlung) |
| BT-Drs. | Bundestagsdrucksache |
| BUrlG | Bundesurlaubsgesetz |
| BVerfGE | Entscheidungen des Bundesverfassungsgerichts |
| | |
| CISG | Convention on the International Sale of Goods (Übereinkommen der Vereinten Nationen über Verträge über den internationalen Warenkauf v. 11.4.1980, Einheitliches UN-Kaufrecht) |
| | |
| DGB | Deutscher Gewerkschaftsbund |
| ders. | derselbe |
| | |
| eG | eingetragene Genossenschaft |
| EG | Europäische Gemeinschaft |

| | |
|---|---|
| EGBGB | Einführungsgesetz zum BGB |
| EGHGB | Einführungsgesetz zum HGB |
| EntgeltFG | Gesetz über die Zahlung des Arbeitsentgelts an Feiertagen und im Krankheitsfall |
| EuGH | Gerichtshof der Europäischen Gemeinschaften |
| EUR | Euro |
| EWG | Europäische Wirtschaftsgemeinschaft (bis Maastricht) |
| EWIV | Europäische Wirtschaftliche Interessenvereinigung |
| | |
| f./ff. | (fort)folgend(e) |
| FamFG | Gesetz über das Verfahren in Familiensachen und in Angelegenheiten der freiwilligen Gerichtsbarkeit |
| Fn. | Fußnote |
| | |
| GBO | Grundbuchordnung |
| GbR | Gesellschaft bürgerlichen Rechts |
| GenG | Genossenschaftsgesetz |
| gem. | gemäß |
| GewO | Gewerbeordnung |
| GG | Grundgesetz für die BRD |
| GmbH | Gesellschaft mit beschränkter Haftung |
| GmbHG | Gesetz betreffend die Gesellschaften mit beschränkter Haftung |
| GVG | Gerichtsverfassungsgesetz |
| | |
| Halbs. | Halbsatz |
| HAG | Heimarbeitsgesetz |
| HGB | Handelsgesetzbuch |
| h.M. | herrschende Meinung |
| Hrsg. | Herausgeber |
| | |
| i.d.F. | in der Fassung |
| i.d.R. | in der Regel |
| i.e.S. | im eigentlichen (engeren) Sinn |
| IG | Industriegewerkschaft |
| i.Gr. | in Gründung |
| InsO | Insolvenzordnung |
| i.S.v. | im Sinne von |
| i.V.m. | in Verbindung mit |
| i.w.S. | im weiteren Sinne |
| | |
| JuS | Juristische Schulung (Zeitschrift) |
| | |
| KG | Kommanditgesellschaft |
| KGaA | Kommanditgesellschaft auf Aktien |
| KO | Konkursordnung |
| KSchG | Kündigungsschutzgesetz |
| | |
| LB | Landesbank |
| LVA | Landesversicherungsanstalt (frühere Rentenversicherung der Arbeiter; jetzt: Deutsche Rentenversicherung) |
| | |
| mbH | mit beschränkter Haftung |
| MiLoG | Mindestlohngesetz |

| | |
|---|---|
| MoMiG | Gesetz zur Modernisierung des GmbH-Rechts und zur Bekämpfung von Missbräuchen |
| MuSchG | Mutterschutzgesetz |
| | |
| n.F. | neue Fassung |
| NJW | Neue Juristische Wochenschrift |
| NJW-RR | Neue Juristische Wochenschrift Rechtsprechungsreport |
| NZA | Neue Zeitschrift für Arbeits- und Sozialrecht |
| | |
| OHG | Offene Handelsgesellschaft |
| OLG | Oberlandesgericht |
| | |
| PartGG | Partnergesellschaftsgesetz |
| PflVG | Pflichtversicherungsgesetz |
| ProdHaftG | Gesetz über die Haftung für fehlerhafte Produkte |
| | |
| RG | Reichsgericht |
| RGZ | Entscheidungen des Reichsgerichts in Zivilsachen (Amtliche Sammlung) |
| RiL | Richtlinie |
| Rn. | Randnummer |
| Rspr. | Rechtsprechung |
| RVO | Reichsversicherungsordnung |
| | |
| S. | Satz bzw. Seite |
| SGB | Sozialgesetzbuch |
| SchwbG | Schwerbehindertengesetz |
| StGB | Strafgesetzbuch |
| StVG | Straßenverkehrsgesetz |
| std. | Rspr. ständige Rechtsprechung |
| str. | streitig |
| | |
| TVG | Tarifvertragsgesetz |
| TVöD | Tarifvertrag für den öffentlichen Dienst |
| TV-L | Tarifvertrag für den öffentlichen Dienst der Länder |
| TzBfG | Teilzeit- und Befristungsgesetz |
| | |
| u.a. | und andere bzw. unter anderem(n) |
| u.ä. | und ähnliche |
| u.U. | unter Umständen |
| UG | Unternehmergesellschaft |
| UmwG | Umwandlungsgesetz |
| UWG | Gesetz gegen den unlauteren Wettbewerb |
| | |
| VAG | Versicherungsaufsichtsgesetz |
| VVaG | Versicherungsverein auf Gegenseitigkeit |
| VVG | Versicherungsvertragsgesetz |
| | |
| z.T. | zum Teil |
| ZIP | Zeitschrift für Wirtschaftsrecht (und Insolvenzpraxis) |
| ZPO | Zivilprozessordnung |
| ZVG | Gesetz über die Zwangsversteigerung und die Zwangsverwaltung |

# Literaturverzeichnis

*Bork, Reinhard*, Einführung in das Insolvenzrecht, 7. Aufl. 2014, Verlag Mohr Siebeck, Tübingen

*Eisenhardt, Ulrich*, Gesellschaftsrecht, 16. Aufl. 2015, Verlag C.H. Beck, München

*Führich, Ernst*, Wirtschaftsprivatrecht, 13. Aufl. 2017, Verlag Vahlen, München

*Jaensch, Michael*, Grundzüge des Bürgerlichen Rechts, 3. Aufl. 2012, C.F. Müller Verlag, Heidelberg

*Kallwass, Wolfgang/Abels, Peter*, Privatrecht, 23. Aufl. 2018, Verlag Vahlen, München

*Kornblum, Udo/Schünemann, Wolfgang B./Müller, Stefan*, Privatrecht für den Bachelor, Multiple-choice-Aufgaben mit Lösungen, 13. Aufl. 2016, C.F. Müller Verlag, Heidelberg

*Klunzinger, Eugen*, Grundzüge des Gesellschaftsrechts, 16. Aufl. 2012, Verlag Vahlen, München

*Müssig, Peter*, Wirtschaftsprivatrecht. Rechtliche Grundlagen wirtschaftlichen Handelns, 19. Aufl. 2016, C.F. Müller Verlag, Heidelberg

*Schünemann, Wolfgang B.*, Wirtschaftsprivatrecht, 6. Aufl. 2011, Lucius & Lucius Verlagsgesellschaft Stuttgart

*Wörlen, Rainer/ Kokemoor, Axel*, Arbeitsrecht, 12. Aufl., 2017, Heymanns Verlag, Köln usw.

*Zimmermann, Walter*, Grundriss des Insolvenzrechts, 10. Aufl. 2015, C.F. Müller Verlag, Heidelberg

Erstes Kapitel

# Grundlagen des Bürgerlichen Rechts

Die vor uns liegende Aufgabe einer grundlegenden Darstellung des Bürgerlichen **1** Rechts verlangt im Hinblick auf die knapp bemessene Zeit[1] eine Begrenzung des Stoffs. Dieser Einsicht folgend wollen wir uns hier schwerpunktmäßig auf das Vertragsrecht beschränken, das im Zivilrecht eine herausragende Rolle einnimmt. Die Rechtsordnung räumt den Parteien nämlich in weitem Umfang die Befugnis ein, ihre Rechtsverhältnisse nach ihrem Willen und ihren Interessen durch Verträge zu gestalten. Deshalb ist die vertragliche Bestimmungsmacht von besonderer Bedeutung nicht nur für Privatpersonen, sondern vor allem für den Rechtsverkehr in Handel und Wirtschaft. Damit gehört das Vertragsrecht beispielsweise im Studiengang BWL-Handel zu den Grundlagen des Zivilrechts.

Wenn wir im Folgenden das Vertragsrecht in den Blick nehmen, steht der Kaufvertrag **2** als Prototyp eines Vertrags im Mittelpunkt. Die komplexe Materie lässt sich in zwei Abschnitte gliedern und anhand von zwei Fragen strukturieren: unter welchen rechtlichen Voraussetzungen kommen Ansprüche aus Verträgen zu Stande (1. Teil) und welche Ansprüche ergeben sich bei Störungen eines geschlossenen Vertrags allgemein und insbesondere bei Verletzung eines Kaufvertrages (2. Teil).

---

1 Nach den Studienplänen der Dualen Hochschule Baden-Württemberg bildet die Veranstaltung Recht I (BGB I und II) das erste von zwei Modulen, für das 4 ECTS-Punkte vergeben sind. Das bedeutet konkret eine Belastung mit 52 (2 × 26) oder teilweise auch bis 60 (2 × 30) Präsenzstunden.

1. Teil

# Vertragsordnung und vertragliche Primäransprüche

## I.  Einführung in das Rechtssystem und in die juristische Arbeitstechnik

**3**   Aller Anfang ist ebenso wie jede Definition schwer. Und am Anfang steht hier tatsächlich eine Definition, nämlich die des Rechts:

> **Das Recht** ist die Summe aller Normen, die ein geordnetes und befriedetes Zusammenleben von Menschen in einem Gemeinwesen bezwecken.

**4**   Da die Menschen in Gemeinschaft miteinander leben, geraten sie notwendig in gegenseitige Berührung (sozialer Kontakt). Der Kontakt bleibt naturgemäß nicht ohne Interessenwiderstreit und Konflikt, auch wenn die Personen zum Ausgleich ihrer Interessen besondere Vereinbarungen (Verträge) geschlossen haben. Es ist eine Binsenweisheit: Ohne Streit gäbe es auch kein Recht.

**5**   Das Recht strebt die Lösung von entstandenen oder potenziellen Konflikten an, und zwar auf allen Ebenen des menschlichen Zusammenlebens, im privaten wie im öffentlichen Bereich, gleichgültig, ob der Streit das Verhältnis zwischen Bund und Ländern, Gemeinden und Bürgern, Sozialversicherungsträgern und Rentnern, Finanzbehörden und Steuerzahlern, Arbeitgebern und Arbeitnehmern, Vermietern und Mietern, Ehepartnern untereinander etc. betrifft.

**6**   Einen solchen Interessenkonflikt schildert beispielsweise

---
**Fall 1**
---

Der „Gelegenheitsraucher" A sieht dem bekannten Rapper B sehr ähnlich, so dass er schon wiederholt von Fans des B darauf angesprochen worden ist. A gewinnt Spaß an der Rolle, als B aufzutreten und beruft hier und da regionale Pressekonferenzen ein, wo er Interviews zu allen möglichen Fragen der Szene und zur Person des B gibt. Als B hiervon erfährt, will er A solche Auftritte untersagen lassen. Mit Recht?

**7**   Der Ausgangsfall bietet schon alles, was zur Struktur eines juristischen Falles gehört. Der Text zerfällt in zwei verschiedene Abschnitte. Zunächst wird eine Geschichte erzählt, ein historisches Geschehen. Diese Schilderung nennen wir „Sachverhalt". Am Ende steht die Frage, ob sich aus dem Sachverhalt eine bestimmte rechtliche Konsequenz (hier: Anspruch auf Unterlassung) ergibt. Gefragt wird nach einer Rechtsfolge. Das ist eine für Juristen ganz typische Aufgabenstellung.

## 1. Rechts- und Gerichtssystem (Grobüberblick)

Die Antwort liefert die **Rechtsordnung**, d.h. die Summe aller Rechtsnormen. Die Auf- **8**
findung der entsprechenden Rechtsnorm setzt zunächst einen Überblick über die
Rechtsquellen voraus. Dazu muss man wissen, dass innerhalb der Rechtsnormen eine
Rang- und Stufenordnung besteht.

Oberste Rechtsgrundlage ist die **Verfassung**, das Grundgesetz für die Bundesrepublik **9**
Deutschland vom 23. Mai 1949. Daneben gibt es aber auch für die einzelnen Bundesländer sog. Landesverfassungen. Die wichtigsten Rechtsquellen sind die **förmlichen Gesetze** (Parlamentsgesetze), die wiederum als Bundesgesetze für die gesamte
Bundesrepublik oder als Landesgesetze für die jeweiligen Bundesländer gelten. Eine
weitere Rechtsquelle stellen **Rechtsverordnungen** und **Satzungen** dar, die von staatlichen Körperschaften oder Anstalten auf Grund einer ausdrücklichen gesetzlichen
Ermächtigung erlassen werden können. Daneben spielt auch das (ungeschriebene)
**Gewohnheitsrecht** eine Rolle, das auf ständiger Übung und allgemeiner Rechtsüberzeugung der Rechtsgemeinschaft beruht. Zu beachten ist hierbei, dass grundsätzlich
Bundesrecht dem Landesrecht vorgeht (Art. 35 GG). So hat z.B. auch eine Verordnung
eines Bundesministers Vorrang vor einem Landesgesetz.

Eine Sonderrolle kommt dem **Recht der Europäischen Gemeinschaf**t (EG) zu. Es **10**
handelt sich dabei um supranationales Recht, das in der Anwendung dem nationalen
Recht vorgeht. Zu unterscheiden ist zwischen **primärem und sekundärem EG-Recht**.
Das primäre Recht bilden die EG (EWG)-Gründungsverträge, ihre Änderungen und
Fortentwicklungen. Unter dem sekundären Recht versteht man die auf der Grundlage
des Primärrechts zum Zwecke der Rechtsangleichung von den Organen der EG erlas-
senen **Verordnungen** und **Richtlinien**. Während die Verordnungen in den Mitgliedstaaten unmittelbar geltendes Recht darstellen, richten sich die Richtlinien zunächst
nur an die einzelnen Mitgliedstaaten, die diese jedoch in nationales Recht umsetzen
müssen. Erst nach ihrer Umsetzung in nationales Recht finden die Rechtsregeln unmittelbar im Gebiet der Mitgliedstaaten Anwendung.

Im Ausgangsfall entsteht die Frage nach der Rechtslage auch nur, wenn zwischen den **11**
Beteiligten (A und B) Streit entstanden ist, weil A sich weigert, dem Begehren des B
nachzukommen. In diesem Fall wird B eine Rechtsfolge für sich behaupten, während
A diese Rechtsfolge verneint. Dann muss entschieden werden, wer „Recht" hat. Aus
dem sozialen Konflikt ist ein **Rechtsstreit** geworden.

Zur Entscheidung berufen sind die **staatlichen Gerichte**. Der Staat stellt sie als Ein- **12**
richtungen zur Verfügung, die den ausgebrochenen Streit um das Recht richten oder
schlichten. Er hat die rechtsprechende Gewalt unabhängigen Richtern „anvertraut"
(Art. 92, 97 I GG). An ein solches Gericht wird sich also B wenden mit dem Antrag:
„Der Beklagte (A) wird verurteilt, es künftig zu unterlassen, als B aufzutreten". Der auf
Unterlassung in Anspruch genommene A wird seinerseits den Antrag stellen: „Die
Klage wird abgewiesen". Über die vom Kläger behauptete Rechtsfolge findet dann ein
Prozess statt, in welchem über ihr Bestehen „erkannt" wird (sog. Erkenntnisverfahren).

13    Welches Gericht wird hier zuständig sein? Je nach der Regelungsmaterie und den Rechtsfolgen, um die gestritten wird, sind verschiedene Gerichte zur Entscheidung berufen. Man unterscheidet im Einzelnen folgende Gerichtszweige:

14    Die **ordentliche Gerichtsbarkeit**. Diese ist zuständig für privatrechtliche Streitigkeiten und die Anwendung des Strafrechts. Sie wird ausgeübt durch: Amtsgerichte (1. Instanz), Landgerichte (1. und teilweise 2. Instanz), Oberlandesgerichte (2. Instanz) und den Bundesgerichtshof in Karlsruhe (Revisionsinstanz). Die **Arbeitsgerichtsbarkeit**. Diese ist zuständig für arbeitsrechtliche Streitigkeiten und wird ausgeübt durch: Arbeitsgerichte, Landesarbeitsgerichte und das Bundesarbeitsgericht (in Erfurt).

15    Die **Verwaltungsgerichtsbarkeit**. Diese ist zuständig für öffentlich-rechtliche Streitigkeiten. Sie wird ausgeübt durch: Verwaltungsgerichte, Oberverwaltungsgerichte (in Baden-Württemberg Verwaltungsgerichtshof genannt) und das Bundesverwaltungsgericht (in Leipzig). Die **Sozialgerichtsbarkeit**. Diese ist zuständig für sozialrechtliche Streitigkeiten. Sie wird ausgeübt durch: Sozialgerichte, Landessozialgerichte und das Bundessozialgericht (in Kassel). Die **Finanzgerichtsbarkeit**. Diese ist zuständig für steuerrechtliche Streitigkeiten. Sie wird ausgeübt durch: Finanzgerichte und den Bundesfinanzhof in München.

16    Über diesen Gerichten „thront" das **Bundesverfassungsgericht** (in Karlsruhe), das die Einhaltung der Verfassung unter Einschluss der Grundrechte durch die Träger der staatlichen Macht, also auch durch die Gerichte, überwacht.

17    Ordentliche Gerichtsbarkeit und Arbeitsgerichtsbarkeit entscheiden über **privatrechtliche Streitigkeiten**, während alle anderen Gerichtszweige über **öffentlich-rechtliche Streitigkeiten** urteilen. Für privatrechtliche Streitigkeiten ist die Gleichrangigkeit der beteiligten Rechtssubjekte entscheidend, während das öffentliche Recht von einem Über- bzw. Unterordnungsverhältnis der Beteiligten geprägt ist. Die Unterscheidung macht insbesondere Schwierigkeiten, wenn der Staat und die Gemeinden sich auf der Ebene der privaten Rechtssubjekte mit den Mitteln des Privatrechts betätigen. Das Gestaltungsmittel des Privatrechts ist der Vertrag (Finanzamt kauft Heizöl), das des öffentlichen Rechts der Verwaltungsakt (Finanzamt erlässt Steuerbescheid).

Beispiel    Auf der Fahrt zu seiner Arbeitsstätte erleidet A in seinem PKW einen Unfall, weil an der Kreuzung zweier Gemeindestraßen die Ampelanlage falsch geschaltet ist und er deshalb mit dem PKW des B zusammenstößt, der die innerorts zulässige Geschwindigkeit erheblich überschritten hat. A muss ins Krankenhaus, sein Arbeitgeber zahlt ihm keinen Lohn, seine Ortskrankenkasse weigert sich, die Behandlungskosten zu übernehmen. Das Finanzamt will seine besonderen Aufwendungen im Zusammenhang mit dem Unfall nicht anerkennen. Wo muss A Klage erheben?

18    Ein Sachverhalt wie aus dem Leben gegriffen; die Zuordnung der einzelnen Komplexe aus dem einheitlichen Lebenssachverhalt geschieht wie folgt: (1) Der Schadensersatzanspruch gegen B ist privatrechtlicher Natur und gehört vor das Amts- oder das Landgericht. (2) Der Anspruch gegen die Gemeinde wegen „falscher Ampelschaltung" ist an sich ein öffentlich-rechtlicher Anspruch und müsste damit vor das Verwaltungsgericht gebracht werden. Allerdings handelt es sich um einen sog. Amtshaftungsanspruch nach § 839 BGB i.V.m. Art. 34 GG, der (aus historischen Gründen) vor den Zivilgerich-

ten einzuklagen ist. (3) Seinen Arbeitgeber muss A vor dem Arbeitsgericht auf Lohnfortzahlung verklagen. (4) Die Auseinandersetzung mit der AOK wegen der Krankenhauskosten hat der A vor dem Sozialgericht zu führen. (5) Die Korrektur des Einkommenssteuerbescheids muss A beim Finanzgericht erstreben.

Zurück zum Fall 1. Nach dem ersten Überblick über das Rechts- und Gerichtssystem **19** können wir den Rechtsfall ohne weiteres als privatrechtliche Streitigkeit identifizieren, der vor ein Amts- oder Landgericht gehört. Bei dem angerufenen Zivilgericht findet das (Erkenntnis-)Verfahren nach den Regeln des Zivilprozessverfahrens in der Zivilprozessordnung (ZPO) statt. Das Verfahrensrecht der ZPO stellt **formelles Recht** dar. Es enthält nicht nur Vorschriften über das **Erkenntnisverfahren**, sondern auch darüber, wie ein späteres Urteil gegen den Beklagten (hier: A) durchgesetzt wird (**Vollstreckungsverfahren**, Zwangsvollstreckung). Der Staat sorgt dafür, dass die Urteile der Gerichte notfalls mit Zwang durchgesetzt werden können (Gewaltmonopol bzw. Rechtsschutzmonopol des Staates).

## 2. Juristische Fallbehandlung

Aber erst einmal muss im Fall 1 ein in der Sache erkennendes Urteil gegen A ergehen. **20** Der Richter wird prüfen, aus welcher Rechtsnorm sich die von B behauptete Rechtsfolge ergibt. Das ist eine Frage des **materiellen Rechts**, von dem das **Zivilrecht** oder, wie es **synonym** heißt, das **Bürgerliche Recht** nur einen Ausschnitt (aber einen bedeutsamen) bildet. Einen Überblick über das Rechtssystem bietet das folgende Schaubild (s. S. 6).

### a) Gesetzesanwendung

Die Bezeichnung „bürgerlich" darf nicht auf die (Staats-) Bürger beschränkt oder gar **21** auf das Bürgertum bezogen werden. Sie geht auf das antik-römische ius civile zurück, also auf das für **alle** römischen **Bürger** geltende Recht[2]. Daraus erklärt sich auch das Synonym „Zivilrecht".

Aufgabe des Rechtsanwenders (hier des angerufenen Richters) ist es also, innerhalb **22** des Zivilrechts die Rechtsnorm zu finden, die das im konkreten Fall anwendbare Entscheidungsprogramm enthält. Das stellt sich für den Anfänger als die Suche nach der berühmten Stecknadel im Heuhaufen dar. Das Auffinden der streitentscheidenden Norm ist nicht einfach, weil das BGB nicht von einem Einzelfall her denkt, sondern in abstrakten Zusammenhängen der von ihm zu regelnden Materien.

---

2 Das Recht galt in der Antike jeweils nur für die Mitglieder (Bürger) eines Stadt- oder Siedlungsverbandes. Das hatte religiöse Gründe, weil sich das zwischen den Menschen geltende Recht aus dem Sakralrecht ableitete, das den Verkehr mit der Gottheit regelte. Dafür waren Auguren und Priester zuständig. So verwendete man schon in ältester Zeit den Begriff des „ius" für den richtigen, d.h. heilsamen Zustand der Rechtsgemeinschaft. Die Wurzeln der Etymologie führen u.a. auch auf eine altindische Vokabel, die mit „Heil", „Wohlordnung" bzw. „rituelle Reinigung" in Verbindung steht.

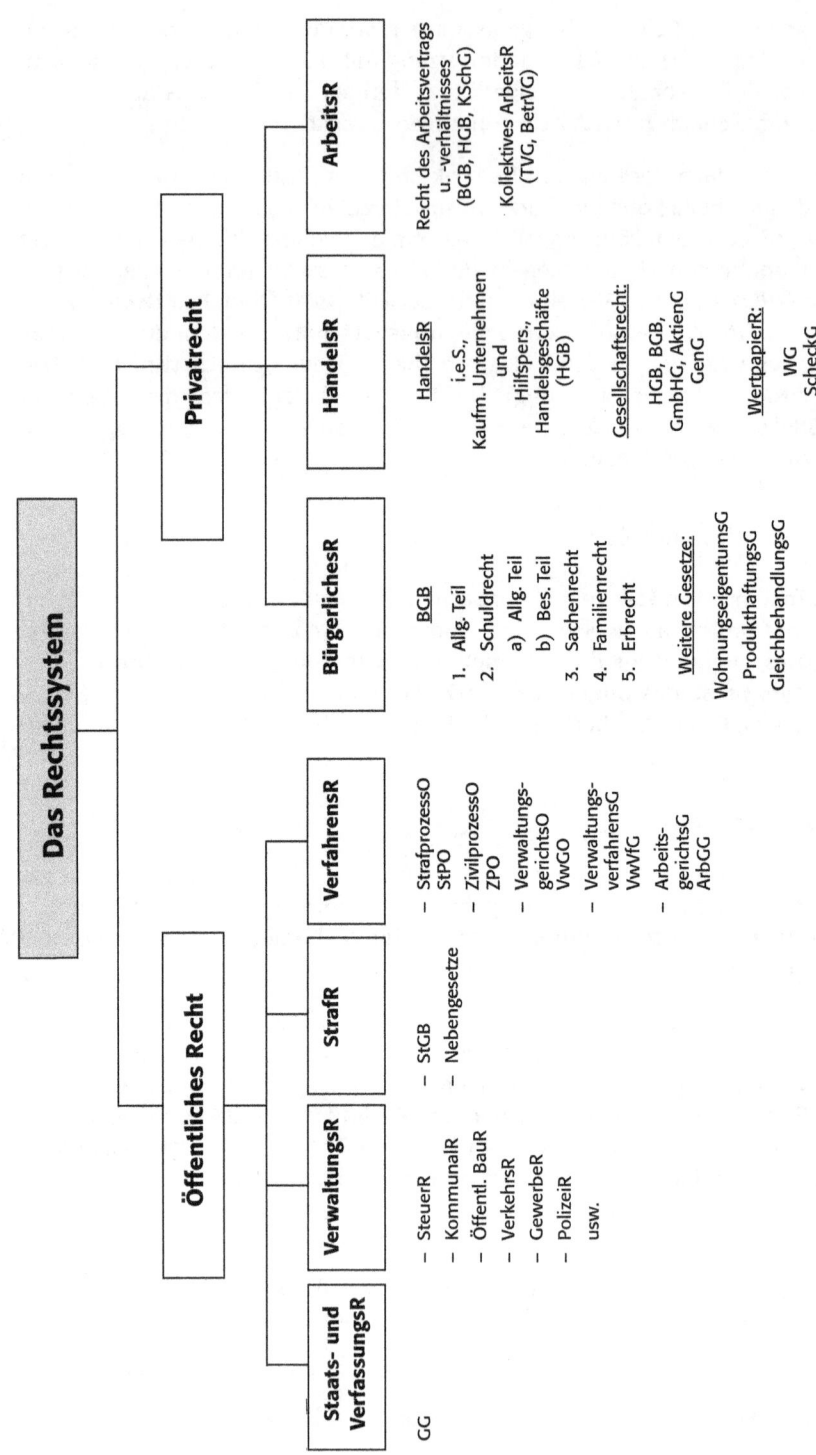

Das **BGB** bildet allgemeine Regeln, die für **alle gleich gelagerten** Fälle von **Interes-**    **23**
**senkollisionen** gelten sollen. Eine solche Regel heißt Rechtsnorm. Die Aufgabe des
Rechtsanwenders besteht darin, diese zu finden. Im Fall 1 geht es um das mit seinem
Namen verbundene Persönlichkeitsinteresse des B. Sein Ansehen in der Öffentlichkeit
ist jedenfalls beeinträchtigt und kann je nach dem Auftreten des A auch schwer geschädigt werden. Das Rechtsschutzziel des B besteht darin, den irreführenden Namensgebrauch durch A abzustellen. Sein Gegner (A) kann demgegenüber für seine
Interessenposition wenig anführen. Sein Bestreben ist allein darauf gerichtet, sein äu-
ßeres Erscheinungsbild zu nutzen, um die öffentliche Aufmerksamkeit auf sich zu len-
ken und eventuell Zugang zu bestimmten Gesellschaftskreisen zu erlangen.

Alle rechtlich relevanten Interessen hat das BGB jedoch schon für Fälle dieser Art in    **24**
der einschlägigen Rechtsnorm des **§ 12 BGB** berücksichtigt. Diese Vorschrift ist eine
**Anspruchsgrundlage**, aus ihr ergibt sich die behauptete Rechtsfolge. Sie erschließt
sich nur bei genauer Analyse des Normtextes. Dabei erkennt man, dass es um zwei
Fallgruppen, nämlich um Namensbestreitung und **unbefugten Namensgebrauch** einerseits, und um zwei verschiedene Rechtsfolgen andererseits geht, nämlich Beseitigung von Beeinträchtigungen (Satz 1) und **Unterlassung** (Satz 2). Der Richter darf
den Fall nicht nach seiner Sympathie für die eine oder andere Partei entscheiden. Er
muss sich an das für ihn allein verbindliche Gesetz halten. Maßgeblich für die Entscheidung des Ausgangsfalls ist deshalb ausschließlich der folgende Text des § 12 BGB:

„Wird das Recht zum Gebrauch eines Namens dadurch verletzt, dass ein anderer unbefugt den
gleichen Namen gebraucht, ... (und) sind weitere Beeinträchtigungen zu besorgen, so kann der
Berechtigte auf Unterlassung klagen.“

Der relevante Normtext zerfällt ebenso wie schon die Schilderung des Lebenssach-    **25**
verhalts in zwei Teile. Zunächst geht es um die **Voraussetzungen** des Anspruchs
(„Wird das Recht ...“) und sodann um die **Schlussfolgerung** des Gesetzes (... „so
kann der Berechtigte“). Den Voraussetzungsteil nennen wir **Tatbestand**. Er beschreibt
nicht wie der Sachverhalt ein konkret-historisches Geschehen, sondern erschöpft sich
in abstrakten Merkmalen, die auf eine unbestimmte Vielzahl von Fällen zutreffen. Das
Gesetz will alle denkbaren gleichgelagerten Fälle erfassen. Der Richter muss prüfen,
ob der von ihm zu entscheidende Sachverhalt den Tatbestand der Rechtsnorm erfüllt,
d.h. ob sich das ihm zur Entscheidung unterbreitete konkret-historische Geschehen im
abstrakt formulierten Gesetzestatbestand wiederfindet.

Die im Fall 1 vorzunehmende Untersuchung muss daher folgende Stationen durchlau-    **26**
fen: 1. gebraucht A den Namen des B? 2. und zwar unbefugt? 3. wird dadurch das
Recht des B an seinem Namen verletzt? 4. besteht Wiederholungsgefahr? Diesen Prü-
fungsvorgang nennt man **Subsumtion** (des Sachverhalts unter den gesetzlichen Tatbestand). Am Ende dieses Vorgangs steht die konkrete **Rechtsfolge** für den Streitfall.

### Ergebnis Fall 1

Der „Berechtigte“ (Kläger B) kann von dem Störer (Beklagter A) Unterlassung verlangen.

### b)  Das hochabstrakte BGB

27  Die schon erwähnte Abstraktheit des BGB macht Lektüre und Verständnis des Gesetzestextes schwer und stellt insbesondere den Anfänger auf eine harte Probe. Das erkennt man bei der Einteilung und Gliederung des Gesetzesstoffes freilich noch nicht. Die Aufteilung in fünf Bücher ist noch unproblematisch.

1. Der **Allgemeine Teil** (§§ 1–240 BGB). Hier hat der Gesetzgeber sämtliche Vorschriften „vor die Klammer" gezogen, die für alle Regelungsgebiete in den folgenden Büchern gelten.

2. Das **Recht der Schuldverhältnisse** (§§ 241–853 BGB). Hierbei handelt es sich um Rechtsbeziehungen zwischen (mindestens) zwei Personen, von denen die eine (der **Gläubiger**) von einer anderen (dem **Schuldner**) eine Leistung verlangen kann.

3. Das **Sachenrecht** (§§ 854–1296 BGB). Hier geht es um das Recht von Personen an Sachen oder Sachgesamtheiten, insbesondere um die Übertragung von Sachenrechten (z.B. Eigentumsrechten).

4. Das **Familienrecht** (§§ 1297–1921 BGB). Hier werden die Rechtsbeziehungen der Familienmitglieder untereinander geregelt.

5. Das **Erbrecht** (§§ 1922–2385 BGB). Hierin sind die Vorschriften über die Rechtsnachfolge nach dem Tod eines Menschen enthalten.

28  Bereits die – z.T. heute altertümlich wirkende – Sprache des Gesetzes weist einen hohen Abstraktionsgrad auf, weil das BGB nicht einen Einzelfall, sondern eine Vielzahl gleicher Fälle erfassen will. Das Gesetz ist durchweg bemüht, durch Bildung von Oberbegriffen alle möglichen Lebensverhältnisse zu erfassen. Der Preis besteht im Verlust an realer Anschaulichkeit des Regelungsgegenstandes (die normierten sozialen Verhältnisse sind im Gesetzestext kaum noch erkennbar) und in der Unverständlichkeit für den Laien. Aber ohne juristische Kunstsprache und Begriffshöhe geht es nicht.

29  Damit die gedankliche Ordnung und der Überblick bei der Rechtsanwendung nicht verloren gehen, müssen wir aber den nachfolgenden Merksatz beherzigen und verinnerlichen:

> Jede Lösung eines Rechtsfalles hat von der Anspruchsgrundlage auszugehen.

30  Das stellt die unabdingbare Voraussetzung einer jeden juristischen Leistung dar. Der Anspruch ist der Zentralbegriff des zivilrechtlichen Denkens. In den meisten Rechtsfällen ist zu prüfen, wer gegen wen welche Ansprüche hat. Das gilt auch dann, wenn harmlos gefragt wird: „Wie ist die Rechtslage?" Das Denken in Anspruchsgrundlagen ist ein typisches Wesensmerkmal juristischer Tätigkeit. Die **Struktur** einer **Anspruchsgrundlage** ist uns in § 12 BGB schon begegnet (oben Rn. 26). Das BGB liefert keine Aufstellung oder schulmäßige Zusammenstellung der zivilrechtlichen Anspruchsgrundlagen. Das Gesetz ist kein Lehrbuch. Die wenigsten Vorschriften des BGB enthalten eine Anspruchsgrundlage. Die meisten Paragraphen beschäftigen sich mit bloßen Hilfs- oder Ergänzungsmerkmalen, die aber ebenso bedeutsam sind und zur Ausfül-

lung des gesetzlichen Anspruchstatbestandes benötigt werden, wie z.B. § 90 BGB, der den Begriff der „Sache" definiert (**Legaldefinition**); oder § 104 BGB, der bestimmt, wer geschäftsunfähig ist. Wesentlich für die Abgrenzung ist, dass diese Normen keine Rechtsfolgeanordnung im Sinne eines Anspruchs (vgl. die Definition in § 194 BGB) enthalten.

---

### Die wichtigsten Anspruchsgrundlagen des BGB

**I. Erfüllungsansprüche (vertragliche Primäransprüche)**

§ 433 I (Kaufvertrag) für den Käufer
§ 433 II (Kaufvertrag) für den Verkäufer
§ 488 I 1 (Darlehensvertrag) für den Darlehensnehmer
§ 488 I 2 (Darlehensvertrag) für den Darlehensgeber
§ 535 I 1 (Mietvertrag) für den Mieter
§ 535 II (Mietvertrag) für den Vermieter
§ 611 I (Dienst- bzw. Arbeitsvertrag)
§ 631 I (Werkvertrag)

**II. Schadensersatzansprüche**

1. aus **Vertrag** (vertragliche **Sekundäransprüche**):
   a) **§ 280 I** (Schadensersatz neben der Leistung)
   b) **§ 280 II** i.V.m. § 286 (Schadensersatz wegen Leistungsverzögerung)
   c) **§ 280 III** i.V.m. §§ 281–283 (Schadensersatz statt der Leistung)

2. aus **vertragsähnlichen Sonderverhältnissen**:
   a) **§ 122 I** (Rechtsscheinshaftung)
   b) **§ 179 I** (Haftung des Vertreters ohne Vertretungsmacht)
   c) **§ 280 I** i.V.m. §§ 241 II, 311 II (culpa in contrahendo)

3. aus **unerlaubter Handlung (Delikt)**:
   a) **§ 823 I** (Verletzung absoluter Rechte und Rechtsgüter)
   b) **§ 823 II** (Verletzung von Schutzgesetzen)
   c) **§ 826** (vorsätzliche, sittenwidrige Schädigung)

**III. Herausgabeansprüche**

1. **aus Vertrag** (Abwicklungsansprüche):
   a) **§ 546** (Mietvertrag)
   b) **§ 604 I** (Leihvertrag)
   c) **§ 346 I** (vertraglich vereinbartes und gesetzliches Rücktrittsrecht)

2. **aus Gesetz**:
   a) **§ 985** (Eigentümerherausgabeanspruch)
   b) **§ 812 I 1 Fall 1** (Bereicherungsanspruch aus Leistung)
   c) **§ 812 I 1 Fall 2** (Bereicherungsanspruch aus Nichtleistung)
   d) **§ 812 I 2 Fälle 1 und 2** (Bereicherungsansprüche aus Leistung)
   e) **§ 346 I** (Rücktrittsrecht kraft Gesetzes)

**IV. Beseitigungs- und Unterlassungsansprüche:**

§ 1004 I (Eigentumsbeeinträchtigung)
§ 12 (Namensbeeinträchtigung)

---

Die vorstehende Übersicht enthält die wichtigsten Anspruchsnormen. Die Aufstellung sollte gründlich studiert und im weiteren Gang des Studiums immer wieder herange- **31** zogen werden. Mit ihrer Hilfe kann man sich in dem weiten Anspruchssystem des Zivilrechts orientieren und beispielsweise auch die elementare Erkenntnis gewinnen, dass Ansprüche aus **Schuldverhältnissen** entweder „**durch Rechtsgeschäft**" (vgl. § 311 I BGB), insbesondere also durch Vertrag, oder **auf Grund** des **Gesetzes** (z.B. aus unerlaubter Handlung gem. § 823 I BGB oder aus ungerechtfertigter Bereicherung, § 812 BGB) begründet werden.

**32**     Bei der Lösung eines Rechtsfalles muss man freilich den von der **Gesetzestechnik** des BGB vorgespurten Weg nachvollziehen. Das soll im Folgenden an **zwei Beispielen** verdeutlicht werden:

**33**     Die sachenrechtlichen Vorschriften der **§§ 985, 986 BGB** behandeln den Anspruch eines Eigentümers einer Sache gegen den Besitzer auf Herausgabe. Der Anspruch besteht, wenn der Besitzer (**unterscheide: Besitz und Eigentum**) im Verhältnis zum Eigentümer kein Recht zum Besitz hat. Das hätte man auch so mit diesen einfachen Worten ins Gesetz schreiben können. Aber die Anspruchsnorm wurde auf zwei Tatbestände, nämlich § 985 BGB und § 986 BGB (Recht zum Besitz) aufgeteilt, weil die Angelegenheit schwierig wird, wenn dem Eigentümer mehrere Besitzer gegenüberstehen (= Regelungsgegenstand von § 986 BGB). Wer Eigentümer ist und wie jemand Eigentümer wird, setzt die Anspruchsnorm des § 985 BGB voraus. Das ist in anderen Vorschriften des BGB z.B. für bewegliche Sachen in §§ 929 ff. BGB und für unbewegliche Sachen (Grundstücke) in §§ 873, 925 BGB geregelt. Das alles muss jeweils in § 985 BGB hineingelesen werden. Auch das Tatbestandsmerkmal „Besitzer" erschließt sich erst im Zusammenspiel mit weiteren Gesetzesvorschriften (vgl. §§ 854 ff. BGB).

**34**     Ein weiteres Beispiel für die Gesetzestechnik des BGB soll hier durch den Hinweis auf die zentrale Vorschrift des § 433 BGB aus dem Kaufrecht (Besonderes Schuldrecht) gegeben werden. **§ 433 BGB** stellt ebenfalls eine Anspruchsgrundlage dar, und zwar sowohl in seinem Absatz 1 als auch im Absatz 2. Nicht geregelt ist aber, wie ein **Kaufvertrag** zu Stande kommt. Das wiederum ergibt sich aus §§ 145–157 BGB, also aus dem Allgemeinen Teil. Mit dem Begriff des (Kauf-) Vertrages ist indes noch nicht die letzte Abstraktionsstufe erreicht. Das Gesetz kennt noch einen weiteren **Oberbegriff**, unter den der Vertrag neben anderen Vorgängen fällt: das **Rechtsgeschäft**. Rechtsgeschäft ist damit ein (zweiseitiger) **Vertrag** ebenso wie etwa auch die bloße Kündigungserklärung (**einseitiges Rechtsgeschäft**). Allgemeine Regeln über Rechtsgeschäfte hat das Gesetz in §§ 104 ff. BGB sowie §§ 158 ff. BGB für alle denkbaren Rechtsgeschäfte des Zivilrechts in den Allgemeinen Teil „vor die Klammer gezogen". Doch damit nicht genug. Für den **wichtigsten Bestandteil** eines Rechtsgeschäfts, die **Willenserklärung**, stellt das BGB allgemeine Regeln in §§ 116 ff. BGB auf. Es ergibt sich folgendes Verweisungsschema:

Kaufvertrag, §§ 433 ff. BGB
= Vertrag, §§ 145 ff. BGB
= Rechtsgeschäft, §§ 104 ff.; 158 ff. BGB,
das aus zwei Willenserklärungen besteht, §§ 116 ff. BGB

Die Rechtsgeschäftslehre beantwortet die Frage, unter welchen Voraussetzungen die    35
Willenserklärung einen Rechtserfolg herbeizuführen vermag. Das alles klingt kompliziert, ist aber streng logisch und daher mit der Zeit auch erlernbar. Eine Hilfestellung und einen gedanklichen Leitfaden für den weiteren Gang der Darstellung gibt das folgende

---

### Aufbauschema bei vertraglichen Erfüllungsansprüchen

**Fragestellung: wer will was von wem?**

Anspruchsgrundlage, z.B. § 433 I, II BGB (vgl. Schema nach Rn. 30)

**I. Anspruch entstanden?**

  **1. Willensübereinstimmung**:
  a) Angebot/Annahme (§§ 145 ff. BGB) mit Zugang (§ 130 BGB)
  b) (bei Unklarheiten) Auslegung (§§ 133, 157 BGB)
  c) kein Dissens (§§ 154, 155 BGB)

  **2. Geschäftsfähigkeit** (§ 2 BGB):
  a) Geschäftsunfähigkeit (§§ 104, 105 BGB)
  b) Beschränkte Geschäftsfähigkeit (§ 106 BGB)
  c) lediglich rechtlicher Vorteil (§ 107 BGB)
  d) Ausnahmebereiche (§§ 110, 112, 113 BGB)
  e) Einwilligung (§ 107 BGB i.V.m. § 183 BGB)
  f) Genehmigung (§ 108 BGB i.V.m. § 184 BGB)

  **3. Formrichtigkeit** (§ 125 BGB):
  a) notarielle Beurkundung (vgl. § 128 BGB)
  b) Unterschriftsbeglaubigung (§ 129 BGB)
  c) Schriftform (§ 126 BGB)
  d) elektronische Form (§ 126a BGB)
  e) Textform (§ 126b BGB)

  **4. Nichtigkeitsgründe**:
  a) Verstoß gegen gesetzliche Verbote (§§ 134–137 BGB)
  b) Verstoß gegen die guten Sitten (§ 138 BGB)
  c) Scheingeschäft (§ 117 BGB)

  **5. Stellvertretung** (§§ 164 ff. BGB):
  a) Handeln in fremdem Namen (§ 164 I BGB)
  b) Vertretungsmacht, insbesondere Vollmacht (§§ 167 ff. BGB)
  c) kein Insichgeschäft/Mehrvertretung (§ 181 BGB)

**II. Anspruch untergegangen?**

  **1. Vollzogene Anfechtung** (§§ 142, 143 I i.V.m. §§ 119 ff. BGB)
  **2. Erfüllung** (§§ 362 ff. BGB)
  **3. Unmöglichkeit**:
  a) der Leistung (§ 275 BGB)
  b) der Gegenleistung (§ 326 I BGB)

**III. Anspruch einredebehaftet?**

  **1. Verjährung** (§ 214 BGB)
  **2. nicht erfüllter Vertrag** (§ 320 BGB)
  **3. Zurückbehaltungsrecht** (§§ 273, 274 BGB)

### 3. Die Personen

**36**   Wir haben gesehen, dass das Namensrecht in § 12 BGB bestimmte persönliche Belange eines jeden Menschen (also auch des B im Fall 1) schützt. Dieser Schutz setzt aber gedanklich voraus, dass der Mensch auch Inhaber (Träger) dieses Rechts und allgemein von Rechten und Pflichten ist bzw. sein kann. Das erscheint ganz selbstverständlich.

**37**   Die wichtigste rechtserhebliche Eigenschaft des Menschen ist die **Rechtsfähigkeit**. Jede natürliche Person (Mensch) ist rechtsfähig und damit Rechtssubjekt. Rechtssubjekte/Personen sind Träger/Inhaber von Rechten und Pflichten. Man unterscheidet dabei **natürliche** und **juristische Personen**.

### a)   Natürliche Personen

**38**   Die Rechtsfähigkeit des Menschen beginnt mit der Vollendung der Geburt (§ 1 BGB). In bestimmten Fällen ordnet das Gesetz jedoch eine Vorwirkung an, vgl. §§ 844 II, 1923 II BGB.

> **Fall 2**
>
> Der E ist verstorben. Er hinterlässt zwei Söhne und seine Ehefrau F, die kurz vor der Geburt des dritten Kindes steht. Da E eine letztwillige Verfügung (Testament) nicht getroffen hat, wird er von der Ehefrau und den beiden „Abkömmlingen" kraft Gesetzes zu bestimmten Bruchteilen beerbt (gesetzliche Erbfolge, §§ 1924, 1931, 1371 I BGB). Ist auch die nachgeborene Tochter T Erbin geworden?

**Lösung**

Da hier nicht nach einem Anspruch der T gefragt ist, ist auch nicht nach einer Anspruchsgrundlage zu suchen. Aber dennoch muss die Antwort auf die Frage nach der (Erb-)Rechtslage unmittelbar beim maßgeblichen gesetzlichen Tatbestand ansetzen. Das ist hier § 1923 I BGB. Danach kann nur Erbe werden, wer zur Zeit des Erbfalls „lebt". Die T lebte zwar beim Tode ihres Vaters (Embryo), sie war aber in diesem Zeitpunkt noch nicht rechtsfähig (§ 1 BGB) und konnte daher noch nicht (Trägerin von Rechten und Pflichten, d.h.) Erbin sein, § 1923 I BGB. Das Gesetz hat jedoch ihre Interessen in § 1923 II BGB berücksichtigt: Sie „gilt" als *vor* dem Erbfall geboren und wird daher ausnahmsweise erbrechtlich so behandelt, als sei sie im Zeitpunkt des Erbfalls bereits rechtsfähig gewesen (Fiktion als besondere Gesetzestechnik). Damit lautet das Ergebnis: Die T ist Miterbin nach E neben ihrer Mutter und ihren Brüdern geworden.

**39**   Zu der Rechtsfähigkeit kommt als zweite rechtliche Grundeigenschaft des Menschen die **Handlungsfähigkeit** hinzu. Unter Handlungsfähigkeit versteht man die Fähigkeit des Menschen, rechtlich bedeutsame Handlungen vorzunehmen. Diese Fähigkeit teilt sich in zwei Kategorien:

**40**   Die **Geschäftsfähigkeit**. Darunter versteht man die Fähigkeit, durch Rechtsgeschäft (Willenserklärungen) Rechtsfolgen für sich oder andere auszulösen. Volle Geschäftsfähigkeit tritt mit Volljährigkeit ein, also mit Vollendung des achtzehnten Lebensjahres

(§ 2 BGB). Vorher durchläuft der Mensch die Stadien der Geschäftsunfähigkeit (bis zur Vollendung des siebten Lebensjahres) und anschließend der beschränkten Geschäftsfähigkeit (§ 104 Nr. 1 BGB); einzelne Fälle dazu werden am Ende der Unterrichtseinheit behandelt (unten d).

Die **Deliktsfähigkeit**. Damit bezeichnet man die Fähigkeit, für eigene schuldhafte     41
Handlungen verantwortlich zu sein. Auch sie beginnt mit der Volljährigkeit. Vorher ist der Mensch beschränkt deliktsfähig, sofern er das siebte Lebensjahr vollendet hat, § 828 I und II BGB.

### b) Juristische Personen

Die Rechtsfähigkeit der juristischen Personen beruht auf einem rechtsbegründenden     42
(= konstitutiven) Akt des Staates (Hoheitsakt), entweder durch Verleihung oder durch Eintragung in ein amtliches Register, z.B. Eintragung (einer GmbH) in das Handelsregister.

Die juristische Person ist eine rechtstechnische Zusammenfassung von Personen (na-     43
türlichen und/oder juristischen Personen) oder Gegenständen zu einer rechtlich geordneten Organisation mit eigener Rechtsfähigkeit.

Wir unterscheiden:
1. **juristische Personen des Privatrechts** (z.B. eingetragener Verein, Genossenschaft, GmbH, Aktiengesellschaft)
2. **juristische Personen des öffentlichen Rechts** (z.B. Bund, Länder, Gemeinden, Rundfunkanstalten, Universitäten, Berufs- und Verwaltungsakademien etc.).

Was die Handlungsfähigkeit angeht, besteht ein Unterschied zu den natürlichen Per-     44
sonen. Eine juristische Person kann nicht selbst handeln. Sie ist darauf angewiesen, dass ihre Organe z.B. ihre Vorstandsmitglieder oder Geschäftsführer für sie handeln. Das ist ein Fall der Stellvertretung (dazu später III). Die Organe nehmen im Rahmen ihrer Vertretungsmacht für die juristische Person Rechtsgeschäfte vor. Die Rechtswirkungen (Rechte und Pflichten) aus diesen Geschäften betreffen unmittelbar die juristische Personen selbst (und nicht das handelnde Organ).

Die juristische Person muss auch für eine zum Schadensersatz verpflichtende Hand-     45
lung einstehen, die ihr Organ im Rahmen seiner Verrichtung vorgenommen hat, § 31 BGB (keine Anspruchsgrundlage!). Obwohl § 31 BGB im Vereinsrecht angesiedelt ist, wird die Hilfsvorschrift auf alle juristischen Personen angewendet, auch auf juristische Personen des öffentlichen Rechts, soweit diese privatrechtlich (fiskalisch) handeln, § 89 BGB.

---

**Fall 3**

Der A ist Vorstand des eingetragenen Vereins Tierheim e.V. Beim Einkauf von Tierfutter betrügt er den Großhändler B und schädigt ihn um 10 000 EUR. Gegen wen hat B Ansprüche?

**Lösung**

Als mögliche Anspruchsgegner kommen A und der Verein in Betracht.

1. B hat selbstverständlich zunächst einen Anspruch gegen A, und zwar jedenfalls aus § 823 II BGB i.V.m. § 263 StGB (Betrug).
2. Außerdem haftet für den durch A angerichteten Schaden auch der Verein selbst. Anspruchsgrundlage ist nicht § 31 BGB, sondern erneut § 823 II BGB i.V.m. § 263 StGB. Zwar hat der Verein nicht selbst gehandelt (das kann er gar nicht). Das Verhalten des Vorstandes A wird ihm jedoch mit haftungsbegründender Folge über § 31 BGB zugerechnet. Der § 31 BGB ist bloß eine Zurechnungsnorm (ebenso wie § 278 BGB, dazu unten Rn. 282) und eben keine Anspruchsnorm. Für die Zurechnung ist auch unerheblich, dass es nicht dem Vereinszweck entspricht, die Geschäftspartner des Vereins zu betrügen.

**46**   Im Gegensatz zu natürlichen Personen ist die juristische Person, wie man sagt, „unsterblich". Das Erbrecht (§§ 1922 ff. BGB) ist auf die juristische Person nicht anwendbar. Die juristische Person kann freilich auch beendet werden, z.B. durch Insolvenz, Erreichen des Verbandszwecks oder auch durch Aufhebungsvereinbarung der Mitglieder und anderes mehr. Diese Umstände führen aber erst zu einer Vorstufe der Beendigung, nämlich zum Liquidationsverfahren. Erst wenn dieses Verfahren beendet ist, kann davon gesprochen werden, dass die juristische Person „tot" (d.h. aufgelöst und beendet) ist.

### c)   Natürliche Personen als Verbraucher im Privatrecht

**47**   Seit einigen Jahren ist im BGB eine neue Spezies von Mensch aufgetaucht, die „Verbraucher" genannt wird und als Mitglied einer schutzbedürftigen Marktgruppe einen besonderen Schutz im Privatrecht genießt. Das Gesetz hat spezielle Regelungen für Rechtsgeschäfte zwischen Verbrauchern (§ 13 BGB) und Unternehmern (§ 14 BGB) geschaffen. Beide Begriffe sind bestimmt durch das Vorhandensein bzw. Fehlen einer gewerblichen oder selbstständigen beruflichen Tätigkeit. Diese Definitionen gelten nicht nur für das Bürgerliche Gesetzbuch, sondern auch für das Handelsgesetzbuch.

---

**Fall 4**

Der Allgemeinarzt Dr. A kauft beim Autohändler B einen gebrauchten Mercedes der S-Klasse, mit dem er sowohl Privat- als auch gelegentlich Praxisfahrten unternehmen will. Der schriftliche Kaufvertrag enthält u.a. die Klausel „gekauft wie gesehen und Probe gefahren, eine Gewährleistung findet nicht statt". Fünf Monate nach der Übergabe hat das Fahrzeug einen Motorschaden. A verlangt von dem B die Kosten für einen neuen Motor. Zu Recht?

**Lösung**

A könnte einen Anspruch gem. § 437 Nr. 1 i.V.m. § 439 I BGB (Beseitigung des Mangels) gegen B haben. Nach dem Inhalt des Vertrages sind aber Ansprüche wegen eines Sachmangels gerade ausgeschlossen. Darauf könnte sich B jedoch nicht berufen, wenn es sich um einen sog. Verbrauchsgüterkauf i.S. des § 474 I BGB handelt, bei dem nach § 476 I BGB auch bei gebrauchten Sachen nicht zum Nachteil des Käufers/Verbrauchers von den kaufrechtlichen Gewährleistungsvorschriften abgewichen werden darf (vgl. noch unten Fall 66). Im Streitfall liegt hinsichtlich des Vertragsgegenstandes eine Doppelverwendung vor. Nach § 13 BGB („überwiegend") gilt seit 13.6.2014 für diese Fälle (dual use), dass der Bezieher einer Leistung auch dann Verbraucher ist, wenn die Leistung nicht ausschließlich privaten Zwecken dient, sondern auch nachrangig für geschäftliche Zwecke. Dem A steht daher im Fall 4 ein Anspruch auf Erstattung der Kosten einen neuen Motor gegen B zu.

### d) Anhang: 5 Fälle zur Geschäftsfähigkeit

Eine **Willenserklärung** ist **eine auf einen Rechtserfolg gerichtete Privatwillens-** **48** **äußerung**). Sie erfordert grundsätzlich Geschäftsfähigkeit des Erklärenden. Darunter versteht man (vgl. oben Rn. 40) die Fähigkeit, mit rechtlicher Wirkung Willenserklärungen abgeben und Rechtsgeschäfte vornehmen zu können. Volle Geschäftsfähigkeit tritt mit Volljährigkeit ein (§ 2 BGB).

Bis zur Vollendung des siebten Lebensjahres ist das Kind **nicht geschäftsfähig**, §§ 104,    **49** 105 BGB. Sein Handeln ist **stets unwirksam**. Für den volljährigen Geschäftsunfähigen (§ 104 Nr. 2 BGB) macht § 105a BGB in engen Grenzen eine Ausnahme für Bargeschäfte des täglichen Lebens. Im Übrigen sind Geschäftsunfähige nicht in der Lage, Rechtsgeschäfte vorzunehmen, § 105 I BGB.

---

**Fall 5**

Der Patenonkel A schenkt und übergibt seinem sechsjährigen Patenkind B bei einem Besuch einen Computer. Ist B Eigentümer geworden?

---

**Lösung**

Die Schenkung als solche setzt eine vertragliche Einigung über die Unentgeltlichkeit voraus (schuldrechtlicher Vertrag), vgl. § 516 BGB. Hinzu kommt die Übertragung des Eigentums, diese erfolgt nach § 929 BGB durch Übergabe (Verschaffung des unmittelbaren Besitzes im Sinne von § 854 BGB) und Einigung bezüglich des Eigentumsübergangs. Dies ist gleichfalls ein (allerdings sachenrechtlicher oder auch sog. dinglicher) Vertrag. Beide Vereinbarungen bestehen aus Willenserklärungen und setzen damit Geschäftsfähigkeit voraus. Da diese dem B fehlt (§§ 104 Nr. 1, 105 BGB) ist die Schenkung misslungen. B müsste beim Vertragsschluss vom gesetzlichen Vertreter (= Eltern, §§ 1626, 1629 BGB) vertreten werden.

Wer das siebte Lebensjahr vollendet hat, ist **beschränkt geschäftsfähig**, § 106 BGB.    **50** Er ist in seiner Geschäftsfähigkeit nach Maßgabe der §§ 107-113 BGB beschränkt. Ein einseitiges Rechtsgeschäft (z.B. Kündigung eines Vertrages, vgl. Rn. 34, oder die Erteilung einer Vollmacht, vgl. unten Fall 30a) des Minderjährigen bedarf stets der vorherigen Zustimmung des gesetzlichen Vertreters, § 111 BGB. Dagegen ist der von ihm geschlossene **Vertrag** grundsätzlich **schwebend unwirksam**. Wirksamkeit erlangt der Vertrag erst durch vorherige (Einwilligung, vgl. § 183 BGB) oder nachträgliche Zustimmung (Genehmigung, § 184 I BGB) des gesetzlichen Vertreters, § 108 I BGB. Davon gibt es jedoch wichtige Ausnahmen:

**1. Ausnahme**: Ohne weiteres wirksam sind Geschäfte (Verträge), die dem Minder-    **51** jährigen lediglich einen **rechtlichen Vorteil** bringen, §§ 107, 131 II 2 BGB. Das ist nicht nach wirtschaftlichen, sondern allein nach rechtlichen Gesichtspunkten zu beurteilen. Auch wenn ein Kaufvertrag wirtschaftlich noch so günstig ist, kann ihn der Minderjährige wegen seiner **Verpflichtung zur Gegenleistung** ohne Zustimmung seiner Eltern (§ 108 I BGB) nicht wirksam abschließen. Denn eine Leistungsverpflichtung stellt stets einen rechtlichen Nachteil dar. Rechtlich vorteilhaft ist aber z.B. der Abschluss eines **Schenkungsvertrages** durch den Minderjährigen als Beschenkten.

---

**Fall 6**

Der inzwischen neunjährige B erhält von A einen Hund geschenkt und übergeben. Die Eltern erheben Einwendungen, weil das Tier beißen könnte. Ist B Eigentümer geworden?

**Lösung**

Nach § 107 BGB kommt es für die Gültigkeit der Willenserklärung des B allein auf rechtliche Gesichtspunkte an. Unmittelbare rechtliche Nachteile für B sind nicht ersichtlich. Ob der Hund bissig ist, spielt dabei natürlich keine Rolle. Unentgeltlicher Erwerb (Schenkung, § 516 BGB) ist stets rechtlich vorteilhaft. Dass der Hundehalter nach der Gemeindesatzung Hundesteuer entrichten muss, steht dem Erwerb des B nicht entgegen. Denn dabei handelt es sich nicht um eine unmittelbare Folge der privatrechtlichen Willenserklärung, sondern um eine gesetzliche (öffentlich-rechtliche) Anordnung. Der B ist deshalb Eigentümer geworden, entsprechend §§ 929 S. 1, 90a BGB.

**52**    Für die Gültigkeit der Willenserklärung des Minderjährigen gem. § 107 BGB ist die wirtschaftliche Vorteilhaftigkeit des Rechtsgeschäfts ohne Bedeutung.

---

**Fall 7**

Der jetzt 16 Jahre alte B hat von dem achtzehnjährigen V eine hochwertige Digitalkamera zum absoluten Freundschaftspreis von nur 90 EUR gekauft. Ist das Rechtsgeschäft wirksam?

**Lösung**

Die Antwort hängt gem. § 107 BGB allein davon ab, ob B mit dem Kaufvertrag lediglich einen rechtlichen Vorteil erlangt. Auch wenn der Preis weit unter dem Verkehrswert für entsprechende gebrauchte Kameras liegen sollte, ist der Vertrag nicht wirksam. Denn die aus dem Vertrag resultierende Pflicht des B zur Kaufpreiszahlung (§ 433 II BGB) ist in rechtlicher Hinsicht ein Nachteil. Der – auch enorme – wirtschaftliche Vorteil des Geschäfts bleibt dabei außer Betracht. Er ist für § 107 BGB nicht erheblich. Der Minderjährige bedarf für rechtlich nicht lediglich vorteilhafte Geschäfte in jedem Fall der Einwilligung des gesetzlichen Vertreters.

**53**    Da der (nach sachenrechtlichen Regeln erfolgende) **Eigentumserwerb** stets vom schuldrechtlichen Grundgeschäft zu trennen ist (Trennungsgrundsatz, vgl. unten Rn. 213 ff.), ist er regelmäßig auch als **rechtlich vorteilhaft** anzusehen:

---

**Fall 8**

Der fünfzehnjährige B kauft im Elektrohandel V eine Spielkonsole zum „absoluten Schnäppchenpreis" von 105 EUR. Als die Eltern das Gerät bei B sehen, stellen sie ihn zur Rede. Sie sind mit dem Kauf nicht einverstanden. Wie ist die Rechtslage?

**Lösung**

Diese Aufgabe verlangt, dass der geschilderte Vorgang nach allen Seiten rechtlich untersucht wird. Zunächst stellt sich die Frage, ob überhaupt ein wirksamer Kaufvertrag zu Stande gekommen ist.

Problematisch ist hier allein die Willenserklärung des in der Geschäftsfähigkeit beschränkten B, §§ 2, 106 BGB. Seine Erklärung ist auch in diesem Falle nicht gem. § 107 BGB gültig, weil der Vertragsschluss für B die Verpflichtung zur Zahlung des Kaufpreises begründet. Der günstige Kaufpreis spielt dabei keine Rolle (vgl. Fall 7). Die bloße Verpflichtung zur Zahlung des Kaufpreises ist nach der allein maßgeblichen rechtlichen Sicht ein Nachteil für B.

Die Willenserklärung des B ist daher mangels Einwilligung (= vorherige Zustimmung, § 183 BGB) der Eltern schwebend unwirksam, § 108 I BGB (vgl. Rn. 50). Daher hängt die Wirksamkeit des Kaufvertrages von der Genehmigung (= nachträgliche Zustimmung, § 184 I BGB) der Eltern als gesetzliche Vertreter (§§ 1626, 1629 BGB) ab. Da sie die Zustimmung verweigern, ist der Kaufvertrag unwirksam.

Sodann stellt sich die weitere Frage, wer Eigentümer der Spielekonsole ist. Der B könnte das Eigentum von V durch den gesonderten Übereignungsvertrag gem. § 929 S. 1 BGB erworben haben, wenn die Übertragung des Eigentums für B lediglich rechtlich vorteilhaft ist, § 107 BGB. Das ist der Fall, weil B durch das dingliche Rechtsgeschäft Eigentum an der Kaufsache erlangt, ohne dadurch eine rechtliche Verpflichtung einzugehen. Die ihn belastende Pflicht zur Kaufpreiszahlung beruht nicht auf dem sachenrechtlichen Übereignungsgeschäft nach § 929 BGB, sondern auf dem schuldrechtlichen Kaufvertrag mit V gem. § 433 II BGB. Beide Verträge sind in ihren Voraussetzungen und Wirkungen strikt zu trennen. B ist damit Eigentümer an der Spielkonsole geworden.

Was den Vorgang der Kaufpreiszahlung des B im Geschäft des V angeht, so liegt hier eine Übereignung von Bargeld (= eine Sache gem. § 90 BGB) vor, die sich nach § 929 S. 1 BGB beurteilt. Dabei handelt es sich jedoch um ein für B nachteiliges Rechtsgeschäft, da er sein Eigentum an den Geldscheinen und Münzen verliert. Da § 107 BGB insoweit also nicht eingreift, ist die Übereignung des Kaufgeldes schwebend unwirksam und mit Verweigerung der Genehmigung durch die Eltern endgültig unwirksam. Der V muss das Geld wieder an B zurückgeben.

Ebenso kann aber auch der Eigentumserwerb des B (Spielkonsole) keinen Bestand haben. Es fehlt der für den Eigentumserwerb erforderliche Rechts- oder Behaltensgrund (das ist vereinfachend gesagt der Kaufvertrag), sodass B um das Eigentum an der Spielkonsole ungerechtfertigt bereichert und daher gem. § 812 I 1 Fall 1 BGB verpflichtet ist, das erlangte Eigentum wieder gem. § 929 S. 1 BGB an V zurück zu übertragen. Zu diesem für ihn nachteiligen Rechtsgeschäft (§ 107 BGB) bedarf er freilich der Vertretung durch seine Eltern.

**2. Ausnahme**: Wie wir gesehen haben, sind Geschäfte, durch die der Minderjährige nicht bloß einen rechtlichen Vorteil erlangt, nur dann wirksam, wenn sie mit Einwilligung des gesetzlichen Vertreters abgeschlossen werden, § 107 BGB. Die Einwilligung bezieht sich dabei auf einzelne Geschäfte. Sie kann aber ausnahmsweise auch als **Generaleinwilligung** für eine Gruppe von Geschäften (z.B. für einen Schullandheimaufenthalt) erteilt werden. Darüber hinaus sieht das Gesetz eine **Teilgeschäftsfähigkeit** des Minderjährigen kraft spezieller Ermächtigung gem. **§§ 112, 113 BGB** vor.     **54**

**3. Ausnahme:** Die praktisch häufigste Form eines (generellen) Einverständnisses liegt im Überlassen von Geldmitteln, die dem Minderjährigen zur freien Verfügung stehen. Dabei handelt es sich nicht nur um Taschengeld, sondern z.B. auch um das Belassen von Arbeitseinkünften zu diesem Zweck. Für diese Fälle bringt **§ 110 BGB** eine **Sonderregelung**. Das Geschäft wird nicht schon bei Abschluss wirksam, sondern erst, wenn der Minderjährige seine Verpflichtungen mit den ihm überlassenen Mitteln erfüllt (sog. **Taschengeldparagraph**):     **55**

---

**Fall 9**

Der siebzehnjährige B spart schon lange sein Taschengeld für ein iPhone. Als er etwa ⅘ des Kaufpreises zusammen hat, kauft er das Gerät bei V. Den fehlenden Kaufpreisanteil will er im Einverständnis des V in zwei Raten von seinem künftigen Taschengeld begleichen. Als die Eltern davon erfahren, sind sie dagegen. Ist der Kauf gültig?

**Lösung**

Die Wirksamkeit des Kaufvertrages setzt nach § 107 BGB die Einwilligung der Eltern des B voraus, da das Geschäft rechtlich nachteilig ist (Kaufpreiszahlungspflicht des B). Die Ausnahmevorschrift des § 110 BGB greift nur ein, wenn der Minderjährige die vertragsgemäße Leistung (= die volle Zahlung des Kaufpreises) mit den Geldmitteln bewirkt (hat), die ihm zu freier Verfügung überlassen sind. Das ist hier nicht der Fall. Durch die **Versagung der Genehmigung** der Eltern wird der gem. § 108 I BGB schwebend unwirksame **Vertrag endgültig unwirksam**. Wegen des Scheiterns des Vertrags sind die Leistungen (iPhone und Geld) jeweils zurück zu gewähren.

---

**Lernkontrolle im Selbststudium:**
Kornblum/Schünemann/Müller, Aufgaben 5, 6, 17–25, 115

---

## II. Das Zustandekommen eines Vertrages

**56**     Im Zentrum unserer Darstellung des Privatrechtssystems stehen Ansprüche aus Schuldverträgen. Das hat seinen Grund darin, dass ein Vertrag, durch den die Parteien ihre Rechtsbeziehungen nach ihrem Willen regeln, in jedem Fall spezieller ist als die vom Gesetz aufgestellte allgemeine Vertragsordnung. Die Geltung einer **vertraglichen Regelung** beruht auf zwei Gründen: erstens, weil die Parteien sie vereinbaren, und zweitens, weil das Gesetz sie anerkennt. Die Rechtsfolgen des Kaufs treten ein, weil die Vertragsparteien sie im Kaufvertrag verabreden und das BGB sie anerkennt. Auch wenn § 433 BGB diese Rechtsfolgen noch einmal ausspricht, sind es keine gesetzlichen, sondern vertragliche (privatautonome) Rechtsfolgen.

**57**     Vertragliche Ansprüche setzen selbstverständlich einen rechtsgeschäftlichen Kontakt der Parteien voraus. Wie es zu Schuldverträgen kommt, wie sie begründet und abgewickelt werden und welche Störungen dabei auftreten, wird in den folgenden Unterrichtseinheiten hauptsächlich am Beispiel des Kaufvertrages vorgeführt.

### 1. Primäre und sekundäre Vertragsansprüche

**58**     Beim – gegenseitigen – Schuldvertrag (Verpflichtungsvertrag) verspricht jede Vertragspartei der anderen Partei eine Leistung. Die Leistungspflicht folgt unmittelbar aus dem wirksamen Vertrag selbst. Auf sie ist der Vertragsschluss primär gerichtet – deshalb spricht man von einer primären Leistungspflicht (aus dem Blickwinkel des jeweiligen Schuldners) bzw. von einem **primären Leistungsanspruch** (von der Warte des Gläubigers aus). Solche Primäransprüche ergeben sich aus einem Kaufvertrag (§ 433 BGB), Darlehensvertrag (§ 488 BGB), Schenkungsvertrag (§ 518 BGB), Mietvertrag (§ 535

BGB), Dienstvertrag (§ 611 BGB), Werk- und Bauvertrag (§§ 631, 650a BGB) usw. Die vertraglichen Erfüllungsansprüche erfordern lediglich, aber immerhin, einen wirksamen Vertrag.

**Sekundäransprüche** (dazu unten 2. Teil) können entstehen, wenn bei der Durch-   **59** führung des vertraglichen Leistungsprogramms Störungen auftreten. Diese Ansprüche sind nicht mehr auf das ursprüngliche Primärziel des Schuldvertrages (Austausch von Leistung und Gegenleistung) gerichtet, sondern gehen etwa auf Schadensersatz oder Rückgewähr von Leistungen (nach Rücktritt vom Vertrag). Solche Ansprüche setzen neben einem wirksamen Vertrag eine Pflichtverletzung des Schuldners und oft noch das Vertretenmüssen (= Verschulden, § 276 BGB) des Schuldners voraus oder z.B. auch eine Rücktrittserklärung des Gläubigers. Sekundäransprüche sind etwa der Anspruch auf Schadensersatz neben oder statt der (Erfüllungs-) Leistung, §§ 280 ff. BGB (vgl. unten Rn. 226) oder die Sachmängelansprüche beim Kauf, § 437 BGB (dazu unten Rn. 304 ff.).

## 2. Entstehung des Anspruchs (Vertragsschluss)

Das Prüfungsschema für Primäransprüche (vgl. oben nach Rn. 35) ist stets gleich: 1. ist   **60** der Anspruch ursprünglich entstanden? 2. nachträglich wieder weggefallen? und 3. bestehen Gegenrechte des Schuldners? Das Prüfungsprogramm beginnt also mit der Frage, ob es zwischen den Parteien zu einem Vertragsschluss gekommen ist. Schon diese Frage kann erhebliche Rechtsprobleme aufwerfen.

### a) Zwei korrespondierende Willenserklärungen

Der Vertrag ist das Hauptgestaltungsmittel im Zivilrecht. Man versteht darunter ein   **61** mehrseitiges Rechtsgeschäft aus mindestens zwei korrespondierenden Willenserklärungen, die das Gesetz **Antrag** (§§ 145, 146 BGB) und **Annahme** (§§ 147, 148 BGB) nennt und aus denen sich der wesentliche Vertragsinhalt ergeben muss. Der Vertrag kommt, wie § 151 S. 1 BGB formuliert, „durch die Annahme des Antrags zustande".

### aa) Grundbegriffe: Rechtsgeschäft, Willenserklärung und Vertrag

Der **Vertrag** ist ein (**zweiseitiges** oder mehrseitiges: z.B. A und B schließen als Mieter   **62** einen Mietvertrag mit dem Vermieter V) **Rechtsgeschäft**. Der Vertragsschluss erfordert daher entsprechende Willenserklärungen jeder Person, die vertraglich gebunden sein soll. Während ein Vertrag also mindestens zwei Willenserklärungen voraussetzt, gibt es auch den Fall, dass bereits eine Willenserklärung für sich eine Rechtsfolge bewirkt. Diese kleinste Einheit ist das **einseitige Rechtsgeschäft**, z.B. die Kündigung eines Arbeits- oder Mietvertrages, der Widerruf oder die Anfechtung einer Willenserklärung (vgl. schon Rn. 34).

Rechtsgeschäfte können auf unterschiedliche Arten von Rechtsfolgen gerichtet sein.   **63** Zwei Typen von Rechtsgeschäften werden hauptsächlich unterschieden: Verpflichtungs- und Verfügungsgeschäfte.

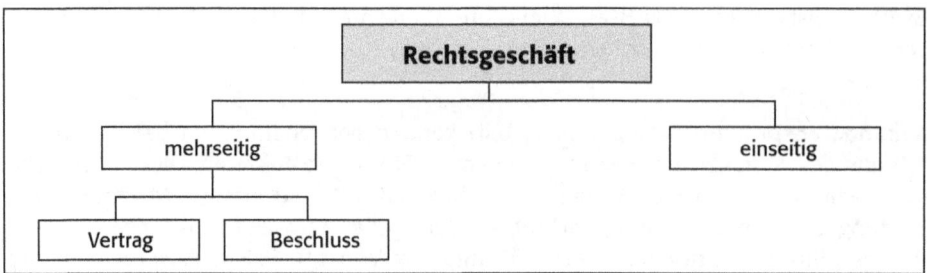

**64**   Bei den im Schuldrecht geregelten **Verpflichtungsgeschäften** begründen die Parteien eine oder mehrere Leistungspflichten (Primärpflichten). So verpflichten sich etwa beim Kaufvertrag der Verkäufer zur Übergabe und zur Übereignung der Kaufsache (§ 433 I 1 BGB) und der Käufer zur Zahlung des Kaufpreises (§ 433 II BGB). Die entsprechenden Ansprüche entstehen mit dem Abschluss des Vertrages.

**65**   Beim **Verfügungsgeschäft** soll dagegen auf ein bestehendes Recht eingewirkt werden, dieses soll z.B. auf einen anderen übertragen werden. So etwa das Eigentumsrecht an der Kaufsache, das der Verkäufer auf den Käufer zu übertragen verpflichtet ist. Das erfolgt durch einen neuen, eigenständigen Vertrag, der auf Änderung (Übertragung) des Eigentumsrechts an der Sache gerichtet ist. Den Grundfall der Übereignung beweglicher Sachen regelt § 929 BGB (= Sachenrecht). Diese Rechtsnorm verlangt für den Eintritt des gewünschten Rechtserfolges erstens die Übergabe der Sache an den Erwerber und zweitens die Einigung der Parteien, dass Eigentum übergehen soll. Damit genügt hier im Unterschied zu einem Verpflichtungsgeschäft (z.B. Kaufvertrag gem. § 433 BGB) nicht die bloße Willenseinigung der Parteien. Das Gesetz verlangt für das Zustandekommen des Übereignungsvertrages außerdem noch einen Realakt (Übergabe).

> **Merke:**   Wer einen Kaufvertrag geschlossen hat, ist noch nicht Eigentümer der Kaufsache.

### bb) Voraussetzungen einer Willenserklärung

**66**   Im Folgenden geht es nur um das **Zustandekommen**, also um den Abschluss von Verpflichtungsverträgen (Prototyp: Kaufvertrag). Da sich der Vertrag aus zwei Willenserklärungen (Angebot und Annahme) zusammensetzt, die sich decken müssen, ist es notwendig, die Wirksamkeit jeder Willenserklärung gesondert zu überprüfen. Dabei wird der Regelfall vorausgesetzt, dass der Erklärende geschäftsfähig ist (zur fehlenden und eingeschränkten Geschäftsfähigkeit vgl. oben Fälle 5–9).

**67**   Wie die Bezeichnung „Willenserklärung" bereits sagt, weist eine Willenserklärung ein subjektives (Willen) und ein objektives Element (Erklärung) auf. Man spricht auch von dem subjektiven und objektiven Tatbestand einer Willenserklärung.

## (1) Willensbestandteile

In subjektiver Hinsicht setzt eine Willenserklärung natürlichen **Handlungswillen** und **68** **Erklärungsbewusstsein** voraus. Unter dem Handlungswillen versteht man das Bewusstsein, überhaupt in einem sozialen Kontext zu handeln. Der Handlungswille fehlt bei einem unbewussten, d.h. nicht willensgesteuerten Verhalten. Im wirklichen Leben kommt so etwas so gut wie nicht vor, in Lehrbüchern dagegen häufiger:

---

**Fall 10**

Der A nickt nach dem zwölften Glas Bier im Gasthaus ein. Als der Wirt W ihn fragt: Noch ein Bier? nickt A gerade im Traum einer Schönen zu. Hat er damit das Angebot auf Abschluss eines Kaufvertrages angenommen?

---

**Lösung**

Ein Kaufvertrag zwischen dem Gast A und dem Wirt W über ein weiteres Bier setzt voraus, dass A überhaupt eine entsprechende Willenserklärung abgegeben hat. Das Nicken könnte unter anderen Umständen durchaus eine Willenserklärung durch schlüssiges (konkludentes) Verhalten bedeuten (unten Rn. 71). Aber dem A fehlt bereits das Handlungsbewusstsein. Auch W kann erkennen, dass das Verhalten des A nicht Ausdruck des Willens ist, eine Vertragserklärung abzugeben. Es fehlt hier schon am objektiven Tatbestand einer Willenserklärung. Daher kommt ein Kaufvertrag nicht zu Stande.

Im nächsten Fall liegt zwar ein natürlicher Handlungswille vor, dafür mangelt es je- **69** doch am Erklärungsbewusstsein:

---

**Fall 11**

Bei einer Weinversteigerung in Trier winkt der K seinem Freund zu, als dieser verspätet eintrifft. Er erhält daraufhin den Zuschlag für 500 Flaschen „Kröver Nacktarsch" durch den Verkäufer V (vgl. § 156 S. 1 BGB). Muss K zahlen?

---

**Lösung**

K besaß hier einen Handlungswillen, denn er wollte die Hand (zum Gruß) heben. Es kam ihm dabei jedoch nicht in den Sinn, durch sein „Winken" eine für die Versteigerung typische Gebotsgeste abzugeben. Er handelte daher ohne Erklärungsbewusstsein. Die Rechtsfolgen **fehlenden Erklärungsbewusstseins** sind umstritten. Teilweise wird Nichtigkeit der Erklärung angenommen. Richtigerweise wird man eine wirksame Willenserklärung annehmen müssen, weil K die Gepflogenheiten auf einer Weinversteigerung hätte erkennen und den unrichtigen Eindruck einer Willenserklärung hätte vermeiden können. Jedes zurechenbare Verhalten mit Erklärungswert kann eine Willenserklärung sein. Bei ihrer Auslegung fragt man nicht, wie der Erklärende selbst seine Erklärung versteht, sondern wie der Empfänger sie nach Treu und Glauben verstehen darf, denn die Willenserklärung ist Sozialakt (vgl. sogleich unter Rn. 71). Der Kaufvertrag ist damit wirksam zustande gekommen. Freilich kann K seine Erklärung wegen Irrtums „unverzüglich" anfechten (§§ 119 I, 121 I BGB), muss dann aber einen etwaigen Vertrauensschaden des V ersetzen, § 122 BGB (dazu unten Rn. 201).

### (2) Erklärungshandlung

**70**  Eine Willenserklärung liegt nur vor, wenn der Rechtsfolgewille objektiv kundgetan ist. Erforderlich ist also stets eine Erklärungshandlung. Der objektive Tatbestand einer Willenserklärung setzt daher voraus, dass die Erklärung des Willens nach außen dringt. Man unterscheidet hier die **Abgabe** der Erklärung und den **Zugang** der Erklärung.

**71**  Zur **Abgabe der Willenserklärung** ist erforderlich, dass der Wille in die Außenwelt tritt, wobei ein konkludentes (schlüssiges) Verhalten wie z.B. ein Handheben oder Nicken nach den konkreten Umständen genügen kann. Anders als bei Wort und Schrift handelt es sich hierbei nicht um ein Erklärungszeichen, sondern lediglich um ein Indiz für den Rechtsfolgewillen. „Schlüssig" ist ein Verhalten, wenn es unter Berücksichtigung der Gesamtumstände zuverlässig auf einen bestimmten Rechtsfolgewillen schließen lässt. Jede solche Kundgabe, natürlich erst recht eine ausdrückliche Erklärung (ein Kaufangebot abgeben bzw. ein solches annehmen zu wollen) genügt als Willensäußerung. Der Adressat der Willenserklärung, das heißt die Person, an die sie gerichtet ist, heißt Erklärungsgegner oder -empfänger. Auf ihn kommt es bei der Kundgabe einer Willenserklärung maßgeblich an. Die Frage, ob in einem bestimmten Verhalten eine **Willenserklärung** gesehen werden kann und wie diese zu verstehen (**auszulegen**) ist, ist von dem Standpunkt eines verständigen Dritten aus zu beurteilen, d.h. es ist zu fragen, wie dieser in der Lage des Erklärungsempfängers die Erklärung redlicherweise verstehen durfte, Auslegung nach dem objektiven **Empfängerhorizont**, §§ 133, 157 BGB. Es leuchtet ohne weiteres ein, dass sich das Recht nicht nach subjektiven Kriterien richten und gelten lassen kann, was der Erklärende tatsächlich gewollt hat. Die Auslegung nach dem Empfängerhorizont dient daher der Sicherheit im Rechtsverkehr.

---

**Fall 12**

Im Gasthaus gibt der Gast K dem Wirt W mit der Hand ein Zeichen. Dieser versteht das als „Bestellung" eines weiteren Bieres. Als er das Bier auf den Tisch stellt, widerspricht K und erklärt, er habe ein Schnitzel bestellen wollen. Muss er das Bier bezahlen?

---

**Lösung**

Hier fehlt es an der Kundgabe des Willens des K. Das Handzeichen durfte W nicht ohne weiteres dahin verstehen, dass K ein weiteres Bier bestellen will. Anders kann es aber bei einem Stammgast liegen, der auf diese Weise für gewöhnlich bestellt, oder auch dann, wenn K sein Bierglas gehoben hätte, um seinen Willen kundzutun. Ein solches Verhalten dürfte W nach den besonderen Umständen als Bestellung auffassen. Im Rechtsverkehr gibt es viele solche Chiffren bzw. Code-Wörter oder Übungen (Usancen), aus denen sich eine Willenserklärung ergeben kann, insbesondere im kaufmännischen Verkehr. Der vorliegende Fall wird sich tatsächlich aber so auflösen, dass W das Bier wieder mitnimmt und dem K das gewünschte Schnitzel bringt.

**72**  Die (abgegebene) **Willenserklärung** muss dem Erklärungsgegner auch **zugehen**; eine Willenserklärung ist grundsätzlich **empfangsbedürftig**. Ist der Empfänger geschäftsunfähig oder in der Geschäftsfähigkeit beschränkt, so gilt § 131 BGB. Nach dem Gesetz ist zu unterscheiden zwischen dem Zugang gegenüber Abwesenden (§ 130 I BGB) und gegenüber Anwesenden (auch „Fernsprecher", § 147 I 2 BGB).

### ■ Zugang unter Anwesenden

Dieser Fall ist im Gesetz nicht ausdrücklich geregelt. Nach der (herrschenden) Vernehmungstheorie kommt es bei nicht verkörperten, also bei mündlichen Erklärungen darauf an, ob der andere Teil die Willenserklärung akustisch vernommen hat. Das ist regelmäßig unproblematisch, weil Abgabe und Kenntnisnahme zeitlich zusammenfallen. Anders verhält es sich jedoch beim **73**

### ■ Zugang unter Abwesenden

Hier kann es der Fall sein, dass der Adressat keine Kenntnis von der Willenserklärung nimmt, sodass es deshalb nach der Vernehmungstheorie an einem Zugang fehlen würde. **74**

---

**Fall 13**

(ähnlich BGHZ 137, 205 = NJW 1998, 976): Kaufmann V hat seinem langjährigen Stammkunden K zum Firmenjubiläum ein schriftliches Sonderangebot unterbreitet, das dieser durch Unterschrift und Rücksendung bis 1.10. annehmen kann. Der K leitet das Schreiben an V unterschrieben zurück, wo es am 30.9. in den Briefkasten des Geschäftshauses geworfen wird. Da sich der Brief in einem Stapel von Reklamesendungen befindet, wirft V ihn versehentlich weg, ohne ihn zur Kenntnis genommen zu haben. Kann K Lieferung gemäß Sonderangebot verlangen?

---

**Lösung**

Anspruchsgrundlage ist § 433 I 1 BGB; die Norm setzt den wirksamen Abschluss eines Kaufvertrages voraus. Ein Vertragsangebot des V liegt vor. K könnte dieses gem. § 147 II BGB rechtzeitig durch Rücksendung des Bestellformulars angenommen haben. Darin liegt zunächst die Abgabe der Annahmeerklärung. Für eine Willenserklärung des K ist jedoch noch der Zugang bei dem Erklärungsgegner V erforderlich. Daran könnte es fehlen, weil V das Schreiben des K nicht gelesen hat. § 130 I 1 BGB setzt aber nicht Kenntnisnahme des Adressaten (wie bei Willenserklärung unter Anwesenden: Vernehmungstheorie), sondern „Zugang beim Empfänger" voraus. Der **Zugang** kann schon eintreten, bevor der Adressat vom Inhalt der Erklärung Kenntnis erlangt. Es wird also (lediglich) gefordert, dass (**Definition:**) die **Willenserklärung derart in den Herrschaftsbereich des Empfängers gelangt, dass eine Kenntnisnahme möglich und nach der Verkehrsanschauung auch zu erwarten ist** (Empfangstheorie). Das führt hier zum Ergebnis, dass die Annahme des Vertragsangebotes durch K rechtzeitig vor dem 1.10. erfolgt ist. Ein Kaufvertrag ist daher zu Stande gekommen, sodass K von V Lieferung der Kaufsache (genauer: Übereignung der Sache gem. § 929 BGB) verlangen kann.

### ■ Zugangshindernisse

So einfach liegt es freilich nicht immer. Das sollen die folgenden Beispielsfälle demonstrieren: **75**

> **Beispiel 1:** Vermieter V wirft am 1.6. gegen 17:00 Uhr eigenhändig ein Kündigungsschreiben in den Briefkasten des Mieters M. Wann ist die Kündigungserklärung zugegangen?

Antwort: Am 2.6., und zwar zu der Zeit, zu der üblicherweise der Briefträger kommt und M mit Post rechnet. Der Zugang ist unabhängig davon, ob M am 2.6. tatsächlich in den Briefkasten schaut oder nicht, z.B. weil M nicht zu Hause, etwa im Urlaub ist. Der M hat für die Zeit seiner Abwesenheit selbst Sorge dafür zu tragen, dass eingehende Post ihn erreicht. **76**

> **Beispiel 2:** Vermieter V schickt das Kündigungsschreiben mit der Post in einem (unfrankier-ten) Umschlag. M verweigert die Annahme und gibt den Brief an den Briefträger ungeöffnet zurück. Ist wirksam gekündigt?

**77** Antwort: Bei berechtigter Annahmeverweigerung liegt kein Zugang vor. Die Kündigungserklärung ist daher unwirksam. Bei ordnungsgemäß freigemachter Sendung könnte der Empfänger allerdings nicht durch Annahmeverweigerung den Zugang verhindern. Er hat ja die Möglichkeit zur Kenntnisnahme (Empfangstheorie, vgl. § 130 I 1 BGB).

> **Beispiel 3:** Vermieter V geht mit dem Kündigungsschreiben am 31.3. zur Mietwohnung des M. Dort trifft er dessen Lebensgefährtin F an, der er das Kündigungsschreiben übergibt. Die F zieht es vor, dem M im Hinblick auf dessen mangelnde Frustrationstoleranz den Brief vorzuenthalten und zu vernichten. Zugang?

**78** Antwort: Die F war hier auf Empfängerseite als **Empfangsbotin** tätig. Darunter versteht man eine Person, die vom Empfänger zur Entgegennahme von Erklärungen bestellt wurde oder nach der Verkehrsanschauung dazu wegen mutmaßlicher Empfangsermächtigung durch den Adressaten geeignet ist (Familienmitglieder, Lebensgefährten, Angestellte usw.). Allerdings ist der Zugang erst zu dem Zeitpunkt anzunehmen, in dem dem Empfänger tatsächlich die Möglichkeit der Kenntnisnahme verschafft wird. Hier ist die Erklärung des V am 31.3. zugegangen, weil sie mit Übergabe an den Boten (F) in den Machtbereich des Empfängers gelangt ist, der auch die Möglichkeit zur Kenntnisnahme hatte. Dass die F ihm das Schreiben nicht aushändigt, geht zu seinen Lasten.

**79** Nach diesen Grundsätzen für Willenserklärungen gegenüber Abwesenden sind auch die Zugangsprobleme bei **modernen Kommunikationstechniken** (Telefax, SMS, **E-Mail**) zu behandeln. Es stellt sich hier die Frage, ob eine beim Provider abrufbare E-Mail zugegangen ist, wenn der Adressat gar nicht bemerkt, dass eine Erklärung in seinen Empfangsbereich gelangt ist. Zugang kann nur angenommen werden, wenn der E-Mail-Empfänger seine Mail-Adresse dem Geschäftspartner mitgeteilt und zu erkennen gegeben hat, dass er Erklärungen auf diesem Weg zu empfangen bereit ist. Er muss dann ständig das System auf Eingänge hin überprüfen. Eine E-Mail ist daher schon dann zugegangen, wenn sie vom Empfänger abgerufen werden kann, was § 130 I 1 BGB allgemein zum Ausdruck bringt (Empfangstheorie).

### b) Der Vertragsschlussmechanismus: Angebot und Annahme

**80** Zum Abschluss eines Vertrages sind, wie gesagt, zwei gleichgerichtete (korrespondierende) Willenserklärungen erforderlich. Die zeitlich erste Willenserklärung (die entweder vom Käufer oder vom Verkäufer kommen kann) heißt Antrag (auch: Angebot oder Offerte), die nachfolgende Erklärung des anderen Vertragspartners nennt man Annahme. Der Vertrag kommt also erst durch Angebot + Annahme zu Stande (vgl. § 151 S. 1 BGB). So einfach das Prinzip des Vertragsschlusses (Willenserklärung + Willenserklärung) auch erscheint, so kompliziert kann sich in der Rechtspraxis der Vertragsschluss insbesondere im Hinblick auf die Zeitdimension gestalten, weil die Willenserklärungen der Vertragschließenden regelmäßig nicht zu derselben Zeit abgegeben werden. Das Gesetz hat diese Problematik (teilweise) in den §§ 145–153 BGB erfasst.

### aa) Antrag

Der wirksame Antrag auf Abschluss eines Vertrages setzt einen gewissen Mindestinhalt der Erklärung und eine bestimmte Verbindlichkeit für den Erklärenden voraus. Der Antrag muss nämlich alle wesentlichen Elemente (essentialia negotii) des angestrebten Vertrages, wie etwa bei einem Kaufvertrag die Bestimmung von Leistung (Kaufsache) und Gegenleistung (Kaufpreis) enthalten. Er muss außerdem den gewünschten Inhalt so vollständig wiedergeben, dass der andere Teil, wenn er das Angebot akzeptieren will, dies durch ein bloßes „Ja" zum Ausdruck bringen kann.     **81**

Ob der Erklärende dem Adressaten eine solche Rechtsposition einräumen, also ein Angebot im Rechtssinn abgeben will, ist eine z.T. schwierig zu entscheidende Auslegungsfrage. Warenprospekte, Kataloge, Preislisten oder Schaufensterauslagen werden regelmäßig nur als Aufforderung an Interessenten verstanden, sich in Vertragsverhandlungen mit dem Geschäftsinhaber zu begeben (sog. *invitatio ad offerendum*). Ein Angebot des Verkäufers liegt nicht vor. Denn der Verkäufer will sich seine Vertragspartner selbst aussuchen, etwa auch im Hinblick auf ihre Solvenz. Das Angebot geht daher in diesen Fällen vom Kunden aus, der sich für die angepriesenen Waren interessiert. Der Kaufvertrag kommt in diesem Fall erst zu Stande, wenn der Geschäftsinhaber das Angebot des Interessenten annimmt. Anderenfalls bestünde die Gefahr, dass der Anbieter vertraglich zur Lieferung über seinen Warenvorrat hinaus verpflichtet wäre und sich schadenersatzpflichtig machen würde, weil er die vielen Verträge nicht erfüllen könnte.     **82**

Auch bei einem „Angebot freibleibend" handelt es sich entgegen dem Wortlaut im Regelfall nicht um ein Vertragsangebot, sondern lediglich um die Aufforderung zur Abgabe eines Angebotes (zu denselben Bedingungen), so BGH NJW 1996, 919. Anders liegt der Fall, wenn der Verkäufer einen Warenautomaten aufstellt. Damit bietet er jedem Kunden gegen Eingabe von Bargeld die Übereignung der Ware an. Der Betreiber eines Parkhauses bietet jedermann die entgeltliche Nutzung von Parkraum an.     **83**

Der Anbietende ist beim Distanzgeschäft, also bei einem Vertrag unter Abwesenden, an seinen Vertragsantrag regelmäßig für eine gewisse Zeit gebunden, in der der Erklärungsempfänger über die Annahme entscheiden kann und soll, § 145 BGB. Der Antragende kann seinen Antrag in dieser Zeit nicht zurückzunehmen (widerrufen). Allerdings ist zu prüfen, ob das Angebot wirksam zugegangen ist. Der Erklärende kann den wirksamen Zugang seines Angebotes nach Maßgabe des § 130 I 2 BGB noch verhindern.     **84**

---
**Fall 14**
---

Der Galerist V hat dem Interessenten K ein ausgestelltes Gemälde für 25 000 EUR angeboten. Dieser will die Sache überdenken, doch schon am nächsten Morgen schreibt er dem V in einer E-Mail, dass er das Bild zu dem angebotenen Preis kaufe. Der V ist den ganzen Tag unterwegs und hat nicht in seine Mailbox geschaut. Am Abend überlegt sich der K das Ganze noch einmal und teilt dem V telefonisch mit, dass er das Bild doch nicht haben will. V hat zu diesem Zeitpunkt die Mailpost des K immer noch nicht gelesen. Er fragt, ob er einen Anspruch auf Zahlung von 25 000 EUR gegen K habe.

**Lösung**

V könnte gegen K einen Anspruch auf Kaufpreiszahlung gem. § 433 II BGB haben, wenn zwischen den Parteien ein wirksamer Kaufvertrag zustande gekommen ist.

Fraglich ist, ob K das Angebot des V wirksam angenommen hat. Eine Annahmeerklärung könnte in der E-Mail vom Vormittag liegen. Dies ist nicht der Fall, wenn dem V vorher oder gleichzeitig mit dieser Mail ein Widerruf zugegangen ist, § 130 I 2 BGB.

Daher ist der Zeitpunkt bedeutsam, in dem der Widerruf des K dem V zugegangen ist. Auch der Widerruf ist eine Willenserklärung, die erst mit dem Zugang beim Empfänger wirksam wird. Hier handelt es um eine telefonische Erklärung, die wie eine Willenserklärung unter Anwesenden zu behandeln ist. Der Widerruf ist dem V daher am Abend zugegangen (vgl. oben Rn. 73).

Der Widerruf ist aber nur dann wirksam, wenn die Annahmeerklärung des K nicht schon vorher wirksam geworden ist. Daher kommt es auf die Frage an, wann die Mail des K mit der Annahmeerklärung dem V zugegangen ist. Wollte man hier auf den Zeitpunkt abstellen, in dem der V die Mailnachricht tatsächlich liest, wäre die Erklärung beim Telefonat zwischen K und V am Abend noch immer nicht zugegangen, weil V seine Mailbox noch nicht abgerufen hatte. Die unter Abwesenden erfolgte Annahmeerklärung des K geht aber bereits in dem Zeitpunkt zu, in dem unter gewöhnlichen Umständen mit einer Kenntnisnahme zu rechnen ist (vgl. Fall 13). Dies war jedoch schon am Vormittag, da sich die Mailnachricht schon zu diesem Zeitpunkt (= übliche Geschäftszeit) abrufbar in der Mailbox des V befand (oben Rn. 79). Dass der V die E-Mail nicht gelesen hat, ist für den Zugang ohne Bedeutung.

**Ergebnis**: Bereits am Vormittag ist der Kaufvertrag wirksam zustande gekommen. Der Widerruf des K kam daher zu spät. Der V hat gegen K einen Anspruch auf Kaufpreiszahlung.

## bb) Annahme

**85**  Die Annahme besteht in der bloßen Erklärung, dem Angebot zuzustimmen. Dennoch kann auch die Annahmeerklärung rechtliche Probleme aufwerfen. Im Vordergrund stehen hierbei häufig die Fragen der Rechtzeitigkeit der Annahmeerklärung und der inhaltlichen Modifikation des Angebots durch die Annahmeerklärung.

**86**  Jede (!) zusätzliche Erklärung, die vom Angebot abweicht, sei es durch Erweiterungen oder Einschränkungen, lässt den angebotenen Vertragsschluss scheitern, §§ 146, 150 II BGB.

---

**Fall 15**

Kaufmann V bietet dem Malermeister K in einem Geschäftsbrief einen Restposten von 100 Eimern Farbe für 420 EUR zuzüglich Transportkosten an. K mailt zurück: „kaufe Restposten von 100 Farbeimern für 420 EUR, Lieferung frei Haus". Ist ein Vertrag zu Stande gekommen?

**Lösung**

Das Angebot des V ist dem K zugegangen. Die Annahme des K deckt sich jedoch inhaltlich nicht mit der Erklärung des V (bzgl. der Kosten für den Transport). Damit ist das Angebot abgelehnt und erloschen, § 146 BGB. Die Willenserklärung des K gilt als neuer Antrag gem. § 150 II BGB. Es liegt nun bei V, ob er das neue Angebot annehmen will oder nicht. Im Verlaufe der Vertragsverhandlungen ist es hier zu einem Rollentausch hinsichtlich der Position des Antragenden gekommen.

In der Rechtspraxis kommt es häufig vor, dass ein Vertragsantrag durch eine „Auftrags-  **87**
bestätigung" mit inhaltlichen Modifikationen „angenommen" wird. Dann liegt aber
keine Annahme vor (die Willenserklärungen sind nicht kongruent), vielmehr handelt
es sich, wie gezeigt, gem. § 150 II BGB um einen neuen Antrag. Wird das Liefergeschäft
daraufhin widerspruchslos durchgeführt und die Leistung des Gegners vorbehaltlos
entgegengenommen, kann darin eine konkludente Annahme des in der modifizierten
Auftragsbestätigung enthaltenen neuen Vertragsantrages erblickt werden (zu dem besonderen Problem der einander widersprechenden AGB siehe noch unten Rn. 173).

Weil und soweit der Antragende an seine Angebotserklärung gebunden ist, besteht für  **88**
ihn ein Interesse daran, dass die Bindung nicht auf Dauer („ewig") fortbesteht. Der
Erklärungsgegner muss das Angebot vielmehr **rechtzeitig annehmen**. Wann das der
Fall ist, bestimmt das Gesetz in §§ 147 und 148 BGB. Wird das Angebot nicht rechtzeitig angenommen oder ausdrücklich abgelehnt, erlischt es gem. § 146 BGB.

Es ist zu **unterscheiden** zwischen der fristgerechten **Annahme eines Angebotes**  **89**

- **unter Anwesenden**: hier hat die Annahme sofort zu erfolgen, § 147 I BGB (es sei
  denn, der Erklärungsempfänger erhält eine Bedenkfrist eingeräumt, § 148 BGB).

---
**Fall 16**

V bietet K telefonisch den Verkauf seiner Kunstsammlung für 5000 EUR an. Als K gerade sein
Einverständnis erklären will, wird die Verbindung unterbrochen. K stellt sie wieder her und
erklärt die Annahme. V hat sich die Sache inzwischen jedoch anders überlegt und weigert sich,
die Sammlung herauszugeben und zu übereignen. Hat K einen solchen Anspruch?

---

**Lösung**

K könnte gegen V einen Anspruch auf Eigentumsverschaffung und Übergabe der einzelnen Kunstge-
genstände haben, § 433 I BGB. Voraussetzung dafür ist das Zustandekommen eines Kaufvertrages.
V hat dem K einen solchen Vertrag angetragen durch Abgabe eines Angebotes unter Anwesenden
(§ 147 I 2 BGB). Der Antrag wurde aber nicht „sofort" (= schneller als unverzüglich i.S.v. § 121 I 1
BGB) angenommen und ist daher erloschen, § 146 BGB. Die **Annahmeerklärung** des K erfolgte
**verspätet** (auf ein Verschulden des K kommt es hierbei nicht an) und gilt als neues Angebot, **§ 150 I**
BGB. Dieses hat V nicht angenommen. Daher hat K auch keinen Erfüllungsanspruch gegen V.

- **unter Abwesenden**: hier hat die Annahme innerhalb einer vom Antragenden be-  **90**
  stimmten Frist zu erfolgen, § 148 BGB; ist keine Annahmefrist bestimmt, so kann
  die Annahme bis zu dem Zeitpunkt erklärt werden, in dem unter normalen Umständen die Annahme erwartet werden darf, § 147 II BGB. Das ist eine Frage der
  Auslegung im Einzelfall. Bei einem schriftlichen Angebot muss man in jedem Fall
  die Zeit für die Zustellung der beiden Willenserklärungen (Vorlauf = Antrag, Annahme = Rücklauf) berücksichtigen und außerdem noch eine angemessene Überlegungsfrist für den Erklärungsgegner einrechnen, je nach Wert und Bedeutung des
  Vertragsgegenstandes.

Die Geltungsdauer des Antrages ist eindeutig überschritten in  **91**

---

**Fall 17**

V annonciert am 1.9. seinen Gebrauchtwagen in einer Zeitung zum Verkauf. Der Händler K bietet mit Schreiben vom 3.9. unbesehen für den PKW 3000 EUR, wenn die technischen Angaben und der km-Stand in der Annonce zutreffen. Das Angebotsschreiben kommt am 5.9. bei V an. Dieser erklärt nach mehreren gescheiterten anderweitigen Verhandlungen mit Schreiben vom 19.9. gegenüber K die Annahme. Der Brief trifft am 21.9. bei K ein. Kaufvertrag?

---

**Lösung**

Ein Kaufvertrag könnte zwischen V und K zustande gekommen sein, wenn zwischen beiden eine Willensübereinstimmung über den Kauf für 3000 EUR bestünde. Hierfür kann nicht an die Zeitungsannonce des V angeknüpft werden, weil es sich dabei lediglich um eine sog. invitatio ad offerendum handelt (siehe oben Rn. 82). Das Angebot stammt hier von K; fraglich ist, ob V das Angebot rechtzeitig angenommen hat, § 147 II BGB. Das ist hier nicht der Fall, weil die Frist zur Annahme des Angebotes des K überschritten ist. Für die Beförderungsdauer eines Briefes können bis zu drei Tage angesetzt werden, sodass insgesamt mit sechs Tagen Postlauf für Antrag und Annahmeerklärung und zusätzlich mit einer Überlegungsfrist für V je nach dem Einzelfall von wenigen Tagen zu rechnen ist. Damit kommt man insgesamt auf maximal 13 Tage, sodass der Antrag des K erloschen ist (§ 146 BGB) und nicht mehr angenommen werden kann. Es greift vielmehr § 150 I BGB ein. Das bedeutet, dass sich K den Kauf noch einmal überlegen kann (freilich wiederum unter Beachtung einer angemessenen Zeit, § 147 II BGB). Der V ist unterdessen an seinen in der verspäteten Annahme enthaltenen neuen Antrag gem. § 145 BGB gebunden. Das „Spiel" beginnt wieder von vorn.

92    Die Annahme muss als empfangsbedürftige Willenserklärung dem Antragenden grundsätzlich auch zugehen. Nur ganz ausnahmsweise wird auf den **Zugang der Annahmeerklärung verzichtet, § 151 S. 1 BGB.**

---

**Fall 18**

Das Konfiseriegeschäft des V versendet drei Wochen vor Weihnachten an bestimmte Honoratioren u.a. auch an K eine feine Pralinenmischung mit einem Begleitschreiben: „... und sind wir sicher, damit Ihren Geschmack getroffen zu haben. Sie sollten nicht auf unser spezielles Weihnachtsangebot für einen erlesenen Kreis verzichten". Beigefügt ist eine Rechnung über 25 EUR. K verzehrt die Pralinen, will aber nicht zahlen. V besteht darauf. Wer hat Recht?

*Abwandlung:*  Wie wäre es, wenn K als Stammkunde des V schon in früheren Jahren auf diese Art angeschrieben worden und mit dem Angebot jeweils einverstanden gewesen wäre?

---

**Lösung**

Ein Vertragsangebot der Firma V liegt in der Übersendung von Ware und Rechnung. Einem Vertragsschluss steht jedoch § 241a I BGB entgegen, da es sich hier um die Lieferung unbestellter Sachen handelt. Im Fall einer unbestellten Leistung kann der Unternehmer weder vertragliche noch gesetzliche Ansprüche gegen den Verbraucher geltend machen. Sinn und Zweck des § 241a BGB ist es, solche unlauteren Geschäftspraktiken zu unterbinden. Die Vorschrift geht auf europarechtliche Vorgaben zurück (vgl. auch die Legaldefinition der „Ware" in § 241a I BGB).

Bei der *Abwandlung* ist jedoch die Frage zu entscheiden, ob ein Kaufvertrag zustande gekommen ist, obwohl die konkludente Annahmeerklärung des K dem V nicht zugegangen ist, § 130 I 1 BGB. Hier könnte der Antragende (V) auf den Zugang der Annahmeerklärung (nicht auf die Annahmeerklärung selbst) verzichtet haben, § 151 S. 1 BGB. Das kann nur angenommen werden, wenn der Angebotsempfänger mit V in geschäftlichen Beziehungen steht und die Zusendung der Ware angekündigt wurde bzw. üblich ist. Es ist aber für das Vorliegen des § 151 S. 1 BGB stets ein als Willensbetätigung zu wertendes, nach außen tretendes Verhalten des Angebotsempfängers nötig, das auf einen Annahmewillen schließen lässt (hier: Aufessen der Pralinen).

Durch bloßes **Schweigen** kommt in der Regel kein Vertrag zu Stande. Schweigen ist    93
nichts, also auch keine Annahmeerklärung. Das Schweigen auf ein Vertragsangebot begründet daher keinen Vertrag. Nur ganz ausnahmsweise messen Gesetz oder Gewohnheitsrecht dem Schweigen die Qualität einer (Annahme-)Erklärung bei. Beispiele bieten das kaufmännische Bestätigungsschreiben und § 362 HGB (dazu unten 2. Kapitel Rn. 73 f.). Für bürgerlich-rechtliche Verhältnisse bleibt es jedoch bei dem genannten Grundsatz.

---

**Fall 19**

K bestellt einen Ergänzungsband für seine Lexikonreihe für 200 EUR beim Buchhändler V. Dieser schreibt zurück, der Preis habe sich – nicht nur wegen der Anhebung der Mehrwertsteuer – auf 250 EUR erhöht. Als V nichts mehr von K hört, übersendet er nach zwei Wochen das Buch per Nachnahme. K verweigert die Annahme. V besteht auf Zahlung des Kaufpreises.

**Lösung**

Ein solcher Anspruch besteht nur, wenn ein Kaufvertrag über den Lexikonband für 250 EUR zu Stande gekommen ist, § 433 II BGB. Die Ankündigung der Preiserhöhung durch V stellt ein neues Vertragsangebot dar, § 150 II BGB. Dieses hat K jedoch nicht angenommen, denn Schweigen bedeutet im Regelfall keine Erklärung. Damit fehlt es an einer Annahme (vgl. aber auch §§ 516 II 2, 455 S. 2 BGB, denen eine andere Interessenlage zugrunde liegt).

### c) Fehlschlagen der Einigung (Dissens)

Die Einigung kann trotz Austausches der Willenserklärungen der Partner von Vertrags-    94
verhandlungen scheitern, wenn diese sich nicht über alle Punkte, über die eine Vereinbarung getroffen werden sollte, verständigt haben. So etwa wenn sich die Kontrahenten bei Verhandlungen über die Vermietung von Geschäftsräumen zwar über den Mietzins, nicht jedoch über die festzulegende Mietzeit einig werden, der Mieter sich beispielsweise nur für zwei Jahre binden, der Vermieter aber einen auf 10 Jahre befristeten Vertrag abschließen will. Dann liegt ein **offener Dissens** vor. Natürlich kommt in einem solchen Fall der angestrebte Mietvertrag nicht zu Stande, weil man sich über den wesentlichen Geschäftsinhalt (essentialia negotii) nicht geeinigt hat (Einigungsmangel). Das sagt § 154 I 1 BGB. Zu einem Vertragsschluss kommt es allenfalls dann, wenn sich die Parteien lediglich über einen unwesentlichen Nebenpunkt nicht einigen können und den Streit bewusst zurückstellen.

Besondere Fragen stellen sich, wenn die Parteien über einen der Einigung bedürftigen    95
Punkt tatsächlich einen Konsens nicht erreicht haben, aber irrtümlich den Vertrag für geschlossen halten. Dann liegt ein sog. **versteckter Dissens** vor. Dazu der

---

**Fall 20**

A und B sind pharmazeutische Unternehmen, die in ständiger Geschäftsverbindung stehen. Den B erreicht eine E-Mail des A mit folgendem Inhalt: „Vitamine E und A, je 1000 kg, kg/80 EUR, Nettokasse bei Übernahme". B antwortet kurz: „Einverstanden, briefliche Bestätigung unterwegs". Dann stellt sich heraus, dass beide Parteien den Verkauf der Vitamine gemeint hatten. Ist ein Kaufvertrag zu Stande gekommen?

---

**96**   Man könnte meinen, dass der Vertragsschluss auch hier ohne weiteres scheitert. Doch nach der etwas dunklen Formulierung des § 155 BGB soll diese Folge im Zweifel nicht eintreten. Das Gesetz will einen Vertrag, den die Parteien für geschlossen halten, grundsätzlich nicht daran scheitern lassen, dass die Kontrahenten über einen relativ unwesentlichen Punkt, ohne es zu merken, eine Verständigung nicht erzielt haben. Ob das der Fall ist, muss regelmäßig durch Auslegung der Willenserklärungen der Parteien ermittelt werden.

**97**   Zu einem Vertragsschluss kommt es aber nicht, wenn sich das Missverständnis auf einen wesentlichen Punkt bezieht, nämlich wie im Fall 20 darauf, ob ein Kauf- oder Verkaufsangebot des A vorliegt. Ist das Angebot zweideutig, dann ist es auch die Annahmeerklärung des B. Es liegt ein Dissens vor, der entgegen der Regelanordnung des § 155 BGB das Zustandekommen eines Vertrages verhindert[3].

> **Lernkontrolle im Selbststudium:**
> Kornblum/Schünemann/Müller, Aufgaben 36, 38, 39, 42, 57, 61, 64, 79, 87, 92–96, 98–103

### 3.   Kaufvertrag im Internet

**98**   Der Vertragsschluss beim Kauf im Internet-Shop (Online-Handel) unterscheidet sich prinzipiell nicht von dem herkömmlichen Weg, auch wenn die **elektronische Willenserklärung** in einem Klick besteht und elektronisch übermittelt wird.

---

**Fall 21**

(nach BGH NJW 2005, 976): Die V-GmbH verkauft Computer über eine Website im Internet. In das durch eine spezielle EDV gesteuerte Warenwirtschaftssystem wird als Preis für ein Notebook 749 EUR zuzüglich Versandkosten von 15 EUR eingegeben. Die Software gibt den Preis aufgrund eines Fehlers allerdings mit 499 EUR in die Produktdatenbank auf der Internetseite an. K bestellt ein solches Notebook und erhält sofort eine automatische E-Mail mit Auftragsbestätigung. Nach dem Versand des Artikels stellt sich der Softwarefehler heraus. Ist ein wirksamer Kaufvertrag zwischen den Parteien zustande gekommen?

---

**99**   Wie im regulären Geschäftsleben kommt ein Vertrag im Internet durch Angebot der einen Partei und durch Annahme der anderen Vertragspartei zustande (vgl. auch hier § 151 S. 1 BGB). Im Ausgangspunkt bestehen keine Besonderheiten. Bei den im Web-

---

3   So ist das auch in einem ähnlichen Fall vom Reichsgericht entschieden worden, RGZ 104, 265.

shop dem Internetpublikum vorgestellten Produkten handelt es sich regelmäßig nur um eine unverbindliche Warenpräsentation, also um eine *invitatio ad offerendum*, nicht anders als bei einer Auslage im Schaufenster eines Kaufhauses oder bei den Abbildungen in einem Versandkatalog. Denn der Webshop-Inhaber wendet sich an eine unbestimmte Vielzahl von Personen, sodass mögliche Bestellungen den Warenbestand erheblich übersteigen können (vgl. oben Rn. 82). Daher geht der Wille des Online-Händlers regelmäßig dahin, selbst darüber zu entscheiden, ob er einen Vertrag mit dem Online-Kunden eingehen will (und kann).

Daraus folgt im Fall 21, dass ein Angebot erst mit der Bestellung des K vorliegt, wenn **100** dieser die Ware in den Warenkorb legt und nach Eingabe der Kontaktdaten den Kaufbutton klickt. Darin ist das verbindliche **Angebot** zum Abschluss eines Kaufvertrages über 499 EUR zu erblicken. Seit dem 01.08.2012 gilt die sog. Buttonlösung, wonach der Unternehmer klarstellen muss, dass der „Klick" Geld kostet, also ein zahlungspflichtiger Bestellvorgang ausgelöst wird, § 312j III BGB.

Die **Annahme** der V-GmbH könnte bereits in dem Bestätigungsmail vom gleichen **101** Tage vorliegen. Das hängt vom konkreten Inhalt des automatischen Antwortschreibens ab. Die meisten Webshops versenden allerdings keine verbindlichen Auftragsbestätigungen, sondern bestätigen nur den Erhalt der Bestellung und bedanken sich für den Auftrag. In diesem Fall kommt der Vertrag spätestens mit der Versendung der Ware durch die Versandabteilung zustande (konkludente Annahme des Angebots). Macht die V-GmbH hier keinen weiteren Vorbehalt, kommt der Kaufvertrag über das Notebook zu dem angegebenen Kaufpreis von 499 EUR zustande.

Entscheidend für den Vertragsschluss zu diesem Preis ist der Umstand, dass hier eine **102** entsprechende Erklärung der V-GmbH vorliegt, die ein verständiger Erklärungsempfänger als Annahme des Angebots des K zu dem auf der Internetseite beworbenen Kaufpreis von 499 EUR verstehen konnte, §§ 133, 157 BGB. Ob K das Notebook zu diesem versehentlich ausgeschriebenen Preis behalten darf oder ob er es nach Entdeckung des Irrtums durch die V-GmbH wieder herausgeben muss, ist eine andere Frage. Die Antwort hierauf ist im Rahmen der Behandlung des Anfechtungsrechts zu geben (dazu unten Fall 43).

Noch einmal anders als die Warenpräsentation in einem Webshop beurteilt sich in **103** rechtlicher Hinsicht das Einstellen von Waren oder Dienstleistungen in eine Internetauktionsplattform. Da hier jedoch Vertretungsrecht eine Rolle spielt, kann der Vertragsschluss im Wege einer Ersteigerung im Internet erst in diesem Kontext dargestellt werden (dazu unten III 4).

## III. Die Stellvertretung

Bisher wurde nur untersucht, wie ein Vertrag durch eigene Willenserklärungen der **104** beiden Parteien zu Stande kommt. Aber das erschöpft die Rechtswirklichkeit bei Weitem nicht. Niemand kann überall sein und handeln. Manche Rechtssubjekte können selbst rechtlich überhaupt nicht bzw. nicht rechtswirksam handeln (Kinder unter

7 Jahren, juristische Personen). In einer entwickelten, arbeitsteiligen Wirtschaft müssen zum Vertragsschluss Hilfspersonen (Vertreter) eingesetzt werden. Die wirksame Stellvertretung hat nach § 164 I BGB stets zur Folge, dass die **Wirkungen des Rechtsgeschäfts** den **Vertretenen** und nicht den Vertreter treffen. Das gilt nicht nur bei der Aktivvertretung (Abgabe einer Willenserklärung), sondern auch bei der Passivvertretung (Empfangsvertretung) gem. § 164 III BGB (Empfang einer Willenserklärung).

## 1. Voraussetzungen und Wirkung der Stellvertretung

105    Ein Vertreter kann grundsätzlich jedes Rechtsgeschäft für den Vertretenen abschließen, es sei denn, es handelt sich ausnahmsweise um ein höchstpersönliches Rechtsgeschäft, das der Betroffene nur selbst vornehmen kann (z.B. §§ 1311, 2064, 2274 BGB). Man unterscheidet **gewillkürte** Vertretung (Vertretungsmacht kraft Rechtsgeschäfts) und **gesetzliche Vertretung** (Vertretungsmacht kraft Gesetzes, z.B. § 1629 BGB: Eltern als gesetzliche Vertreter).

### a) Eigene Willenserklärung des Vertreters

106    Bei der Aktivvertretung gibt der Vertreter eine Willenserklärung für den Vertretenen ab. Dies unterscheidet ihn vom **Boten**, der **keine eigene Erklärung** abgibt, sondern nur eine fremde Erklärung übermittelt. Dieser Fall kommt im Rechtsverkehr nicht selten vor, etwa wenn sich der Erklärende zur Übermittlung seines Willens einer Person oder Einrichtung (Telekom, Internetdienst) bedient.

---

**Fall 22**

Der Vater übergibt seinem Sohn (6 Jahre) Geld zum Kauf der „Bild am Sonntag" am Kiosk. Kann das Kind einen wirksamen Kaufvertrag schließen?

**Lösung**

Das Kind selbst kann keine wirksame Willenserklärung abgeben und daher auch nicht als Vertreter auftreten. Es kann aber Bote einer Erklärung des Vaters (**Erklärungsbote**) sein: Ist das Kindlein noch so klein, so kann es dennoch Bote sein! In diesem Fall übermittelt es eine vorformulierte Willenserklärung (vgl. § 120 BGB) des Vaters. Das Kind tritt als bloßes „Sprachrohr" des Vaters auf, sodass der Kaufvertrag zwischen dem Vater und dem Kioskbetreiber zu Stande kommt. Die Erklärung des Vaters – übermittelt durch das Kind – bringt den Vertrag zu Stande.

---

**Fall 22 (Abwandlung)**

Der vierzehnjährige Sohn soll für den Vater eine Tageszeitung am Kiosk kaufen und selbst entscheiden, welche. Kann er diese Aufgabe erfüllen?

**Lösung**

Hier soll das Kind als Vertreter tätig werden, nämlich eine *eigene* Kauferklärung *für* den Vater abgeben. Damit ist das Kind Vertreter des Vaters. Dazu ist das Kind hier auch in der Lage, da es beschränkt geschäftsfähig ist, § 165 BGB. Wenn das Kind daher z.B. ein Comic-Heft erwirbt, muss der Vater diesen Kauf gegen sich gelten lassen.

## b)  Offenkundigkeit

Nach § 164 I BGB muss der Vertreter **in fremdem Namen** handeln. Es muss also zu    **107**
Tage treten, dass er nicht für sich selbst, sondern für einen anderen (den Vertretenen)
die Willenserklärung abgibt (**Offenkundigkeitsprinzip**). Dies erfolgt häufig durch ausdrückliche Erklärung des Vertreters, der klarstellt, nicht für sich selbst, sondern für den
Vertretenen zu handeln. In nicht wenigen Fällen sprechen auch die Umstände eine
deutliche Sprache. So ist für jedermann klar, dass ein Verkäufer in den Räumen eines
Kaufhauses oder Ladenlokals nicht für sich selbst handelt, sondern für den Inhaber
des Unternehmens, **§ 164 I 2 BGB** (sog. **unternehmens-** oder **betriebsbezogene
Rechtsgeschäfte**). Das Geschäft kommt hier mit dem Inhaber des Gewerbebetriebs
zu Stande, ohne dass es auf die konkrete Vorstellung des Kunden ankommt.

> **Beispiel**
>
> Ein angestellter Taxifahrer/Kellner geriert sich gegenüber den Kunden so, als sei er selbst
> der Betriebsinhaber. Dennoch kommen die Kaufverträge (in der Gastwirtschaft) bzw. die
> Werkverträge (Taxibeförderung) unmittelbar mit dem tatsächlichen Unternehmensinhaber zu
> Stande, § 164 I 2 BGB.

Liegen die Verhältnisse nicht so deutlich, dann greift § 164 II BGB ein: Wer nicht hin-    **108**
reichend klarlegt, dass er für eine dritte Person handelt, wird selbst Vertragspartei mit
allen Rechten und Pflichten, selbst wenn er das gerade nicht will. Hier ist auch eine
Anfechtung wegen (Inhalts-) Irrtums (vgl. unten Rn. 189) ausgeschlossen, denn § 164 II
BGB ist die speziellere Regelung, die den allgemeinen Bestimmungen der §§ 119 ff.
BGB vorgeht. Nach § 164 II BGB ist die Willenserklärung im eigenen Namen (Ei-
gengeschäft) die gesetzliche Regel, die Willenserklärung im fremden Namen (Vertretergeschäft) die gesetzliche Ausnahme.

> **Beispiel**
>
> Nach dieser Regel bestimmt sich z.B. die Rechtslage, wenn K, der von A bevollmächtigt worden
> ist, für A beim Juwelier V ein bestimmtes Schmuckstück zu kaufen, im Geschäft nicht deutlich
> macht, dass er für A auftreten will. Dann kommt nach dem objektiven Empfängerhorizont des
> V der Kaufvertrag nicht mit dem A, sondern mit dem K zustande.

Im **Grundsatz** gibt es also nur die unmittelbare und **offenkundige Vertretung**. Eine    **109**
Ausnahme ist im Gesetz nicht vorgesehen. Das Offenkundigkeitsprinzip findet seine
Berechtigung in der Schutzbedürftigkeit des Geschäftspartners, der wissen muss und
will, mit wem er den Vertrag schließt. Eine andere Interessenlage besteht jedoch bei
„Bargeschäften des täglichen Lebens", die unter dem Stichwort **„Geschäft, wen es
angeht"** von der Rechtsprechung besonders behandelt werden. Hier kommt es zu einer **Durchbrechung des Offenkundigkeitsprinzips**:

---

**Fall 23**

Der K bittet seinen Freund A, für ihn Schneeketten im Warenhaus V zu kaufen. A erwirbt die
Sachen und bezahlt in bar. Wer kann gegen V Mängelrechte geltend machen?

---

#### Lösung

Es geht um vertragliche Sekundäransprüche gem. §§ 437, 439 BGB. Sie stehen nur dem Käufer zu.
Wer das ist, hängt davon ab, wer Vertragspartner des Kaufgeschäfts geworden ist. Gehandelt hat
hier unmittelbar der A. Dieser hat kein Interesse, sich mit dem Verkäufer V auseinander zu setzen.

Umgekehrt ist auch dem V die Person des Käufers gleichgültig. Das hat seinen Grund darin, dass die Bargeschäfte des täglichen Lebens im Kaufhaus und Supermarkt anonym sind. Daher behandelt V als Käufer denjenigen, der Ware und Kassenbon vorweisen kann. Aus diesen Erwägungen wird gefolgert, dass A nicht erkennbar in fremdem Namen handeln muss, um die Wirkungen für den Vertretenen (K) zu erzielen. Damit treffen wie bei einer unmittelbaren Vertretung die Rechtsfolgen den K selbst, § 164 I BGB. Der K kann also die Mängelrechte selbst geltend machen.

110    Wichtig: Das Geschäft für den, den es angeht, hat nicht nur schuldrechtliche Wirkung, sondern führt vor allem sachenrechtlich dazu, dass der K unmittelbar Eigentum an der Kaufsache erwirbt, §§ 929, 164 I BGB (dingliche Einigungserklärung wirkt unmittelbar für K). Das ist in der Rechtspraxis besonders bedeutsam.

### c)  Vertretungsmacht

111    Natürlich kann nicht jeder, der für einen anderen auftritt (Offenkundigkeit), die Rechtsfolgen seines Handelns auf diesen überwälzen. Dies bedarf selbstverständlich einer besonderen Rechtfertigung, d.h. der Handelnde muss dazu ermächtigt sein. Eine solche Befugnis nennen wir **Vertretungsmacht**. Sie kann sich **aus** dem **Gesetz** oder aus **Rechtsgeschäft** (in § 166 II BGB **Vollmacht** genannt) ergeben; ausnahmsweise auch einmal aus dem Gesichtspunkt des **Rechtsscheins**.

112    Gesetzliche Vertretungsmacht haben z.B. die Eltern für ihre minderjährigen Kinder, § 1629 I BGB (Gesamtvertreter) oder der Betreuer (§ 1902 BGB). Im Gesellschaftsrecht begegnen wir (später) der Figur des Vertretungsorgans (Geschäftsführer: § 35 GmbHG; Vorstand: § 81 AktG; Vereinsvorstand: § 26 II BGB). Im Folgenden geht es nur um die Vertretungsmacht kraft Rechtsgeschäfts (Vollmacht) und (am Ende noch) um die Vertretungsmacht kraft Rechtsscheins.

### aa)  Erteilung der Vollmacht

113    Die Vollmacht ist ein **einseitiges Rechtsgeschäft**, sie wird durch eine empfangsbedürftige Willenserklärung begründet. Zur Wirksamkeit der Vollmacht bedarf es daher nicht der Annahme des Bevollmächtigten. Sie kann in zwei Formen erteilt werden: entweder gegenüber dem Vertreter (**Innenvollmacht**), § 167 I Fall 1 BGB, oder gegenüber dem Dritten, dem gegenüber der Vertreter handeln soll (**Außenvollmacht**), § 167 I Fall 2 BGB. In beiden Fällen verschafft die Erklärung dem Vertreter die Rechtsmacht, für den Vertretenen (= Vollmachtgeber) rechtlich wirksam zu handeln. Im Rahmen der erteilten Vollmacht (!) muss der Vertretene das vom Vertreter abgeschlossene Rechtsgeschäft mit dem Dritten gegen sich gelten lassen.

114    Von der **Vertretungsmacht**, die das **Außenverhältnis** (Wirkung zwischen Drittem und Vertretenem) betrifft, ist das **Innenverhältnis** zwischen dem Vertreter und dem Vertretenen zu unterscheiden. Die Vollmacht ist **abstrakt**, d.h. sie ist hinsichtlich ihrer Entstehung unabhängig von dem zu Grunde liegenden Rechtsverhältnis. Dieses Innenverhältnis kann zum Beispiel in einem Arbeitsvertrag, § 611 BGB (z.B. angestellte Verkäuferin oder Kassiererin an Supermarktkasse) oder in einem Auftrag, § 662 BGB (vgl. unten Fall 25) bestehen. Nach dem Innenverhältnis bestimmt sich auch, ob und

inwieweit ein Vertreter von der Vertretungsmacht im Außenverhältnis zu Dritten Gebrauch machen darf. **Rechtliches Dürfen** (schuldrechtliches Verhältnis) und **rechtliches Können** (Vertretungsmacht) fallen häufig auseinander. Überschreitet der Stellvertreter seine Befugnis im Innenverhältnis, so kommt der Vertrag mit Wirkung zu Gunsten und zu Lasten des Vertretenen (im Außenverhältnis) gleichwohl zu Stande, der Vertreter macht sich jedoch im Innenverhältnis gegenüber dem Auftraggeber (Vollmachtgeber) schadensersatzpflichtig.

Eine besondere **Form** bedarf die Vollmachterteilung nach dem Wortlaut des § 167 II **115** BGB nicht. Die Erteilung kann grundsätzlich formfrei erfolgen, d.h. insbesondere auch mündlich, selbst wenn das abzuschließende Geschäft einer besonderen Form bedarf. Aber Vorsicht! Das Gesetz enthält z.B. für den Verbraucherdarlehensvertrag seit 2002 eine abweichende Regelung in § 492 IV BGB.

---

**Fall 24**

Die arbeitslose A möchte sich von ihren durch mehrere Ratenkredite angehäuften Schulden in Höhe von 32 000 EUR durch einen Umschuldungskredit befreien. Hierzu erteilt sie dem selbständigen Finanzdienstleister F per E-Mail Auftrag und Vollmacht. F schließt namens der A mit der B-Bank einen Darlehensvertrag einschließlich Restschuldversicherung über 37 000 EUR zu einem Zinssatz von 12,58 % p.a. Nach kurzer Zeit kann A die monatliche Darlehensrate nicht mehr aufbringen. Sie fragt, ob sie den teuren Kredit wieder loswerden kann.

**Lösung**

Die A ist an den schriftlich abgeschlossenen Verbraucherdarlehensvertrag (vgl. §§ 491 I, 492 I BGB) gebunden, wenn ein wirksames Vertretergeschäft vorliegt. F handelte hier im Namen der A, auch eine Vollmacht des F lag bei Vertragsschluss vor. An sich bedarf die Vollmacht keiner Form, § 167 II BGB. Jedoch schreibt § 492 IV BGB für die Abschlussvollmacht ebenfalls Schriftform gem. § 126 BGB vor. Daran fehlt es hier, sodass die erteilte Vertretungsmacht nichtig ist, § 125 BGB. Der von F als Vertreter ohne Vertretungsmacht geschlossene Darlehensvertrag ist daher schwebend unwirksam, § 177 I BGB (vgl. unten Rn. 127 ff.). Mit der Verweigerung der Genehmigung ist der Darlehensvertrag endgültig unwirksam. Allerdings bleibt die A zur Rückzahlung der empfangenen Darlehensvaluta (aber ohne die horrenden Zinsen) verpflichtet.

## bb) Erlöschen der Vollmacht

Die Vollmacht kann spiegelbildlich zu ihrer Erteilung durch **Widerruf** (= einseitige, **116** empfangsbedürftige Willenserklärung) gegenüber dem Vertreter oder gegenüber dem Dritten beendet werden, §§ 168 S. 2 und 3, 167 I BGB. Sie erlischt auch in jedem Fall gem. § 168 S. 1 BGB mit dem ihrer Erteilung zu Grunde liegenden Rechtsverhältnis (Innenverhältnis). Obwohl Vollmacht und Grundverhältnis im Ausgangspunkt strikt zu trennen sind, erlischt die Vollmacht mit der **Auflösung des Grundverhältnisses** (die Vollmacht ist also doch nicht so ganz „abstrakt", wie allgemein gesagt wird, vgl. oben Rn. 114).

---

**Fall 25**

Der A hat den B beauftragt, für ihn einen Gebrauchtwagen beim Händler V zu kaufen. Obwohl er dem B anschließend erklärte, sich wegen verlustreicher Wertpapiergeschäfte kein Fahrzeug mehr leisten zu können, erwirbt B für A bei V einen besonders günstigen PKW (Schnäppchen). Muss A zahlen?

**Lösung**

V hat gegen A einen Anspruch gem. § 433 II BGB, wenn ein wirksamer Vertrag zwischen ihm und A, vertreten durch B, zu Stande gekommen ist. B handelte in fremdem (des A) Namen; er hatte aber keine Vollmacht (mehr). Die ihm ursprünglich erteilte Innenvollmacht (§ 167 I Fall 1 BGB) ist erloschen (§ 168 S. 1 BGB), nachdem der Vollmachtgeber den Auftrag zum Kauf eines gebrauchten PKW (§ 662 BGB) widerrufen hat, § 671 I BGB. Der gute Glaube des V an die Vollmacht des Vertreters wird im Zivilrecht grundsätzlich nicht geschützt. Daher konnte B den A nicht wirksam vertreten, vgl. § 177 I BGB. Ein Kaufvertrag kam mangels Genehmigung des A nicht zu Stande (B haftet jedoch dem V nach § 179 BGB, dazu unten 3 a).

### cc)  Umfang der Vollmacht

117    Nach der **Art der Erteilung** unterscheidet man, wie erwähnt (Rn. 114), die Innenvollmacht und die Außenvollmacht. Nach dem **Inhalt** der Vollmacht unterscheidet man:

(1)  die Generalvollmacht; diese berechtigt zur Vertretung in allen Vermögensangelegenheiten;

(2)  die Gesamtvollmacht; diese berechtigt zur Vertretung in einem bestimmten Kreis von Rechtsgeschäften; gesetzlich geregelte Fälle dieser Art sind die Prokura, §§ 48 ff. HGB und die Handlungsvollmacht, §§ 54 ff. HGB (dazu 2. Kapitel Rn. 50 ff.);

(3)  die Einzelvollmacht; sie bezieht sich auf die Vornahme eines konkreten Rechtsgeschäfts;

(4)  die Untervollmacht; sie erteilt ein Bevollmächtigter (mit Hauptvollmacht) einem weiteren Vertreter. Dies ist aber nur möglich, wenn der Vertretene nicht ein erkennbares Interesse an der persönlichen Wahrnehmung des Rechtsgeschäfts durch den Hauptbevollmächtigten hat.

### d)  Rechtsscheinsvollmacht

118    Der Fall 25 hat gezeigt: Der gute Glaube an das Bestehen der Vertretungsmacht wird durch das Gesetz nicht geschützt. Ausnahmen von diesem Grundsatz bilden jedoch die §§ 170–173 BGB und die Grundsätze der Duldungs- und Anscheinsvollmacht. In diesen Fällen helfen die genannten Vorschriften und – hieran anknüpfend – auch die Rechtsprechung dem Vertragspartner, der auf den Rechtsschein des Vorliegens einer Vollmacht berechtigterweise vertraut. Allerdings muss der Vertretene diesen Anschein zurechenbar veranlasst haben.

119    Das Gesetz schützt einen Dritten als Erklärungsempfänger, dem gegenüber die Vollmacht erklärt worden ist (**Außenvollmacht**). In einem solchen Fall muss sich der Vollmachtgeber, der die Außenvollmacht, was möglich ist (§§ 168 S. 3, 167 I BGB), gegenüber dem Vertreter (im Innenverhältnis) widerrufen hat, im Verhältnis zu einem

redlichen Dritten (§ 173 BGB) so behandeln lassen, als bestünde die Vollmacht weiter, § 170 BGB. Dasselbe gilt nach § 172 BGB, wenn der Vollmachtgeber eine **Innenvollmacht** unter Ausstellung einer Vollmachtsurkunde erteilt hat, die Urkunde aber nach Widerruf der Vollmacht nicht zurückverlangt, sondern in den Händen des ursprünglich Bevollmächtigten belassen hat, der davon gegenüber einem (redlichen) Dritten Gebrauch macht. Die Rechtslage wird dann so beurteilt, als läge eine wirksame Vollmacht (noch) vor.

Ebenso muss sich behandeln lassen, wer einen anderen als Vertreter gewähren lässt, obwohl er ihm zu keinem Zeitpunkt eine Vollmacht erteilt hat (**Duldungsvollmacht**). Davon handelt    120

---

**Fall 26**

Der A hilft des Öfteren im Textilgeschäft des Schwiegervaters K aus und hat sich angewöhnt, für diesen Bestellungen von neuen Kollektionen bei V vorzunehmen. Der K weiß davon, greift aber erst ein, als A den Modetrend völlig verfehlt. Er beruft sich gegenüber V auf fehlende Vollmacht. Muss K die bestellte Lieferung abnehmen und bezahlen?

**Lösung**

Ein Anspruch für V könnte sich aus § 433 II BGB ergeben. Dies setzt voraus, dass ein Kaufvertrag wirksam zwischen K und V zu Stande gekommen ist. Eine Einigung zwischen K und V liegt nicht vor, K hat nicht selbst gehandelt. Das Geschäft wirkt daher nur für und gegen K, wenn der A Vertretungsmacht hatte (zur Offenkundigkeit des Vertreterhandelns, vgl. § 164 I 2 BGB). Fraglich ist, ob Vollmacht des A vorliegt. Tatsächlich hat K dem A eine ausdrückliche Vollmacht nicht erteilt. Aber er hat dessen Handeln eine Zeitlang geduldet und nicht eingegriffen, obwohl er das jederzeit gekonnt hätte. Daher wird er so behandelt, als habe er Vollmacht durch konkludentes Verhalten erteilt (Duldungsvollmacht).

---

Ähnlich liegt es im Fall der **Anscheinsvollmacht**. Hier hat der Vertretene das Verhalten des Vertreters zwar nicht gekannt, hätte es aber bei pflichtgemäßer Sorgfalt erkennen und verhindern können.    121

---

**Fall 27**

Der K kümmert sich immer weniger um sein Textilgeschäft. So entgeht ihm, dass seine Angestellte S immer öfter Einrichtungsgegenstände beim Möbelhaus V namens der Firma, aber für ihre eigene Wohnung bestellt. Als ihm jedoch eines Tages zufällig eine Auftragsbestätigung über eine Ledergarnitur in die Hände fällt, teilt er dem V mit, die Bestellung sei ungültig. V besteht auf Vertragserfüllung.

**Lösung**

Ein Anspruch des V gegen K besteht nur, wenn K bei Abschluss des Kaufvertrages wirksam durch S vertreten wurde. Fraglich ist wiederum allein die Vertretungsmacht der S. Eine ausdrückliche oder konkludente Vollmacht hat K der S nicht erteilt. Er wusste auch nichts von dem Handeln der S, sodass eine Duldungsvollmacht nicht vorliegt. Möglicherweise greifen die Grundsätze der sog. Anscheinsvollmacht ein. Sie sind gegeben, wenn der Vertretene das Handeln seines angeblichen Vertreters zwar nicht wie bei der Duldungsvollmacht kennt, er es aber bei Anwendung pflichtgemäßer

Sorgfalt hätte erkennen und verhindern können. Wenn dann der Geschäftsgegner aufgrund des so entstandenen Rechtsscheins annehmen durfte, der Vertretene billige das Handeln des vermeintlichen Vertreters, wird daraus die rechtliche Konsequenz gezogen, der Vertreter habe mit Vertretungsmacht gehandelt. Ein solcher Rechtsschein ist angesichts der Häufigkeit und Dauer des Handelns der S hier entstanden. K hat seine Geschäfte vernachlässigt und auf diese Weise fahrlässig das Entstehen des Rechtsscheins ermöglicht. V war hinsichtlich der Vertretungsmacht der S redlich (gutgläubig). Damit liegen die Voraussetzungen einer Anscheinsvollmacht vor. K ist durch Vertragsschluss zwischen S (namens des K) und V zur Zahlung gem. § 433 II BGB verpflichtet worden.

## 2. Grenzen der Vertretungsmacht

122    Handelt der Stellvertreter im Rahmen der ihm erteilten Vertretungsmacht, so wirkt das von ihm mit dem Dritten abgeschlossene Rechtsgeschäft ausschließlich **für und gegen** den Vertretenen, vgl. § 164 I BGB. Der Vertreter selbst wird weder berechtigt noch verpflichtet. Diese Rechtswirkungen treten aber ausnahmsweise trotz Vorliegens einer Vollmacht nicht ein. Das ist bei § 181 BGB und bei Missbrauch der Vertretungsmacht der Fall.

### a)  Missbrauchstatbestand

123    Der Vertretungsmacht wird die Außenwirkung (also die Wirkung im Verhältnis des Vertretenen zu dem Dritten) versagt, wenn der Vertreter etwa im Zusammenwirken (Kollusion) mit dem Dritten die Vertretungsmacht für eigene Interessen und zum Schaden des Vertretenen missbraucht. Der Vollmachtsmissbrauch ist dadurch gekennzeichnet, dass der Vertreter zwar im Rahmen der ihm erteilten Vollmacht handelt, jedoch hierbei seine Bindungen im Innenverhältnis bewusst und deutlich überschreitet. Wer seine Vollmacht offenbar missbraucht, verliert sie. Für den Nichteintritt der Vertretungsfolgen genügt bereits, dass der Missbrauch der Vertretungsmacht für den Geschäftsgegner evident ist. Das zeigt der

---

**Fall 28**

(nach RGZ 71, 219): Die Mutter M erteilt dem Sohn S schriftlich Generalvollmacht. S erklärt namens der M gegenüber seinem Gläubiger G die Übernahme einer Bürgschaft. Daraus klagt der G jetzt gegen die M auf Zahlung. Wird G den Prozess gewinnen?

---

**Lösung**

Als Anspruchgrundlage kommt hier § 765 I BGB in Betracht. Zwar hat M den Bürgschaftsvertrag mit G nicht selbst abgeschlossen, sie könnte aber durch das Handeln des S wirksam bei Abschluss des Vertrages vertreten worden sein. Die Voraussetzungen eines wirksamen Vertreterhandelns (Offenkundigkeit und Vertretungsmacht) sind gegeben. Insbesondere fehlt es auch nicht an der im Hinblick auf § 766 BGB erforderlichen Schriftform (§ 126 BGB) der Vollmachtserklärung (das verlangt BGHZ 132, 119: Ausnahme von § 167 II BGB). Es liegt jedoch ein evidenter (augenfälliger) Missbrauch der Vollmacht durch S vor, der von der Vertretungsmacht im eigenen Interesse und gerade nicht im Interesse der vertretenen M Gebrauch macht. Dem G stand diese Interessenkollision und der Missbrauch der Vollmacht klar vor Augen, jedenfalls bestanden aus seiner Sicht massive Verdachtsmomente. Das genügt, um der Vertretungsmacht die Wirkung zu nehmen. M wird nicht gebunden, da sie den vollmachtlos geschlossenen Vertrag nicht genehmigt, § 177 I BGB (dazu noch unten Rn. 129).

## b) Insichgeschäft, § 181 BGB

Bestimmte Situationen, in denen wegen kollidierender Interessen ein Missbrauch zu   **124**
befürchten ist, hat das Gesetz in § 181 BGB geregelt. Die Besonderheit gegenüber dem
vorhergehenden Fall 28 besteht darin, dass hier bei Vertragsschluss nur der Vertreter
selbst handelt und keine andere Person als Geschäftspartner. Der Vertreter tritt auf
beiden Seiten des Rechtsgeschäfts auf. Das kann in zwei Fällen vorkommen:

(1) beim **Selbstkontrahieren**: hier benutzt der Vertreter die Vertretungsmacht für ein
    Geschäft mit sich selbst, z.B. der Prokurist erhöht namens des Chefs sein eigenes
    Gehalt;

(2) bei der **Mehrvertretung**: hier schließt der Vertreter das Geschäft für beide Ver-
    tragsparteien ab, z.B. der Prokurist verkauft Ware an einen Verein, den er als
    Vorstand ebenfalls vertritt.

In diesen Fällen besteht wegen möglicher Interessenkollision eine hohe Gefahr des   **125**
Missbrauchs der Vertretungsmacht. Daher verbietet § 181 BGB solche Geschäfte kur-
zerhand, d.h. das Gesetz versagt der Vertretungsmacht hierfür die Anerkennung (zu
den Folgen sogleich unter 3 a). Freilich gibt es, wie schon der Wortlaut des § 181 BGB
sagt, **Ausnahmen** von diesem Grundsatz. Am häufigsten kommt in der Praxis der Fall
vor, dass der Vertreter **vom Verbot** des Selbstkontrahierens oder der Mehrvertretung
**befreit** wird. Das muss aber bei Vollmachterteilung (oder später) ausdrücklich geschehen. Eine weitere Ausnahme sieht § 181 BGB vor, wenn das Vertretergeschäft lediglich
der **Erfüllung einer Verbindlichkeit** des Vertreters dient. So etwa, wenn der Geschäftsführer und Gesellschafter einer GmbH, der zur Einbringung eines PKW in die
GmbH verpflichtet ist, das Übereignungsgeschäft (§ 929 BGB) mit sich als Vertreter
der GmbH abschließt. In diesem Fall kommt ein Missbrauch der Vertretungsmacht von
vornherein nicht in Betracht. Eine **dritte Ausnahme** von § 181 BGB hat schließlich die
Rechtsprechung für den Fall entwickelt, dass eine Interessenkollision tatsächlich nicht
besteht. Hierzu

---

**Fall 29**

Vater V schenkt und übereignet in notarieller Urkunde seinem 5-jährigen Sohn S ein Grundstück, wobei er den Sohn als allein sorge- und vertretungsberechtigter Elternteil vertritt. Wird S
Eigentümer?

---

**Lösung**

Die Übertragung des Eigentums am Grundstück (§§ 873, 925 BGB) hat V mit sich selbst als Vertreter
für S vorgenommen (Insichgeschäft). Dieses Geschäft fällt an sich unter den Wortlaut des § 181 BGB
(Verbot des Insichgeschäfts). Da das Rechtsgeschäft für den Vertretenen (S) aber **lediglich rechtlich
vorteilhaft** ist (Rechtsgedanke des § 107 BGB), wird es nach der Rechtsprechung trotzdem als gültig
behandelt. S ist Eigentümer (mit Eintragung im Grundbuch).

Nur durch diese (wie es heißt: teleologische) Einschränkung des Tatbestandes von   **126**
§ 181 BGB werden z.B. Schenkungen der Eltern an ihre unmündigen Kinder möglich.
Aber nicht unbegrenzt: Die Eltern sind an der gesetzlichen Vertretung ihrer Kinder wegen Interessenkollision in bestimmten Fällen nach §§ 1629 II, 1795 II BGB gehindert;

hier muss ein sog. Ergänzungspfleger durch das Amtsgericht-Familiengericht bestellt werden, § 1909 I BGB.

### 3. Rechtsfolgen der fehlenden Vertretungsmacht

127    In der Rechtspraxis kommt es nicht selten vor, dass eine Person ohne Vertretungsmacht im Namen eines anderen auftritt. Das Gesetz sieht daher für solche Fälle ein abgestuftes und differenziertes Rechtsfolgesystem vor (a). Gelegentlich kommt es aber auch vor, dass jemand unter fremdem Namen im Rechtsverkehr auftritt. Die rechtsgeschäftlichen Konsequenzen dieses gesetzlich nicht geregelten Falles bestimmen sich in bestimmten Fällen ebenfalls in Anlehnung an das Vertretungsrecht (b).

### a) Handeln in fremdem Namen ohne Vertretungsmacht

128    Handelt der Vertreter ohne (hinreichende) Vertretungsmacht (er heißt dann auch: falsus procurator), bleiben die Vertretungswirkungen aus. Das kann der Fall sein, wenn

- im Zeitpunkt des Vertreterhandelns keine Vollmacht (mehr) besteht (Fälle 24 und 25);
- zwar eine Vertretungsmacht vorliegt, der Vertreter aber ihren Rahmen (Umfang) überschreitet (wenn er z.B. ein Kaufgeschäft für 100 000 EUR abschließt, obwohl die Vertretungsmacht nur für Geschäfte bis 50 000 EUR reicht);
- oder wenn er die Vertretungsmacht treuwidrig und evident missbraucht (Fall 28) oder gegen § 181 BGB verstößt.

129    Die Willenserklärung des Vertreters wirkt in diesen Fällen nicht für und gegen den Vertretenen. Ein vom Vertreter ohne Vertretungsmacht abgeschlossener **Vertrag** ist gem. § 177 I BGB **schwebend unwirksam**, d.h. die Wirksamkeit hängt von der Genehmigung durch den Vertretenen ab (Rechtslage wie bei § 108 BGB; vgl. oben Rn. 50). Der Vertragspartner kann diesen Schwebezustand durch Aufforderung gem. § 177 II BGB beenden. Verweigert der Vertretene die Genehmigung, hat das u.U. unangenehme Folgen für den Vertreter ohne Vertretungsmacht. Hat der Vertragsgegner kein Interesse an dem Vertrag, kann er bis zu einer etwaigen Genehmigung des Vertretenen seine Vertragserklärung gem. § 178 BGB widerrufen.

130    Handelt der Vertreter ohne Vertretungsmacht und wird sein Handeln vom Vertretenen nicht genehmigt, so haftet er selbst gem. § 179 I BGB dem Vertragspartner gegenüber nach dessen Wahl entweder auf Erfüllung des abgeschlossenen Vertrages oder auf Schadensersatz. Auch wenn der Gegner Erfüllung fordert, wird der Vertreter nicht Vertragspartner, denn er haftet nicht aus Vertrag, sondern aus Gesetz (vgl. Übersicht oben nach Rn. 30). **Anspruchsgrundlage** ist daher nicht der Vertrag, sondern unmittelbar **§ 179 I BGB**. Hinsichtlich des Schadensersatzanspruches gelten die §§ 249 ff. BGB, d.h. der Vertragspartner ist so zu stellen, als ob der Vertrag ordnungsgemäß erfüllt worden wäre (**Erfüllungsinteresse** oder auch **positives Interesse** genannt).

131    Hat der Vertreter das Fehlen der Vertretungsmacht nicht gekannt, so beschränkt sich seine Schadensersatzpflicht auf das sog. **Vertrauensinteresse (negatives Interesse)**,

§ 179 II BGB. Darunter versteht man den Schaden, der dem Vertragspartner dadurch entstanden ist, dass er auf die Gültigkeit des Vertrages vertraut hat. Der Vertragspartner ist in diesem Fall nicht so zu stellen, wie wenn der Vertrag ordnungsgemäß erfüllt worden wäre, sondern lediglich so, als ob der Vertrag nie abgeschlossen worden wäre. Er kann die Aufwendungen, die er im Vertrauen auf die Gültigkeit des Vertrages gemacht hat (z.B. Fahrtkosten, Spesen etc.), oder den Gewinn, der ihm dadurch entgangen ist, dass er den Abschluss eines anderen Geschäfts unterlassen hat (vgl. dazu Fall 30b), ersetzt verlangen. Beim negativen Interesse ist also zu prüfen, wie der Vertragspartner stünde, wenn überhaupt kein Vertrag geschlossen worden wäre.

Regelmäßig liegt das positive Interesse höher als das negative. Das muss aber nicht so sein. Da § 179 II BGB den gutgläubigen Vertreter schützen will, ist der gegen ihn gerichtete Schadensersatzanspruch in jedem Fall auf das positive Interesse begrenzt.    **132**

---

**Fall 30**

Der Jugendliche K bittet seinen Freund F, für ihn ein gebrauchtes PC-Tablet bei V zu kaufen. F kauft namens des K ein Tablet für 350 EUR, das einen objektiven Wert von 300 EUR hat. Vor Vertragserfüllung kommt der weitere Kaufinteressent A zu V und bietet ihm für das Tablet 400 EUR. V lehnt aber ab, weil die Sache schon verkauft sei. Nun verweigert K die Abnahme und die Bezahlung. Wie ist die Rechtslage, wenn

a) K 17 Jahre alt ist?
b) F ihn für volljährig hielt?
c) F auch 17 Jahre alt ist?
d) V das Alter des K kannte?

---

**Lösung**

a) Gem. §§ 2, 107, 111 BGB ist die Vollmacht (= einseitiges Rechtsgeschäft, vgl. oben Rn. 50, 113) unwirksam. Das Rechtsgeschäft ist nicht genehmigungsfähig (vgl. § 108 I BGB: „Vertrag", oben Rn. 50). F haftet daher nach § 179 I BGB nach Wahl des V auf Erfüllung, d.h. er muss das Tablet selbst für 350 EUR abnehmen, oder auf Schadensersatz, d.h. er muss den Vertragspartner vermögensmäßig so stellen, wie er bei ordnungsgemäßer Erfüllung stehen würde (§ 249 BGB). Dann aber hätte V durch den Verkauf des Tablets 50 EUR „gut gemacht".

b) Hier gilt § 179 II BGB, d.h. V ist so zu stellen, als ob er mit F keinen Vertrag geschlossen hätte. Wenn V nicht auf die Vertretungsmacht vertraut hätte, hätte er das Tablet an A mit 100 EUR Gewinn verkauft (Vertrauensschaden bzw. negatives Interesse). Da § 179 II BGB jedoch den Ersatzanspruch auf den Erfüllungsschaden (positives Interesse) begrenzt, verbleibt es bei einem Anspruch von 50 EUR.

c) Auch ein beschränkt geschäftsfähiger Minderjähriger kann Vertreter sein, § 165 BGB. Er haftet aber nicht als Vertreter ohne Vertretungsmacht, § 179 III 2 BGB. Daher bestehen Ansprüche des V hier nicht.

d) Es bleibt beim Ergebnis c), § 179 III 1 BGB (auch wenn F volljährig gewesen sein sollte).

## b)  Handeln unter fremdem Namen

Darunter versteht man die Fälle, in denen eine Person beim Abschluss eines Rechtsgeschäfts eine falsche Identität bzw. einen falschen Namen vorspiegelt. Eine gesetzliche Regelung besteht nicht. Ob ein Vertrag zu Stande kommt und mit wem, entscheidet    **133** sich danach, ob für den Adressaten der Willenserklärung die Person des Handelnden im Vordergrund steht oder die des Namensträgers.

Der „glücklich verheiratete" M verreist mit seiner Freundin F und quartiert sich im Hotel ein. Um nicht von seiner Frau aufgespürt zu werden, gibt er dort Namen und Anschrift seines Freundes A an. Wer ist Vertragspartner des Hoteliers H?

**134**  Der H wollte sicherlich den Beherbergungsvertrag mit der Person abschließen, die sich bei ihm einquartierte. Deren Namen und Identität sind ihm gleichgültig, sofern er sein Geld erhalten würde. Daher ist hier allein der M aus dem Vertrag berechtigt und verpflichtet worden.

**135**  Anders liegt es jedoch, wenn es dem Vertragspartner gerade darauf ankommt, den Vertrag mit dem Namensträger abzuschließen:

---
**Fall 31**

Der A aus dem Fall 1 benutzt die Ähnlichkeit mit den bekannten Rapper B, um als B einen Werbevertrag mit W abzuschließen. Wer ist Vertragspartner des W?

**Lösung**

Hier kam es W sicher nicht darauf an, mit der vor ihm stehenden Person einen Werbevertrag zu schließen, sondern ausschließlich mit dem B. Deshalb hat A keinen Anspruch aus dem Vertrag. Die Rechtsprechung wendet in einem solchen Fall die §§ 164, 177 BGB entsprechend an. A wird also wie ein Vertreter ohne Vertretungsmacht behandelt. Der Vertrag ist deshalb schwebend unwirksam. B hätte daher die Möglichkeit, den Vertrag, falls dieser für ihn günstig ist, zu genehmigen. Macht er hiervon keinen Gebrauch, treten die Folgen des § 179 BGB ein.

**136**  Ebenso verhält es sich, wenn sich ein Dritter (insbesondere auch ein Angehöriger) Zugang zu dem Account eines Internetnutzers verschafft und ohne dessen Wissen und Billigung Transaktionen ins Netz stellt oder Gebote abgibt. Der Vertragspartner im Internet will mit dem tatsächlichen Inhaber des betreffenden Accounts kontrahieren (arg.: dafür spricht schon das Bewertungssystem der Versteigerungsplattform). Daher haftet gegenüber dem anderen Vertragsteil nicht der Account-Inhaber, sondern der Handelnde selbst entsprechend § 179 BGB auf Erfüllung oder Schadensersatz (zum Vertragschlussmechanismus bei einer Internetauktion sogleich Fall 32).

## 4.  Passivvertretung

**137**  Bisher war nur die Rede von der Aktivvertretung, also von dem Fall, dass der Vertreter eine Willenserklärung für den Vertretenen abgibt, § 164 I 1 BGB. Damit ist das Recht der Stellvertretung nicht erschöpft. Vielmehr ist der Vertreter im Rahmen seiner Vertretungsmacht auch dazu berufen, Willenserklärungen eines Dritten namens des Vertretenen zu empfangen, sog. passive Vertretung oder Empfangsvertretung, § 164 III BGB.

## a)  Empfangsvertreter und Empfangsbote

Bei der Passivvertretung geht es um den wirksamen Zugang einer (empfangsbedürfti-  **138**
gen) Willenserklärung, d.h. um den objektiven Tatbestand einer Willenserklärung (vgl.
oben Rn. 72 ff.). Die Unterscheidung des passiven Stellvertreters und des Empfangsboten (oben Rn. 78) ist in der Rechtspraxis schwierig, weil in beiden Fällen die an den
Geschäftsherrn gerichtete Willenserklärung nur passiv entgegengenommen wird. Eine
eigene Erklärung gibt der Empfänger nicht ab. In jedem Fall ist die (schriftliche oder
mündliche) Erklärung des Dritten zugegangen, wenn sie im Machtbereich des Erklä-
rungsadressaten eine (dazu bestellte und geeignete) Hilfsperson erreicht, einerlei ob
es sich dabei um einen Empfangsvertreter oder um einen Empfangsboten handelt.

Eine Unterscheidung der Rolle der Hilfsperson ist jedoch in dem Fall erforderlich, dass  **139**
diese außerhalb der Wohnung oder der Geschäftsräume des Empfängers die Willenserklärung entgegen nimmt. Die Erklärung gegenüber dem Passivvertreter wird sofort
wirksam, während die einem Erklärungsboten gegenüber abgegebene Willenserklärung erst dann wirksam wird, wenn nach dem regelmäßigen Lauf der Dinge eine
Kenntnisnahme durch den Geschäftsherrn erwartet werden kann. Dieser Unterschied
ist etwa in dem Fall wichtig, dass die Erklärung termingebunden ist, z.B. bei einer zu
beachtenden Kündigungsfrist.

## b)  Internetauktion

Ein praktisch bedeutsamer Anwendungsfall der Empfangsvertretung begegnet uns  **140**
beim Abschluss eines Kaufvertrages im Rahmen einer Internetauktion. Der Ablauf
der „Versteigerung" von Waren oder Dienstleistungen auf den z.B. von ebay.de, my-
hammer.de, hood.de u.a. zur Verfügung gestellten Plattformen erfolgt nach einem
einheitlichen Muster. Der Vertragsschluss stellt sich anders als bei einem gewöhnlichen Kauf im Internet dar (vgl. dazu oben Rn. 98 ff.). Dazu der folgende

---

**Fall 32**

(nach BGHZ 149, 129 = NJW 2002, 363): Der privat handelnde V bietet bei ebay einen neuen
VW Passat (Listenpreis 25 000 EUR) zum Verkauf an den Höchstbietenden an. Am Ende der
Auktion beträgt das höchste Gebot des K nur 14 000 EUR. V verweigert die Abwicklung des
Geschäfts mit der Begründung, es sei kein wirksamer Vertrag zustande gekommen. Hat er
Recht?

---

Die rechtliche Konstruktion eines Vertrages über eine Internetauktions-Plattform war  **141**
zunächst streitig. Es wurde vertreten, dass es sich bei der Einstellung der Ware tatsächlich um eine echte Versteigerung gem. § 156 BGB handele; andere nahmen das Vorliegen einer bloßen invitatio ad offerendum an; schließlich wurde auch der Abschluss
eines gewöhnlichen Kaufvertrages für möglich gehalten. Die beiden ersten Varianten
werden heute nicht mehr vertreten. Eine Versteigerung i.S.v. § 156 BGB, bei welcher
der Vertrag durch Zuschlag (auf das Gebot) zustande kommt, scheidet nach der Rechtsprechung schon deshalb aus, weil der Plattformbetreiber (ebay) nicht als Versteigerer
auftritt, der den „Zuschlag" erteilt, sondern den Interessierten lediglich die technische

(elektronische) Plattform zum Zwecke des Vertragsschlusses zur Verfügung stellt und selbst keinerlei Einfluss auf den Vertragschluss nimmt.

142    Im Unterschied zur Warenpräsentation in den Webshops (oben Rn. 98 ff.) liegt hier keine invitatio ad offerendum vor, da der Anbieter nur eine bestimmte Ware anbietet und daher nicht Gefahr läuft, sich gegenüber einer Vielzahl von Vertragspartnern zu binden (vgl. oben Rn. 82).

143    Zum Vertragsschluss kommt es vielmehr nach allgemeinen Rechtsgrundsätzen der §§ 145 ff. im Wege von Angebot und Annahme. Bei der Einstellung der Ware in das Internet handelt es sich lediglich um eine moderne Art der Vertragsanbahnung. Der Antrag kommt vom Anbieter (V), der die Angebotsseite mit der Ware (oder Dienstleistung) freischaltet. Der **Antrag** ist auf Abschluss des Vertrages mit demjenigen gerichtet, der innerhalb der festgesetzten Laufzeit das höchste Gebot abgibt; er gilt also einer noch unbestimmten Person. Die nachfolgenden Erklärungen der Bieter sind auflösend bedingt durch das höhere Gebot eines anderen Nutzers bis zur Abgabe des Höchstgebotes bei Ablauf der Auktionszeit. Das ist dann die **Annahmeerklärung**.

144    Die Besonderheit des Vertragsschlusses besteht darin, dass die Vertragserklärungen mangels direkter Kommunikation nicht unmittelbar zwischen den Vertragsschließenden abgegeben werden; stattdessen fungiert die ebay-AG als **Empfangsvertreterin** der Parteien. Im **Fall 32** hat daher K den Antrag des V (auf Abschluss eines Vertrages mit Höchstgebot) angenommen, als er für den Pkw 14 000 EUR bot. Die Kaufvertragserklärungen gingen jeweils ebay-AG als Vertreter der Parteien zu.

145    Es ist anerkannt, dass eine Internetversteigerung nicht allein deshalb abgebrochen werden darf, weil sich ein Missverhältnis zwischen Preis und angebotener Leistung abzeichnet. Der Anbietende bleibt auch in diesem Fall an sein Angebot gebunden. Anders liegt es aber, wenn dem Anbieter bei Erstellen des Angebots ein Eingabe- oder sonstiger Fehler (Vertippen, Falschangabe des Gegenstandes o.ä.) unterlaufen ist oder er versehentlich eine Sofort-Kauf-Option angeboten hat (zur Anfechtung von Internetkaufverträgen vgl. Fall 43). Ebenso räumt die Rechtsprechung dem Anbieter ein Abbruchsrecht ein, wenn die Sache während der Auktionszeit unverschuldet untergeht, zerstört oder gestohlen wird (BGH NJW 2016, 39).

## Anhang: Prüfungsschema Vertretungsrecht

Das abschließende **Prüfungsschema** soll noch einmal das Gesagte zusammenfassen:    **146**

### Prüfungsschritte bei Vorliegen eines Vertretergeschäfts

1. Hat der Stellvertreter (nicht: Bote) erkennbar im **Namen des Vertretenen** gehandelt? **Offenkundigkeit**, entbehrlich bei „Handeln für den, den angeht".

2. Bestand für den Vertreter eine **Vertretungsmacht**?
   Gesetzliche Vertretungsmacht? oder rechtsgeschäftliche Vertretungsmacht (= Vollmacht)?
   Bei Vollmacht:
   – erteilt (§ 167 BGB)?
   – wieder erloschen (§§ 168 – 174 BGB)?
   Ohne ausdrückliche Bevollmächtigung: Duldungs- oder Anscheinsvollmacht?

3. Handelte der Vertreter **innerhalb seiner Vertretungsmacht**?
   bei gesetzlicher Vertretungsmacht: gesetzliche Vorschriften;
   bei Vollmacht: Vollmachtsüberschreitung oder Fall des Vollmachtsmissbrauchs?

4. Ist die **Stellvertretung** im konkreten Fall **ausgeschlossen**?
   Geschäftsunfähigkeit des Vertreters?
   Vertretungsfeindliches Geschäft (höchstpersönliche Natur des Geschäfts)?
   unerlaubtes Insichgeschäft, § 181 BGB?

**Lernkontrolle im Selbststudium:**
Kornblum/Schünemann/Müller, Aufgaben 37, 43–48, 50–54

# IV. Nichtigkeit und Wegfall des Vertrages

Bisher haben wir uns der Frage zugewendet, wie vertragliche Primäransprüche (Erfül-    **147**
lungsansprüche) zustande kommen. Dabei ging es mehr um den technischen (formellen) Vorgang einer Einigung durch kongruente Willenserklärungen. Das wirksame
Zustandekommen eines Vertrages kann aber von weiteren inhaltlichen (materiellen)
Voraussetzungen abhängen, die, wenn sie nicht vorliegen, den Vertragsschluss, also
die **Entstehung** eines primären Vertragsanspruchs **hindern** (1). Daneben ist auch
denkbar, dass vertragliche **Primäransprüche** zwar zunächst wirksam begründet worden sind, aber nachträglich wieder **wegfallen** (2).

## 1. Nichtigkeitsgründe

Trotz der Einigung der Vertragsparteien, einen (schuldrechtlichen, z.B. Kauf-) Vertrag    **148**
abschließen zu wollen, kann der Vertragsschluss scheitern, etwa weil die Parteien gesetzliche Formgebote nicht eingehalten, gegen ein Verbotsgesetz oder gegen die guten Sitten verstoßen haben. Alle diese Verstöße führen zur Nichtigkeit des Vertrages.
Keine der Parteien kann in einem solchen Fall für sich Rechtsfolgen aus dem Vertrag
herleiten.

### a) Formmangel, § 125 BGB

**149**  Nach § 125 BGB ist ein Rechtsgeschäft, welches nicht in der vorgeschriebenen Form abgeschlossen worden ist, nichtig. Bei Laien herrscht vielfach die Vorstellung, dass nur ein schriftlicher Vertrag gültig ist („Ich habe ja zum Glück nichts unterschrieben!"). Das ist ein Irrtum. Denn im Zivilrecht gilt der **Grundsatz der Formfreiheit**. Die Einigung über einen Schuldvertrag ist grundsätzlich formlos gültig, vgl. § 311 I BGB. Das bedeutet, dass mündliche Willenserklärungen wirksam sind, ungeachtet dessen, ob sie ausdrücklich oder konkludent (schlüssig) z.B. durch Nicken oder durch andere Gesten abgegeben werden. Bei bestimmten Rechtsgeschäften schreibt das Gesetz jedoch **ausnahmsweise** die Einhaltung einer **bestimmten Form** vor. Die gesetzlichen Formvorschriften verfolgen jeweils verschiedene Zwecke: **Warnfunktion, Beweisfunktion und Beratungsfunktion.** Das BGB sieht folgende Formen vor:

### aa) Schriftform

**150**  Schriftform (§ 126 BGB) ist z.B. vorgeschrieben für Verbraucherdarlehen, § 492 I 1 BGB, vgl. auch 492 IV BGB (Ausnahmeregel zu § 167 II BGB; vgl. Fall 24); Bürgschaftserklärung, § 766 BGB (nicht der ganze Vertrag, nur die Bürgschaftserklärung des Bürgen selbst; keine Schriftform jedoch für Kaufleute, § 350 HGB); Kündigung eines Arbeits- (§ 623 BGB) oder Mietvertrages (§ 568 BGB). Nach § 126 BGB ist erforderlich, dass die **Erklärung** in einer Urkunde **schriftlich** niedergelegt **und** die Urkunde eigenhändig vom Aussteller **unterzeichnet** wird (eine besondere Schriftform gilt für das Testament, § 2247 BGB). Eingescannte Unterschriften genügen der Schriftform ebenso wenig wie der Aufdruck eines Unterschriftstempels.

**151**  Das Erfordernis der Schriftform macht Probleme bei modernen Kommunikationstechniken, insbesondere im elektronischen Geschäftsverkehr; dazu jetzt § 126 III BGB: Ersatz der Schriftform durch **elektronische Form**, § 126a BGB (zu unterscheiden von bloßer **Textform** = weniger als Schriftform, § 126b BGB). Der Erklärende „unterzeichnet" hier digital mit Hilfe einer sog. qualifizierten digitalen Signatur. Mit der elektronischen Signatur soll die Authentifizierung des Urhebers von elektronischen Daten erreicht werden. Hierzu gibt es ein besonderes Signaturgesetz, das die erforderlichen Standards normiert. Die elektronische Willenserklärung hat sich außer im Justizbereich (Grundbuch- und Registerrecht) bisher nicht durchgesetzt.

### bb) Notarielle Beurkundung

**152**  Die notarielle Beurkundung (vgl. zu einer Detailfrage § 128 BGB) erfolgt durch einen Notar nach den Regeln des Beurkundungsgesetzes. Der Notar setzt hiernach die Urkunde auf, liest sie den Vertragsschließenden vor und unterschreibt sie im Anschluss an die Beteiligten. Der notariellen Beurkundung bedürfen z.B. Verträge, die eine Verpflichtung zur Übertragung und zum Erwerb von Grundstücken, § 311b I BGB begründen. Diese Vorschrift betrifft nur das Verpflichtungsgeschäft (vgl. Tatbestandsmerkmal: „verpflichtet"), z.B. den Grundstückskaufvertrag. Sie gilt nicht für die Übertragung des Eigentums am Grundstück selbst, hier greifen die §§ 873, 925 BGB ein (sog. Auflassung). Auch dieser separate Vertrag (Trennungsgrundsatz, vgl. unten Rn. 213 ff.) bedarf der notariellen Beurkundung. Die notarielle Beurkundung ist z.B. auch angeordnet für Schenkungsversprechen (§ 518 I BGB), erbrechtliche Rechtsgeschäfte wie Erbvertrag (§ 2276 BGB), Erbverzichtsvertrag (§ 2348 BGB) oder Erbschaftskauf (§ 2371 BGB) und etwa auch für Eheverträge (§ 1410 BGB).

Nicht verwechselt werden darf die notarielle Beurkundung mit der **öffentlichen Be-** **153** **glaubigung** durch den Notar, § 129 BGB. Diese bezeugt die Echtheit der Unterschrift des Erklärenden unter einem schriftlich abgefassten Erklärungstext. Die als echt zu beglaubigende Unterschrift muss deshalb vor dem Notar geleistet oder anerkannt werden. Notarielle Beglaubigung ist etwa vorgeschrieben für Erklärungen gegenüber dem Grundbuchamt (§ 29 GBO), Anmeldungen zum Handelsregister (§ 12 HGB)[4] und Erbschaftsausschlagungen gegenüber dem Nachlassgericht (§ 1945 BGB).

### cc) Rechtsfolgen des Formmangels

Die vom Gesetz angeordnete Rechtsfolge für die Nichteinhaltung von Formvorschrif- **154** ten ist hart: Nichtigkeit, § 125 BGB.

---

**Fall 33**

Das Bauunternehmen V verkauft an K eine Eigentumswohnung in einem privatschriftlichen „Kaufanwartschaftsvertrag", worin sich K zur Zahlung nach Maßgabe des Baufortschritts verpflichtet. Zum Notar will man erst später gehen. Wegen erheblicher Baumängel verweigert K ab der dritten Baurate jede weitere Zahlung. V klagt gegen K. Mit Erfolg?

Abwandlung:   Wäre es anders zu beurteilen, wenn V und K inzwischen beim Notar gewesen wären und K als Eigentümer im (Wohnungseigentums-) Grundbuch eingetragen worden wäre?

---

**Lösung**

Als Anspruchsgrundlage für V kommt trotz der Bezeichnung des Vertrages als „Kaufvertrag" nicht § 433 II BGB, sondern §§ 631 I, 650a ff. BGB (Vergütung beim Werkvertrag) in Betracht, weil V die Errichtung des Gebäudes (Herstellung eines Werks) schuldet. Ein Anspruch des V auf (Teil-)Vergütung setzt einen (form-) wirksamen Vertragsschluss voraus. Der Vertrag hält jedoch die Form des § 311b I BGB nicht ein. Die vom Gesetz aufgestellte Nichtigkeitsfolge in § 125 S. 1 BGB gilt auch dann, wenn die Vertragspartner den (formnichtigen) Vertrag als wirksam ansehen und behandeln wollen. Die Klage des V wird daher abgewiesen werden, da V mangels wirksamen Vertrages keinen Zahlungsanspruch gegen K erlangt hat. Umgekehrt kann K von V die bisher auf den Kaufpreis gezahlten Raten wieder zurückverlangen, § 812 I 1 Fall 1 BGB.

Die *Abwandlung* handelt von der **Heilung** des Formverstoßes. Diese setzt hier gem. § 311b I 2 BGB zweierlei voraus, nämlich die Auflassung (= dingliche Einigung über den Eigentumsübergang, § 925 BGB) und die Eintragung im Grundbuch, § 873 I BGB. In diesem Fall ist der Erwerbsvertrag nachträglich wirksam geworden, sodass V mit der Zahlungsklage gegen K durchdringt, sofern das Bauwerk mangelfrei ist. Heilungsvorschriften für andere Fälle formunwirksamer Rechtsgeschäfte finden sich z.B. in §§ 494 II 1, 518 II BGB und § 766 S. 3 BGB.

---

4   Hier erfolgt die Beglaubigung inzwischen gem. § 39a BeurkG in elektronischer Form; vgl. 2. Kapitel Fall 3.

**155**    Die Härte des Gesetzes (§ 125 BGB) wird nur ausnahmsweise durch Anwendung der Generalklausel des § 242 BGB (Grundsatz von Treu und Glauben) gemildert:

---

**Fall 34**

(nach RGZ 117, 121): S verspricht dem G als Belohnung für geleistete und noch zu leistende treue Dienste die Übereignung eines Grundstücks. Auf die Bitte des G nach notarieller Beurkundung (§ 311b I BGB und evtl. § 518 I BGB) entgegnet S, er sei von Adel, sein Wort sei so viel wert wie ein notarieller Vertrag. Später will sich der S aber gleichwohl nicht mehr an sein Wort halten. Darf er das?

---

**Lösung**

Das Versprechen des S ist formnichtig, § 125 BGB i.V.m. § 311b I BGB. Auch § 242 BGB, so hat das Reichsgericht entschieden, hilft dem G nicht, weil er die Formungültigkeit kannte und sich darauf eingelassen hat. Wer sein Rechtsgeschäft bewusst nicht dem Recht unterstellt, sondern dem bloßen (Edelmanns-) Wort, dem hilft auch das Recht nicht. Hiernach kann dem G allenfalls mit einem Vergütungsanspruch gem. § 612 BGB oder gegebenenfalls mit einem Schadensersatzanspruch nach § 826 BGB oder § 823 II BGB mit § 263 StGB (Betrug) geholfen werden. Anders entscheidet in einem ähnlichen Fall heute freilich BGHZ 48, 396: Die Berufung auf das Formerfordernis gem. § 125 BGB soll in Härtefällen eine unzulässige Rechtsausübung und deshalb nach dem Grundsatz von Treu und Glauben (§ 242 BGB) ausgeschlossen sein.

### b)  Scheingeschäft, § 117 BGB

**156**    Nichtig sind insbesondere auch Rechtsgeschäfte, die gegenüber einem anderen mit dessen Einverständnis zum Schein abgegeben werden, § 117 I BGB.

---

**Fall 35**

V will sein Hausgrundstück für 400 000 EUR an K verkaufen. Um Notargebühren und Grunderwerbsteuer (5 %) zu sparen, lassen beide vom Notar lediglich einen Kaufpreis von 250 000 EUR beurkunden. Den Restbetrag von 150 000 EUR soll V von K in bar erhalten. Dem V kommen später jedoch Bedenken, er weigert sich, das Eigentum an dem Grundstück zu übertragen. Hat K einen Anspruch auf Vollzug des notariellen Kaufvertrages?

---

**Lösung**

Der **beurkundete** Vertrag ist gem. § 117 I BGB nichtig. Der wirklich **gewollte** Vertrag (über 400 000 EUR) verstößt zwar nicht gegen § 117 I BGB, er ist jedoch nicht protokolliert und damit formnichtig, §§ 125, 311b I BGB i.V.m. § 117 II BGB. Also besteht ein Anspruch des K hier nicht. Eine Heilung gem. § 311b I 2 BGB (vgl. oben Abwandlung Fall 33) hat ja gerade noch nicht stattgefunden.

### c)  Gesetzesverstoß und Verstoß gegen die guten Sitten, §§ 134, 138 BGB

**157**    Im Zivilrecht herrscht grundsätzlich Vertragsfreiheit, d.h. Abschlussfreiheit und Inhaltsfreiheit. Es gilt, wie man sagt, der Grundsatz der Privatautonomie. Jedoch hat das Gesetz für die Vertragsparteien insoweit eine Schranke hauptsächlich mit den §§ 134 und 138 BGB errichtet.

### aa) Verstoß gegen ein Verbotsgesetz

Nach § 134 BGB ist ein Rechtsgeschäft nichtig, das gegen ein Verbotsgesetz verstößt, **158** „wenn sich nicht aus dem Gesetz ein anderes ergibt". Die Rechtsordnung versagt einem Erfüllungsanspruch die Anerkennung, der auf Ausführung einer an anderer Stelle von ihr verbotenen Handlung gerichtet ist. Das ist nur konsequent (Einheit der Rechtsordnung). Es muss aber im Einzelfall geprüft werden, ob sich die Verbotsnorm gerade gegen den wirtschaftlichen Erfolg des Rechtsgeschäfts richtet (nur dann findet § 134 BGB Anwendung) oder nur gegen dessen Begleitumstände. Es kommt daher in jedem Fall maßgeblich auf Sinn und Zweck des Verbotsgesetzes an.

---

**Fall 36**

K kauft am Sonntag beim Lebensmittelhändler V, der zufällig anwesend ist, zwei Kästen Bier und verspricht, sie am nächsten Tag zu bezahlen. Am nächsten Tag will K davon nichts mehr wissen, weil der Vertrag wegen Verstoßes gegen das Ladenschlussgesetz nichtig sei. Ist das richtig?

---

**Lösung**

Ein Anspruch des V aus § 433 II BGB setzt einen wirksamen Kaufvertrag voraus. Dem könnte § 134 BGB entgegenstehen. Als Verbotsgesetz kommt § 3 Nr. 1 des Gesetzes über den Ladenschluss in Betracht. Dieses richtet sich aber nicht gegen das Verkaufsgeschäft selbst (den wirtschaftlichen Erfolg), sondern gegen den Zeitpunkt (die Umstände) des Vertragsschlusses. Ein Verstoß gegen den Normzweck liegt nicht vor. V kann daher Zahlung des Kaufpreises verlangen.

Eindeutig liegt es dagegen in dem Fall, dass der Drogenhändler, der einem Kunden **159** unter Verstoß gegen das Betäubungsmittelgesetz Kokain geliefert hat, nun Bezahlung verlangt. Dieser Handel ist schlechthin untersagt und sogar unter Strafe gestellt. Ein Anspruch auf Zahlung des Kaufpreises besteht nicht, der Kaufvertrag ist nichtig, § 134 BGB. Dasselbe gilt für Verträge einer Autodiebesbande mit ihren Absatzhelfern und Hehlern.

Wieder anders (und teilweise schwieriger) liegt es in dem Fall, dass der Auftraggeber **160** vom Schwarzarbeiter Rückzahlung des Lohnes unter Hinweis auf die Gesetzeswidrigkeit des Auftrags verlangt. Zwar ist der Werkvertrag unwirksam, § 134 BGB i.V.m. § 1 II Nr. 2 des Gesetzes zur Bekämpfung der Schwarzarbeit und illegalen Beschäftigung (SchwArbG). Der gezahlte Lohn kann aber schon wegen § 817 S. 2 BGB nicht zurückgefordert werden. Auch diese Rechtsfolge bei einer „Ohne-Rechnung-Abrede" leuchtet ein: das Gesetz hilft den Parteien nicht, die bewusst gegen das Gesetz gehandelt haben (so jetzt endlich auch BGH NJW 2014, 1805). Deshalb steht dem Auftraggeber bei mangelhafter Arbeit auch kein Anspruch auf Nachbesserung (§§ 634 Nr. 1, 635 BGB) oder Schadensersatz zu (§§ 634 Nr. 4, 636, 280 ff. BGB), so der Bundesgerichtshof in einem Urteil vom 1.8.2013 (NJW 2013, 3167).

### bb) Sittenwidrige Geschäfte

**161**  In ähnlicher Weise verweigert die Rechtsordnung dem sittenwidrig Handelnden ihre Hilfe. Das Gesetz missbilligt anstößige Rechtsgeschäfte und ordnet in § 138 I BGB zwingend an, dass ein gegen die guten Sitten verstoßendes Rechtsgeschäft nichtig ist, also Primäransprüche daraus nicht hergeleitet werden können (und damit selbstverständlich auch keine sekundären Ansprüche). Problematisch ist allerdings nur, was unter den guten Sitten im Sinne dieser Vorschrift zu verstehen ist. Es kommt dabei weniger auf die Motive des Handelnden als auf das Ergebnis, also auf das konkrete Rechtsgeschäft an: Ist ein Erfüllungsanspruch daraus im Rahmen der Rechtsordnung erträglich? Die Rechtsprechung bildet Fallgruppen und verneint die Frage bei:

- wucherähnlichen Geschäften, § 138 II BGB (diese Vorschrift dient als Maßstab auch bei der allgemeinen Frage im Rahmen des § 138 I BGB, wann ein Geschäft gegen die guten Sitten verstößt);
- Knebelungsverträgen (z.B. Bierbezugsvertrag zwischen Gastwirt und Brauerei auf 20 Jahre);
- auffälligem Missverhältnis zwischen Leistung und Gegenleistung (bei 100%-iger Überteuerung);
- Verstößen gegen die moralische Ordnung des Geschäfts- oder Familienlebens.

**162**  Die Sittenwidrigkeit von Rechtsgeschäften hat seit einiger Zeit besondere Bedeutung bei Finanzdienstleistungen gewonnen. Ein sittenwidriger (wucherähnlicher) Verbraucherkreditvertrag wird angenommen, wenn der vereinbarte Zins (einschließlich weiterer Kosten) den Schwerpunktzins der Deutschen Bundesbank um 100% übersteigt. Insbesondere bei Sicherungsgeschäften spielt § 138 I BGB jedenfalls in jüngster Zeit eine große Rolle:

---

**Fall 37**

Der Gewerbetreibende S möchte bei der Bank B einen Kredit in Höhe von 150 000 EUR aufnehmen. Die Bank verlangt als Sicherheit die Bürgschaft der F, Ehefrau des S und Mutter von drei Schulkindern, die über ein eigenes Einkommen von monatlich 400 EUR verfügt. Die F unterzeichnet die ihr vorgelegte Bürgschaftsurkunde. Als S in Vermögensverfall gerät, nimmt die B die Ehefrau F aus der Bürgschaft in Anspruch. Zu Recht?

---

**Lösung**

Als Anspruchsgrundlage kommt hier § 765 I BGB in Betracht. Die Bürgschaft ist (form-) wirksam zu Stande gekommen, § 766 BGB. Warum sollte die Ehefrau nicht haften? Vertrag ist doch Vertrag. Die F wusste doch, was eine Bürgschaft bedeutet. So lautet die frühere Argumentation. Dagegen steht aber die Erwägung, dass F die Verpflichtung nur mit Rücksicht auf familiäre Beziehungen übernommen hat und sie selbst zunächst auf absehbare Zeit wirtschaftlich nicht in der Lage ist, auch nur die Darlehenszinsen zu bezahlen. Die Bank B machte sich die emotionale Bindung der F zu ihrem Ehemann zu Nutze. Zwar ist § 138 II BGB bei der Bürgschaft nicht einschlägig. Es geht nicht um die Störung des Verhältnisses von Leistung und Gegenleistung (da ein Sicherungsgeschäft und kein Austauschvertrag vorliegt). Jedoch greift hier § 138 I BGB ein. Wegen krasser Überforderung der Bürgin F und wegen Ausnutzung ihrer emotionalen Bindungen zum Hauptschuldner S ist der Bürgschaftsvertrag sittenwidrig und daher nichtig. Die Bank hat daher keinen Anspruch gegen F.

Insgesamt stellt sich die Rechtsfindung in Fällen dieser Art als eine schwierige Grat-    **163**
wanderung zwischen dem Grundsatz der Vertragstreue und der Unterbindung von
unzulässiger Fremdbestimmung dar. Darauf kann hier nicht weiter eingegangen
werden.

## Anhang: Allgemeine Geschäftsbedingungen

Formmangel, Gesetzes- und Sittenverstoß haben, wie gesehen, Nichtigkeit des Ver-    **164**
trages zur Folge. Sie hindern das Entstehen des gesamten Vertrages und damit der
vertraglichen Primäransprüche. Im Folgenden geht es lediglich um die Unwirksamkeit
von einzelnen Vertragsbestimmungen, die eine Vertragspartei der anderen durch sog.
Allgemeine Geschäftsbedingungen (AGB) zum Zwecke der Rationalisierung der Geschäftsvorgänge vorzuschreiben versucht. Dabei stellt sich zunächst die Frage, ob die
AGB überhaupt Geltung für das konkrete Vertragsverhältnis erlangen.

Nach § 305 I BGB sind **AGB** alle für eine **Vielzahl von Verträgen vorformulierte**    **165**
**Vertragsbedingungen**, die eine Vertragspartei (**Verwender**) der anderen Vertragspartei bei Abschluss eines Vertrages stellt. Bei der anderen Vertragspartei kann es sich
um einen Verbraucher (§ 13 BGB) oder einen Unternehmer (§ 14 BGB) handeln. Die
AGB sollen das dispositive (= abdingbare) Gesetzesrecht durch Bestimmungen ersetzen, die den (einseitigen) Interessen und Bedürfnissen des Verwenders besser entsprechen. Sie kommen (als „Kleingedrucktes") insbesondere (aber nicht nur!) bei Begründung von Vertragsbeziehungen für Massengeschäfte zur Anwendung. Das ist nach
dem Grundsatz der Parteiautonomie grundsätzlich möglich.

Es besteht aber die Gefahr der rücksichtslosen Verfolgung eigener Vertragsinteressen    **166**
(z.B. Einführung von Haftungsausschlüssen oder Befugnissen zu einseitiger Preiserhöhung, Erschwerungen von Kündigung und Austritt z.B. bei einem Buchclub) und damit
des Missbrauchs der vom BGB eingeräumten Vertragsfreiheit. Der Verwender ist in der
Regel wirtschaftlich stärker und wird sich nicht auf eine Diskussion über seine AGB
einlassen. Oft werden in einer Branche einheitliche AGB vom Fachverband empfoh-
len, denen sich ein Verbraucher unterwerfen muss, wenn er die Vertragsleistung des
AGB-Verwenders erhalten will (Vertragsdiktat).

Zunächst hat die Rechtsprechung versucht, mit Hilfe des § 138 BGB (Sittenwidrigkeit)    **167**
und des § 242 BGB (Billigkeitskontrolle = sog. Inhaltskontrolle) die Dinge in den Griff
zu bekommen. Dann hat sich der Gesetzgeber eingeschaltet und 1976 das Gesetz zur
Regelung des Rechts der Allgemeinen Geschäftsbedingungen (AGBG) erlassen. Im
Zuge der Modernisierung des Schuldrechts zum 1.1.2002 wurden diese gesetzlichen
Regelungen in §§ 305–310 BGB übernommen.

Vorformulierte Vertragsbedingungen unterliegen zunächst einer **Einbeziehungskon-**    **168**
**trolle** und in zweiter Stufe einer **Inhaltskontrolle**. Die entsprechenden formellen und
inhaltlichen Erfordernisse (§§ 305 II, 305c I, 307 ff. BGB) sind neben §§ 145 ff. BGB
beim Vertragsabschluss zu bedenken. Auch Verbraucherverträge unterliegen gem.
§ 310 III BGB der Inhaltskontrolle. Das bedeutet, dass ein Unternehmer, selbst wenn

er die Vertragsbedingungen nur für einen einmaligen Anwendungsfall formuliert, in seiner Gestaltungsfreiheit ebenso wie bei Verwendung von Allgemeinen Geschäftsbedingungen eingeschränkt ist.

- **Einführung der AGB** in den Einzelvertrag

169    AGB gelten nicht automatisch; § 305 II BGB verlangt für die Einbeziehung in den Vertrag mit einem **Verbraucher** (*gegenüber* einem *Unternehmer* gilt § 305 II BGB ohnehin nicht, vgl. § 310 I BGB) dreierlei:

a) die andere Vertragspartei muss auf die AGB ausdrücklich, zumindest aber deutlich[5] hingewiesen werden;

b) sie muss die Möglichkeit gehabt haben, in zumutbarer Weise vom Inhalt der AGB Kenntnis zu nehmen;

c) sie muss mit den AGB einverstanden gewesen sein, also unter den Voraussetzungen a) und b) den Vertrag geschlossen haben.

170    Selbst wenn diese Voraussetzungen vorliegen, werden **überraschende** und **unklare** Klauseln **nicht Vertragsbestandteil**, § 305c I und II BGB. Enthalten die AGB solche Klauseln, bleibt der Vertrag im Übrigen wirksam, § 306 I BGB. Das Gesetz will nur die unangemessenen AGB annullieren, nicht den Vertrag selbst. Die hierdurch entstandene Vertragslücke wird dadurch geschlossen, dass an Stelle der nicht Vertragsbestandteil gewordenen Klausel die entsprechenden BGB-Regeln gelten, § 306 II BGB.

---

**Fall 38**

Der Autofahrer A fährt zu der Autowaschanlage der B-GmbH. An der Einfahrt passiert er ein gut lesbares Schild mit dem Wortlaut: „Haftung nur bei grobem Verschulden für Karosserie-, Lack- und Teileschäden". A fährt in die Anlage ein, ohne auf das Schild zu achten. Ist der Haftungsausschluss Vertragsinhalt geworden?

**Lösung**

Es ist ein Werkvertrag (§§ 631 ff. BGB) über die Wagenwäsche zu Stande gekommen. Die B-GmbH wollte den Haftungsausschluss als Vertragsinhalt vereinbaren. Da A das Schild jedoch nicht bewusst wahrgenommen hat, könnte es an einer vertraglichen Vereinbarung über diesen Punkt fehlen. Hier sind jedoch die AGB-Regelungen des Gesetzes zu beachten. Das (bloße!) Schild verkörpert bereits nach § 305 I BGB eine Allgemeine Geschäftsbedingung der B-GmbH. Der Regelungsinhalt ist daher nur unter den Voraussetzungen des § 305 II BGB Vertragsbestandteil geworden. Als Hinweis genügt ein deutlich sichtbarer Aushang am Ort des Vertragsschlusses, sofern ein ausdrücklicher Hinweis nur unter unverhältnismäßigen Schwierigkeiten möglich ist (§ 305 II Nr. 1 BGB); außerdem muss der anderen Partei die Möglichkeit verschafft werden, in zumutbarer Weise vom Inhalt der AGB Kenntnis zu nehmen. Beide Voraussetzungen sind hier gegeben. Für das Einverständnis des A in die AGB-Klausel (Haftungsausschluss) genügt es, wenn beide Voraussetzungen vorliegen. Keine Rolle spielt dabei, ob der Kunde tatsächlich von der Möglichkeit der Kenntnisnahme Gebrauch gemacht hat. Schließlich ist noch zu prüfen, ob eine ungewöhnliche Klausel mit Überraschungseffekt vorliegt, die

---

5  Das gilt insbesondere auch bei einem Vertragsschluss im Internet; AGB sind hier nicht schon wirksam einbezogen, wenn die Klauseln heruntergeladen werden können. Ihre Geltung muss durch einen klaren Hinweis dem Nutzer angezeigt werden.

nach § 305c BGB nicht Vertragsbestandteil wird. Dies ist hier zu verneinen, sodass im Ergebnis der Haftungsausschluss Vertragsbestandteil geworden ist.

### ▪ Inhaltskontrolle der AGB

Die Inhaltskontrolle (§§ 307–309 BGB) ist das Herzstück des Rechts der AGB. Die allgemeinen Regeln der §§ 134, 138 BGB bleiben daneben anwendbar, sie sind aber erst nach den besonderen Vorschriften der §§ 307–309 BGB zu prüfen, weil diese eine speziellere und strengere Regelung enthalten. Auch innerhalb der Klauselverbote der §§ 307–309 BGB besteht eine **Prüfungsreihenfolge.** Nach der – wie auch sonst – geltenden Regel ist die **speziellere Vorschrift vor der allgemeineren** zu prüfen. Entgegen der numerischen Reihenfolge muss sich die Prüfung daher zunächst dem **§ 309 BGB (Klauselverbote ohne Wertungsmöglichkeit)** und dann dem **§ 308 BGB (Klauselverbote mit Wertungsmöglichkeit)** zuwenden, bevor **§ 307 BGB (Generalklausel)** untersucht wird. Der Maßstab, an dem die AGB-Klauseln gemessen werden, ist das Gesetzesrecht des BGB. Denn die AGB verändern die Rechtsstellung der Beteiligten gegenüber der sonst eingreifenden (dispositiven) Rechtslage nach dem Gesetz (BGB). Eine AGB-Kontrolle im Rahmen der §§ 307–309 BGB findet daher nur statt, wenn es um rechtliche Regelungen in den AGB geht, § 307 III 1 BGB. Das ist nicht der Fall, wenn die AGB lediglich die jeweiligen Vertragsleistungen in tatsächlicher Hinsicht beschreiben und festlegen (z.B. den Kaufgegenstand, die Liefermodalitäten und den Kaufpreis).

**171**

Bei § 309 BGB (Klauseln ohne Wertungsmöglichkeit) liegt stets eine unangemessene Benachteiligung des Vertragspartners vor, sodass die im Katalog aufgeführten Klauseln ohne weiteres nichtig sind. Unter § 308 BGB (Klauseln mit Wertungsmöglichkeit) fallen Bestimmungen, die für den Vertragspartner im Allgemeinen gefährlich sind. Ob im Einzelfall eine unangemessene Benachteiligung vorliegt, muss bei § 308 BGB anhand unbestimmter Rechtsbegriffe wie „ohne sachlich gerechtfertigten Grund", „kein anerkennenswertes Interesse" oder „unangemessen hoch" festgestellt werden. Beachte: **§§ 308 und 309 BGB** sind auf **Unternehmer** (§ 14 BGB) **nicht** anwendbar, § 310 I BGB. Ist der Klauselgegner ein Unternehmer, so kommt man unmittelbar zur Anwendung des § 307 BGB; anderenfalls erst über die vorgelagerten Prüfungsstationen in § 309 BGB und § 308 BGB.

**172**

---

#### ┌─ Fall 39 ───────────────────────────────────

Zunächst wie Fall 38. Beim Waschvorgang erfasst eine Bürste infolge eines Wartungsfehlers den Außenspiegel des PKW und reißt ihn ab. Kann A Schadensersatz verlangen?

### Lösung

Grundsätzlich besteht ein Schadensersatzanspruch (Sekundäranspruch) des A wegen Schlechterfüllung des Vertrages (§ 280 I BGB; zu dieser Anspruchsgrundlage näher unten Rn. 298 f.). Der Anspruch könnte jedoch auf Grund der AGB der B-GmbH (die Vertragsbestandteil geworden sind, vgl. Fall 38) ausgeschlossen sein. Der Haftungsausschluss setzt voraus, dass die AGB-Klausel wirksam ist. Die AGB unterliegen der Inhaltskontrolle. Ein Verstoß gegen die in § 308 BGB und § 309 BGB aufgeführten Klauselverbote ist nicht ersichtlich. Insbesondere ist § 309 Nr. 7 BGB nicht einschlägig (die B-GmbH schließt ihre Haftung bei grobem Verschulden nicht aus). Es kommt aber ein Verstoß gegen die Generalklausel des § 307 BGB in Betracht. Ein solcher Verstoß liegt vor, wenn eine Klausel „wesentliche Rechte und Pflichten, die sich aus der Natur des Vertrages ergeben, so einschränkt, dass der Vertragszweck gefährdet ist". Dazu gehört auch die Erfüllung vertragstypischer Kundenerwartungen. Dabei ist zu bedenken, dass sich der Kunde vor den in der Klausel aufgeführten Beschädigungen praktisch nicht schützen kann. Die Klausel ist daher unwirksam. Gleichwohl bleibt der Vertrag als Ganzes wirksam, § 306 I BGB. Die B-GmbH haftet daher dem A nach den allgemeinen Regeln des Gesetzes wegen Schlechterfüllung, vgl. § 306 II BGB. Den Gewährleistungsrechten des A nach §§ 633 ff. BGB kann hier nicht näher nachgegangen werden (zu den kaufrechtlichen Gewährleistungsrechten vgl. unten 2. Teil II 3).

**173**  Im Rechtsverkehr zwischen Unternehmen tritt nicht selten das Problem **widersprechender AGB** auf, etwa wenn der Käufer zu seinen Einkaufsbedingungen bestellt, der Verkäufer zu seinen Lieferbedingungen liefern will und der Vertrag in Unkenntnis der kollidierenden AGB durchgeführt wird. Hier stellt sich die Frage, welche AGB-Klausel im Konfliktfall gelten soll. Das Problem ist im Gesetz nicht unmittelbar geregelt. Nach § 150 II BGB könnte man zum Ergebnis kommen, dass die AGB derjenigen Partei Vertragsinhalt wird, die zuletzt auf sie verwiesen hat (vgl. oben Rn. 87). Das ist jedoch nicht interessengerecht. Vielmehr dürfte der Fall eher mit dem Problem des versteckten Dissenses vergleichbar sein, § 155 BGB (vgl. oben Fall 20). Der Vertrag ist also durch seine Ausführung wirksam zu Stande kommen. An die Stelle der einander widersprechenden Klauseln treten die entsprechenden gesetzlichen Vorschriften, § 306 II BGB.

---

### Prüfungsschema bei AGB

1. Liegen Allgemeine Geschäftsbedingungen vor, § 305 I BGB?
2. Sind die Voraussetzungen des § 310 BGB gegeben, durch den der persönliche und sachliche Anwendungsbereich der AGB-Regeln (teilweise) ausgeschlossen wird?
3. Sind die AGB in den Vertrag einbezogen worden, § 305 II bzw. § 305a BGB?
   a) Hinweis auf die AGB bei Vertragsschluss;
   b) Verschaffung der Möglichkeit der Kenntnisnahme;
   c) Einverständnis des Vertragspartners.
4. Ist die fragliche Klausel eine überraschende, auf die nicht besonders hingewiesen wurde, § 305c I BGB?
5. Wurde eine zuwiderlaufende Einzel- (= Individual-) Vereinbarung getroffen, § 305b BGB?
6. Bestehen mehrere Auslegungsmöglichkeiten, § 305c II BGB? Dann gilt die für den Vertragspartner günstigste.
7. Fällt eine Klausel unter das Verbot des § 309 BGB? Dann ist sie nichtig, nicht jedoch der Vertrag, § 306 I BGB.
8. Fällt eine Klausel unter das Verbot des § 308 BGB? Rechtsfolge wie zuvor.
9. Fällt eine Klausel unter das Verbot des § 307 BGB? Rechtsfolge ebenso wie 7 und 8.

---

**Lernkontrolle im Selbststudium:**
Kornblum/Schünemann/Müller, Aufgaben 104–112

## 2. Wegfall der vertraglichen Primäransprüche

Die bisher untersuchten Voraussetzungen bzw. Hindernisse für einen wirksamen Ver- **174** tragsschluss bestimmen jeweils darüber, ob der Vertrag überhaupt zustande kommt. Im Folgenden geht es darum, dass ein bereits geschlossener Vertrag und die daraus folgenden Primäransprüche wieder entfallen oder erlöschen. Dabei ist eine ganze Reihe von Erlöschensgründen denkbar, von denen im Folgenden die wichtigsten vorgestellt werden.

Zunächst stellt sich die Frage, ob eine der beiden Vertragsparteien einseitig einen **175** wirksam geschlossen Vertrag wieder zum Wegfall bringen kann. Dass die Vertragsparteien den Vertrag *einvernehmlich* wieder aufheben können, ist selbstverständlich (vgl. § 311 I BGB: Änderung des Inhalts eines Schuldvertrages). Einseitige Willenserklärungen einer Vertragspartei, die auf die Existenz des Vertrages einwirken, sind z.B. Widerruf und Anfechtung der Vertragserklärung sowie Rücktritt vom Vertrag. Auch andere Vorgänge können zum Wegfall der Vertragsansprüche führen, so hat z.B. die Unmöglichkeit einer im Vertrag versprochenen Leistung das Erlöschen der Primäransprüche zur Folge (dazu im Zusammenhang mit dem Leistungsstörungsrecht unten Rn. 230 ff.). Und schließlich führt selbstverständlich die dem Leistungsprogramm des Vertrages entsprechende Erfüllungsleistung durch den Schuldner zum Erlöschen des Vertragsanspruchs des Gläubigers. In der hier genannten Reihenfolge sollen die Erlöschenstatbestände im Folgenden vorgestellt werden.

### a) (Verbraucher-) Widerruf

Das Gesetz räumt Verbrauchern in einigen Fällen das Recht zum Widerruf ihrer Wil- **176** lenserklärung ein. Dieses Widerrufsrecht darf nicht mit dem allgemeinen Widerruf einer Willenserklärung durch den Erklärenden gem. § 130 I 2 BGB verwechselt werden. § 130 I 2 BGB hindert die Wirksamkeit einer bereits auf den Weg gebrachten Willenserklärung bei ihrem Zugang, wenn der Widerruf vorher oder gleichzeitig beim Empfänger eintrifft (Zugangsproblem, vgl. oben Fall 14). Der hier zu behandelnde Widerruf einer Willenserklärung beseitigt eine schon abgegebene und zugegangene Willenserklärung und führt damit zum Wegfall der primären Leistungspflichten aus dem bereits abgeschlossenen Vertrag, vgl. § 355 I 1 BGB.

Aus der Überschrift des Untertitels zu § 355 BGB ergibt sich bereits, dass dieses **177** Widerrufsrecht nur den Verbrauchern (§ 13 BGB) eingeräumt ist. Der Verbraucherwiderruf hat nach § 312 I BGB ein bedeutsames Anwendungsfeld bei auf entgeltliche Leistung gerichteten Verbraucherverträgen im Sinne von § 310 III BGB. Darüber hinaus findet sich das Widerrufsrecht des Verbrauchers an verstreuten Stellen im Gesetz (vgl. § 355 I 1 BGB: „durch Gesetz"). Solche Fälle sind z.B.

- **Außerhalb von Geschäftsräumen geschlossene Verträge, § 312g, § 312b BGB** **178**
  Danach soll der Verbraucher vor Vertragsabschlüssen in ungewohnten Situationen geschützt werden, die unter gleichzeitiger Anwesenheit des Verbrauchers und Unternehmers (Abgrenzung zum Fernabsatzvertrag Rn. 179) an einem Ort erfolgen, der kein Geschäftsraum des Unternehmers ist, § 312b I 1 Nr. 1 BGB (Grundfall).

Zur Begründung eines Widerrufsrechts genügt es bereits, dass der Verbraucher das bindende Angebot unter den in Nr. 1 genannten Umständen abgegeben hat, § 312b I 1 Nr. 2 BGB. In Umsetzung der europäischen Verbraucherrechte-Richtlinie geht das Gesetz zur Verbesserung des Verbraucherschutzes noch darüber hinaus. Widerruflich sind daher auch Verbraucherverträge, die in den Geschäftsräumen des Unternehmers geschlossen werden, wenn der Verbraucher „unmittelbar zuvor" außerhalb der Geschäftsräume „persönlich und individuell" angesprochen worden war, § 312b I 1 Nr. 3 BGB. Gleiches gilt bei vom Unternehmer bewusst als Kaufveranstaltung eingesetzten „Ausflügen" (Kaffeefahrten u.ä.), § 312b I 1 Nr. 4 BGB. In allen diesen Fällen geht das Gesetz von einer situativen Beeinträchtigung der Vertragsschlussentscheidung des Verbrauchers aus, so dass die Gefahr einer Überrumpelung und eines unüberlegten Vertragsabschlusses besteht. Auch unter Berücksichtigung des Ausnahmenkatalogs in § 312g II BGB reicht das seit 13.06.2014 im Direktvertrieb geltende Widerrufsrecht des Verbrauchers weit über die zuvor vom Gesetz beschriebenen „Haustürwiderrufssituationen" hinaus.

**179**  ■ **Fernabsatzverträge, §§ 312g, 312c BGB**

Hier ist der Verbraucher schutzbedürftig, weil er das Produkt und den Vertragspartner (bei Dienstleistungen) weder während der Vertragsverhandlungen noch im Zeitpunkt des Vertragsschlusses unmittelbar vor sich sieht. Die Besonderheit dieser Vertriebsform besteht darin, dass der Fernabsatz „ausschließlich" (vgl. § 312c I BGB) unter Verwendung von Fernkommunikationsmitteln wie z.B. Briefe, Kataloge, Telefon, E-Mails, SMS ohne gleichzeitige körperliche Anwesenheit der Vertragsparteien stattfindet, § 312c II BGB. Darunter fallen auch elektronische Medien, sodass ein Widerrufsrecht des Verbrauchers bei einem Kaufvertrag mit einem Unternehmer (Einlieferer) im Wege der Internetauktion besteht. Da es sich bei diesem Fernabsatzgeschäft nicht um eine Versteigerung im Rechtssinn handelt (vgl. § 156 BGB; oben Rn. 141), ist das Recht zum Widerruf insbesondere durch § 312g II Nr. 10 BGB nicht ausgeschlossen.

**179a**  ■ **Verbraucherbauverträge, §§ 650l, 650i BGB**

Der Gesetzgeber wollte erklärtermaßen eine Schutzlücke schließen für Verträge von Verbrauchern über den Bau von neuen Gebäuden und über erhebliche Umbaumaßnahmen an bestehenden Gebäuden. Die Schutzbedürftigkeit der Verbraucher beruht hier auf der Größe des Projekts und der damit verbunden wirtschaftlichen und finanziellen Belastungen. Sie entfällt bei notarieller Beurkundung des Bauvertrags.

**180**  ■ **Verbraucherdarlehen, §§ 495, 491 BGB**

Der Verbraucher soll wegen der wirtschaftlichen Bedeutung des Darlehens vor übereilter Bindung an seine Vertragserklärung geschützt werden. Er erhält Bedenkzeit, um gegebenenfalls den Vertrag wieder zu beseitigen (durch Widerruf).

**181**  ■ **Ratenzahlungsverträge und Teilzeit-Wohnrechteverträge, §§ 481, 485, 510 II BGB**

Der Verbraucher soll sich ohne Zeitdruck Verträge mit längerer Bezugsbindung bzw. mit komplexeren Regelungen noch einmal überlegen und diese gegebenenfalls rückgängig machen können.

Der Verbraucher muss sein Recht zum Widerruf seiner Vertragserklärung binnen einer   **182**
Frist von 14 Tagen ausüben, § 355 II 1 BGB. Die Widerrufsfrist beginnt regelmäßig mit
dem Vertragsschluss, § 355 II 2 BGB (für Verbrauchsgüterkäufe gelten Ausnahmen,
§ 356 II Nr. 1 BGB). Bei außerhalb von Geschäftsräumen geschlossenen Verträgen und
bei Fernabsatzverträgen ist nach § 356 III 1 BGB für den Fristbeginn zusätzlich noch
erforderlich, dass der Unternehmer den Verbraucher über die Bedingungen, die Fristen
und das Verfahren für die Ausübung des Widerrufsrechts informiert hat. Die Widerrufserklärung des Verbrauchers ist eine einseitige, empfangsbedürftige Willenserklärung,
eine besondere Form schreibt das Gesetz nicht (mehr) vor, § 355 I 2 BGB. Die rechtzeitige Absendung genügt zur Fristwahrung, auf den Zugang der Widerrufserklärung
kommt es insoweit nicht an, § 355 I 5 BGB. Ohne (wirksame) Belehrung über das Widerrufsrecht läuft die Widerrufsfrist von 14 Tagen nicht, so dass der Verbraucher auch
noch danach wirksam seine Vertragserklärung widerrufen kann, allerdings nur bis zur
Höchstfrist von 12 Monaten und 14 Tagen, § 356 III 2 BGB.

Die Rechtsfolgen eines wirksamen Widerrufs bestimmen sich nach § 355 I und § 357   **183**
BGB. Zunächst bewirkt der Widerruf, dass beide Parteien nicht mehr an ihre Willenserklärungen gebunden sind, § 355 I 1 BGB. Der Vertrag wird nicht mehr fortgeführt.
Vielmehr **gestaltet** der Widerruf das **Vertragsverhältnis in ein Rückabwicklungsschuldverhältnis um.** Die Rechtsfolgen sind abschließend in §§ 357 – 361 BGB geregelt. Insbesondere sind die beiderseits empfangenen Leistungen zurückzugewähren,
wobei die Kosten für die Warenlieferung vom Unternehmer (§ 357 II 1 BGB) und die
Kosten für die Rücksendung grundsätzlich vom Verbraucher zu tragen sind, § 357 VI 1
BGB. Eine abweichende Regelung zugunsten des Verbrauchers ist möglich und weithin üblich.

---

**Fall 40**

Die Hausfrau A wird beim Hausputz/beim Einkauf auf der Straße vom Vermittler V davon
überzeugt, dass sie dem Buchclub der B-GmbH unbedingt beitreten muss. Sie unterzeichnet
ein Beitrittsformular, welches bereits den Aufnahmeantrag der B-GmbH enthält, und entrich-
tet die „einmalige" Beitrittsgebühr von 148 EUR sogleich gegen Quittung. Später kommen
ihr Bedenken. Sie möchte vom Vertrag wieder loskommen und schreibt nach drei Tagen der
B-GmbH, dass sie von der Mitgliedschaft im Club „Abstand nehme". Wie ist die Rechtslage?

**Lösung**

Die Erklärung der A ist als Widerruf gem. § 355 I BGB auszulegen. Ihr Entschluss zum Widerruf geht
eindeutig aus der Formulierung hervor, vom Vertrag „Abstand" nehmen zu wollen, vgl. § 355 I 3
BGB. Eine Begründung für ihre Widerrufserklärung braucht A nicht anzugeben, § 355 I 4 BGB. Zum
Widerruf ist A berechtigt nach § 312g I i.V.m. § 312 I und § 312b I 1 Nr. 1 BGB. Ein Verbraucherver-
trag zwischen A (Verbraucherin, § 13 BGB) und der B-GmbH (Unternehmerin, § 14 BGB) liegt vor,
§§ 312 I, 310 III BGB. Zwischen beiden ist ein entgeltlicher Vertrag bei gleichzeitiger Anwesenheit
(für die GmbH gilt § 312b I 2 BGB) an einem Ort geschlossen worden, der kein Geschäftsraum
des Unternehmers ist. Die Widerrufsfrist beträgt bei ordnungsgemäßer Belehrung der A über ihr
Widerrufsrecht (vgl. dazu § 356 III BGB) 14 Tage, § 355 II 1 BGB. Die mit Vertragsschluss beginnen-
de Frist (§ 355 II 2 BGB) ist hier eingehalten. Es kommt nicht auf den Zugang der Erklärung der A
bei der B-GmbH, sondern allein auf die rechtzeitige Absendung (Abgabe der Willenserklärung) an,
§ 355 I 5 BGB. Nach dem Widerruf ist A (und übrigens auch der Vertragspartner, die B-GmbH) nicht
mehr an ihre auf den Vertragsschluss gerichtete Willenserklärung gebunden, § 355 I 1. Der Vertrag ist

damit gescheitert. Primäransprüche bestehen nicht mehr. Der Widerruf löst aber gem. § 357 I BGB die Rückabwicklung des Vertrages aus. Beide Teile sind verpflichtet, die jeweils empfangenen Leistungen zurückzugewähren. Da hier nur die B-GmbH (über ihren Vertreter V) eine Vertragsleistung (Geld) empfangen hat, schuldet nur sie etwas. Sie muss das Empfangene (das Geld) spätestens nach 14 Tagen an A zurückzahlen.

### b) Anfechtung

**184**    Wie wir gesehen haben, bezieht sich die Widerrufserklärung nicht auf den Vertrag als solchen, sondern nur auf die Vertragserklärung des Widerrufenden. Sie bringt aber den Vertrag zu Fall. Ebenso ist es bei der Anfechtung einer Willenserklärung. Der Erklärende ficht genau besehen nicht den Vertrag als solchen, sondern nur seine eigene Erklärung an. Erst der Wegfall dieser Willenserklärung hat dann Auswirkungen auf den Vertrag, genauer auf den Bestand des Vertrages.

**185**    Gem. § 142 I BGB bewirkt die Anfechtung der auf den Vertragsschluss gerichteten Willenserklärung durch eine Vertragspartei, dass ein bereits wirksam zu Stande gekommener Vertrag rückwirkend (*ex tunc*) nichtig wird. Dazu bedarf es aa) eines Anfechtungsgrundes (von denen es mehrere gibt) und bb) einer rechtzeitigen Anfechtungserklärung.

### aa) Anfechtungsgründe

**186**    Wie bereits dargestellt (Rn. 71, 102), können Willenserklärungen kraft Zurechnung nach den Regeln über den objektiven Empfängerhorizont Wirksamkeit erlangen, die der Erklärende so gar nicht wollte. In diesem Fall kann der Erklärende seinen tatsächlichen Willen im Wege der Anfechtung zur Geltung bringen, weil ein **rechtserheblicher Willensmangel** vorliegt. Aber nicht jeder Erklärende, der bei Abgabe der Willenserklärung von einer falschen Vorstellung geleitet wurde, kann anfechten. Nach dem Gesetz besteht ein numerus clausus der Anfechtungsgründe.

### (1)  Irrtum (§ 119 BGB)

**187**    Der Anfechtungstatbestand des § 119 BGB enthält in Absatz 1 und 2 (nur) drei Fallgruppen: Inhaltsirrtum, Erklärungsirrtum und Irrtum über verkehrswesentliche Eigenschaften einer Person oder Sache. Jeder andere Irrtum (Fehlvorstellung), dem der Erklärende unterliegt, ist grundsätzlich rechtlich unbeachtlich (sog. Motivirrtum, der nur das Motiv für den Abschluss des Rechtsgeschäfts betrifft). Das bedeutet, dass der Erklärende sich in diesen Fällen durch Anfechtung von seiner Willenserklärung nicht lösen und damit den Vertrag auch nicht zu Fall bringen kann, vgl. noch unten Rn. 197.

**188**    Eine Anfechtung gem. § 119 BGB setzt in allen Fällen voraus, dass der Erklärende nicht eine Erklärung mit der Bedeutung abgeben wollte, die seine Erklärung gegenüber dem Empfänger hat.

### ■ Inhaltsirrtum (§ 119 I Fall 1 BGB)

**189**    Hier will der Erklärende zwar die Erklärung abgeben, er verbindet damit einen anderen Inhalt, als sie tatsächlich hat (materieller Irrtum). Die Frage lautet: was **hat** der

Erklärende (tatsächlich) erklärt – und was **wollte** er erklären? In der Praxis kommt der Inhaltsirrtum selten vor. Geeignete Beispielsfälle sind rar.

---

**Fall 41**

Der Händler A hat eine Werbung in einem Fachbuch beim Verlag B in Auftrag gegeben. Eines Tages bekommt er von B eine verkleinerte und modifizierte Form der Werbeanzeige mit einem Anschreiben, in dem ihm angeboten wird, die Anzeige auch in einer bei B erscheinenden Fachzeitschrift abzudrucken. A meint, er habe einen Korrekturabzug (Fahne) für die Anzeige in dem Buch erhalten und unterschreibt die vorbereitete Einverständniserklärung. Das Missverständnis klärt sich auf, als er zwei Rechnungen erhält. Muss A auch die zweite Rechnung zahlen?

---

**Lösung**

Die Willenserklärung des A ist vom Standpunkt eines verständigen Dritten in der Lage des B (Empfängerhorizont, vgl. oben Rn. 71) als Annahme des neuen Vertragsangebotes zu verstehen. Mit der Annahmeerklärung des Verlages B ist der (Werk-) Vertrag zu Stande gekommen. Der A kann seine Erklärung jedoch gem. § 119 I Fall 1 BGB anfechten. Allerdings steht demjenigen, der ein Schriftstück unterschrieben hat, ohne es zuvor zu lesen, grundsätzlich ein Anfechtungsrecht nicht zu, weil er zu erkennen gegeben hat, dass er den gesamten Inhalt gelten lassen will. Das gilt aber nicht, wenn er sich vom Inhalt der Urkunde eine bestimmte Vorstellung gemacht hat, die nicht zutrifft. So liegt es im Fall 41. Hier wollte A nur sein Einverständnis mit der redaktionellen Gestaltung seiner Anzeige erklären, nicht aber einen Zusatzauftrag erteilen. Ein rechtserheblicher Irrtum liegt deshalb vor. Die Anfechtungserklärung ist (wie der Widerruf) eine einseitige, empfangsbedürftige Willenserklärung. Sie ist auch formfrei (§ 143 I BGB), muss aber unverzüglich erfolgen, § 121 I BGB, d.h. sobald der A seinen Irrtum bemerkt. Mit der Anfechtungserklärung (genauer: mit dem Zugang der Erklärung gegenüber dem Erklärungsempfänger = Anfechtungsgegner) ist die Willenserklärung als von Anfang an nichtig anzusehen, § 142 I BGB.

## ▪ Erklärungsirrtum (§ 119 I Fall 2 BGB)

Hier will der Erklärende schon äußerlich eine Willenserklärung, so wie sie erfolgt ist, nicht abgeben (formeller Irrtum). Das Gewollte stimmt mit dem Erklärten nicht überein. Im Wesentlichen handelt es sich dabei um die Fälle des Versprechens oder Verschreibens. Die Formel lautet wieder: was **hat** der Erklärende erklärt, was **wollte** er erklären? | 190

---

**Fall 42**

Der Steuerberater K bestellt beim Versandhaus V zwei Farbpatronen für seinen Drucker. Aus Versehen kreuzt er auf dem Bestellschein das Kästchen für „Drucker" an. Er erhält daraufhin zwei neue Drucker geliefert. Muss er diese bezahlen?

---

**Lösung**

Grundsätzlich ja, da K nach dem maßgeblichen Verständnishorizont des Empfängers (vgl. oben Rn. 71) objektiv ein Angebot über den Kauf von zwei Druckern abgegeben hat und an den geschlossenen Vertrag (das Angebot des K nimmt V durch Lieferung der Ware konkludent an) gebunden ist. Es sei denn, der K könnte seine Willenserklärung (Bestellung von zwei Druckern) mit der Begründung anfechten, er wollte lediglich zwei Patronen bestellen. Das ermöglicht § 119 I Fall 2 BGB. Danach besteht ein Anfechtungsrecht des K. Er muss dabei nicht ausdrücklich sagen: „Ich fechte den Vertrag an". Es genügt, wenn er bei V anruft und auf seinen Irrtum hinweist, den er im Streitfall vor Gericht allerdings auch beweisen muss (was nicht einfach sein dürfte).

**191**    An dieser Stelle soll in Fortführung des Falles 21 (oben Rn. 99 ff.) ein weiterer Erklärungsirrtum vorgestellt werden. Nach dem bisherigen Gang der Darstellung steht lediglich fest, dass ein wirksamer Internetkaufvertrag vorliegt. Mit dem nunmehr erreichten Kenntnisstand kann der Fall unter anfechtungsrechtlichen Gesichtspunkten vollständig gelöst werden.

---

### Fall 43

(Fortsetzung Fall 21): Sofort nach Entdeckung des Softwarefehlers verlangt die V-GmbH die Rücksendung des Notebooks. K wähnt sich im Recht und lehnt die Rückgabe ab. V fragt, welche Ansprüche sie gegen K hat und ob diesem Gegenansprüche zustehen.

**Lösung**

Als Anspruchsgrundlage auf Rückübereignung und Herausgabe des Notebook kommt § 812 I 1 Fall 1 BGB in Betracht. Der K hat Eigentum und Besitz an dem Notebook aufgrund der Leistung der V-GmbH erlangt. Der Übereignungsvertrag (§ 929 S. 1 BGB) ist nicht nach § 119 BGB anfechtbar, weil die Übereignungserklärung der V-GmbH nicht auf einem Irrtum beruht. Die Höhe des vereinbarten Kaufpreises spielt für das Übereignungsgeschäft keine Rolle (sog. Trennungsgrundsatz, siehe unten Anhang Rn. 213 ff.).

Der zwischen K und V-GmbH geschlossene Kaufvertrag (vgl. oben Rn. 102) könnte aber infolge Anfechtung gem. § 142 BGB entfallen sein, sodass K das Notebook ohne Rechtsgrund erlangt hätte. Eine rechtzeitige Anfechtungserklärung der V-GmbH liegt in dem Rückgabeverlangen, §§ 121, 143 I BGB. Als Anfechtungsgrund kommt ein Erklärungsirrtum in Betracht. Die V-GmbH hat durch die Preisangabe auf ihrer Internetseite (objektiv) erklärt, das Notebook für 499 EUR zu verkaufen, tatsächlich wollte sie es für 749 EUR verkaufen. Deshalb ging sie bei Auslieferung der Ware davon aus, dass die Bestellung des K zu dem von ihr festgelegten Verkaufspreis erfolge und sie ihre Annahme zu diesem Preis erkläre.

Damit liegt hier nicht anders als im Fall 42 ein Irrtum in der Erklärungshandlung vor, weil ein Unterschied zu dem Fall, dass der Erklärende sich selbst verschreibt oder vertippt nicht besteht. Im Fall 43 ist die Abweichung vom Erklärungswillen aufgrund fehlerhafter Datenerfassung auf dem Weg zu den Kaufinteressenten erfolgt. Der elektronische Übermittlungsfehler gleicht dem Fall des § 120 BGB, sodass die irrtümlich abgegebene Willenserklärung wirksam angefochten werden kann.

Daraus folgt das Ergebnis: K muss das wegen des nichtigen Kaufvertrages ohne Rechtsgrund Erlangte (Eigentum und Besitz an dem Notebook) an die V-GmbH gem. § 812 I 1 Fall 1 BGB zurückgeben. K seinerseits kann nach derselben Anspruchsgrundlage Rückzahlung der von ihm gezahlten 499 EUR verlangen; außerdem die entrichteten Versandkosten in Höhe von 15 EUR, Anspruchsgrundlage insoweit ist § 122 I BGB (dazu noch unten Rn. 201).

### ■ Irrtum über verkehrswesentliche Eigenschaften (§ 119 II BGB)

**192**    Die Vorschrift des § 119 II BGB erfasst ausnahmsweise den (Motiv-) Irrtum über spezielle Eigenschaften von Personen (= Vertragspartner) und Sachen (= Vertragsgegenstand). Unter „Eigenschaften" im Sinne dieses Anfechtungtatbestandes werden neben den auf der Beschaffenheit beruhenden Merkmalen auch solche Umstände von gewisser Dauerhaftigkeit verstanden, die nach der Verkehrsanschauung für die Wertschätzung oder Verwendbarkeit von Bedeutung sind. Eigenschaften einer Sache sind danach alle **wertbildende Faktoren**, **nicht** jedoch der **Wert der Sache** als solcher. Die Abgrenzung ist nicht immer einfach. Dazu

---

**Fall 44**

Der K sieht auf dem Flohmarkt eine Ikone. In der Meinung, es sei ein russisches Original aus dem 19. Jahrhundert, zahlt er die verlangten 400 EUR. Zu Hause stellt er fest, dass es sich um eine moderne Imitation handelt. Kann er anfechten?

---

## Lösung

Alter und Echtheit eines Kunstobjekts sowie seine Zuordnung zu einer bestimmten Schaffensperiode eines Künstlers stellen jeweils eine verkehrswesentliche Eigenschaft der Sache im Sinne des § 119 II BGB dar. K kann daher anfechten und sich damit vom Vertrag wieder lösen. Die Rückabwicklung der Vertragsleistungen erfolgt über das Bereicherungsrecht (vgl. bereits Fall 43 und unten Rn. 200).

**193** Eine Anfechtung nach § 119 II BGB kann aber nach Sinn und Zweck des Anfechtungsrechts ausgeschlossen sein. Das zeigt

---

**Fall 45**

Der Bürge B übernimmt schriftlich (§ 766 BGB) für den Schuldner S die Bürgschaft gegenüber der L-Bank in Höhe von 50 000 EUR, weil er S für wohlhabend und seriös hält (und S ihm 500 EUR „Aufwandsentschädigung" zahlt). Als S zahlungsunfähig wird, verlangt die L-Bank von B Zahlung. Dieser ficht die Bürgschaftserklärung gem. § 119 II BGB mit der Begründung an, er habe sich hinsichtlich der Person und der Vermögensverhältnisse des S geirrt. Besteht dennoch der Anspruch der L-Bank?

---

## Lösung

Als Anspruchsgrundlage kommt § 765 I BGB in Betracht. Der Bürgschaftsvertrag ist (form-) wirksam geschlossen. Die Anfechtungserklärung des B ändert daran nichts. Der Sinn der Bürgschaft besteht gerade in der Übernahme des hier eingetretenen Risikos durch den Bürgen. Die Vermögensverhältnisse des Hauptschuldners (S) stellen daher keine verkehrswesentliche Eigenschaft i.S. des § 119 II BGB dar. Ein Anfechtungsgrund liegt nicht vor. Die Anfechtungserklärung hat keine Wirkung.

**194** Eine weitere Einschränkung des Anfechtungsrechts aus § 119 II BGB gibt es im Kaufrecht bei Vorliegen von Mängeln der Kaufsache. Der Käufer kann nicht im Hinblick auf den Mangel der Kaufsache den Kaufvertrag anfechten. Er ist nach Übergabe der Kaufsache auf die Mängelrechte des § 437 BGB (spezielle Regelung) beschränkt; zu den Gewährleistungsrechten des Käufers vgl. 2. Teil II 3.

## (2) Arglistige Täuschung (§ 123 BGB)

**195** Hier beruht der Irrtum des Erklärenden auf einer arglistigen (d.h. bewusst irreführenden) Willensbeeinflussung durch den Erklärungsempfänger. Jeder Irrtum, auch ein Motivirrtum, berechtigt hier zur Anfechtung. Darauf ist im Zusammenhang mit dem Abschluss von Arbeitsverträgen noch zurückzukommen (3. Kapitel Fall 2).

---

**Fall 46** ─────────────────────────────────────────────

Der K kauft von V dessen gebrauchten PKW. Auf Grund der Versicherung des V, das Fahrzeug sei „völlig unfallfrei", unterschreibt K den Kaufvertrag mit der Klausel: „gekauft, wie besichtigt und Probe gefahren unter Ausschluss jeder Gewährleistung". Was kann K machen, wenn der PKW tatsächlich einen schweren Unfall hatte, was dem V bekannt war?

**Lösung**

Der Kaufvertrag ist wirksam geschlossen. Der Käufer hat zwei Möglichkeiten. Er kann entweder (1) am Vertrag festhalten oder (2) seine Vertragserklärung anfechten.

(1) Die Vertragsklausel enthält zwar einen sog. Gewährleistungsausschluss (dazu noch unten Fall 66). Die Klausel entfaltet aber keine Wirkung bei einer arglistigen Täuschung durch den Verkäufer, § 444 BGB. Deshalb stehen dem K die Käuferrechte gem. § 437 BGB zu.

(2) Der betrogene K muss den Kaufvertrag aber nicht gelten lassen. Vielmehr kann er den Vertrag durch Anfechtung beseitigen. Das Anfechtungsrecht gem. § 123 BGB ist hier (anders als beim Eigenschaftsirrtum, vgl. oben Rn. 194) durch die spezielle Regelung der Gewährleistungsrechte in §§ 434 ff. BGB nicht ausgeschlossen. Dem K steht für die Anfechtung seiner Vertragserklärung eine Frist von einem Jahr nach Entdeckung der Täuschung zur Verfügung, § 124 I und II BGB.

**196**   Seltener sind die Fälle, dass die Willenserklärung durch **widerrechtliche Drohung** (= Ankündigung eines empfindlichen Übels) herbeigeführt wird, etwa in dem Fall, dass der Gläubiger G droht, den Schuldner S wegen Betrugs anzuzeigen, wenn sich nicht die Ehefrau des S für seine Schulden verbürgt. Hier kann die Ehefrau ihre Bürgschaftserklärung anfechten, und zwar binnen eines Jahres (§ 124 II 1 BGB) nachdem die Zwangslage aufgehört hat.

### (3)   Keine Anfechtungsgründe

### ▪ Motivirrtum

**197**   Bei jeder anderen Fehlvorstellung des Erklärenden besteht nach der Prüfformel (was **hat** der Erklärende erklärt, was **wollte** er erklären?) keine Divergenz zwischen Willen und Erklärung. Der Erklärende irrt nur über den Grund, das Motiv seiner Willenserklärung. Das demonstriert

---

**Fall 47** ─────────────────────────────────────────────

In der Erwartung, dass die F ihn heiraten werde, kauft der E beim Juwelier J schon einmal die Ringe. Der Heiratsantrag des E schlägt aber fehl. Kann er deshalb die Ringe dem J wieder zurückgeben (= seine Kauferklärung anfechten)?

**Lösung**

Der E hat sich zweifellos geirrt. Aber **nicht jeder Irrtum ist rechtserheblich** und berechtigt zur Anfechtung. Die Hochzeit mit F war lediglich das Motiv für den Kaufvertrag. Ein Anfechtungsgrund gem. § 119 BGB besteht nicht. E muss die Ringe behalten (- für das nächste Mal). Wie jeder Käufer hat er grundsätzlich das Verwendungsrisiko selbst zu tragen.

### ▪ beiderseitiger Irrtum

Die bisherigen Fälle betrafen nur Sachverhalte, bei denen sich ein Beteiligter irrte. **198**
Allein auf diese Konstellation beziehen sich auch die §§ 119, 123 BGB. Bei beiderseiti-
gem Irrtum hat die Rechtsprechung auf der Grundlage des § 242 BGB (Grundsatz von
Treu und Glauben) das Institut der Geschäftsgrundlage entwickelt. Das ist 2002 in das
Gesetz übertragen worden, vgl. § 313 BGB. Dazu der folgende

---

**Fall 48**

Der K ordert bei V im Juni 10 Mio. Liter Heizöl für den Dezember zum Festpreis von 80 EUR
je 100 Liter. Infolge politischer Wirren steigt der Preis bis Dezember auf 140 EUR je 100 Liter.
V verweigert die Lieferung zum vereinbarten Preis. Er will allenfalls für 100 EUR liefern. K besteht jedoch auf dem vereinbarten Kaufpreis. Zu Recht?

---

**Lösung**

Der Anspruch des K gem. § 433 I BGB ist durch den Vertragsschluss im Juni entstanden. Der Anspruch ist nach § 275 I BGB (dazu noch unten Rn. 230 ff.) nicht untergegangen, da Unmöglichkeit
der Lieferung nicht vorliegt. V kann sich auch nicht durch Anfechtung nach § 119 II BGB vom Vertrag
lösen, da ein (beiderseitiger) Motivirrtum (bzgl. der Preisentwicklung) gegeben ist und der Preis
keine Eigenschaft i. S. dieser Vorschrift darstellt. Allenfalls kommt eine Preisanpassung gem. § 313
BGB in Betracht. Dessen Grundvoraussetzungen liegen vor. Entscheidend ist daher, ob dem V das
Festhalten am Vertrag unzumutbar geworden ist (Wertungsfrage). In einem ähnlichen Fall wurde
entschieden, dass der Verkäufer sich rechtzeitig bei den ersten Anzeichen der Krise mit Öl hätte ein-
decken können und deshalb zum ursprünglich vereinbarten Preis liefern müsse.

### bb) Anfechtungserklärung und ihre Wirkung

Bei der Bearbeitung eines Falles darf niemals vergessen werden, neben dem **Anfech-**   **199**
**tungsgrund** auch die rechtzeitige (!) **Anfechtungserklärung** (§ 143 BGB) zu prüfen.
Trotz Vorliegens eines Anfechtungsgrundes bleibt die anfechtbare Erklärung bis zu ihrer wirksamen Anfechtung voll wirksam. Ob eine Anfechtungserklärung abgegeben
(und zugegangen) ist, muss praktisch immer durch Auslegung ermittelt werden, weil
kaum jemand ausdrücklich sagt: „Ich fechte das von mir abgeschlossene Rechtsgeschäft an". Eine Anfechtung außerhalb der **Anfechtungsfrist** des § 121 I BGB bzw.
§ 124 BGB (bei arglistiger Täuschung oder rechtswidriger Drohung) hat keine Wirkung.
Die Anfechtungsfristen sind sog. Ausschlussfristen.

Die wirksame Anfechtung führt zur Unwirksamkeit der Erklärung von Anfang an (ex   **200**
tunc), § 142 I BGB. Soweit die Primärpflicht noch nicht erfüllt ist, entfällt sie. Ist die
Leistung (Kaufpreis oder Kaufsache) aber schon an den Vertragspartner bewirkt, kann
sie nach § 812 I BGB wieder zurückgefordert werden, weil sie ohne Rechtsgrund geleistet worden ist (vgl. dazu unten Rn. 216, 218). Eine Ausnahme von der ex-tunc-Wir-
kung der Anfechtung macht die Rechtsprechung jedoch bei der Anfechtung von bereits in Vollzug gesetzten Gesellschafts- und Arbeitsverträgen, da die Rückabwicklung
solcher Dauerschuldverhältnisse aus tatsächlichen Gründen nicht möglich ist. Die Anfechtung hat in diesen Fällen nur für die Zukunft Wirkung (ex nunc), dazu unten
3. Kapitel Rn. 51 und Fall 3).

201    Von Bedeutung ist noch, dass der nach § 119 BGB (nicht der nach § 123 BGB) Anfechtende gem. § 122 BGB zum Schadensersatz verpflichtet ist. Er muss dem Erklärungsgegner den sog. **Vertrauensschaden** (negatives Interesse) ersetzen, d.h. der Anfechtende muss ihn so stellen, als ob das Rechtsgeschäft nicht abgeschlossen worden wäre. Nicht zu ersetzen ist aber das sog. Erfüllungsinteresse, das darin besteht, den Vertragspartner so zu stellen, als sei der Vertrag wirksam geschlossen worden (zu dieser Unterscheidung bereits oben Rn. 131).

202    Zur Wiederholung und Vertiefung des Stoffs im Selbststudium folgender

---

### Übungsfall

V verkauft auf Grund schriftlichen Vertrages an den Kunsthändler K ein geerbtes Bild für 5000 EUR. Dabei

a) verschreibt er sich beim Kaufpreis; in Wahrheit wollte er 15 000 EUR;
b) ist ihm nicht bekannt, dass seine Ehefrau an dem Bild hängt und es keinesfalls veräußern will;
c) weiß er nicht, dass K völlig überschuldet ist und den gestundeten Kaufpreis nicht bezahlen kann;
d) weiß er nicht, dass das Bild das Mehrfache wert ist;
e) gibt M, ein Mitarbeiter des K, ohne dessen Wissen dem V die wahrheitswidrige Auskunft, das Bild sei keinesfalls ein Dalí und daher nur 5000 EUR wert.

V erklärt dem K jeweils, er wolle von dem Kaufvertrag Abstand nehmen (= Anfechtung). Kann K dennoch Übereignung des Bildes verlangen?

---

### Lösungshinweise

a) Erklärungsirrtum, § 119 I Fall 2 BGB (Rn. 190)
b) Irrtum ist ohne Bedeutung für die Willenserklärung (Rn. 197)
c) kein Irrtum des Käufers über verkehrswesentliche Eigenschaft, da ohne rechtlich relevanten Bezug zum Abschluss des Kaufvertrages
d) Irrtum über verkehrswesentliche Eigenschaft des Vertragsgegenstandes oder nur über den Wert der Sache selbst, § 119 II BGB (vgl. Rn. 192)
e) arglistige Täuschung, § 123 I BGB (Rn. 195); vgl. auch § 123 II BGB.

---

**Lernkontrolle im Selbststudium:**
Kornblum/Schünemann/Müller, Aufgaben 58–62; 65–67; 70, 71, 76, 77

---

### c)  Rücktritt, §§ 346 ff. BGB

203    Wirksam zu Stande gekommene Vertragsansprüche (Primäransprüche) können ihre Wirkung auch durch Rücktritt einer Vertragspartei wieder verlieren. Zwar beseitigt ein Rücktritt den Vertrag nicht, sondern verwandelt ihn lediglich in ein **Rückgewährschuldverhältnis** (vgl. schon oben Rn. 183). Dadurch entfallen aber die vertraglichen Erfüllungsansprüche. Das versteht sich von selbst. Dazu sagt das Gesetz auch nichts. Diese Rechtsfolge wird vorausgesetzt. Das Gesetz ordnet lediglich für den Fall, dass die Leistungen schon ausgetauscht worden sind, an, dass diese wieder zurückgegeben werden müssen, § 346 BGB.

Ein Rücktrittsrecht kann im Schuldvertrag selbst vereinbart werden (allerdings nicht **204** ohne weiteres durch Allgemeine Geschäftsbedingungen, vgl. § 308 Nr. 3 BGB). Von diesem **vertraglichen** Rücktrittsrecht zu unterscheiden sind die praktisch wichtigen Fälle, in denen der Rücktrittsgrund **gesetzlich** bestimmt ist, z.B. §§ 313 III, 323, 324, 326 V, 437 Nr. 2 BGB. Die Rücktrittsregeln der §§ 346 ff. BGB sind sowohl auf das vertragliche als auch auf das gesetzliche Rücktrittsrecht anwendbar.

Der zum Rücktritt Berechtigte übt sein Recht durch formfreie und empfangsbedürftige **205** Willenserklärung aus, § 349 BGB. Infolge der Rücktrittserklärung wird das bestehende Schuldverhältnis in ein Rückabwicklungsschuldverhältnis, wie eingangs beschrieben, umgewandelt. Eine Rückwirkung (ex tunc) wie bei der Anfechtung einer Willenserklärung findet also nicht statt. Die Rücktrittserklärung gestaltet die Rechtslage nur mit Wirkung ex nunc.

Beachte: Die **Kündigung** eines Dauerschuldverhältnisses (z.B. Mietvertrag) stellt **kei-** **206** **nen Rücktritt** dar. Die Kündigung wirkt nur für die Zukunft, sodass die bis zur Vertragsbeendigung schon entstandenen Erfüllungsansprüche fortbestehen. So muss z.B. der zum 31.8. gekündigte Mieter den bis dahin ausstehenden Mietzins natürlich noch zahlen. Demgegenüber bewirkt die Rücktrittserklärung, dass alle erbrachten Vertragsleistungen gem. § 346 I BGB wieder zurückerstattet werden müssen. Das passt nur auf gegenseitige Verträge, deren Primäransprüche auf den einmaligen Austausch von Leistungen gerichtet sind.

#### d) Erfüllung

Wenn die Vertragsparteien nach dem im Schuldvertrag festgelegten Leistungspro- **207** gramm plangemäß ihre Leistungen erbringen, erlöschen die Primäransprüche; § 362 I BGB sagt darüber: Das Schuldverhältnis (gemeint ist die jeweilige Forderung) erlischt, wenn die geschuldete Leistung an den Gläubiger bewirkt wird.

Dieses Ergebnis streben die Parteien mit der Begründung des Schuldverhältnisses an. **208** Mit Abschluss etwa eines Kaufvertrages begründen sie entsprechende Verpflichtungen (vgl. § 433 I und II BGB), die in einem zweiten Schritt zu erfüllen sind. Die Erfüllung eines Kaufvertrages tritt daher nur bei vertragsgemäßen Leistungen des Verkäufers und des Käufers ein.

#### aa) Erfüllungsleistung des Verkäufers

Bei einem **Kaufvertrag** über eine *bewegliche Sache* **schuldet** der Verkäufer neben der **209** tatsächlichen Übergabe der Sache (Besitzverschaffung, § 854 BGB) die **Übereignung gem. § 929 BGB** (= Grundtatbestand, vgl. auch die Unterfälle der **§§ 930, 931 BGB**). Diese Vorschriften aus dem Sachenrecht handeln von der Übertragung des Eigentums an beweglichen Sachen. Die Übereignung nach § 929 BGB ist ein (dingliches) Rechtsgeschäft, also **ebenfalls** ein **Vertrag**. Im Gegensatz zu dem zu Grunde liegenden schuldrechtlichen Kaufvertrag wird hier keine Verpflichtung (mehr) begründet, sondern das Eigentumsrecht vom Verkäufer (Eigentümer) auf den Erwerber übertragen, d.h. verfügt. Der Erwerbstatbestand ist zweiaktig: neben der Übergabe der Sache

(Realakt) müssen die Parteien über den Übergang des Eigentumsrechts einig sein (vertragliche Einigung, §§ 145 ff. BGB).

**210**  Bei einem Kaufvertrag über ein *Grundstück* (Immobilie) schuldet der Verkäufer neben der Übergabe des Grundstücks an den Käufer die Übertragung des Eigentums am Grundstück. Dies erfolgt nach §§ 925, 873 BGB durch Einigung (Auflassung genannt) und Eintragung im Grundbuch (vgl. Fall 33 Abwandlung).

**211**  Ist dagegen ein *Recht* verkauft, etwa ein Forderungsrecht, ein Patent- oder Markenrecht oder auch ein Gesellschaftsanteil (vgl. § 453 BGB), so muss der Verkäufer zum Zwecke der Erfüllung seiner kaufrechtlichen Verpflichtung das Recht auf den Käufer übertragen. Dafür gibt es wiederum eigene Vorschriften. Die Rechtsübertragung erfolgt im Wege eines Abtretungsvertrages, §§ 398, 413 BGB.

### bb) Erfüllungsleistung des Käufers

**212**  Nach § 433 II BGB schuldet der Käufer Zahlung des Kaufpreises (Geldschuld). Er muss daher an den Gläubiger (Verkäufer) ordnungsgemäß am richtigen Ort (dazu noch unten Rn. 241), in der geschuldeten Art und Weise und zur rechten Zeit leisten, z.B. bei einer Barzahlung dem Gläubiger Eigentum am Geld (bewegliche Sache) verschaffen. Dafür ist ebenfalls ein weiterer Vertrag, ein dinglicher Übereignungsvertrag nach § 929 BGB bezüglich der einzelnen Geldscheine und Geldstücke erforderlich. In der Praxis kommt neben der Barzahlung häufig auch eine bargeldlose Zahlung (Banküberweisung oder Lastschrifteinzug) vor, die eigenen Regeln unterliegt (§§ 675f ff. BGB) und selbstverständlich nicht nach § 929 BGB zu beurteilen ist. Der Gläubiger (Verkäufer) teilt hierfür regelmäßig seine Bankverbindung mit. Die nach Überweisung erfolgte Gutschrift auf dem Konto des Verkäufers ist ebenfalls als Erfüllung gem. § 362 I BGB einzuordnen (str.), da diese Zahlungsart absolut üblich und daher mutmaßlich erwünscht ist.

### Anhang: Trennungs- und Abstraktionsgrundsatz

**213**  Im bisherigen Gang der Erörterungen und insbesondere in dem letzten Abschnitt ist deutlich geworden, dass zwingend unterschieden werden muss zwischen dem (schuldrechtlichen) **Verpflichtungsgeschäft** (z.B. Kaufvertrag) und dem Erfüllungsgeschäft, das ein (dingliches) **Verfügungsgeschäft** (§§ 929; 873, 925; 398 BGB) ist. Durch den Kaufvertrag als solchen wird der Käufer also nicht Eigentümer (auch nicht Besitzer) der Kaufsache, sondern erlangt zunächst nur einen Anspruch auf Übereignung und Übergabe der Sache. Es ist also falsch zu sagen, *durch den Kaufvertrag* habe der Käufer Eigentum erlangt (vgl. schon oben Rn. 65). Dennoch liest man das immer wieder. Durch den Kaufvertrag erhält der Käufer nur einen Anspruch auf Eigentumsverschaffung. Eigentum an der Kaufsache erlangt er erst durch einen zweiten, davon zu trennenden Vertrag (z.B. gem. § 929 BGB, wenn es um eine bewegliche Sache geht). Deshalb spricht man von dem **Trennungsgrundsatz**.

Es liegen also getrennte Verträge (schuldrechtlicher Kaufvertrag und sachenrechtlicher **214** Übereignungsvertrag) vor, die jeweils auf ihr wirksames Zustandekommen hin zu überprüfen sind. Das Verfügungsgeschäft (Übereignung) setzt eine entsprechende Verfügungsbefugnis voraus, die grundsätzlich nur dem Eigentümer zukommt. Dieser ist selbstverständlich berechtigt, die ihm gehörende Sache zu übereignen. Dagegen kann auch ein Nichteigentümer eine (fremde) Sache verkaufen. Ein solcher Kaufvertrag ist wirksam (vgl. § 311a I BGB), sodass der Verkäufer, der dem Käufer das Eigentum nicht verschaffen kann, schadensersatzpflichtig ist, § 311a II BGB.

Sind demnach Erfüllungsgeschäft (z.B. Übereignung) und Verpflichtungsgeschäft (z.B. **215** Kaufvertrag) zwei verschiedene Rechtsgeschäfte, so stellt sich die Frage, in welchem Verhältnis die beiden Verträge stehen. Grundsätzlich gilt: Die Unwirksamkeit des Kaufvertrages (Verpflichtungsgeschäft) berührt die Wirksamkeit des Übereignungsgeschäfts nicht. Kaufvertrag und Übereignungsvertrag sind voneinander unabhängig (abstrakt). Es greift also der Abstraktionsgrundsatz ein. Der **Abstraktionsgrundsatz** betrifft das Verhältnis der beiden selbstständigen Verträge, er **setzt** damit den **Trennungsgrundsatz voraus**. Diese Besonderheit gibt es nur im deutschen Recht. Dazu – einmal nicht am Beispiel eines Kaufvertrages – der

---

**Fall 49** ———————————————————————————————————

Der Darlehensnehmer A zahlt dem Darlehensgeber B 1000 EUR in der Annahme, er schulde diesen Betrag noch. Tatsächlich ist das Darlehen längst zurückgezahlt. Ist B Eigentümer der Euroscheine geworden?

**Lösung**

Da die Rückzahlungspflicht aus dem Darlehensvertrag (vgl. § 488 I 2 BGB) bereits durch Erfüllung erloschen war (§ 362 I BGB), dem Darlehensgeber also kein Anspruch auf das Geld mehr zustand, könnte man denken, dass er auch nicht Eigentümer der Geldscheine geworden ist. Aber so denkt das BGB nicht. Das Erfüllungsgeschäft (Übereignungsvertrag) besteht unabhängig (abstrakt) von der Wirksamkeit bzw. vom Fortbestand des zu Grunde liegenden Verpflichtungsgeschäfts (hier: Darlehensvertrag). Der B wird also ohne Rücksicht auf das bereits erloschene Darlehensverhältnis Eigentümer der Geldscheine.

---

Auf einem anderen Blatt steht aber, dass der B das **Eigentum** an den Geldscheinen **216** nicht behalten darf, weil er es **ohne Rechtsgrund erlangt** hat. Der Leistungsempfänger ist, wie man sagt, **ungerechtfertigt bereichert**. Der § 812 I 1 Fall 1 BGB gibt insoweit dem Leistenden (A) einen schuldrechtlichen Anspruch auf Rückzahlung des Geldbetrages.

Zur weiteren Erläuterung und Verdeutlichung des Abstraktionsprinzips soll ein zweiter **217** Fall (dieses Mal wieder aus dem Kaufrecht) dienen:

---

**Fall 50** ———————————————————————————————————

Der V hat ein Bild geerbt und veräußert es an den Kunsthändler K, der ihm wahrheitswidrig versichert, dabei handele es sich nicht um ein Original. Als der Betrug des K auffliegt, verlangt V das Bild (sein Eigentum) von K zurück. Mit Recht?

**Lösung**

Eine Anspruchsgrundlage für V könnte sich aus § 985 BGB ergeben (gesetzlicher, kein vertraglicher Anspruch, vgl. oben nach Rn. 30). Danach kann der Eigentümer vom Besitzer Herausgabe verlangen. V war ursprünglich Eigentümer kraft Erbfolge (vgl. § 1922 BGB). Er könnte sein Eigentum jedoch durch Verfügungsgeschäft (nicht: Kaufvertrag!) an K verloren haben. Die Voraussetzungen gem. § 929 S. 1 BGB liegen vor. Das Eigentum ist auf den (Betrüger) K übergegangen. Daran ändert auch nichts, dass der V sogleich nach Entdeckung des Betruges im Ladenlokal des K erscheint und Herausgabe des Bildes von K fordert. In dieser Erklärung liegt zwar zugleich die Anfechtung der auf Abschluss des Kaufvertrages gerichteten Willenserklärung des V gem. § 123 I BGB, welche zur Nichtigkeit des Kaufvertrages von Anfang an führt, § 142 I BGB. Die Unwirksamkeit des Kaufvertrages berührt jedoch nicht die Gültigkeit des Verfügungsgeschäfts (Abstraktionsgrundsatz). Damit scheidet ein Anspruch aus § 985 BGB aus.

**218**    Ebenso wie im vorherigen Fall wird man jedoch bei diesem Ergebnis nicht stehen bleiben können, weil auf der Hand liegt, dass K nicht Eigentümer bleiben darf. Denn K hat – ebenso wie im vorausgegangenen Fall der B – eine Rechtsposition (Eigentum) erlangt, auf die er keinen (schuldrechtlichen) Anspruch hatte. Die vertragliche Verpflichtung zur Eigentumsverschaffung ist mit der Anfechtung der Kaufvertragserklärung des V entfallen. Hier schafft das **Bereicherungsrecht**, wie schon wiederholt gezeigt (vgl. erstmals Fall 8 a.E.), einen schuldrechtlichen Ausgleich, § 812 I 1 Fall 1 BGB. Der Verfügende (im Fall 50 der V) kann, da er nach wirksamer Anfechtung seiner Kaufvertragserklärung rechtsgrundlos (ohne dazu verpflichtet zu sein) eine Leistung erbracht hat, von dem Leistungsempfänger (dem neuen Eigentümer K) die **Herausgabe des ohne rechtlichen Grund Erlangten** fordern. Das bedeutet, dass der Erwerber K das Eigentum an dem Bild wieder an den Verfügenden (V) herausgeben muss. Wie geschieht das? Durch Verfügungsgeschäft zwischen den Parteien, nämlich durch Rückübereignung gem. § 929 S. 1 BGB. Kommt K dieser gesetzlichen Verpflichtung nach, ist die richtige Rechtslage wieder hergestellt.

> **Lernkontrolle im Selbststudium:**
> Kornblum/Schünemann/Müller, Aufgaben 15, 82, 86; 120

2. Teil

# Vertragliche Sekundäransprüche

## I. Pflichtverletzungen: Verzug, Unmöglichkeit und Schlechtleistung

Im zweiten Teil der Grundlagen des Bürgerlichen Rechts wollen wir uns den nicht programmgemäß laufenden Schuldverträgen zuwenden, bei denen die vertragliche Primärleistungspflicht verletzt (gestört) ist. Wie im 1. Teil gezeigt, ergeben sich die vertraglichen Primärleistungspflichten unmittelbar aus dem wirksamen Vertrag, ohne dass weitere Umstände hinzutreten müssen. Der mit ihrer Erfüllung erreichte wirtschaftliche Zustand ist das Ziel eines jeden Vertrages. Kommt es zu einer **Störung der Primärpflichten**, dann können an deren Stelle Sekundärpflichten, am häufigsten Ansprüche auf Schadensersatz (z.B. Schadensersatz **statt** der [Erfüllungs-] Leistung, §§ 280 I, III, 281-283 BGB), treten oder auch **neben** sie (z.B. Anspruch auf Ersatz des Verzögerungsschadens, § 280 I, II mit § 286 BGB). Hierbei setzt das Gesetz regelmäßig außer der Pflichtverletzung noch Verschulden des Schuldners i.S.v. § 276 BGB (= Vertretenmüssen) voraus.

**219**

## 1. Überblick über das Leistungsstörungsrecht

Die grundsätzliche Unterscheidung von Sekundär- und Primäransprüchen (dazu schon oben Rn. 58 und 59) soll zunächst allgemein für alle denkbaren Fälle der Pflichtverletzung des Schuldners verdeutlicht werden. Zum Einstieg in die Problematik dient der

**220**

---

**Fall 51**

Der Mieter M hat die Mietwohnung erheblich abgenutzt. Der Vermieter V fordert ihn daher zur Durchführung von Reparaturarbeiten auf. Mit Recht?

---

**Lösung**

Eine Anspruchsgrundlage für den V folgt nicht aus § 535 II BGB; es geht nicht um die Hauptleistungspflicht des M (Mietzinszahlung). Aus dem Mietvertrag kann sich aber gleichwohl eine Anspruchsgrundlage ergeben, wenn der M sich darin verpflichtet hat, Schönheitsreparaturen zu übernehmen. Das ist ebenfalls eine vertragliche Primärleistungspflicht, weil sie unmittelbar aus dem Vertrag folgt. Die Forderung des V wäre daher auch ohne weitere Voraussetzungen begründet.

Ohne eine solche Regelung im Vertrag kann V die Reparaturen nur als Schadensersatzleistung verlangen, wenn dem Mieter die Abnutzung der Wohnung als Verletzung der vertraglichen Nebenleistungspflicht (zur sorgsamen Behandlung der Mietsache) zum Vorwurf gemacht werden kann, ihn also mit anderen Worten an dem schlechten Zustand der Wohnung ein **Verschulden** trifft. Insoweit enthält § 538 BGB eine Konkretisierung der allgemeinen Regel des § 276 BGB. Hat M die Mietwohnung schuldhaft über Gebühr beansprucht, kommt eine Verletzung seiner Vertragspflicht in Betracht und der V kann Ersatz seines Schadens an der Mietsache (Reparaturkosten) verlangen.

**221** Allgemein kann die Primärpflicht aus einem Vertrag auf unterschiedliche Weise verletzt (gestört) sein. Ordnungsgemäß ist eine vertragliche Leistung erst erbracht, wenn sie am richtigen Ort (vgl. unten Rn. 241), in der geschuldeten Art und Weise und zur rechten Zeit erbracht wird. Fehlt es daran, liegt eine Leistungsstörung vor. Es gibt **drei Arten der Leistungsstörung** (Spät-, Nicht- und Schlechterfüllung), die das Gesetz mit dem umfassenden **Oberbegriff** der **Pflichtverletzung** (vgl. § 280 I 1 BGB) erfasst. Das Gesetz spricht auch davon, dass „die fällige Leistung nicht oder nicht vertragsgemäß" erbracht wird (vgl. z.B. § 323 I BGB). In einem Schuldverhältnis gibt es freilich nicht nur Leistungspflichten (§ 241 I BGB), sondern auch Pflichten des Schuldners zur Rücksichtnahme auf Rechte, Rechtsgüter und Interessen des Gläubigers, §§ 241 II, 311 II BGB. § 280 I BGB erfasst auch die Verletzung solcher Verhaltenspflichten.

### (1) Verzögerung der Leistung (verspätete Leistung)

**222** Hier erbringt der *Schuldner* seine Leistung nicht rechtzeitig (Schuldnerverzug, §§ 280 II, III, 281, 286, 326 BGB); die Leistung kann auch dadurch verzögert sein, dass der *Gläubiger* sie nicht entgegennimmt (Gläubiger- oder Annahmeverzug, §§ 293 ff. BGB).

### (2) Unmöglichkeit der Leistung (Nichtleistung)

**223** In diesem Fall ist der Schuldner überhaupt nicht in der Lage, die Vertragsleistung zu erbringen. Das Leistungshindernis der Unmöglichkeit führt zur Befreiung des Schuldners von seiner Leistungspflicht, § 275 I BGB.

### (3) Schlechtleistung

**224** ■ bezüglich der vertraglichen *Leistungspflicht (§ 241 I BGB)*
der Schuldner (z.B. Verkäufer) erbringt zwar die Leistung, diese (z.B. die Kaufsache) weist aber einen Mangel auf, §§ 437 ff. BGB;

**225** ■ bezüglich der Pflicht zur Rücksichtnahme, insbesondere bezüglich vertraglicher *Verhaltens- bzw. Schutzpflichten* i.S.v. §§ 241 II, 311 II BGB
der Schuldner beschädigt bei Vertragserfüllung das Eigentum des Gläubigers, z.B. der Gastwirt schüttet beim Servieren Rotwein auf die Kleidung des Gastes (Schaden an weiteren Rechtsgütern des Gläubigers); vgl. außerdem Fall 51: der Mieter M behandelt die Mietsache nicht pfleglich, wozu er vertraglich verpflichtet ist (Neben- oder Schutzpflicht aus Mietvertrag).

**226** In allen Fällen der Späterfüllung (1), Nichterfüllung (2) und Schlechterfüllung (3) hat der Schuldner seine Leistung nicht ordnungsgemäß und damit nicht vertragsgemäß erbracht. Es liegt eine Pflichtverletzung des Schuldners vor. Deshalb kann der Gläubiger **Schadensersatz wegen Pflichtverletzung** nach dem **Grundtatbestand des § 280 I 1 BGB** vom Schuldner verlangen (Anspruchsgrundlage!). Das gilt lediglich dann nicht, wenn der Schuldner beweist, dass er die Pflichtverletzung „nicht zu vertreten hat", § 280 I 2 BGB (vgl. noch unten Rn. 280). Der Schadensersatzanspruch tritt in drei Varianten auf. Der Grundtatbestand des § 280 I 1 BGB erfasst für sich allein hauptsächlich Schäden des Gläubigers bei Verletzung einer (vertraglichen oder vorvertraglichen) Nebenpflicht zur Rücksicht auf Gesundheit, Eigentum oder ein sonstiges Rechtsgut des Gläubigers, §§ 241 II, 311 II BGB (Rn. 225). Dieser Anspruch auf den einfachen Schadensersatz ersetzt die Leistung des Schuldners nicht, er besteht unabhängig davon, ob der Schuldner im Übrigen vollständig, rechtzeitig und fehlerfrei leistet. Verletzt der Schuldner dagegen seine Leistungspflicht gem. § 241 I BGB (Rn. 222, 223, 224), so kommen zwei andere Arten des Schadensersatzes ins Spiel: der Verzögerungsschaden gem. § 280 I, II i.V.m. § 286 BGB und der Schadensersatz statt der Leistung gem. § 280 I, III mit §§ 281–283 BGB sowie gem. § 311a II BGB (bei anfänglicher Unmöglichkeit).

An Stelle des Schadensersatzes kann der Gläubiger der gestörten Leistungspflicht auch **Aufwendungsersatz** verlangen, § 284 BGB, **oder** – beim gegenseitigen Vertrag – vom Vertrag **zurücktreten**, §§ 323, 324 und 326 V BGB. Bei Unmöglichkeit oder bei Leistungserschwerung auf Grund eines unverhältnismäßigen Aufwands oder bei Unzumutbarkeit der Leistung des Schuldners gem. § 275 I–III BGB ordnet das Gesetz die Befreiung des Gläubigers von der Gegenleistungspflicht an (§ 326 I BGB) und die Rückgewähr einer etwa vom Gläubiger schon erbrachten Gegenleistung (§ 326 IV BGB). **227**

Einzelheiten werden im Folgenden dargestellt. Zunächst geht es um die Unmöglichkeit der Leistung sowie die daraus entstehenden Sekundärpflichten und dann um die Pflichtverletzung bei Schuldnerverzug (der Gläubigerverzug wird nur am Rande angesprochen); hieran schließt ein Überblick über die Rechtsfolgen der Schlechterfüllung eines Vertrages an. Diese Form der Leistungsstörung wird sodann im letzten Abschnitt (unter II) am Beispiel des Kaufvertrages weiter ausgeführt. **228**

## 2. Unmöglichkeit der Vertragsleistung

Die Unmöglichkeit ist die stärkste Form der Leistungsstörung, sie führt in jedem Fall zum **„Ausschluss der Leistungspflicht" gem. § 275 I BGB.** Nach § 275 I BGB erlischt der Primäranspruch unmittelbar, wenn die Leistung für den Schuldner (subjektive Unmöglichkeit) oder für jedermann (objektive Unmöglichkeit) unmöglich ist. Um den Wegfall des vertraglichen Erfüllungsanspruchs geht es zunächst unter a). Im Folgenden wird sodann die Frage untersucht, welche Rechte der Gläubiger des ausgeschlossenen Leistungsanspruchs hat (b). **229**

### a) Erlöschen der Primärleistungspflicht

Nach § 275 I BGB ist der Anspruch auf Leistung (= Erfüllungsanspruch) ausgeschlossen, soweit die Leistung für den Schuldner oder für jedermann unmöglich ist. Damit ist mit anderen Worten gesagt, dass das Leistungshindernis der Unmöglichkeit den **Schuldner** von seiner Primärleistungspflicht **befreit**, d.h. seine Leistungspflicht fällt kraft Gesetzes weg. Das ist nun im Folgenden näher auszuführen, denn die auf den ersten Blick klare Regelung ist in ihrer konkreten Anwendung nicht einfach. **230**

### aa) Zeitliche Dimension der Unmöglichkeit

Unmöglichkeit der Leistung des Schuldners kann entweder vor oder nach dem Vertragsschluss eintreten. Man spricht von **anfänglicher** und **nachträglicher Unmöglichkeit.** **231**

---

**Fall 52**

Das von V an K verkaufte Auto wurde in der Nacht vor dem Abschluss des Kaufvertrages gestohlen, was V jedoch bei Vertragsschluss nicht wusste. Welchen Anspruch hat K gegen V?

Abwandlung:   Das Fahrzeug wird einen Tag nach dem Vertragsschluss gestohlen.

---

**Lösung**

Der Erfüllungsanspruch des K (§ 433 I 1 BGB) ist **anfänglich** (= im Zeitpunkt des Vertragsschlusses) **unmöglich** und daher nach § 275 I BGB ausgeschlossen. Bei der Lösung des Falles darf man hier jedoch nicht stehen bleiben, siehe § 275 IV BGB. Der Fall der anfänglichen Unmöglichkeit ist auch in § 311a BGB „Leistungshindernis bei Vertragsschluss" angesprochen, und zwar im Hinblick auf die vertraglichen Sekundäransprüche (Schadensersatz). Der Schuldner (Verkäufer V) schuldet nämlich gegebenenfalls **an Stelle** der unmöglichen Leistung „Schadensersatz statt der Leistung". Nach § 311a I BGB ist der Kaufvertrag zwischen K und V wirksam und K kann deshalb nach § 311a II 1 BGB Schadensersatz verlangen, wenn V seine Unkenntnis vom Diebstahl bei Vertragsschluss zu vertreten hat, § 311a II 2 BGB.

**Abwandlung:**  Der vertragliche Primäranspruch (Erfüllungsanspruch) ist nach § 275 I BGB ebenfalls ausgeschlossen. Da **nachträgliche** Unmöglichkeit vorliegt, ergibt sich der etwaige Schadensersatzanspruch für K nicht aus § 311a BGB, sondern unmittelbar aus §§ 280 I, III, 283, 276, 275 IV BGB: V muss Schadensersatz **statt** der unmöglichen (Erfüllungs-) Leistung zahlen, wenn er die Unmöglichkeit seiner Leistung zu vertreten hat, weil z.B. der Diebstahl durch sein Verschulden ermöglicht oder jedenfalls erleichtert worden ist.

232    Wegen der Sekundäransprüche ist also die Unterscheidung zwischen anfänglicher und nachträglicher Unmöglichkeit wichtig (Anwendung § 311a II BGB oder §§ 276, 280 I, III mit § 283 BGB). Um die Sekundäransprüche geht es vorläufig aber noch nicht (dazu unten Rn. 247 ff.). Wir betrachten hier zunächst nur den Wegfall (Ausschluss) der vertraglichen Erfüllungsansprüche. Und insoweit lässt sich sagen, dass die Rechtsfolge (Wegfall des Primäranspruchs) in beiden Fällen (anfängliche und nachträgliche Unmöglichkeit) die gleiche ist. Das Gesetz unterscheidet diesbezüglich nicht zwischen anfänglicher und nachträglicher Unmöglichkeit, es genügt vielmehr, dass die Leistung „unmöglich ist", vgl. § 275 I BGB.

233    § 275 I BGB lässt die Leistungspflicht des Schuldners daher unter drei Voraussetzungen (ganz oder teilweise) entfallen:

- wirksames Schuldverhältnis
- Leistungspflicht des Schuldners
- Leistungserbringung ist (wie auch immer) ganz oder teilweise („soweit") unmöglich.

**bb)  Unmöglichkeit bei einer Stückschuld**

234    § 275 I BGB enthält noch eine weitere Differenzierung danach, ob die Leistung nur für den Schuldner oder für jedermann unmöglich ist. Im ersten Fall spricht man von **subjektiver Unmöglichkeit** (auch: Unvermögen). Diese Variante ist uns schon im Fall 52 begegnet. Hier kann der Schuldner nicht leisten, weil sich der geschuldete Gegenstand bei einem unbekannten Dritten (z.B. Dieb) befindet, der leisten könnte.

Der Fall der **objektiven Unmöglichkeit** der Sachleistung wird, was die Rechtsfolgen angeht, vom Gesetz völlig gleich behandelt.

---

**Fall 53**

Wie wäre die Abwandlung des Falles 52 zu entscheiden, wenn das verkaufte Auto nach Vertragsschluss durch gewalttätige Demonstranten demoliert und angezündet wird?

**Lösung**

Ein Anspruch des K gegen V gem. § 433 I 1 BGB besteht nicht, da der Leistungsgegenstand vernichtet (untergegangen) ist. Das Auto kann niemand – also weder der Schuldner noch sonst jemand – mehr leisten oder beschaffen (objektive Unmöglichkeit), § 275 I BGB. Der V ist damit von seiner (primären) Leistungsverpflichtung frei geworden (wie auch bei subjektiver Unmöglichkeit im Fall 52). Was die sekundäre Schadensersatzhaftung angeht, so greifen hier (Fall der nachträglichen Unmöglichkeit) unmittelbar die §§ 280 I, III, 283 BGB (Schadensersatz statt der Leistung) ein, wenn der Schuldner V die objektive Unmöglichkeit zu vertreten hat, §§ 280 I 2, 276 BGB. Ein Verschulden des V wird man hier jedoch nicht annehmen können. Damit ist V im Ergebnis nicht nur von seiner Primärleistungspflicht (§ 275 I BGB), sondern auch von der Sekundärleistungspflicht (§§ 280, 283 BGB) frei geworden.

In den bisherigen Fällen war Gegenstand des Kaufvertrags eine ganz bestimmte (indi-    **235** viduelle) Sache. So hat K in den Fällen 52 und 53 ein ganz bestimmtes (konkretes) Auto von V gekauft. Man spricht insoweit von einer Stückschuld (des Verkäufers). Das BGB geht im Allgemeinen Schuldrecht vom Vorliegen einer solchen Stückschuld aus. Darauf sind z.B. die §§ 275, 276, 280 I, III mit § 283 BGB zugeschnitten. Demgegenüber kommt in der Praxis des Rechtsverkehrs die Gattungsschuld mindestens so oft wie die Stückschuld vor, wenn nicht sogar häufiger. Auch hier stellt sich die Frage, ob und vor allem wann Unmöglichkeit der Leistung vorliegt. Die Antwort hierauf ist nicht ganz so einfach wie bei der Stückschuld. Davon handelt jetzt der nächste Abschnitt.

### cc) Unmöglichkeit bei einer Gattungsschuld

Zunächst stellt sich die Frage, was denn eine Gattungsschuld ist. § 243 I BGB gibt (et-    **236** was) Aufschluss: „Wer eine nur der Gattung nach bestimmte Sache schuldet, hat eine Sache von mittlerer Art und Güte zu leisten". Daraus kann man schließen, dass bei der Gattungsschuld nur bestimmte Gattungsmerkmale festgelegt sind und jedes Exemplar, das diese Merkmale aufweist, auch tauglicher Gegenstand der Leistungshandlung ist.

### (1) Gattungsschuld vor der Konkretisierung

Der Gattung nach bestimmte Leistungsgegenstände gibt es regelmäßig in großer Zahl    **237** und Menge, was für das Unmöglichwerden der Schuldnerleistung natürlich Konsequenzen hat. Wer sich z.B. verpflichtet hat, 10 Tonnen Getreide einer bestimmten Sorte zu liefern (§ 243 I BGB), muss die Ware auf dem Markt beschaffen. Die Gattungsschuld ist regelmäßig eine **Beschaffungsschuld**, § 276 I 1 BGB. Der Verkäufer kann nicht zum Käufer sagen, es tue ihm leid, „das Getreide sei aus" oder nur zu einem höheren Preis als von ihm kalkuliert zu beschaffen. Die Vorschrift des § 275 I

BGB greift bei einer Gattungsschuld zunächst nicht ein, sie gilt nur für die Stückschuld. Der Verkäufer wird also nicht allein schon dadurch frei, dass er die Gattungsware nicht zur Hand hat. **Subjektive Unmöglichkeit** läge überhaupt nur vor, wenn der Schuldner den Gattungsgegenstand nicht erlangen könnte. Das dürfte aber nur ganz selten der Fall sein. Noch seltener wird eine **objektive Unmöglichkeit** vorliegen. Objektiv unmöglich ist die Leistung einer Gattungsschuld allenfalls in dem extremen Ausnahmefall, dass die ganze Gattung untergegangen ist.

**238**   Der Getreideverkäufer im Beispiel (Rn. 237) trägt unabhängig von einem Verschulden nach § 276 I 1 BGB das **Beschaffungsrisiko**. Er muss seine Leistungsanstrengungen ohne Rücksicht auf die Kosten (vgl. aber § 275 II BGB) fortsetzen, bis er das seinerseits für den Leistungserfolg Erforderliche (Lieferung des Getreides) getan hat, vgl. § 243 II BGB (dazu sogleich Rn. 239). Anders liegt es, wenn der Käufer im Beispiel das Getreide beim Erzeuger selbst bestellt hätte (sog. **Vorratsschuld**). Der Bauer braucht dann nur aus seiner eigenen Ernte zu leisten. Wenn daher die Scheune mit der ganzen Weizenernte abbrennt, also der gesamte Vorrat untergeht, tritt objektive Unmöglichkeit ein. Der Verkäufer wird frei, § 275 I BGB.

**(2)   Konkretisierung der Gattungsschuld**

**239**   Die Beschaffungspflicht des Gattungsschuldners (§ 276 I 1 BGB) dauert nicht „ewig" an. Sie erlischt (jedoch erst) dann, wenn der Schuldner das zur Leistung einer erfüllungstauglichen Sache (§ 243 I BGB; § 360 HGB) seinerseits Erforderliche getan hat, § 243 II BGB. In diesem Fall spricht man von **Konkretisierung**, d.h. das Schuldverhältnis hat sich auf eine bestimmte Sache (aus der Gattung) konzentriert. Man kann auch sagen, dass die **Gattungsschuld** sich durch diesen Vorgang **zur Stückschuld umgewandelt** hat.

**240**   Der Moment, in dem sich das Schuldverhältnis auf eine bestimmte Sache beschränkt (also der Schuldner das seinerseits Erforderliche getan hat), hängt vom Inhalt der Leistungspflicht des Schuldners in Bezug auf den Leistungsort ab. Wir unterscheiden: **Bring-, Hol- und Schickschuld**. Je weiter danach die Pflicht des Schuldners reicht, umso schwerer erlangt er den Vorteil der Konkretisierung. Ein besonderes Problem stellt dabei die Schickschuld dar, weil hier Leistungs- und Erfolgsort auseinander fallen.

**241**   **Leistungsort** ist der Ort, an dem der Schuldner seine Leistungs**handlung** vornehmen soll. **Erfolgsort** ist der Ort, an dem der vertragsgerechte Leistungs**erfolg** (Erfüllung) eintreten soll.

■ **Holschuld**

**242**   Falls sich aus den Umständen (insbesondere aus dem Vertrag) nichts anderes ergibt, liegt eine Holschuld vor, d.h. der Gläubiger muss sich die Leistung beim Schuldner selbst holen, § 269 I BGB. Die Holschuld stellt somit den **gesetzlichen Regelfall** dar. Hier fallen Leistungsort und Erfolgsort beim Schuldner (Wohnsitz oder Firmensitz) zusammen. Der Schuldner braucht bei der Holschuld die geschuldete Sache lediglich aus der Gattung auszusondern (bereit zu halten) und dem Gläubiger dies mitzuteilen.

---

**Fall 54**

Der Inhaber des Autohauses V verkauft an K einen VW-Golf für 20 000 EUR. Das VW-Werk liefert an V, der das Fahrzeug in seine Auslieferungshalle stellt und den K benachrichtigt, dass er das Auto holen könne. Als K das Fahrzeug einen Tag später abholen will, erfährt er, dass es in der Nacht zuvor gestohlen worden ist. V erklärt sich bereit, ein anderes Serienfahrzeug mit gleicher Ausstattung für den neuen Listenpreis von 21 200 EUR zu liefern. K verlangt Lieferung zum ursprünglichen Preis. Zu Recht?

---

**Lösung**

Als Anspruchsgrundlage kommt § 433 I 1 BGB in Betracht. Der Primäranspruch des K könnte jedoch gem. § 275 I BGB ausgeschlossen sein. Diese Vorschrift gilt aber nur für eine Stückschuld. Ursprünglich lag jedoch eine Gattungsschuld vor. Es fragt sich, ob V das seinerseits Erforderliche getan hat, sodass sich die Gattungsschuld in eine Stückschuld umgewandelt hat und das Schuldverhältnis sich damit auf die angebotene Sache beschränkt. Mangels anderer Angaben ist von einer Holschuld auszugehen, § 269 I BGB. Hier genügt es, dass der Schuldner dem Gläubiger seine (tatsächlich bestehende) Leistungsbereitschaft mitteilt. Mit dieser Handlung hat sich die Gattungsschuld zur Stückschuld umgewandelt, deren Erfüllung sodann für V (subjektiv) unmöglich geworden ist. Der Verkäufer ist damit gem. § 275 I BGB von seiner primären Leistungspflicht frei geworden. Im Ergebnis ist der Vertragsanspruch des K damit erloschen. Aus dem Kaufvertrag kann er daher nicht mehr Lieferung verlangen.

Eine andere Frage ist, ob der Verkäufer dem Käufer Schadensersatz zahlen muss (Sekundärpflicht) oder ob er auch von dieser Verpflichtung frei geworden ist. Das hängt davon ab, ob dem Verkäufer der Diebstahl angelastet werden kann, d.h. ob er eine Pflichtverletzung i.S. der §§ 280 I, 276 I BGB begangen hat. Ebenso fragt sich, ob K den Kaufpreis in Höhe von 20 000 EUR zahlen muss, obwohl er das Fahrzeug nicht erhält. Das ist zu verneinen, dazu erfolgt einstweilen nur der Hinweis auf § 326 I 1 BGB (Näheres unten Rn. 255 ff.).    **243**

■ **Schickschuld**

Der Schuldner kann es auch übernehmen, den Leistungsgegenstand an den Gläubiger zu versenden (sog. Schickschuld). Dann bleibt es im Zweifel beim Leistungsort am Sitz des Schuldners (§ 269 III BGB), während der Erfolgsort am (Wohn-) Sitz des Gläubigers liegt. Handelt es sich dabei um eine Gattungsschuld, erfolgt die Konkretisierung mit der Übergabe an die Transportperson (Spediteur, Post, Bahn etc.). Hier muss der Schuldner also mehr tun i.S. von § 243 II BGB als bei einer Holschuld. Denn zur Leistungshandlung des Schuldners gehört außer dem Bereitstellen der Kaufsache auch das ordnungsgemäße Verpacken und Absenden der Ware bzw. die Übergabe an eine zuverlässige Transportperson. Geht die Kaufsache unterwegs unter, so fragt sich, ob der Schuldner das Risiko, d.h. die Gefahr trägt, noch einmal leisten zu müssen (**Leistungsgefahr**).    **244**

---

**Fall 55**

Der Weinhändler V sendet dem Gastwirt K auf dessen Bitte die bestellte Kiste Spätburgunder als Bahnfracht zu. Die Ware kommt bei K nicht an, sie ist unterwegs verloren gegangen. Kann K nochmals Lieferung verlangen?

---

**Lösung**

Gegenstand des Kaufvertrages[6] ist eine Gattungsschuld i.S. von § 243 I BGB. Nach der Aussonderung der Weinflaschen aus dem Lager des V und der Versendung ist die Schuld des V auf die zum Transport gegebene Ware beschränkt, § 243 II BGB. Denn die Parteien haben Schickschuld vereinbart, sodass V mit dem Abschicken der ordnungsgemäß verpackten Ware das seinerseits Erforderliche zur Konkretisierung der ursprünglichen Gattungsschuld getan hat. Jetzt greift zu Gunsten des V der § 275 I BGB ein: seine Leistungspflicht ist ausgeschlossen. K kann daher nicht nochmals Lieferung verlangen.

**245**    Obwohl es nicht zum Thema (Wegfall des Primäranspruchs) gehört, soll wegen des Zusammenhangs bereits hier auf das Problem der Leistungsstörungen beim gegenseitigen Vertrag hingewiesen werden: Im Fall 55 kann V von K sogar Zahlung des Kaufpreises verlangen, obwohl K keine Leistung erhält. Der empörte K kann sich nicht auf § 326 I 1 BGB berufen und geltend machen, seine Gegenleistungspflicht (Zahlung des Kaufpreises) müsse ebenfalls entfallen. Diese allgemeine Vorschrift (*lex generalis*) wird von der speziellen Vorschrift des § 447 I BGB (*lex specialis*) verdrängt. Danach ist die Gefahr (das Risiko) des **zufälligen** (d.h. des von keiner der Vertragsparteien zu vertretenden) **Untergangs der Sache** mit ihrer Absendung auf K übergegangen. Das bedeutet, dass der Verkäufer V die Gegenleistung (Kaufpreis) von dem Käufer K verlangen kann. Man sagt, der Gläubiger (K) trägt die **Preisgefahr** (besser: **Gegenleistungsgefahr**), also das Risiko, die Gegenleistung (den Preis) erbringen zu müssen, ohne die Leistung zu erhalten.

■ **Bringschuld**

**246**    Am meisten für die Konkretisierung der Gattungsschuld gem. § 243 II BGB muss der Schuldner beim Vorliegen einer Bringschuld tun. Hier fallen Leistungs- und Erfolgsort (beim Gläubiger) wieder zusammen. Der Schuldner muss dem Gläubiger frei Haus liefern, sodass auch der Transport der Sache zu seiner Primärleistungspflicht gehört. Damit trägt er die Leistungsgefahr (siehe oben Rn. 244) bis zur Ankunft am (Wohn-) Sitz des Gläubigers (Käufers). Konkretisierung tritt erst ein, wenn der Schuldner die Leistung dem Gläubiger dort anbietet.

---

**Fall 56**

Der K hat bei V Heizöl bestellt. Der Tankwagen erreicht aber das Wohnhaus des K nicht, weil er in einen Unfall verwickelt wird, bei dem das ganze Öl ausläuft. Kann K nochmals Lieferung von V zum ursprünglich vereinbarten Preis verlangen?

**Lösung**

Als Anspruchsgrundlage kommt § 433 I 1 BGB in Betracht. Der V könnte aber gem. § 275 I BGB von seiner Leistungsverpflichtung frei geworden sein. Ursprünglich lag eine Gattungsschuld vor, die allerdings durch die bisherigen Leistungshandlungen des V nicht konkretisiert wurde und damit nicht

---

6    Es handelt sich um einen Kaufvertrag zwischen Unternehmern (§ 14 BGB) und nicht um einen Verbrauchsgüterkauf zwischen einem Verbraucher (§ 13 BGB) und einem Unternehmer gem. § 474 I BGB, bei dem – im Unterschied zu dem Fall 55 – § 447 BGB ausgeschlossen ist, vgl. § 475 II BGB; dazu unten Rn. 266 und 312.

zur Stückschuld geworden ist, § 243 II BGB. Da hier nach dem Inhalt des Schuldverhältnisses eine Bringschuld vorliegt, tritt Konzentration erst mit Ablieferung der Ware ein. V ist daher nicht gem. § 275 I BGB von seiner Leistung frei geworden, er muss noch einmal leisten, d.h. er trägt weiterhin die Leistungsgefahr. Der Primäranspruch des K besteht damit fort.

Im Gegensatz zum vorhergehenden Fall hat V hier selbstverständlich keinen Anspruch auf Zahlung des ausgelaufenen Heizöls gegenüber K; Geld (Kaufpreiszahlung) gibt es erst bei (bzw. nach) Lieferung. Das folgt aus § 320 I BGB (vgl. unten Rn. 290).

## b) Sekundäransprüche bei Unmöglichkeit

Im Folgenden geht es um die Ansprüche des Gläubigers der unmöglichen Leistung gem. § 275 IV BGB nach den §§ 280, 283–285, 311a und 326 BGB. Das Gesetz hat die Unmöglichkeit der Leistung ebenso wie die anderen Fälle der Leistungsstörung (Schuldnerverzug und Schlechterfüllung) unter den Oberbegriff der Pflichtverletzung gefasst. Damit ist nicht viel gewonnen, vielmehr muss hinsichtlich der Sekundäransprüche (**Schadensersatz** wegen Pflichtverletzung) unterschieden werden zwischen **anfänglicher** und **nachträglicher** Unmöglichkeit. Das liegt einfach daran, dass für diese Fälle unterschiedliche Rechtsnormen (insbesondere Anspruchsgrundlagen) gelten, nämlich einerseits § 311a BGB und andererseits §§ 280, 283 und 326 BGB (vgl. Fälle 52 und 53)   **247**

Das ist allerdings nicht nur ein terminologisches Problem. Vielmehr betrifft die gesetzliche Einteilung die Frage nach dem inneren Grund der Schadensersatzpflicht bei Unmöglichkeit. Bei nachträglicher Unmöglichkeit besteht die Pflichtverletzung nach der Konzeption des Gesetzes in dem bloßen Umstand, dass die Leistung aufgrund des Leistungshindernisses nicht erbracht wird (unten bb). Dagegen scheidet bei anfänglicher Unmöglichkeit die Nichterfüllung als Haftungsgrund aus, weil die Primärleistungspflicht schon bei Vertragsschluss nach § 275 I BGB ausgeschlossen ist. In diesem Fall besteht der innere Grund für die Haftung des Schuldners darin, dass dieser mit seinem Leistungsversprechen eine (auf das Fehlen von Leistungshindernissen beschränkte) Garantie seiner Leistungsfähigkeit übernommen hat (dazu aa).   **248**

### aa) Schadensersatz statt der Leistung bei anfänglicher Unmöglichkeit, § 311a II BGB

Bei einer anfänglich unmöglichen Leistung besteht zwar die Primärleistungspflicht des Schuldners nicht, § 275 I BGB. Der Schuldner wird aber nicht ohne weiteres aus dem – trotz Unmöglichkeit – wirksamen Vertrag (§ 311a I BGB) entlassen, sondern schuldet u.U. Schadensersatz statt der Leistung (§ 283 BGB) oder Aufwendungsersatz (§ 284 BGB) nach Wahl des Gläubigers, § 311a II BGB. Diese Norm stellt eine eigenständige Anspruchsgrundlage dar, die nicht von § 280 I BGB abhängt.   **249**

---
**Fall 57**

Der Käufer K hat abends am Stammtisch von V dessen gebrauchten Wohnwagen, der in Südtirol auf einem Campingplatz steht, für 5000 EUR gekauft. K mietet deshalb am nächsten Morgen ein leistungsstarkes Fahrzeug mit AHK, um den Wohnwagen abzuholen. Kosten 400 EUR. Dann stellt sich heraus, dass der Wohnwagen schon in der Vorwoche bei einem Unwetter von Wassermassen mitgerissen und völlig zerstört worden ist. Welchen Anspruch hat K gegen V?

**Vorüberlegungen zur Lösung**

250    Gefragt ist hier nach dem Anspruch des Käufers gegen den Verkäufer. Gem. § 433 I 1 BGB (Anspruchsgrundlage) ist der Verkäufer als Schuldner des Käufers verpflichtet, diesem den Wohnwagen zu übergeben (Besitzverschaffung) und ihm das Eigentum daran (gem. §§ 929 ff. BGB) zu verschaffen. Diese Leistungspflicht kann V hier aber nicht erfüllen, weil die Leistung anfänglich unmöglich ist. Die Primärpflicht aus § 433 I 1 BGB ist damit erloschen, § 275 I BGB. Das hat aber nach § 311a I BGB auf den Bestand des Kaufvertrages keinen Einfluss[7]. Die gesetzliche Anordnung der Wirksamkeit des Kaufvertrages ermöglicht die Konstruktion von vertraglichen Sekundäransprüchen mit der Konsequenz, dass der Verkäufer gegebenenfalls Schadensersatz statt der Leistung oder Ersatz der vergeblichen Aufwendungen des Käufers schuldet, § 311a II BGB.

251    Insoweit stellt § 311a II 1 BGB für die anfängliche Unmöglichkeit, wie bereits gesagt, eine eigenständige Anspruchsgrundlage dar; auf § 283 BGB wird nicht Bezug genommen. Das hat seinen Grund darin, dass hier Pflichtverletzung und Verschulden anders als bei nachträglicher Unmöglichkeit zu beurteilen sind. Denn die Verantwortlichkeit des Schuldners knüpft bei anfänglicher Unmöglichkeit an eine dem Leistungsversprechen immanente Garantie des Schuldners an, während der Bezugspunkt für das Verschulden darin liegt, dass der Schuldner das Leistungshindernis bei Vertragsschluss kannte oder fahrlässig nicht kannte. Dem Schuldner ist also hier nur vorzuwerfen, dass er sich vor Vertragsschluss nicht über die Existenz der von ihm verkauften Sache informierte. Dieses „Verschulden" des Verkäufers wird nach § 311a II 2 BGB vermutet (ebenso wie das Verschulden bei § 280 I 2 BGB), d.h. es ist Sache des Schuldners (hier: Verkäufer) sich zu entlasten und nachzuweisen, dass er das Leistungshindernis unverschuldet nicht kannte, § 276 I BGB. Diese Überlegungen führen zu folgender

**Lösung**

K könnte gegen V einen Anspruch auf Zahlung von 400 EUR gem. § 311a II BGB haben. Der Wirksamkeit des von den Parteien geschlossenen Kaufvertrages steht es nicht entgegen, dass die Primärleistungspflicht des V gem. § 275 I BGB ausgeschlossen ist und das Leistungshindernis bereits im Zeitpunkt des Vertragsschlusses bestand. Außerdem muss der Schuldner das Leistungshindernis gekannt oder seine Unkenntnis zu vertreten haben, § 276 II BGB. Eine solche Pflichtverletzung kann hier angenommen werden, weil das Leistungshindernis (Zerstörung durch Unwetter) schon einige Zeit vorlag. Deshalb wird sich V nicht gem. § 311a II 2 BGB entlasten können. K hat Aufwendungen in Höhe von 400 EUR gehabt. Allerdings hätte er diese Kosten auch bei ordnungsgemäßer Erfüllung tragen müssen, sodass er nicht geschädigt ist. Aufwendungen, die sich durch das endgültige Ausbleiben der Leistung als sinnlos (frustriert) herausstellen, stellen nämlich keinen Schaden dar (vgl. BGHZ 99, 182). Hier hilft dem K aber ein Aufwendungsersatzanspruch gem. §§ 311a II 1, 284 BGB.

---

7    Die Regelung weicht von der früheren Rechtslage gem. § 306 BGB a.F. ab, wonach ein auf eine unmögliche Leistung gerichteter Vertrag nichtig war. Der Käufer konnte allenfalls das negative Interesse gem. § 307 BGB a.F. fordern, wenn der Schuldner der anfänglich unmöglichen Leistung (Verkäufer) das Leistungshindernis hätte kennen müssen.

## bb) Schadensersatz statt der Leistung bei nachträglicher Unmöglichkeit, §§ 280 III, 283 BGB

Hier ist Anknüpfungspunkt der Haftung des Schuldners die Verletzung von Pflichten in **252** Bezug auf den Leistungsgegenstand selbst, der bei Vertragsschluss (noch) existiert. Eine Haftung ist aber nur gegeben, wenn den Schuldner an der nach Vertragsschluss eintretenden Unmöglichkeit ein Verschulden trifft.

Zwar wird der Schuldner gem. § 275 I BGB auch im Fall der nachträglichen Unmög- **253** lichkeit von seiner Leistungsverpflichtung frei, doch wandelt sich die ursprüngliche Primärleistungspflicht bei schuldhafter Pflichtverletzung in eine Schadensersatzpflicht um (Sekundärleistungspflicht). An Stelle der unmöglich gewordenen Leistung schuldet der Schuldner dann Schadensersatz **statt** der Leistung. § 280 I BGB allein kommt als Anspruchsgrundlage also nicht in Betracht. Diese Anspruchsnorm regelt nur den Schadensersatz **neben** der Leistung. Bei Unmöglichkeit der Leistung verlangt der Gläubiger aber immer Ersatz für die unmögliche Leistung als solche, also Schadensersatz statt der Leistung. Das bedeutet, dass ein Anspruch auf Schadensersatz gem. § 280 III BGB nur unter der zusätzlichen Voraussetzung des § 283 BGB gegeben ist. Die **zusätzliche Voraussetzung** des § 283 BGB gegenüber § 280 I BGB besteht aber lediglich darin, dass die Pflichtverletzung zur Folge hat, dass der Schuldner nach § 275 I–III BGB **nicht** zu **leisten** braucht. Das bedeutet, dass als Tatbestand der Pflichtverletzung gem. § 280 I BGB auch die bloße Nichtleistung infolge nachträglicher Unmöglichkeit angesehen wird.

Eine Nachfristsetzung (wie beim Schadensersatz statt der Leistung im Fall des Schuld- **254** nerverzuges, § 281 I 1 Fall 1 BGB; dazu unten Rn. 286 mit Fall 63) ist hier nicht erforderlich und geradezu unsinnig, weil die Leistung ja überhaupt nicht mehr möglich ist.

---

**Fall 58**

Der V verkauft seinen hochwertigen Oldtimer Porsche Turbo, der in der Schwacke-Liste mit 80 000 EUR steht, zum „Freundschaftspreis" von 75 000 EUR an K. Als das Fahrzeug übergeben werden soll, stellen beide fest, dass es inzwischen gestohlen worden ist, weil V den Zündschlüssel kurze Zeit unbeobachtet abgelegt hatte. Rechtslage?

Abwandlung:   Wie wäre es, wenn der Wagen gegen Diebstahl versichert gewesen wäre?

**Lösung**

Der K hat gegen V aus dem Kaufvertrag keinen Erfüllungsanspruch nach § 433 I 1 BGB, weil dieser wegen nachträglicher (subjektiver) Unmöglichkeit gem. § 275 I BGB ausgeschlossen ist. Es verbleibt jedoch der Anspruch auf Schadensersatz statt der Leistung gem. § 280 I und III BGB i.V.m. § 283 S. 1 BGB, weil V seine Pflichten als Verkäufer gem. § 433 I BGB verletzt hat (Zündschlüssel) und er dies nach § 276 II BGB auch zu vertreten hat. Der Ersatzanspruch beläuft sich auf 5000 EUR.

**Abwandlung**: War das Fahrzeug versichert, dann hat der K (Gläubiger der gestörten Leistung) Anspruch auf Herausgabe der Versicherungsleistung (Ersatz für den untergegangen oder gestohlenen Leistungsgegenstand) nach § 285 BGB, ohne dass es darauf ankommt, ob der Schuldner die Unmöglichkeit verschuldet hat, denn der Gläubiger verlangt nicht Schadensersatz, sondern das Surrogat der geschuldeten Leistung. Je nach der Höhe der Versicherungsleistung wird der Käufer diesen Anspruch wählen. Er muss sich jedoch von der Versicherungsleistung den Kaufpreis abziehen lassen, § 323 III 1 BGB. Die Wahlmöglichkeit zwischen Schadensersatz statt der Leistung und der Herausgabe des Ersatzes (Surrogat) folgt aus § 285 II BGB.

### cc) Befreiung von der Gegenleistungspflicht, § 326 I–IV BGB

**255**  Bei Unmöglichkeit gelten ebenso wie beim Schuldnerverzug (vgl. unten Rn. 288 ff.) besondere Regeln für gegenseitige Verträge, weil die gestörte (hier unmöglich gewordene) Leistungspflicht und die Gegenleistungspflicht des Gläubigers in wechselseitiger Abhängigkeit stehen. Um das rechtliche Schicksal der Gegenleistung geht es in § 326 BGB.

**256**  Die Antwort auf die Frage, ob der Gläubiger trotz Befreiung des Schuldners von der Leistungspflicht nach § 275 I–III BGB seine Gegenleistung noch erbringen muss, folgt aus § 326 BGB i.V.m. § 275 IV BGB.

### (1) Grundsatz

**257**  Da Leistungs- und Gegenleistungspflicht beim gegenseitigen Vertrag im Austauschverhältnis stehen (Synallagma), muss grundsätzlich auch der Gläubiger von seiner (Gegenleistungs-) Pflicht frei werden, wenn der Schuldner gem. § 275 I–III BGB nicht zu leisten braucht. Das leuchtet ohne weiteres ein, weil der Gläubiger ja auch die vom Schuldner versprochene Leistung nicht mehr fordern kann. Diesen Grundsatz spricht § 326 I 1 Halbs. 1 BGB aus (Befreiung des Gläubigers von der Gegenleistung). Bezieht sich das Leistungshindernis der Unmöglichkeit nur auf einen Teil der geschuldeten Leistung, wird auch der Gläubiger nur teilweise von der Gegenleistung befreit, § 326 I 1 Halbs. 2 BGB (mit komplizierter Regel zur Berechnung gem. § 441 III BGB).

**258**  Die **automatische Befreiung** des Gläubigers von seiner Gegenleistungsverpflichtung tritt nach § 326 I 2 BGB **nicht** ein („Satz 1 gilt nicht …"), wenn bei „nicht vertragsgemäßer Leistung" (= Schlechterfüllung des Schuldners) die **Nacherfüllung des Schuldners** gem. § 275 I BGB **unmöglich** ist. Das heißt, § **326 I 1 BGB (Wegfall der Gegenleistungspflicht)** gilt **nur bei Unmöglichkeit** der Schuldnerleistung (Nichterfüllung). Bei **Schlechtleistung** kann der (Sachleistungs-)Gläubiger, z.B. der Käufer gem. § 437 Nr. 2 BGB i.V.m. **§ 326 V BGB** vom Vertrag zurücktreten, d.h. er kann entscheiden, welche Käuferrechte er geltend machen will. Erst mit Zugang der Rücktrittserklärung wird er von seiner (Zahlungs-)Pflicht frei. Damit ergeben sich folgende Prüfungsstationen:

**259**  Der *Tatbestand* des § 326 I 1 BGB setzt voraus: (1) gegenseitiger Vertrag; (2) anfängliche oder nachträgliche *Unmöglichkeit* (nicht erforderlich: Verschulden des Schuldners).

**260**  Die Rechtsfolge des § 326 I 1 BGB lautet: **grundsätzlich Befreiung des Gläubigers** von der Gegenleistungsverpflichtung, es sei denn (Ausnahme) der Gläubiger verlangt gem. § 285 BGB Herausgabe eines Surrogats für die unmögliche Leistung. Dann bleibt er selbstverständlich zur Gegenleistung verpflichtet, § 326 III BGB.

**261**  Im Fall der Leistungsbefreiung des Gläubigers gewährt § 326 IV BGB einen Rückforderungsanspruch für die etwa bereits an den Schuldner erbrachte Gegenleistung des Gläubigers, § 326 IV BGB i.V.m. §§ 346 ff. BGB.

## (2) Ausnahmetatbestände

Bei Wegfall der Primärverpflichtung des Schuldners gem. § 275 I–III BGB kommt es **262** aber nicht immer zur automatischen Befreiung des Gläubigers von seiner (Gegen-) Leistungspflicht. Der Grundsatz des § 326 I 1 BGB wird in **zwei Ausnahmefällen** durchbrochen, die **§ 326 II BGB** bringt.

In beiden Fällen geht, so sagt man, die **Gegenleistungsgefahr** (auch **Preisgefahr** ge- **263** nannt, vgl. schon oben Rn. 245) auf den Gläubiger (der gestörten Leistungspflicht) über. Damit ist das Risiko (die Gefahr) gemeint, dass der **Gläubiger seine Gegenleistung** (also als Käufer den Kaufpreis) **erbringen muss, ohne die Leistung** des Schuldners (die Kaufsache) **zu bekommen**. Von „Übergang" der Gefahr kann man hier deshalb sprechen, weil das Risiko des wirtschaftlichen Verlusts der Kaufsache, das mit dem Untergang der Sache verbunden ist, grundsätzlich der Verkäufer trägt. Geht die Sache unter, verliert der Verkäufer nämlich seinen Kaufpreisanspruch gem. § 326 I 1 BGB.

Der **erste Ausnahmefall** zur Grundregel des § 326 I 1 BGB leuchtet unmittelbar ein: **264**

---

**Fall 59**

Der V verkauft sein Auto an K. Nach Unterzeichnung des Kaufvertrages vereinbaren die Parteien, dass V vor Übergabe die von ihm vorgenommenen Veränderungen am Fahrzeug (Tuning) erst noch beim TÜV genehmigen lassen soll. Der K will das Auto aber schon einmal testen. Bei der Probefahrt verliert der K wegen überhöhter Geschwindigkeit die Kontrolle über das Fahrzeug, das bei dem Unfall Totalschaden erleidet. V verlangt Zahlung des Kaufpreises. Mit Recht?

**Lösung**

Anspruchsgrundlage könnte § 433 II BGB sein. Dem V ist die Vertragsleistung aus § 433 I BGB unmöglich geworden, seine Leistungspflicht ist daher gem. § 275 I BGB ausgeschlossen. Das Schicksal der Gegenleistung des Gläubigers K (Kaufpreiszahlung) ist in § 326 BGB geregelt. Nach § 326 I 1 BGB (Grundsatz) entfällt der Anspruch des Schuldners auf die Gegenleistung, wenn er von seiner Leistung gem. § 275 BGB frei geworden ist. Danach würde V den Kaufpreisanspruch verlieren. Es könnte aber eine Ausnahme von diesem Grundsatz eingreifen, sodass dem Schuldner der unmöglich gewordenen Leistung (dem V) der Gegenleistungsanspruch erhalten bleibt. Eine solche Ausnahme ist in **§ 326 II 1 Fall 1 BGB** geregelt. Danach behält der Schuldner (V) der unmöglichen Leistung den Anspruch auf die Gegenleistung (Kaufpreis), wenn der Gläubiger (K) für den Eintritt der Unmöglichkeit („Umstand") allein oder überwiegend verantwortlich ist. Das ist hier der Fall. Der K hat die Unmöglichkeit nach § 276 II BGB zu vertreten (überhöhte Geschwindigkeit). Damit behält V seinen Anspruch auf Kaufpreiszahlung; dem K bleibt nur das Schrottfahrzeug.

Im Übrigen haftet K dem V auch nach dem Recht der unerlaubten Handlung gem. § 823 I BGB (gesetzliche Haftung bei Eigentumsverletzung, vgl. Übersicht oben nach Rn. 30 unter II 3).

Der **zweite Ausnahmefall** tritt bei Annahmeverzug des Gläubigers ein, also wenn **265** eine Leistungsverzögerung durch den Gläubiger gem. §§ 293 ff. BGB vorliegt. Die Problematik zeigt der

---

**Fall 60**

Im Fall 59 absolviert K die Probefahrt unfallfrei und V lässt die Fahrzeugpapiere in Ordnung bringen. Als dieser, wie vereinbart, das Fahrzeug bei K abliefern will, steht er vor verschlossenen Türen, weil K nach einem Motorradunfall ohne Bewusstsein im Krankenhaus liegt. Auf der Rückfahrt kollidiert V aus Unachtsamkeit mit einem Tanklastzug, wobei das auslaufende Benzin Feuer fängt und den PKW vernichtet. Dennoch besteht V auf Bezahlung des Kaufpreises. Zu Recht?

---

**Lösung**

Wie aus **§ 326 II 1 Fall 2 BGB** folgt, behält der Schuldner der gestörten Leistung (hier: V) den Anspruch auf die Gegenleistung (Kaufpreisanspruch gem. § 433 II BGB) auch dann, wenn der Umstand, auf Grund dessen der Schuldner (V) nach § 275 BGB von der Leistung befreit ist, von diesem nicht zu vertreten ist und zu einer Zeit eintritt, zu welcher sich der **Gläubiger in Annahmeverzug** befindet. Der Gläubiger- oder Annahmeverzug setzt voraus, dass der Schuldner (V) die Leistung ordnungsgemäß (= wie geschuldet) tatsächlich anbietet, § 294 BGB (Erleichterungen für den Schuldner bringen insoweit die §§ 295, 296 BGB). Ein tatsächliches Angebot des V ist hier gegeben. Da der Schuldner (V) auch leistungsfähig und leistungswillig (vgl. § 297 BGB) war, ist der Gläubiger (K) durch die bloße Nichtannahme der Leistung (§ 293 BGB) in Annahmeverzug geraten. Dass den Gläubiger (K) hieran kein Verschulden trifft (er liegt ja im Krankenhaus), ist unerheblich, d.h. anders als der Schuldnerverzug setzt der Gläubigerverzug Vertretenmüssen gem. § 276 BGB nicht voraus.

Damit ist die erste Voraussetzung des § 326 II 1 Fall 2 BGB gegeben[8]. Der Schuldner (V) dürfte aber den Umstand, der zur Unmöglichkeit führte, nicht zu vertreten haben. Das scheint aber gerade der Fall zu sein, weil er den Unfall fahrlässig (§ 276 II BGB) verursacht hat. Aber hier ist eine mildere Haftung (vgl. § 276 I 1 BGB) in § 300 I BGB bestimmt. Während des Gläubigerverzugs hat der Schuldner (V) nur Vorsatz und grobe Fahrlässigkeit zu vertreten. Dem V fällt aber lediglich leichte Fahrlässigkeit (einfache Unachtsamkeit) zur Last. Damit muss V für die Unmöglichkeit seiner Leistung nicht haften, sodass alle Voraussetzungen der Ausnahmebestimmung des § 326 II 1 Fall 2 BGB erfüllt sind. Der V behält daher seinen Anspruch auf Kaufpreiszahlung durch K gem. § 433 II BGB.[9]

**266**  Der Vollständigkeit halber sei hier abschließend noch erwähnt, dass die **Gegenleistungsgefahr** auf den **Gläubiger** auch in anderen Fällen übergeht, z.B. wenn die Kaufsache an ihn bereits übergeben, **§ 446 S. 1 BGB**, oder beim Versendungskauf dem Spediteur/Frachtführer ausgehändigt ist, **§ 447 I BGB** (vgl. oben Fall 55). Zu beachten ist hierbei jedoch die Rückausnahme beim Verbrauchsgüterkauf: Hier geht die Gegenleistungsgefahr (= Preisgefahr) auf den Käufer (Verbraucher) nicht schon bei Absendung der Kaufsache, sondern erst mit Übergabe (§ 446 BGB) über, § 475 II BGB. Diese speziellen Regeln gehen § 326 I 1 BGB vor (vgl. noch unten Rn. 312).

---

8    Dasselbe Ergebnis, nämlich Annahmeverzug des Käufers würde z.B. auch eintreten, wenn dieser zwar zur Übernahme des vom Verkäufer angebotenen PKW bereit wäre, aber nicht, wie vereinbart, das Bargeld für den PKW aushändigen könnte.

9    Ein Student berichtete einen Fall aus der Praxis, wonach ein BMW bestellt und für Freitag zur Abholung bereit war, der Käufer aber nicht erschienen ist und am Sonntag die Halle mit allen Fahrzeugen einem Großfeuer zum Opfer fiel.

## dd) Rücktritt, § 326 V BGB

Der Gläubiger kann seine (Gegenleistungs-) Verpflichtung in dem Fall, dass der Schuld- **267** ner nach § 275 I–III BGB nicht zu leisten braucht, auch durch Rücktritt vom Vertrag beenden. Dazu gewährt ihm § 326 V i.V.m. § 323 BGB ein **gesetzliches** Rücktrittsrecht.

---

**Fall 61**

Der Autokäufer K hat auf den Kaufpreisanspruch bei Abschluss des (schriftlichen) Kaufvertrages an V eine Anzahlung erbracht. Vor Übereignung und Übergabe des Fahrzeugs wird dieses dem V, wie er behauptet, gestohlen, ohne dass dem V deswegen ein Vorwurf gemacht werden könnte[10]. Kann K vom Kaufvertrag zurücktreten und seine Anzahlung zurückverlangen?

Abwandlung: V sollte die nachgerüstete Anhängerkupplung (AHK) noch beim TÜV eintragen lassen. Das ist aber aus technischen Gründen nicht möglich. Muss K gleichwohl das Fahrzeug von V abnehmen und den Kaufpreis bezahlen oder steht ihm ein Recht zum Rücktritt vom Vertrag zu?

---

**Lösung**

Ein Rücktrittsrecht für K könnte sich aus § 326 V BGB ergeben (nicht unmittelbar aus § 323 BGB, vgl. unten Rn. 290 Fn. 14). Voraussetzung ist (neben einem wirksamen gegenseitigen Vertrag, der vorliegt), dass die Leistungspflicht des Schuldners gem. § 275 BGB erloschen ist. Das ist der Fall, weil (subjektive) Unmöglichkeit eingetreten ist, § 275 I BGB. Eine Fristsetzung ist gem. § 326 V Halbs. 2 BGB entbehrlich, weil im Fall der Unmöglichkeit ohnehin feststeht, dass eine Nacherfüllung ausscheidet. Es gelten damit die §§ 346 ff. BGB. Die Rücktrittserklärung des K führt gem. § 346 I BGB dazu, dass V die von K erbrachte Anzahlung auf den Kaufpreis wieder zurückzahlen muss.

Zu dieser Anspruchsgrundlage kommt man auch über § 326 IV: Rückforderung der bereits bewirkten, nicht geschuldeten Gegenleistung nach § 346 I.

**Abwandlung:** Als Anspruchsgrundlage für V kommt § 433 II BGB in Betracht. Der Primäranspruch ist wirksam zustande gekommen, er könnte aber auf Grund Rücktritts des K wieder entfallen sein, § 326 V BGB i.V.m. § 323 V 2 BGB. Eine teilweise Unmöglichkeit, die hinsichtlich des Rücktritts entsprechend § 323 V BGB wie eine nicht vertragsgemäße Leistung behandelt wird, liegt vor. Aus der Pflichtverletzung des V kann K aber ein Rücktrittsrecht nur herleiten, wenn die **Pflichtverletzung erheblich** ist. Das wird man dann sagen können, wenn die am Kraftfahrzeug befindliche AHK für den Kaufentschluss des K wesentlich war und er dies bei Abschluss des Vertrages deutlich machte.

**Daneben** kommt wegen der Pflichtverletzung auch eine Sekundärpflicht des V in Form des Schadensersatzes statt der Leistung in Betracht, §§ 280, 283 BGB, wobei wegen der nicht vertragsgemäßen Leistung bezüglich der AHK § 283 S. 2 BGB i.V.m. § 281 I 3 BGB (erhebliche Pflichtverletzung) eingreift. Damit führen die Schadensersatzregeln zum selben Ergebnis wie die Vorschriften über den Rücktritt. K kann die Kaufsache zurückgeben (also den Kaufvertrag beenden) und im Rahmen der Schadensabwicklung außerdem noch die höheren Kosten einer Ersatzbeschaffung (PKW mit ordnungsgemäßer AHK) verlangen. Weil durch diese Art der Schadensregulierung der ganze Vertrag rückabgewickelt wird, spricht man vom **großen Schadensersatz**.

## 3. Verzögerung der Leistung durch den Schuldner

Das Gesetz spricht von „Verzögerung der Leistung" des Schuldners (vgl. § 280 II BGB) **268** oder von „Schuldnerverzug" (§ 286 I BGB), wenn der Schuldner seine fällige Leistung nicht rechtzeitig erbringt.

---

10  Ein Schadensersatzanspruch gem. § 280 I, III BGB i.V.m. § 283 BGB kommt daher nicht in Betracht.

**269**  Daraus folgt sachlogisch, dass der Schuldner die Leistung im Zeitpunkt des Leistungs-
verzuges noch erbringen kann, aber in jedem Fall zu spät. Die Leistung ist ihm also
noch möglich, Unmöglichkeit (§ 275 BGB) liegt nicht vor. Der Primäranspruch bleibt
grundsätzlich durch den Leistungsverzug des Schuldners (noch) unberührt, er besteht
fort.

> **Merke:**  Unmöglichkeit schließt Verzug bezüglich desselben Leistungsgegenstandes grunsätz-
> lich aus.

**270**  Unabdingbare Konsequenz für die Prüfungsreihenfolge bei der Lösung eines Rechtsfalles ist daher, dass **zuerst Unmöglichkeit** zu prüfen ist, weil dieser Störfall den vertraglichen Primärleistungsanspruch entfallen lässt, § 275 I BGB. Die Primärleistung
wird dann überhaupt nicht mehr geschuldet (vgl. oben Rn. 230 ff.).

**271**  Natürlich ist auch der Fall denkbar, dass dem Schuldner die Leistung unmöglich wird,
nachdem er in Verzug geraten ist. In einem solchen Fall tritt zuerst das Leistungshindernis des Schuldnerverzuges ein, danach wird dem Schuldner die Leistung unmöglich (z.B. die Sache geht unter, wird gestohlen etc.). Diesen Fall regelt **§ 287 BGB**,
der eine empfindliche **Haftungsverschärfung** anordnet, weil der Schuldner im Verzug
auch für unverschuldete, d.h. zufällige Leistungsstörungen haften muss.

**272**  Das Ausbleiben der Leistung des Schuldners kann unabhängig von diesem Sonderfall
unterschiedliche Rechtsfolgen auslösen, die sich auf das Schicksal des Vertrages ebenfalls verschieden auswirken können. Das soll im Folgenden unter a)–c) dargestellt
werden.

### a)  Ersatz des Verspätungsschadens, §§ 280 II, 286 BGB

**273**  Der Anspruch auf Ersatz des Verspätungsschadens lässt den Vertrag unberührt, sodass
er **neben** den vertraglichen **Primäranspruch** tritt und zusätzlich zur Leistung verlangt
wird. § 280 I, II BGB beschränkt sich auf „reine" Verzögerungsschäden, die den Anspruch auf die Leistung nicht antasten. Dies sowie die allgemeinen Voraussetzungen
des Schuldnerverzugs zeigt der

---

**Fall 62**

Das Autohaus V hat dem K einen PKW verkauft, der vereinbarungsgemäß am 15.12. dem K
geliefert (genauer: übereignet) werden soll. Der von V mit der Aushändigung beauftragte
Mitarbeiter A vergisst seinen Auftrag. Auf Nachfrage erhält K von einem anderen Mitarbeiter des
V die falsche Auskunft, dass der Wagen noch nicht ausgeliefert sei. K muss daher für eine dringende Geschäftsreise am 16.12. einen Mietwagen für 400 EUR nehmen. Er fordert von V Ersatz
dieser Kosten. Mit Recht?

**Lösungsweg und Lösung**

Bei der Überlegung, welche Anspruchsgrundlage für K in Betracht kommt, darf man nicht bei § 433 I
BGB stehen bleiben. Die Rechtsfolge hieraus passt ersichtlich nicht. Wir müssen uns fragen: was will
der K von V? Ersatz seines Vermögensschadens: Mietwagenkosten auf Grund des Verzugs des V, sog.
Verzögerungs- oder Verspätungsschaden. Eine darauf gerichtete Anspruchsnorm ist der § 286 BGB, zu

dem man über § 280 II BGB gelangt. Der erste Satz des Gutachtens lautet deshalb: K könnte gegen V einen Anspruch auf Ersatz der Mietwagenkosten gem. § 280 I und II BGB i.V.m. § 286 BGB haben.

Im Folgenden ist diese Anspruchsgrundlage zu prüfen. Dazu sind insgesamt vier Prüfungsschritte erforderlich, wobei die eigentlichen Verzugsvoraussetzungen unter (2) dargestellt werden.    **274**

### (1) Wirksamer Vertrag

Zunächst ist erforderlich, dass ein **Schuldverhältnis** (§ 280 I 1 BGB) besteht; hier also, dass K und V einen wirksamen Kaufvertrag geschlossen haben. Das ist unproblematisch der Fall.    **275**

### (2) Pflichtverletzung (Verzug)

V müsste als Schuldner eine Pflichtverletzung durch Verzug begangen haben, § 280 II BGB i.V.m. § 286 BGB. Die Antwort auf diese Frage steht nicht in § 280 II BGB. Dort wird eine „**Pflichtverletzung**" durch „Verzögerung" vorausgesetzt; wann eine solche vorliegt, ergibt sich erst aus § 286 BGB.    **276**

**Verzug** wird nach einer – allerdings groben – Faustformel beschrieben als **zu vertretende Nichtleistung trotz Fälligkeit und Mahnung**. Die einzelnen Voraussetzungen des Schuldnerverzugs sind:    **277**

- Nichtleistung des Schuldners trotz Fälligkeit der Leistung    **278**
  Grundsätzlich gilt § 271 I BGB (sofortige Fälligkeit), aber hier ist eine andere Leistungszeit bestimmt. Die Vertragspartner haben den 15.12. als Liefertermin vereinbart (Fälligkeit der Leistung).

- Mahnung oder Mahnungsersatz    **279**
  Die bloße Fälligkeit führt noch nicht zum Verzug des Schuldners. Der Verzug erfordert grundsätzlich eine **Mahnung**, § 286 I 1 BGB. Das ist eine an den Schuldner gerichtete eindeutige **Aufforderung**, die **geschuldete Leistung zu erbringen**. Der Sinn dieser Verzugsvoraussetzung besteht darin, den Schuldner darauf hinzuweisen, dass die weitere Leistungsverzögerung für ihn rechtliche Nachteile haben kann. Der Mahnung stehen gleich gem. § 286 I 2 BGB eine Klage auf die geschuldete Leistung oder ein Mahnbescheid (vgl. dazu unten 3. Kapitel Rn. 178 ff.). Überhaupt keiner Mahnung des Gläubigers bedarf es nach § 286 II BGB etwa in dem Fall, dass die **Leistungszeit kalendermäßig bestimmt** oder bestimmbar ist; ebenso wenn der Schuldner ernsthaft und endgültig die Erfüllung seiner Leistungspflicht verweigert. Im Fall 62 befindet sich der Schuldner V mit Ablauf des 15.12. gem. § 286 II Nr. 1 BGB in Verzug. Schuldnerverzug tritt nach § 286 III BGB spätestens, d.h. in jedem Fall nach Ablauf von 30 Tagen ab Rechnungsstellung ein, wenn es um eine Entgeltforderung, d.h. eine Geldforderung aus Warenlieferung oder aus Werk- bzw. Dienstleistung geht.

### (3) Vertretenmüssen (Verschulden)

Die objektive Pflichtwidrigkeit (Nichtleistung trotz Fälligkeit) begründet noch keinen Haftungstatbestand aus Verzug. Grundsätzlich greift im deutschen Recht die strenge    **280**

Folge einer Schadensersatzpflicht nur bei Verschulden ein. Die Ersatzpflicht gem. §§ 280, 286 BGB setzt daher Verschulden des Schuldners voraus, § 280 I 2 BGB. Das Gesetz hätte in § 280 I 1 BGB auch formulieren können: „Verletzt der Schuldner schuldhaft eine Pflicht aus dem Schuldverhältnis ...". Dann hätte aber der Gläubiger das (anspruchsbegründende) Merkmal des Verschuldens beweisen müssen. Stattdessen muss der Schuldner wegen der negativen Umschreibung in § 280 I 2 BGB sein Nichtvertretenmüssen bezüglich der Pflichtverletzung (Nichtlieferung) beweisen[11]. Es liegt daher beim **Schuldner**, den **Entlastungsbeweis** zu führen, d.h. darzulegen und zu beweisen, dass er an der Nichtleistung nicht „schuld" ist, diese also nicht zu vertreten hat. Im Ergebnis bedeutet dies, dass im Hinblick auf die Nichtleistung das **Verschulden des Schuldners** zu Gunsten des Gläubigers **vermutet** wird, bis der Schuldner das Gegenteil, nämlich sein Nichtvertretenmüssen beweist.

**281** Der Schuldner hat Vorsatz und Fahrlässigkeit zu vertreten, § 276 BGB (keine Anspruchsgrundlage, sondern Haftungsvoraussetzung). Verschulden ist der Oberbegriff für Vorsatz und Fahrlässigkeit (vgl. Definition in § 276 II BGB). Verschulden setzt weiter noch Zurechnungsfähigkeit (= Verschuldensfähigkeit) voraus, deswegen verweist § 276 I 2 BGB auf §§ 827 und 828 BGB.

**282** Der Schuldner haftet nicht nur für eigenes, sondern auch für fremdes Verschulden seiner **Erfüllungsgehilfen**. Das sind die Personen, derer er sich zur Erfüllung seiner Verbindlichkeiten aus dem Schuldverhältnis bedient. Im Fall 62 ist dies der Mitarbeiter A. Dieser hat den Liefertermin schlicht vergessen, also die im Verkehr erforderliche Sorgfalt außer Acht gelassen hat (Fahrlässigkeit gem. § 276 II BGB). Dieses Verschulden seines Mitarbeiters wird dem V gem. 278 BGB als eigenes Verschulden zugerechnet.

(4) Rechtsfolge des Schuldnerverzugs

**283** Der Schuldner ist verpflichtet, dem Gläubiger den auf Grund seines Verzuges eingetretenen Schaden (sog. **Verzögerungsschaden**) zu ersetzen, § 280 I und II BGB.

**284** Inhalt und Umfang des Schadensersatzes ergeben sich *nicht* aus §§ 280, 286 BGB. Bei diesen Vorschriften handelt es sich um sog. haftungsbegründende Normen, die lediglich den Grund für den Schadensersatzanspruch festlegen. Hinsichtlich der Höhe (Umfang) des Schadens sind die §§ 249 ff. BGB heranzuziehen. Im Fall 62 greift die Grundnorm des § 249 S. 1 BGB ein. Danach ist der Gläubiger vom Schuldner so zu stellen, wie er bei rechtzeitiger Lieferung gestanden hätte, d.h. als wäre „der zum Ersatz verpflichtende Umstand nicht eingetreten", weil der Schuldner pünktlich geleistet hätte (Grundsatz der Naturalherstellung).

**Ergebnis Fall 62**

K hätte bei rechtzeitiger Auslieferung des PKW keine Mietwagenkosten gehabt. Daher muss V dem K diesen Vermögensschaden (400 EUR) ersetzen.

---

11  § 286 IV BGB sagt im Grunde noch einmal dasselbe wie § 280 I 2 BGB, bezogen auf den Zeitpunkt, in dem alle verzugsbegründenden Voraussetzungen (Nichtleistung, Mahnung) vorliegen.

Angefügt sei noch: In dem Fall, dass der Schuldner mit einer **Geldschuld** in Verzug   **285**
kommt, fallen **Verzugszinsen** an. Nach § 288 I betragen diese 5 Prozentpunkte über
dem Basiszinssatz und im gewerblichen Bereich ohne Beteiligung eines Verbrauchers
9 Prozentpunkte über dem Basiszinssatz, § 288 II BGB, jeweils i.V.m. § 247 BGB. Das
ist nicht gerade wenig, verglichen mit dem normalen gesetzlichen Zinssatz von 4 %,
vgl. § 246 BGB.

### b) Schadensersatz statt der Leistung, §§ 280 III, 281 BGB

Regelmäßig wird der Gläubiger auch an der verspäteten Leistungserbringung des   **286**
Schuldners noch ein Interesse haben (wie im Fall 62). Möglich ist aber auch, dass der
Gläubiger mit der verspäteten Leistung nichts mehr anfangen kann oder will. Daher
räumt das Gesetz dem Gläubiger unter bestimmten weiteren Voraussetzungen einen
Anspruch auf Schadensersatz statt der Leistung ein.

---

**Fall 63**

Für die Abwicklung eines Großauftrages kauft der Werbekaufmann K bei V ein besonders leistungsstarkes Kopiergerät. Als die Auslieferung auf sich warten lässt, mahnt K die Lieferung
erfolglos bei V an. Sodann setzt K noch eine Frist von einem Monat. Als auch diese ohne
Erfolg verstreicht, ist K gezwungen, einen anderen Kopierer bei einem Konkurrenten für einen
Mehrpreis von 1500 EUR zu kaufen. Jetzt will V liefern. K lehnt die Abnahme des Kopiergerätes
ab und verlangt stattdessen den Mehrpreis von V. Mit Recht?

---

**Lösung**

Als Anspruchsgrundlage kommt § 280 I, III BGB i.V.m. § 281 I BGB in Betracht. Das zu durchlaufende
**Prüfungsprogramm** in diesem Fall ist wie folgt zu gliedern:
(1) Vorliegen eines Schuldverhältnisses, § 280 I 1 BGB;
(2) fällige und noch mögliche Leistung des Schuldners, § 281 I 1 BGB;
(3) Pflichtverletzung des Schuldners durch Nichterbringung der Leistung, § 281 I 1 Fall 1 BGB;
(4) Leistungsaufforderung mit angemessener Frist, § 281 I 1 BGB, falls nicht entbehrlich gem.
    § 281 II BGB;
(5) erfolgloser Fristablauf;
(6) Vertretenmüssen des Schuldners, § 280 I 2 BGB i.V.m. § 276 ggf. § 278 BGB;
(7) Schaden beim Gläubiger.

**Ausführung**: Es besteht ein wirksamer Kaufvertrag, nach dem der V Lieferung (= Übergabe und
Übereignung) des Kopiergerätes schuldet. Die Lieferpflicht ist fällig, § 271 I BGB. Eine (objektive)
Pflichtverletzung liegt in der Nichterbringung der geschuldeten Leistung, § 281 I 1 BGB. Dem Schuldner ist ordnungsgemäß eine angemessene Frist (1 Monat) zur Leistung gesetzt worden. Nachdem
V auch diese letzte Gelegenheit zur Vertragserfüllung nicht genutzt hat, kommt es nach § 281 BGB
auf die (weiteren) Voraussetzungen des § 286 BGB nicht an. Eine ausdrückliche Mahnung wäre
nicht erforderlich gewesen, weil man ohne weiteres eine Mahnung in der Fristsetzung sehen kann. Es
stellt sich die Frage, ob der V die Nichtleistung zu vertreten hat, § 276 BGB. Das Verschulden des
V wird hier wiederum gem. § 280 I 2 bzw. § 286 IV BGB vermutet. Da sich der Schuldner V nicht
entlastet (nicht einmal erklärt, warum er die Nichtlieferung nicht zu vertreten hat), ist § 281 I BGB
und damit der Schadensersatzanspruch dem Grunde nach gegeben, der Haftungsgrund also gelegt.

Hinsichtlich der Rechtsfolge gilt: Gemäß § 281 IV BGB ist der Primäranspruch (auf die vertragliche
Erfüllungsleistung) mit Erhebung des Anspruchs auf Schadensersatz durch K erloschen; dass der
V jetzt lieferbereit ist, spielt keine Rolle mehr. Statt des (erloschenen) Erfüllungsanspruchs ist der

durch die Nichterfüllung entstandene Schaden zu ersetzen, sog. **positive Interesse** (dazu oben Rn. 130). Das bedeutet, dass der Käufer vom Verkäufer gem. § 249 S. 1 BGB so zu stellen ist, als wäre ordnungsgemäß erfüllt worden. Dann hätte der Käufer nicht ein teureres Ersatzgerät kaufen müssen. Die Mehrkosten sind daher zu ersetzen.

**287**    Nicht zu verwechseln mit dem Schadensersatzanspruch statt der Leistung (positives Interesse) ist der **Aufwendungsersatzanspruch** gem. § 284 BGB, der dem Gläubiger eines Schadensersatzanspruchs statt der Leistung, also gleichfalls an Stelle der Vertragsleistung zusteht. Dieser Anspruch hat bis auf den Schaden die gleichen Voraussetzungen wie der Schadensersatzanspruch aus § 281 BGB. Der Gläubiger muss also wählen, er bekommt nicht beides. Der Anspruch auf Ersatz fehlgeschlagener (vergeblicher) Aufwendungen erfasst hauptsächlich unnötige Vertragskosten, wie z.B. Makler-, Untersuchungs-, Transportkosten etc. oder Kosten für bereits vom Gläubiger angeschafftes Zubehör.

### c)   Rücktritt vom Vertrag, § 323 BGB

**288**    Liegt eine Nichtleistung in Form der Leistungsverzögerung vor, so ist der Gläubiger nicht auf den bisher aufgezeigten Weg über einen Schadensersatz neben der Leistung (§§ 280, 286 BGB) oder statt der Leistung (§§ 280, 281 BGB) beschränkt. Vielmehr gibt ihm das allgemeine Schuldrecht in den §§ 320, 323 BGB eine weitere Möglichkeit an die Hand, wie er auf diese Leistungsstörung reagieren kann.

**289**    Beide Vorschriften stehen im Titel „Gegenseitige Verträge" und berücksichtigen, dass im gegenseitigen Vertrag die Verpflichtungen der Vertragsparteien in Wechselbeziehung stehen. Der Käufer verpflichtet sich nämlich (zur Kaufpreiszahlung) nur, weil sich auch der Verkäufer (zur Übergabe und Übereignung der Kaufsache) verpflichtet – und umgekehrt. Jede Vertragspartei ist damit zugleich Schuldner und Gläubiger. Leistung und Gegenleistung sind also voneinander abhängig, sie stehen in einem **Gegenseitigkeitsverhältnis**, man sagt dazu auch **Synallagma** (vgl. bereits oben Rn. 257).

**290**    Daraus zieht § 320 I 1 BGB eine erste Konsequenz für das Schicksal der Gegenleistung (des Gläubigers) in dem Fall, dass der andere Vertragsteil (Schuldner) seine Leistung nicht (= Verzug) oder nicht vertragsgemäß (= Schlechtleistung) erbringt[12]. Das Gesetz gewährt dem Gläubiger bzgl. seiner Primärleistungspflicht ein Leistungsverweigerungsrecht, sog. **Einrede des nichterfüllten Vertrages** (vgl. oben Rn. 35 Aufbauschema unter III 2). Das vertragliche Schuldverhältnis bleibt bestehen. Der Gläubiger der gestörten (also der nicht oder nicht vertragsgemäß erfüllten) Leistung kann nach wie vor Erfüllung verlangen, vgl. hierzu § 322 BGB.

**291**    Der Gläubiger kann sich bei Nichtleistung des Schuldners aber auch gem. § 323 I Fall 1 BGB für den **Rücktritt vom Vertrag** entscheiden. Voraussetzung dafür ist neben der Nichtleistung des Schuldners, dass der Gläubiger ihm erfolglos eine angemessene

---

12  Die §§ 320, 323 BGB finden auf den Fall der Unmöglichkeit keine Anwendung (vgl. schon Lösung Fall 61). Ist die Schuldnerleistung unmöglich, entfällt die Leistungspflicht, § 275 I BGB; ebenso grundsätzlich auch die Pflicht zur Erbringung der Gegenleistung, § 326 I 1 BGB; dazu oben Rn. 257.

Nachfrist zur Leistung (bzw. Nacherfüllung) setzt, wenn nicht der Ausnahmetatbestand des § 323 II BGB vorliegt. Wiederum kommt es (wie beim Schadensersatz gem. § 281 BGB) nicht auf die formalen Voraussetzungen des § 286 BGB an. Es genügt, dass die Leistung lediglich fällig ist und zum Leistungszeitpunkt nicht erbracht wird. Das Vorliegen des Verzugs folgt ohne weiteres aus der Leistungsaufforderung mit Fristsetzung, diese enthält eine Mahnung i.S. des § 286 I BGB.

Es ist aber im Gegensatz zum Schadensersatzanspruch wegen Verzugs des Schuldners **292** für das Rücktrittsrecht **nicht erforderlich**, dass der Schuldner die Nichterbringung der Leistung **zu vertreten** hat. Der Rücktritt ist also verschuldensunabhängig. Die Erklärung des Rücktritts durch den Gläubiger (einseitige, empfangsbedürftige Willenserklärung) bringt den Vertrag zwar nicht zum Erlöschen, wandelt ihn aber in ein Rückabwicklungsschuldverhältnis um (vgl. oben Rn. 203). Bereits empfangene Leistungen sind zurückzugewähren, § 346 BGB. **Daneben** besteht, wenn der Schuldner die Nichtleistung zu vertreten hat (Verschulden), ein **Schadensersatzanspruch** des Gläubigers gegen den Schuldner. Das stellt § 325 BGB ausdrücklich klar.

Durch die Erklärung des Rücktritts wird der Gläubiger daher (nur) so gestellt, als ob er **293** sich mit dem Schuldner niemals vertraglich eingelassen hätte. Der Gläubiger wird daher den Rücktritt bevorzugen, wenn er ein schlechtes Geschäft gemacht hat. Dazu der

---

**Fall 64**

Student K kauft beim Examenskandidaten V einen Kommentar zum Bürgerlichen Recht für 40 EUR. Das Buch ist aber veraltet und daher allenfalls 20 EUR wert. Den Kaufpreis gibt K dem V sofort in bar, während V, der das Buch jetzt im Internet sogar für 50 EUR anbietet, weder das Buch am vereinbarten Termin vorbeibringt noch auf die Leistungsaufforderungen des K reagiert. Der K fragt, ob er die gezahlten 40 EUR zurückverlangen kann.

**Lösung**

Wir müssen eine Anspruchsgrundlage suchen, die auf das Begehren des K (Rückzahlung des vorgeleisteten Kaufpreises) gerichtet ist. Einen solchen Rückgewähranspruch bietet § 346 I BGB, der ein vertragliches oder gesetzliches Rücktrittsrecht voraussetzt. Hier kommt ein gesetzliches Rücktrittsrecht gem. § 323 I BGB in Betracht. Dieses setzt wiederum voraus: 1. einen wirksamen gegenseitigen Vertrag (hier: Kaufvertrag), 2. Pflichtverletzung durch den Schuldner wegen Verzögerung der fälligen (aber möglichen) Leistung (hier: Nichtleistung zur vereinbarten Zeit), 3. Fristsetzung (nicht erfolgt, aber entbehrlich, jedenfalls nach § 323 IV BGB) und 4. kein Ausschluss gem. § 323 V oder VI BGB (nur erwähnen, wenn der Fall dazu Anlass gibt).

**Ergebnis**

Damit liegen die Voraussetzungen für das gesetzliche Rücktrittsrecht gem. § 323 I 1 Fall 1 BGB für K vor. Macht K von seinem Recht Gebrauch und erklärt den Rücktritt gegenüber V gem. § 349 BGB, ist der Anspruch aus § 346 I BGB i.V.m. § 323 I BGB begründet. Gem. § 346 I BGB hat der Schuldner V dem Gläubiger K die bereits empfangene Leistung (40 EUR) zurückzuzahlen.

### 4. Schlechterfüllung (allgemeiner Überblick)

**294**  Diese Leistungsstörung unterscheidet sich von den behandelten Fallgruppen (Spät-
und Nichterfüllung) dadurch, dass die Leistungshandlung des Schuldners nicht in der
geschuldeten Art und Weise erfolgt. Das BGB spricht von der Erbringung einer „nicht
vertragsgemäßen Leistung" (§§ 323 I, 326 I 2 BGB) oder davon, dass der Schuldner die
Leistung „nicht wie geschuldet" erbringt oder bewirkt (z.B. § 281 I 1, 3 BGB). Man unterscheidet insoweit **zwei Formen der Schlechtleistung** (vgl. bereits oben Rn. 224,
225). Die Pflichtverletzung kann sich beziehen

(1) auf den **Leistungsgegenstand selbst**, z.B. die Kaufsache weist einen Mangel auf
(Mangelschaden);

(2) oder darauf, dass durch die Schlechtleistung (Lieferung des mangelhaften Gegenstandes oder auf Grund eines anderen Fehlverhaltens des Schuldners i.S.v.
§ 241 II BGB) der Gläubiger **an anderen Rechtsgütern** geschädigt wird.

**295**  Was die Störung (1) betrifft, ist darauf hinzuweisen, dass das Gesetz für einige (wenige) Schuldverhältnisse z.B. Kauf-, Miet- und Werk- bzw. Bauvertrag Spezialregelungen
bezüglich der Voraussetzungen und der Rechtsfolgen einer Schlechterfüllung enthält
(z.B. im Kaufrecht, §§ 434 ff. BGB), die aber bzgl. der Rechtsfolgen größtenteils wieder
auf die allgemeinen Regeln des Schuldrechts (§§ 280 ff. BGB) zurückverweisen. In
anderen Fällen von besonderen Schuldverträgen (z.B. beim Arbeitsvertrag, § 611, oder
Auftrag, § 662 BGB) ist bei Mangelhaftigkeit der Leistung (Pflichtverletzung) unmittelbar auf die Schadensersatzvorschriften der §§ 280 I und III, 281 I 1 Fall 2 BGB zurück-
zugreifen.

**296**  Für die zweite Kategorie der Schlechterfüllung (2) greift stets nur die zentrale Vorschrift des § 280 I BGB ein, die dem Gläubiger einen Schadensersatzanspruch *neben*
der Leistung gewährt.

**297**  Voraussetzungen und Rechtsfolgen solcher Pflichtverletzungen werden am Beispiel
des Kaufrechts (unten II) im Einzelnen vorgestellt. Im Folgenden geht es daher nur um
einen ersten Überblick.

### a) Schadensersatz neben der Leistung, § 280 I BGB

**298**  Die zentrale Schadensersatznorm des § 280 I BGB erfasst **jede Pflichtverletzung** im
Rahmen eines vertraglichen (und auch eines gesetzlichen) Schuldverhältnisses, selbstverständlich auch eine solche in Form der **Schlechterfüllung**. Sie verpflichtet den
schuldhaft (§§ 280 I 2, 276 I BGB) handelnden Schuldner zur Leistung von Schadensersatz.

*Beispiele*

Rechtsanwalt R klagt eine Forderung seines Mandanten M gegen den Beklagten B zu spät ein,
sodass die Klage wegen Verjährung (§ 214 BGB) abgewiesen wird.

Hauseigentümer E erteilt dem Malermeister M den Auftrag, das Wohnzimmer zu tapezieren.
Der Geselle G kippt versehentlich einen Farbeimer auf dem Perserteppich aus.

Bei Auslieferung der von K bei V erworbenen Waschmaschine verletzt der Mitarbeiter des V den
K am Bein, sodass sich dieser zum Arzt begeben muss.

In allen Fällen entsteht dem Gläubiger (M, E und K) bei Ausführung der Vertragsleistung durch den Schuldner ein Schaden an anderen Rechtsgütern als dem Leistungsgegenstand. Ansprüche wegen Unmöglichkeit oder Verzug stehen nicht in Rede. Die Ausführung des Vertrags erfolgt aber jeweils nicht ordnungsgemäß (Schlechtleistung). Der Gläubiger kann Schadenersatz verlangen (sog. positive Vertragsverletzung). Das jeweilige **Prüfungsprogramm** sieht wie folgt aus: **299**

(1) wirksames Schuldverhältnis (§ 280 I 1 BGB); in allen Beispielsfällen unproblematisch.

(2) Pflichtverletzung
Rechtsanwalt R verletzt seine vertragliche Hauptpflicht aus dem Anwaltsvertrag (Geschäftsbesorgungsvertrag gem. §§ 675, 611 BGB), die darin besteht, den Prozess sorgfältig vorzubereiten und zu führen. Ebenso liegt bei Ausführung des Werkvertrages (§ 631 BGB) eine Schlechtleistung des Gesellen G vor, weil vertragliche Nebenpflichten gem. § 241 II BGB verletzt worden sind. Dasselbe gilt auch bezüglich der Erfüllung der kaufvertraglichen Pflichten des V.

(3) Vertretenmüssen (Verschulden), § 280 I 2 BGB i.V.m. § 276 BGB (eigenes Verschulden des Rechtsanwalts R) oder **§ 278 BGB**: Malermeister M und Verkäufer V müssen sich das Verschulden ihrer Mitarbeiter (Erfüllungsgehilfen) **wie eigenes Verschulden** zurechnen lassen.

(4) Die Schuldner in den Beispielsfällen sind daher gem. § 280 I 1 BGB verpflichtet, dem Gläubiger den durch die Pflichtverletzung („hierdurch") entstandenen Schaden zu ersetzen, § 249 BGB. Dabei handelt es sich nur um den einfachen Schadensersatz, den der Gläubiger neben der Leistung und zusätzlich zur Leistung geltend macht (vgl. oben Rn. 226). Das bedeutet für die Beispielsfälle: Der Mandant M hat einen Vermögensschaden erlitten, weil er mit seiner Klage abgewiesen worden ist. Rechtsanwalt R muss ihm den Forderungsbetrag und die Prozesskosten erstatten. Im Übrigen sind die Gläubiger E und K am Eigentum bzw. am Körper verletzt. Diese Schäden muss der Schuldner ausgleichen.

## b) Schadensersatz statt der (Teil-) Leistung, § 281 I 1 BGB

Schadensersatz statt der Leistung gem. § 280 I, III BGB i.V.m. § 281 I 1 BGB kann der Gläubiger bei **Schlechterfüllung** nur verlangen, „**soweit**" der Schuldner die Leistung nicht wie geschuldet bewirkt, also seine vertragliche Leistungspflicht verletzt. **300**

Beispiel
Bei dem gekauften PKW ist die Schließanlage defekt. Der Verkäufer verweigert jede Form der Mängelbeseitigung. In diesem Fall kann der Käufer gem. § 437 Nr. 3 BGB i.V.m. § 280 I, III BGB und § 281 I 1 Fall 2 BGB (selbstverständlich) nur die Ersatzbeschaffungskosten für das defekte Teil verlangen. Der Vertrag im Übrigen bleibt davon unberührt und wird durchgeführt (sog. **kleiner Schadensersatz**).

## c) Schadensersatz statt der ganzen Leistung, § 281 I 2 und 3 BGB

Anders liegt es, wenn der Gläubiger wegen einer **Schlechterfüllung** Schadensersatz statt der **ganzen** Leistung verlangen kann. Das führt zum Scheitern des gesamten Vertrages. Es leuchtet ein, dass dafür eine erhebliche Vertragsverletzung vorliegen **301** muss, wie das § 281 I Sätze 2 und 3 BGB auch vorschreiben. Ein Beispiel hierfür (**gro-ßer Schadensersatz**) bietet der Fall 61 (Abwandlung).

### d) Schadensersatz statt der Leistung, § 282 BGB

302    Die **Verletzung von Nebenpflichten**, also von Verhaltenspflichten aus dem Schuld-verhältnis i.S.v. § 241 II BGB (z.B. Sorgfalts- oder Schutzpflichten) kann, wie sich aus dem Vorstehenden unter c) ergibt, nur ausnahmsweise zur Liquidation des ganzen Vertrages in Form des Schadensersatzes statt der Leistung führen. Es ist daher nur konsequent, wenn § 282 BGB als zusätzliche Voraussetzung gem. § 280 III BGB (ne-ben dem Vorliegen einer schuldhaften Pflichtverletzung) fordert, dass dem Gläubiger die Leistung durch den Schuldner nicht mehr zuzumuten ist, weil dieser sich als unzu-verlässig erwiesen hat.

> **Beispiel**
>
> Wenn dem Malermeister M oder dessen Gesellen außer dem Missgeschick mit dem Farbeimer weitere grobe Pflichtverstöße unterlaufen, kann der Auftraggeber auch ohne Fristsetzung oder Abmahnung (vgl. § 281 III BGB) dem M den Auftrag entziehen. Dies kann ausdrück-lich oder dadurch erfolgen, dass der Gläubiger Schadensersatz statt der Leistung verlangt, § 281 IV BGB. Der Anspruch gem. § 280 I, III BGB i.V.m. § 282 BGB ist darauf gerichtet, dass M gem. § 249 BGB den Schaden am Eigentum des E ersetzt und ihn außerdem so stellt, wie er ohne Pflichtverletzung bei ordnungsgemäßer Vertragserfüllung gestanden hätte (sog. posi-tives Interesse). Insbesondere schuldet der M auch eventuelle Mehrkosten eines Nachfolge-unternehmers.

> **Lernkontrolle im Selbststudium:**
> Kornblum/Schünemann/Müller, Aufgaben 130, 132, 134, 150, 153–155; 162

## II. Schlechtleistung beim Kaufvertrag

303    Die letzte Unterrichtseinheit zu den Grundlagen des Bürgerlichen Rechts ist dem Kauf-recht gewidmet. Im Anschluss an die vorstehenden Ausführungen soll der Schlecht-erfüllung am Beispiel des Kaufvertrages nachgegangen werden. Es geht dabei um die Verletzung der Pflicht des Verkäufers aus § 433 I 2 BGB (Schlechterfüllung) und nicht um die Verletzung der Pflicht des Verkäufers aus § 433 I 1 BGB (Übereignung und Übergabe der Kaufsache)[13]. Wie wir gesehen haben (Rn. 294 und 224 f.), kann sich die Schlechtleistung des Schuldners (hier: des Verkäufers) auf die Leistungspflicht selbst (Leistungsgegenstand) oder auf allgemeine Vertragspflichten beziehen, wie sie in § 241 II BGB erwähnt sind. Die folgende Darstellung behandelt hauptsächlich die Schlechtleistung im Hinblick auf den Sachleistungsgegenstand (Kaufsache) und damit die Gewährleistungsrechte des Käufers.

---

13  In diesem Fall stehen dem Käufer wegen der Verletzung der Verkäuferpflichten unmittelbare Ansprüche aus dem allgemeinen Leistungsstörungsrecht wegen Unmöglichkeit und Verzögerung (§§ 275, 280, 286, 323 BGB) zu; davon war unter I 2 und 3 die Rede.

## 1.  Voraussetzungen der Verkäuferhaftung

Der Kaufvertrag ist ein gegenseitig verpflichtender Vertrag. Ihm liegen wechselseitige **304** Verpflichtungen der Parteien zu Grunde (Austauschvertrag). Jede Leistung wird dabei um der anderen willen geschuldet, d.h. jede Partei ist zugleich Gläubiger und Schuldner (vgl. schon oben Rn. 289). Mit dem Abschluss des Kaufvertrages tritt in der realen Güterwelt noch keine Veränderung ein, weil der Kaufvertrag lediglich schuldrechtliche Verpflichtungen der Vertragsparteien begründet (schuldrechtliches Verpflichtungsgeschäft)[14]. Der Verkäufer ist verpflichtet die Kaufsache zu übergeben und Eigentum daran zu verschaffen, § 433 I 1 BGB. Freilich genügt die bloße Übergabe und Übereignung der Kaufsache durch den Verkäufer seiner schuldrechtlichen Pflichtenstellung nicht. § 433 I 2 BGB verlangt mehr, nämlich die Verschaffung der Kaufsache **frei von Sach- und Rechtsmängeln**. Jede Lieferung einer mangelhaften Sache stellt daher eine Verletzung der vertragstypischen Pflichten des Verkäufers dar. Die Haftung des Verkäufers für Mängel der Kaufsache hat seine Grundlage im allgemeinen Leistungsstörungsrecht, § 280 I BGB (Oberbegriff der Pflichtverletzung).

### a)  Sachmangel

Was in Bezug auf die Qualität der Kaufsache vom Verkäufer geschuldet wird, be- **305** schreibt § 434 I BGB **negativ** (Sachmangelfreiheit):

- *Kein* Sachmangel liegt vor, wenn die Sache bei Gefahrübergang (vgl. unten c) die **vertraglich vereinbarte Beschaffenheit** (= Sollbeschaffenheit) hat, § 434 I 1 BGB. Ohne eine solche vertragliche Vereinbarung gilt § 434 I 2 BGB; danach liegt *kein* Sachmangel vor,
- Nr. 1: wenn sich die Sache für die **vertraglich vorgesehene Verwendung** eignet, oder
- Nr. 2: wenn sie sich für die **gewöhnliche Verwendung** eignet und die Beschaffenheit aufweist, die bei Sachen der gleichen Art **üblich** ist.

Diese Abstufung der Sachmängeldefinition setzt beim konkreten Vertragsinhalt an und **306** wird – mangels vertraglicher Regelung – immer allgemeiner. In allen diesen Fällen liegt ein **Mangel** der Kaufsache vor, wenn die **Istbeschaffenheit** von der geschuldeten **Sollbeschaffenheit** zum Nachteil des Käufers **abweicht**.

Darüber hinaus liegt ein Sachmangel vor (**positive** Umschreibung in § 434 II, III BGB), **307** wenn

- die vereinbarte Montage unsachgemäß durchgeführt worden ist, § 434 II 1 BGB (der Hinweis auf den Erfüllungsgehilfen ist freilich unnötig, weil § 278 BGB auch ohne ihn eingreift);
- bei einer zur Montage bestimmten Sache die Montageanleitung mangelhaft ist, § 434 II 2 BGB (sog. Ikea-Klausel)

---

14  Eine Ausnahme gilt bei dem im täglichen Leben häufig vorkommenden Bar- oder auch sog. Handkauf; hier werden Kaufsache und Geld unmittelbar (d.h. ohne vorgängige Verpflichtung) ausgetauscht.

- der Verkäufer zu wenig (also ein *minus* = Quantitätsmangel) oder eine andere Sache (also ein *aliud* = Identitätsmangel beim Stückkauf bzw. Qualitätsmangel beim Gattungskauf) liefert.

### b) Rechtsmangel

**308**  Auch hier formuliert das Gesetz (§ 435 BGB) negativ: „frei von Rechtsmängeln". Positiv gewendet liegt danach ein Rechtsmangel vor, wenn Dritte in Bezug auf die Kaufsache Rechte gegenüber dem Käufer geltend machen können. Die Verpflichtung des Verkäufers geht nach dem Gesetz dahin, dem Käufer das Eigentumsrecht frei von Rechten Dritter zu verschaffen, § 433 I 2 BGB.

**309**  Eine Verletzung dieser Verpflichtung liegt nicht schon vor, wenn ein Dritter das Bestehen solcher Rechte behauptet, vielmehr muss das beeinträchtigende Drittrecht tatsächlich bestehen. Solche Rechte sind z.B. gewerbliche Schutzrechte wie Patente, Markenrechte oder andere Immaterialgüterrechte (insbesondere Urheberrechte), die gegenüber dem Käufer erhoben werden und ihn an der Verwendung der Kaufsache hindern. Beispiel: Der Importeur V hat aus Asien Uhren, die das Markenzeichen eines Schweizer Uhrenherstellers verletzen, eingeführt und an den deutschen Kaffeeröster K veräußert. In dessen Filialen werden die Uhren wegen „Markenpiraterie" beschlagnahmt. V haftet dem Käufer K nach §§ 433 I 2, 435, 437 ff. BGB auf Schadensersatz.

**310**  Nicht unter § 435 BGB ist der Fall zu bringen, dass es dem Verkäufer schon am Eigentum an der Kaufsache fehlt und er daher seine Verpflichtung aus § 433 I 1 BGB nicht erfüllen kann (§ 275 I BGB). Die Rechtsfolgen ergeben sich in einem solchen Fall unmittelbar aus § 311a BGB (anfängliche Unmöglichkeit) oder aus §§ 280, 283 BGB (nachträgliche Unmöglichkeit).

### c) Maßgeblicher Zeitpunkt

**311**  Entscheidender Zeitpunkt für die vom Verkäufer geschuldete Mangelfreiheit ist der **Gefahrübergang**; so sagt es § 434 I 1 BGB für die Sachbeschaffenheit. Das ist regelmäßig die Übergabe der verkauften Sache, § 446 S. 1 BGB. Gefahrübergang meint hier die Gegenleistungsgefahr (= Preisgefahr), die uns schon mehrfach begegnet ist, vgl. Rn. 245, 263 und 266.

---

**Fall 65**

Der Käufer K holt das neue Fahrzeug bei dem Händler V nicht zu dem vereinbarten Termin ab. Ein anderer Kunde des V reißt aus Versehen einen Spiegel an dem für K bereitgestellten Kraftfahrzeug ab. K verlangt von V Mangelbeseitigung. Mit Recht?

---

**Lösung**

Als Anspruchsgrundlage kommen §§ 437 Nr. 1, 439 BGB (Nachbesserung) in Betracht. Grundsätzlich besteht ein solcher Anspruch, da die Sache mangelhaft ist. Jedoch ist auf Grund des Annahmeverzuges (Gläubigerverzugs) des K die Gefahr der zufälligen (d.h. weder von K noch von V zu vertretenden) Verschlechterung der Kaufsache auf K übergegangen, § 446 S. 3 BGB. Deshalb stehen dem K Mängelrechte nicht zu. Er muss also den vollen Kaufpreis für eine mangelhafte Sache erbringen.

Beim Versendungskauf muss die Sache bei der Übergabe an die mit der Beförderung 312 betraute Person mangelfrei sein, § 447 I BGB, um die Gegenleistungsgefahr auf den Käufer übergehen zu lassen. Eine Ausnahme von dieser Rechtsregel ist beim Verbrauchsgüterkauf vorgesehen. Hier ist (und bleibt) der entscheidende Zeitpunkt für die Mangelfreiheit die Ablieferung (Übergabe) der Kaufsache, wie es § 446 S. 1 BGB grundsätzlich anordnet. Die Geltung des § 447 BGB ist nämlich ausgeschlossen, § 475 II BGB. Beim Verbrauchsgüterkauf greift darüber hinaus auch die Regel des § 477 BGB ein: Beweislastumkehr zu Lasten des Verkäufers. Zeigt sich innerhalb von sechs Monaten seit Gefahrübergang (Übergabe) ein Sachmangel, so wird vermutet, dass dieser bereits bei Übergabe vorhanden war. Der Verkäufer muss daher im Prozess Mangelfreiheit der Kaufsache bei Übergabe beweisen.

Die Sachmängelrechte des **§ 437 BGB** stehen dem Käufer erst **nach Übergabe** der 313 mangelhaften Kaufsache zu. **Vorher** kann der Käufer die Annahme der mangelhaften Sache und die Zahlung des Kaufpreises verweigern, **§ 320 I BGB** (vgl. schon oben Rn. 290). Sobald der Käufer die Kaufsache aber als Erfüllung angenommen hat, ist er auf die Gewährleistungsrechte beschränkt und muss das Vorliegen eines Mangels auch beweisen, vgl. § 363 BGB.

Der maßgebliche Zeitpunkt bezüglich der **Rechtsmängelfreiheit** ist nicht die Besitz- 314 verschaffung (Übergabe der Kaufsache), sondern der Zeitpunkt des Eigentumserwerbs. Dieser muss nicht notwendig mit der Übergabe der Kaufsache zusammenfallen, wie z.B. bei einem Grundstückserwerb, weil dort Eigentum auf den Erwerber erst mit der Eintragung ins Grundbuch übergeht, § 873 BGB; oder auch beim Erwerb einer beweglichen Sache unter Eigentumsvorbehalt (vgl. § 449 BGB). Hier geht das Eigentum erst mit Bedingungseintritt (Zahlung des Kaufpreises) auf den Käufer über (§ 158 I BGB), während dieser regelmäßig sofort Besitz an der Kaufsache erhält.

## 2. Ausschluss und Einschränkung der Mängelrechte

Trotz Vorliegens eines Mangels können die Gewährleistungsrechte des Käufers (dazu 315 unten 3) entfallen, wenn die Mängelrechte gesetzlich oder vertraglich ausgeschlossen oder eingeschränkt sind.

### a) Kenntnis oder grobfahrlässige Unkenntnis vom Mangel

Kennt der Käufer den Mangel bei Vertragsschluss bereits, bedarf er keines Schutzes, 316 § 442 I 1 BGB. Ebenso schließt grob fahrlässige Unkenntnis des Mangels die Mängelhaftung des Verkäufers regelmäßig aus, § 442 I 2 BGB. Eine grob fahrlässige Unkenntnis liegt vor, wenn der Käufer vor dem sich aufdrängenden Mangel die Augen gleichsam verschließt. Es gibt aber zwei Ausnahmen vom Ausschluss der Mängelrechte: Die Sachmängelrechte bleiben dem Käufer erhalten, wenn der Verkäufer den Mangel arglistig verschwiegen oder eine Ertrags- bzw. Beschaffenheitsgarantie (vgl. §§ 276 I 1, 443 I BGB) übernommen hat. Im ersten Fall ist der Verkäufer nicht schutzwürdig und im zweiten Fall darf sich der Käufer auf die Richtigkeit der abgegebenen Erklärung verlassen.

### b) Vertraglicher Ausschluss

**317** Die Vorschriften der §§ 437 ff. BGB sind grundsätzlich abdingbar (disponibel). Die Mängelrechte können daher durch Vertrag zwischen Käufer und Verkäufer ausgeschlossen werden. Die allgemeine Zulässigkeit eines Haftungsausschlusses folgt bereits im Umkehrschluss aus § 444 BGB.

---

**Fall 66**

Der Käufer K erwirbt beim Autohändler einen gebrauchten PKW. Dieser wird wegen technischer Veränderungen nicht mehr zum Straßenverkehr zugelassen. Als K deswegen vom Kaufvertrag zurücktreten will, beruft sich V darauf, dass er selbst von den Veränderungen nichts gewusst habe. Außerdem stehe doch im Kaufvertrag „gekauft wie besichtigt". Stehen dem K Mängelrechte gegen V zu?

---

**Lösung**

Ein Sachmangel liegt vor, § 434 I 2 Nr. 1 BGB. Die Käuferrechte aus § 437 BGB könnten aber durch die Ausschlussklausel im Kaufvertrag ausgeschlossen sein. Dann müsste die vertragliche Regelung wirksam sein. Die Wirksamkeit des Haftungsausschlusses könnte im Hinblick auf § 444 BGB zweifelhaft sein. Danach kann sich der Verkäufer auf eine die Haftung ausschließende Vereinbarung nicht berufen, wenn er den Mangel arglistig verschwiegen oder eine Garantie für die Beschaffenheit der Kaufsache übernommen hat. Arglist des V läge vor, wenn V in Kenntnis des Mangels die Unkenntnis des K bewusst ausgenutzt hätte. So liegt es hier aber nicht. Die Übernahme einer Garantie für die Beschaffenheit (= Einstandspflicht des Verkäufers für alle Folgen des Fehlens der Beschaffenheit ohne Rücksicht auf ein Verschulden des Verkäufers) kommt nach dem Sachverhalt ebenfalls nicht in Betracht. Damit wären an sich die Gewährleistungsrechte des K kraft Vereinbarung der Kaufvertragsparteien ausgeschlossen.

Aber es liegt hier ein **Verbrauchsgüterkauf** i.S. des § 474 BGB vor, sodass eine Abweichung von den Käuferrechten der §§ 437, 439 ff. BGB nicht möglich ist, § 476 I 1 BGB (vgl. bereits oben Fall 4). Die Gewährleistungsrechte des Käufers sind insoweit zwingendes Recht (möglich ist aber eine Einschränkung oder ein Ausschluss lediglich des Schadensersatzanspruchs gem. § 437 Nr. 3 BGB).

### c) Beiderseitiger Handelskauf

**318** Ist der Kauf für beide Seiten ein Handelsgeschäft (§ 343 HGB), muss der Käufer die Ware unverzüglich (§ 121 BGB) untersuchen und erkannte Mängel unverzüglich anzeigen, § 377 I HGB. Anderenfalls verliert er die Mängelansprüche, sofern es nicht um einen unerkennbaren Mangel handelt, § 377 II HGB. Näheres später im Handelsrecht (2. Kapitel Rn. 93 ff.).

### 3. Gewährleistungsrechte des Käufers

**319** Liegt ein **Sach- oder Rechtsmangel** vor, wie unter 1. beschrieben, so haben wir es mit einer Pflichtverletzung des Verkäufers (vgl. § 433 I 2 BGB) zu tun, die Rechtsfolgen zu Gunsten des Käufers auslöst. Dem Käufer stehen nach Erhalt einer mangelhaften Sache vier Rechte zu, freilich nicht zur freien Auswahl, sondern abgestuft hintereinander. An erster Stelle nennt das Gesetz die Nacherfüllung, sodann kommen Rücktritt, Minderung und Schadensersatz. Rechtsgrundlage ist § 437 BGB.

### a) Nacherfüllung, §§ 437 Nr. 1, 439 BGB

Der Anspruch auf Nacherfüllung geht nach **Wahl des Käufers** auf Beseitigung des **320** Mangels (**Nachbesserung** = Reparatur) oder auf Lieferung einer mangelfreien (neuen) Sache (**Ersatzlieferung** = Umtausch). Der Anspruch aus § 437 Nr. 1 BGB ist vorrangig und muss vor Rücktritt, Minderung und Schadensersatz geltend gemacht werden. Das ergibt sich nicht aus der Reihenfolge der Aufzählung in § 437 BGB, sondern daraus, dass die Lieferung einer mangelfreien Sache die Primärleistungspflicht des Verkäufers darstellt[15]. Nach der Vorstellung des Gesetzes in § 437 Nr. 2 Fall 1 BGB und § 323 I BGB soll der Gläubiger (hier: Käufer) dem Schuldner (hier: Verkäufer) erst einmal eine Frist zur ordnungsgemäßen Erfüllung setzen. Die Kosten der Nacherfüllung hat gem. § 439 II BGB der Verkäufer zu tragen. Das kann teuer werden (z.B. bei Distanzgeschäften per E-Commerce).

Der Nacherfüllungsanspruch gibt dem Käufer eine starke Rechtsposition. Das ist kon- **321** sequent, weil das Ziel des Kaufvertrages in der Lieferung einer mangelfreien Kaufsache besteht. Allerdings ist die Freiheit der Wahl nicht so groß, wie § 439 BGB suggeriert. Denn es ist zwischen Stück- und Gattungskauf zu unterscheiden. Nur die Gattungsware lässt sich ohne weiteres umtauschen, während die Stückschuld nach dem maßgeblichen Parteiwillen regelmäßig nicht durch ein anderes Stück ersetzbar ist. Nicht selten wird das Wahlrecht an der Unmöglichkeit der Wahl scheitern.

---

**Fall 67**

Der Unternehmer K kauft von V Edelstahl einer bestimmten Güteklasse. Das gelieferte Material entspricht dieser Qualitätsstufe nicht. K fordert vertragsgemäße Ware. V dagegen will nur den Kaufpreis zurückzuzahlen, weil ihn die Beschaffung der vereinbarten Güteklasse erheblich teurer käme. Kann K Ersatzlieferung verlangen?

**Lösung**

Anspruchsgrundlage ist § 437 Nr. 1 BGB i.V.m. § 439 BGB. Ein wirksamer Kaufvertrag (Gattungskauf) liegt vor, ebenso ein Mangel, § 434 I 1 BGB. Die Mangelfreiheit gehört zu den Leistungspflichten des Verkäufers, § 433 I 2 BGB. Deshalb braucht sich K nicht auf einen Rücktritt (Rückabwicklung des Kaufvertrages) einzulassen, er kann auf Nacherfüllung bestehen. Der Anspruch auf Nacherfüllung entspricht dem ursprünglichen Erfüllungsanspruch, der lediglich durch § 439 BGB besonders ausgestaltet ist.

Dabei darf die Lösung allerdings nicht stehen bleiben, weil **Ausnahmen vom Nach-** **322** **erfüllungsanspruch** des Käufers bestehen:

- bei **Unmöglichkeit der Nacherfüllungsleistung**, § 275 I BGB **323**
  Der Nacherfüllungsanspruch kann im Einzelfall ausgeschlossen sein, wenn der Verkäufer weder nachzubessern noch einen mangelfreien Ersatz zu liefern imstande ist. Häufig wird sich die Unmöglichkeit aber nur auf eine der beiden Arten der

---

15 Der Vorrang der Nacherfüllung folgt gesetzestechnisch aus den §§ 323 I, 281 I 1 BGB, wonach Rücktritt nur erklärt und Schadensersatz statt der Leistung nur verlangt werden kann, wenn zuvor eine angemessene Frist zur Nacherfüllung gesetzt worden ist.

Nachbesserung beschränken (vgl. § 275 I BGB: „soweit"). Dann kann der Käufer die noch mögliche Form der Nacherfüllung verlangen (§ 265 S. 1 BGB), etwa wenn der gekaufte gebrauchte PKW (Stückkauf) einen Getriebeschaden hat. Hier wird regelmäßig eine Ersatzlieferung von vornherein ausscheiden, sodass der Käufer nur einen Anspruch auf Nachbesserung hat. Andererseits wird beim Gattungskauf zumeist die Nachbesserung ausscheiden und der Käufer auf sein Recht auf Nachlieferung beschränkt bleiben;

**324** ▪ bei **unverhältnismäßigen Kosten** der vom Käufer gewählten Art der Nacherfüllung, § 439 IV BGB

Neben dieser kaufrechtlichen Bestimmung bleibt für die allgemeinen Leistungsverweigerungsrechte des Schuldners gem. § 275 II, III BGB praktisch kein Raum mehr. Der Verkäufer kann nach § 439 IV 3 Halbs. 2 BGB berechtigt sein, beide Arten der Nacherfüllung zu verweigern. In diesem Fall kann (und muss) der Käufer unmittelbar auf die anderen kaufrechtlichen Gewährleistungsansprüche gem. § 437 Nr. 2 und 3 BGB zurückgreifen.

### Ergebnis

Ein Anspruch auf Nachbesserung des gelieferten Edelstahls ist nicht möglich, § 275 I BGB. Die mögliche Ersatzlieferung kann V nicht nach § 439 IV BGB mit dem Argument verweigern, sie würde ihm erheblich teurer kommen. V schuldet nach dem Vertrag Lieferung der Gattungsware in bestimmter Qualität, er trägt das Beschaffungsrisiko, § 276 I 1 BGB.

**325** Eine Ausnahme von der Beschaffungspflicht ist denkbar, wenn der Verkäufer einen Restposten aus seinem Lagerbestand z.B. im Rahmen der Abwicklung seines Unternehmens veräußert (beschränkte Gattungsschuld, vgl. oben Rn. 238). Auch in diesem Fall ist der Käufer bei einem Qualitätsmangel der Kaufsache aber nicht rechtlos gestellt. Er kann neben dem Rücktritt vom Kaufvertrag ohne weiteres Schadensersatz geltend machen.

### b) Rücktritt, § 437 Nr. 2 (1. Fall) BGB

**326** § 437 Nr. 2 BGB verweist für den Rücktritt auf die allgemeinen Vorschriften bei Pflichtverletzung des Schuldners. Die Erklärung des Rücktritts (§ 349 BGB) führt zum Erlöschen der Primäransprüche und zur Rückabwicklung des Kaufvertrages unter Rückgewähr der beiderseitigen Leistungen, § 346 I BGB. Voraussetzung dafür ist das Vorliegen eines gesetzlichen Rücktrittsrechts nach §§ 323, 440 BGB oder § 326 V BGB.

**327** Die Vorschrift des **§ 326 V Halbs. 1 BGB** gewährt dem Gläubiger ein Rücktrittsrecht, wenn die Leistung des Schuldners unmöglich ist i.S. von § 275 I–III BGB, also beim Sach- oder Rechtsmangel dann, wenn die **Nacherfüllung unmöglich**, grob unverhältnismäßig teuer oder unzumutbar ist. Einer Fristsetzung bedarf es hier – selbstverständlich – nicht, § 326 V Halbs. 2 BGB. Auf den Kaufvertrag bezogen bedeutet dies, dass der Käufer ohne weiteres vom Vertrag zurücktreten kann, wenn eine mangelfreie Leistung unmöglich ist (**unbehebbare Mängel**).

**328** Im Übrigen steht dem Käufer bei **behebbaren Mängeln** ein Rücktrittsrecht wegen mangelhafter Leistung des Verkäufers nach **§ 323 I BGB** zu. Er muss dem Verkäufer grundsätzlich Gelegenheit zur Nacherfüllung gem. § 439 I BGB einräumen (Fristset-zung zur Nacherfüllung). In **Ausnahmefällen** ist jedoch auch hier ein **sofortiger Rücktritt** möglich, § 440 BGB und § 323 II Nr. 1–3 BGB. Das ist etwa der Fall, wenn sich der Verkäufer überhaupt weigert, eine Nachbesserung oder Ersatzlieferung vorzu-nehmen (z.B. wenn er das Vorliegen eines Mangels schlicht bestreitet). Schlägt der Nachbesserungsversuch fehl (das Gesetz gestattet dem Verkäufer grundsätzlich zwei Versuche, § 440 S. 2 BGB), so kann der Käufer auf die übrigen Käuferrechte des § 437 BGB übergehen.

Aber Vorsicht: Nicht jeder Mangel berechtigt zum Rücktritt. Nach § 323 V 2 BGB ist ein **Rücktritt** bei **unerheblichen Pflichtverletzungen** (bei Vorliegen eines geringfügigen Mangels) **ausgeschlossen**. Der Käufer ist dann von vornherein auf die Minderung (§§ 437 Nr. 2, 441 BGB) verwiesen. So etwa wenn sich an der Seitenwand eines ge-kauften Kühlschranks kleinere Lackfehler befinden. Ein solcher Mangel stellt eine Ba-gatelle dar und berechtigt nicht zum Rücktritt, wohl aber zur Minderung, vgl. § 441 I 2 BGB. Ein Rücktritt des Käufers ist auch dann nicht möglich, wenn er den Mangel der Kaufsache zu vertreten hat, § 323 VI BGB. Das leuchtet unmittelbar ein.    **329**

Wichtig: Das Rücktrittsrecht gem. § 437 Nr. 2 BGB ist kein Anspruch (vgl. Definition in § 194 I BGB). Dem Käufer wird nur ein **Gestaltungsrecht** eingeräumt, das er gem. § 349 BGB erst noch ausüben muss, um die Rückabwicklungslage bezüglich des Kauf-vertrages herbeizuführen. Nach Rücktrittserklärung besteht ein Anspruch des Käufers gegenüber dem Verkäufer, § 346 I BGB (Rückzahlung des Kaufpreises und Vergütung der daraus gezogenen Nutzungen).    **330**

Macht der Käufer von dem ihm eingeräumten Gestaltungsrecht Gebrauch, fallen die Primärleistungspflichten weg. Das bedeutet zunächst, dass der Nacherfüllungs- und der Minderungsanspruch erlöschen. Schadensersatz- und Aufwendungsersatzansprü-che bleiben grundsätzlich neben dem Rücktritt bestehen, wie sich aus § 325 BGB und § 437 Nr. 2 BGB a.E. („und") ergibt. Eine Ausnahme gilt nur für den kleinen Scha-densersatz (näher dazu unten Rn. 340). Wenn der Käufer die Kaufsache nach erklär-tem Rücktritt zurückgibt, kann er nicht gleichzeitig Ersatz für den Mangelschaden an der Kaufsache (z.B. Kosten einer Reparatur der mangelhaften Sache) verlangen.    **331**

### c) Minderung, § 437 Nr. 2 (2. Fall) BGB

Das Gesetz gibt dem Käufer mit der Minderung ein weiteres **Gestaltungsrecht** an die Hand. Der Käufer kann den Kaufpreis **durch Erklärung** gegenüber dem Verkäufer min-dern, § 441 I 1 BGB (auch wenn der Mangel unerheblich ist, § 441 I 2 BGB). Dieses Käuferrecht ist also ebenfalls durch einseitige und empfangsbedürftige Willenserklä-rung des Käufers auszuüben. Dadurch wird die Schuldrechtslage zwischen den Ver-tragsparteien umgestaltet. Voraussetzung ist, dass der Käufer zurücktreten kann, vgl. § 441 I 1 BGB: „statt zurückzutreten". Damit hat die Minderung dieselben Voraus-setzungen wie der Rücktritt vom Kaufvertrag (vgl. oben Rn. 326 ff.).    **332**

Auf Grund der Erklärung des Käufers wird der Kaufpreis nach der Formel des § 441 III BGB automatisch herabgesetzt. Einfach wäre es, wenn der Käufer anstatt des verein-    **333** barten Kaufpreises den tatsächlichen Wert der mangelhaften Sache zu zahlen hätte. Das Gesetz sieht das jedoch anders (relative Berechnungsmethode). Danach ist der Kaufpreis in dem Verhältnis herabzusetzen, „in welchem zur Zeit des Vertragsschlusses der Wert der Sache in mangelfreiem Zustand zu dem wirklichen Wert gestanden haben würde". Danach ist also folgende Gleichung aufzustellen:

**334**  Vereinbarter Kaufpreis : geminderter Kaufpreis (x) = Wert ohne Mangel : Wert mit Mangel. Der zu zahlende (geminderte) Preis x beträgt demnach:

$$X = \frac{\text{Wert mit Mangel} \times \text{vereinbarter Kaufpreis}}{\text{Wert ohne Mangel}}$$

**335**  Bei der Minderung wird also im Unterschied zum Rücktritt der Kaufvertrag durchgeführt. Die Primärleistungspflichten bleiben weitgehend bestehen, nur eben mit einem herabgesetzten Kaufpreis. Hatte der Käufer vor seiner Minderungserklärung den Kaufpreis noch nicht bezahlt, so kann er die Zahlung des überschießenden Teils verweigern. Eine bereits geleistete Überzahlung kann der Käufer gem. § 441 IV BGB zurückverlangen. Diese Vorschrift stellt eine Anspruchsgrundlage für den Käufer dar.

### d)  Schadensersatz, § 437 Nr. 3 (1. Fall) BGB

**336**  Auch beim Schadensersatz wegen der Lieferung einer mangelhafte Sache verweist das Gesetz in § 437 Nr. 3 (Fall 1) BGB wie schon beim Rücktritt auf § 440 BGB und hauptsächlich auf die Vorschriften des allgemeinen Leistungsstörungsrechts, §§ 280, 281, 283 und 311a BGB. Das ist konsequent, weil die Lieferung einer mangelhaften Sache eine Pflichtverletzung des Verkäufers darstellt (§ 433 I 2 BGB), die bei entsprechender Verantwortlichkeit, insbesondere bei Verschulden des Verkäufers (§§ 280 I 2, 276 BGB) zur Schadensersatzhaftung führt.

**337**  Der Rechts- oder Sachmangel der Kaufsache kann nun unter verschiedenen Gesichtspunkten einen Schaden beim Käufer verursachen. Hier kehren die drei Schadensarten aus dem allgemeinen Leistungsstörungsrecht wieder (vgl. oben Rn. 226). In erster Linie ist der Mangelschaden zu nennen, der darin besteht, dass die Kaufsache einen Mangel aufweist. Insoweit kann der Käufer Schadensersatz statt der (mangelfreien) Leistung beanspruchen, §§ 280 III, 281 BGB; oder § 311a II BGB (aa). Weiter können dem Käufer auch Schäden wegen Verzögerung der mangelfreien Leistung entstehen, weil er mit der mangelhaften Kaufsache nichts anfangen kann, §§ 280 II, 286 BGB (bb). Schließlich kann der Mangel der Kaufsache auch sonstige Rechtsgüter des Käufers beeinträchtigen, sog. Mangelfolgeschaden, § 280 I BGB (cc).

### aa)  Schadensersatz statt der Leistung (Mangelschaden)

**338**  Verlangt der Käufer wegen des Mangels der Kaufsache Schadensersatz statt der Leistung, so muss man (wie schon beim Rücktritt, vgl. oben Rn. 327 f.) weiter danach unterscheiden, ob es sich um einen behebbaren oder einen nicht behebbaren Mangel handelt. Das ist deshalb notwendig, weil unterschiedliche Anspruchsgrundlagen gelten.

## (1) Schadensersatz wegen eines behebbaren Mangels

Liegt ein behebbarer Mangel vor, wird der Käufer von seiner Nacherfüllungspflicht   **339**
nicht gem. § 275 I–III BGB frei. Der Käufer kann daher Schadensersatz statt der Leistung grundsätzlich nur verlangen, wenn er zuvor den Verkäufer erfolglos zur Nacherfüllung aufgefordert hat, §§ 437 Nr. 3, 281 BGB. Die einzelnen Voraussetzungen eines Schadensersatzanspruchs sollen erörtert werden anhand von

---

**Fall 68**

Der K hat im Fachgeschäft des V einen PC erworben, der ein defektes Netzteil hat. V reagiert auf die von K für die Nachbesserung gesetzte Frist nicht. K fragt, ob er den PC gegen Rückzahlung des Kaufpreises zurückgeben und Ersatz der höheren Kosten für ein entsprechendes Neugerät verlangen kann.

**Lösung**

Als Anspruchsgrundlage kommen hier §§ 437 Nr. 3 Fall 1, 281 I, 280 I, III BGB in Betracht. Eine Pflichtverletzung des Verkäufers liegt vor, weil er die Sache nicht frei von Mängeln geliefert hat. Der Mangel ist durch Auswechslung des defekten Teils leicht behebbar (bei nicht behebbaren Mängeln gelten §§ 311a, 283 BGB, vgl. unten [2]).

Der Verkäufer müsste die Pflichtverletzung auch zu vertreten haben, § 280 I 2 BGB. Grundsätzlich ist das bei Vorsatz oder Fahrlässigkeit der Fall, § 276 I 1 BGB. Bereits die leichteste Fahrlässigkeit des Verkäufers bezüglich des Mangels kann einen Schadensersatzanspruch auslösen. Welche Sorgfaltsanforderungen i.S. des § 276 II BGB an den Verkäufer gestellt werden, hängt aber von den konkreten Umständen des Einzelfalles ab. Von einem Fachhändler wird ein höheres Maß an Sorgfalt als von einem privaten Verkäufer verlangt. Der Hersteller der Ware hat gegenüber dem Einzelhändler für eine noch höhere Sorgfalt einzustehen. In jedem Fall wird man bei hochwertigen und teuren Produkten eher eine Untersuchungspflicht des Verkäufers auch gegenüber dem Endkunden verlangen können als bei billiger Massenware. Das Verschulden des Verkäufers wird gem. § 280 I 2 BGB vermutet (vgl. Formulierung: „Dies gilt nicht, wenn … nicht zu vertreten"). Diese Vermutung wird der Verkäufer nicht widerlegen können. Er hätte nämlich den PC vor der Auslieferung selbst testen müssen und dabei unschwer den Fehler entdecken können.

Der Käufer K hat erfolglos eine angemessene Frist zur Nacherfüllung gesetzt, §§ 437 Nr. 3 Fall 1, 281 I 1 BGB. Er kann deshalb auf Schadensersatz übergehen. Mit der Geltendmachung des Schadensersatzanspruches erlischt der Nacherfüllungsanspruch, §§ 437 Nr. 3, 281 IV BGB. Denn der Käufer bekommt Schadensersatz statt der Leistung. Ersetzt wird der **Mangelschaden**.

Diesen Schadensersatzanspruch gibt es je nach Berechnung in zwei Varianten:   **340**

- **kleiner Schadensersatz, § 281 I 1 BGB**

Hier behält der Käufer die mangelhafte Sache und verlangt lediglich so gestellt zu werden, als ob der Verkäufer ordnungsgemäß erfüllt hätte. Ersetzt werden also der Minderwert (wirtschaftlich kommt dies der Minderung nahe) oder die Kosten der Reparatur der Kaufsache. Grundsätzlich ist der Käufer auf diesen (kleinen) Schadensersatzanspruch beschränkt (vgl. oben Rn. 300).

- **großer Schadensersatz, § 281 I 3 BGB**

Das Gesetz spricht von Schadensersatz statt der „**ganzen**" Leistung. Hier gibt der Käufer die mangelhafte Sache zurück und verlangt Ersatz des Schadens, der ihm aufgrund der Nichterfüllung des ganzen Vertrages entstanden ist, z.B. Kosten für Ersatzbeschaf-   **341** fung und entgangener Gewinn. Dieser Anspruch setzt jedoch voraus, dass die **Pflicht-verletzung** (der Mangel) **erheblich** ist (vgl. oben Rn. 301).

**Ergebnis Fall 68**

Hier will K den großen Schadensersatz geltend machen. Der V wird aber zu Recht darauf verweisen, dass das defekte Teil ohne Aufwand in wenigen Minuten ausgewechselt werden kann. Deshalb ist der K auf den kleinen Schadensersatz beschränkt.

342    Zwei Bemerkungen sollen hier außerhalb des Falles noch nachgetragen werden.

■ Auch wenn dem Verkäufer ein Schuldvorwurf gem. § 276 I BGB nicht gemacht werden kann, hat er die Schlechtlieferung zu vertreten, wenn er im Kaufvertrag eine **Garantie** übernommen hat, vgl. § 276 I 1 BGB a.E. Das ist etwa dann der Fall, wenn der Verkäufer dem Käufer zugesichert hat, dass die Kaufsache eine bestimmte Eigenschaft aufweist, für deren Fehlen er auch ohne Verschulden haften will. Eine solche Zusicherung ist abzugrenzen von einer bloßen Anpreisung der Ware, was nicht immer leicht ist. Der Verkäufer muss einen entsprechenden Verpflichtungswillen haben, für das Fehlen der zugesicherten Eigenschaft einzustehen, also verschuldensunabhängig Schadensersatz zahlen zu wollen. Das wird man in der Regel nur unter besonderen Voraussetzungen annehmen können. Großzügig ist man – zum Schutz der Käufer – im Gebrauchtwagenhandel. Wenn der Verkäufer formuliert: „werkstattgeprüft" oder „Austauschmotor", wird er auch beim Wort genommen und muss haften, wenn das verkaufte Fahrzeug nicht die entsprechende Eigenschaft hat. *Neben* dem (gesetzlichen) Anspruch auf Schadensersatz statt der Leistung können dem Käufer auch Rechte aus einer besonderen Garantieerklärung gem. § 443 BGB zustehen (vgl. unten 4).

343    ■ Eine Frist zur Nacherfüllung ist ausnahmsweise entbehrlich gem. § 281 II Fall 1 BGB. Das ist insbesondere der Fall, wenn der Verkäufer die Nacherfüllung ernsthaft und endgültig verweigert (z.B. den Mangel ignoriert und abstreitet) oder wenn besondere Umstände vorliegen, die die sofortige Geltendmachung eines Schadensersatzanspruches rechtfertigen (§ 281 II Fall 2 BGB), etwa bei **Just-in-Time** Lieferverträgen, wenn die mangelhafte Lieferung die Produktionsabläufe des Käufers beeinträchtigt. Weitere Ausnahmetatbestände sieht § 440 S. 1 BGB vor.

### (2)  Schadensersatz wegen eines nicht behebbaren Mangels

344    Liegt ein nicht behebbarer Mangel vor, ist der Verkäufer von der Nacherfüllungspflicht befreit, § 275 I BGB. Der Käufer kann sofort auf das Recht zum Schadensersatz gem. § 437 Nr. 3 Fall 1 BGB übergehen. Es ist jedoch auch hier noch weiter zu differenzieren, und zwar danach, ob das Leistungshindernis (Mangel) schon bei Vertragsschluss vorlag oder erst später eingetreten ist.

■ **Leistungshindernis bei Vertragsschluss**

**Fall 69**

Der Galerist V verkauft an den Kunstsammler K ein Gemälde eines berühmten Malers, welches ohne Wissen des V kurz vor Vertragsschluss durch einen Säureanschlag irreparabel beschädigt worden ist. Kann K Schadensersatz von V verlangen?

**Lösung**

Ein Anspruch des K setzt neben einem wirksamen Kaufvertrag und dem Vorliegen eines Mangels (hier unproblematisch) voraus:

- (objektive) Unmöglichkeit gem. § 311a I und § 275 I BGB: der Schuldner braucht nicht zu leisten;
- Leistungshindernis besteht schon bei Vertragsschluss;
- was V wusste oder hätte wissen können (Verschulden), § 311a II 2 BGB; das ist hier zweifelhaft, weil der Anschlag auf das Bild erst kurz vor dem Verkauf erfolgte; kann sich V von der Verschuldensvermutung des § 311 a II 2 BGB nicht entlasten, ist weiter zu prüfen:
- Rechtsfolge: Schadensersatz statt der Leistung; der Anspruch ist auf den Mangelschaden gerichtet mit den bereits bekannten zwei Berechnungsmöglichkeiten: kleiner und großer (bei erheblichem Mangel) Schadensersatz. Im Fall 69 greift § 311a II 3 BGB i.V.m. § 281 I 3 BGB ein, da ein erheblicher Mangel vorliegt.

### ■ Leistungshindernis nach Vertragsschluss

Ist das Bild im vorherigen Fall erst nach Abschluss des Kaufvertrages zerstört worden, so sind als Anspruchsgrundlage die §§ 437 Nr. 3, 283, 280 I, III BGB heranzuziehen. Ein Mangel liegt vor, eine Pflicht zur Nacherfüllung besteht nicht, § 275 I BGB. Das Verschulden des Verkäufers ist fraglich, wäre aber u.U. gegeben, wenn der V für das Bild keine (hinreichende) Schutzvorrichtung vorgesehen gehabt hätte. Hinsichtlich der Rechtsfolge gilt das zuvor Gesagte. **345**

### bb) Schadensersatz wegen Verzögerung der mangelfreien Leistung

Bei (behebbaren) Mängeln der Kaufsache kann der Käufer schon deshalb einen Schaden erleiden, weil sich die Lieferung der mangelfreien Leistung aufgrund der erforderlichen Nachbesserung verzögert. Beispielsweise wenn die gelieferte Maschine nicht funktioniert, sodass dem Käufer bis zur Reparatur oder Ersatzlieferung ein Betriebsausfallschaden entsteht. Diesen Schaden kann der Käufer unter den Voraussetzungen des § 280 I, II mit § 286 BGB (Schuldnerverzug) ersetzt verlangen (vgl. oben Rn. 273 ff.). **346**

### cc) Mangelfolgeschaden

Nicht selten führt die mangelhafte Sache dazu, dass dem Käufer ein Schaden entsteht, der über die mangelbedingte Wertminderung der verkauften Sache hinausgeht. Beispiel: Das dem Käufer gelieferte Pferd ist krank (**Mangelschaden**) und steckt die übrigen Tiere des Käufers an. Damit liegt eine Verletzung sonstiger Rechtsgüter des Käufers vor (Eigentumsverletzung). Diesen weiteren Schaden nennt man Begleit- oder **Mangelfolgeschaden**. **347**

Den Mangelfolgeschaden kann der Käufer im Wege des Schadensersatzes wegen Pflichtverletzung gem. §§ 437 Nr. 3 Fall 1, 280 I 1 BGB unter folgenden Voraussetzungen ersetzt verlangen: (1) Mangel der Kaufsache, §§ 434, 435 BGB; (2) Pflichtverletzung des Verkäufers, § 280 I 1 BGB i.V.m. § 433 I 2 BGB; (3) Vertretenmüssen i.S. von § 276 I 1 BGB: Verschulden bezüglich des Mangels der Kaufsache; oder ausnahmsweise Haftung des Verkäufers ohne Verschulden bei garantiemäßiger Einstandspflicht (vgl. **348** oben Rn. 342), § 276 I 1 BGB a.E.; (4) Rechtsfolge: Ersatz des Mangelfolgeschadens, §§ 280 I, 249 I BGB.

**349**  Ein Schadensersatzanspruch wegen Verletzung sonstiger Rechtsgüter kommt auch dann in Betracht, wenn der Schaden nicht auf einem Mangel der Kaufsache, sondern auf der Verletzung einer allgemeinen Schutzpflicht des Verkäufers i.S. von § 241 II BGB beruht. **Beispiel**: Bei Anlieferung der Kaufsache beschädigen die Mitarbeiter des V die Eingangstür und Einrichtungsgegenstände des Käufers. Hier folgt der Ersatzanspruch unmittelbar aus § 280 I BGB (vgl. schon oben Rn. 226, 299).

### 4. Beschaffenheits- und Haltbarkeitsgarantie

**350**  Neben den Gewährleistungsrechten, die das Gesetz in § 437 BGB vorsieht, können dem Käufer auch Ansprüche aus einer ihm gegenüber abgegebenen Garantie bezüglich der Beschaffenheit oder der Haltbarkeit der Kaufsache zustehen, § 443 BGB: „unbeschadet der gesetzlichen Ansprüche".

**351**  Der Anspruch setzt den **Abschluss** eines **Garantievertrages** zwischen dem Käufer und dem Verkäufer oder einem Dritten (in der Regel der Hersteller) voraus. Der Garantievertrag zwischen Käufer und Hersteller kommt zu Stande, wenn der Hersteller der Ware einen Garantieschein beilegt und der Käufer das darin enthaltene Angebot auf Abschluss eines Garantievertrages durch den Kauf der Ware stillschweigend annimmt. Auf den Zugang der Annahmeerklärung wird dabei verzichtet, § 151 S. 1 BGB (vgl. oben Rn. 92).

**352**  Inhalt und Reichweite einer solchen Garantie können sehr verschieden sein. Auch wenn danach dem Käufer nicht alle gesetzlichen Rechte eingeräumt, diese z.B. auf Nachbesserung oder Ersatzlieferung beschränkt werden, liegt darin keine Benachteiligung des Käufers. Denn dieser erhält die Garantieansprüche zusätzlich zu den gesetzlichen Mängelrechten aus § 437 BGB.

### 5. Verjährung

**353**  Die Gewährleistungsrechte gem. § 437 Nr. 1 (Nacherfüllungsanspruch) und Nr. 3 BGB (Schadensersatz- und – hier nicht weiter dargestellt – Aufwendungsersatzanspruch, § 284 BGB) verjähren nach der Grundregel des § 438 I Nr. 3 BGB grundsätzlich in zwei Jahren ab Übergabe der Kaufsache (§ 438 I Nr. 1 und 2 BGB enthalten Sonderregelungen). Das gilt insbesondere auch dann, wenn der Käufer vom Mangel keine Kenntnis hat, weil sich dieser z.B. erst nach 2 ½ Jahren zeigt. Macht der Verkäufer die Einrede der Verjährung geltend, kann der Käufer die Sachmängelrechte nicht durchsetzen (vgl. Aufbauschema oben Rn. 35 unter III 1). Gewährleistungsansprüche auf Grund eines vom Verkäufer arglistig verschwiegenen Mangels unterliegen nicht der zweijährigen, sondern der regelmäßigen Verjährungsfrist von drei Jahren (ab Kenntnis des Berechtigten), § 483 III 1 BGB.

**354**  Da Rücktrittsrecht und Minderung **Gestaltungsrechte** und **keine Ansprüche** sind, kann man insoweit nicht von Verjährung sprechen (nur Ansprüche unterliegen der

Verjährung, vgl. § 194 I BGB). Es greifen daher die Sondervorschriften des § 438 IV und V BGB i.V.m. § 218 I BGB ein (sog. Verfristung der Gestaltungsrechte). Danach ist die Ausübung des Rücktritts- und des Minderungsrechts unwirksam, wenn der Sekundäranspruch des Käufers auf Nacherfüllung verjährt ist und der Verkäufer sich auf den Eintritt der Verjährung beruft.

**Lernkontrolle im Selbststudium:**
Kornblum/Schünemann/Müller, Aufgaben 167–172; 175, 176

Zweites Kapitel

# Grundfragen des Handels- und Gesellschaftsrechts

Gegenstand des 2. Kapitels sind mit dem Handelsrecht und dem Gesellschaftsrecht **1** wichtige Teilgebiete des Wirtschaftsprivatrechts[1]. Das **Handelsrecht** ist traditionell Kaufmannsrecht, wobei unter dem Kaufmannsbegriff nicht bloß das einzelkaufmännische Unternehmen verstanden werden darf, sondern auch die zahlreichen Tatbestände, in denen eine Personenvereinigung (Gesellschaft) mit oder ohne Rechtspersönlichkeit ein Unternehmen betreibt. Das **Gesellschaftsrecht** behandelt das Recht dieser Personenvereinigungen. Schwerpunktmäßig geht es dabei um Regeln zur Entstehung, Kapitalaufbringung, Vertretung, Geschäftsführung, Haftung, Auflösung und Beendigung (Liquidation) von Unternehmensgesellschaften.

Beide Rechtsmaterien bauen auf dem Bürgerlichen Recht auf, sie stellen für den Han- **2** dels- und Wirtschaftsverkehr Sonderregeln zur Verfügung. Die gesetzlichen Bestimmungen sind im Interesse der Einheit der Rechtsordnung miteinander verzahnt. Diese Querverbindungen und Bezugnahmen erschweren freilich das Verständnis der Materie für den Anfänger.

---

1 Die Veranstaltung bildet zusammen mit den im 3. Kapitel dargestellten Rechtsgebieten das zweite Modul im Fächerkanon des Studienbereichs Wirtschaft an der Dualen Hochschule Baden-Württemberg. Dafür sind wiederum 4 ECTS-Punkte vergeben, was konkret zu einer auf zwei Semester verteilten Belastung mit 52 (2 × 26) Präsenzstunden führt.

1. Teil
# Handelsrecht

**3**  Das Handelsrecht ist das Sonder(privat)recht der Kaufleute. Sein ursprünglicher Gegenstand ist der Handel. Darunter versteht man die Verteilung von Gütern, insbesondere von Waren, auf dem Weg vom Hersteller zum Endabnehmer. Die handelsrechtlichen **Sonderregeln** beziehen sich einerseits auf das kaufmännische Unternehmen
(Erwerb der Kaufmannseigenschaft) und andererseits auf die Rechtsgeschäfte eines
Kaufmanns (Handelsgeschäfte). Die gegenüber den BGB-Vorschriften spezielleren Bestimmungen des HGB dienen den besonderen Erfordernissen des kaufmännischen
Rechtsverkehrs nicht im Sinne einer Bevorzugung eines Standes. Die handelsrechtlichen Normen sind vielmehr auf die besonderen Bedürfnisse der gewerblich Tätigen
zugeschnitten. Sie stellen z.T. höhere Anforderungen, etwa im Interesse der beschleu-
nigten Abwicklung von Rechtsgeschäften (§ 377 HGB), und legen den Normadressa-
ten besondere Pflichten auf, z.B. zur Führung von Handelsbüchern und Erstellung von
Bilanzen (§§ 238 ff. HGB) oder zur Anmeldung bei dem Handelsregister (z.B. § 29
HGB).

**4**  Daneben gelten (subsidiär) selbstverständlich die allgemeinen zivilrechtlichen Vorschriften des BGB, soweit das Handelsrecht keine Regelung enthält, vgl. Art. 2 I EGHGB.
Dabei ist zu beachten, dass im Handelsrecht neben dem positiven Recht auch ungeschriebene Rechtssätze kraft Gewohnheitsrechts (= ständige Übung und allgemeine
Rechtsüberzeugung) gelten. Von großer Bedeutung sind etwa auch die Handelsbräuche, vgl. § 346 HGB. Diese bilden keine Rechtsquelle, sie sind vielmehr zur Auslegung
des rechtsgeschäftlichen Verhaltens der Kaufleute heranzuziehen, auch wenn der
Kaufmann den Brauch nicht kennt, wie etwa die im Handelsverkehr gebräuchlichen
Kurzformeln (Handelsklauseln, Trade Terms)[2].

**5**  Wer Kaufmann ist, muss sich mit diesen Regelungen vertraut machen, insbesondere
auch mit dem weitergehenden Vertrauens- und Verkehrsschutz im kaufmännischen
Verkehr, wie er z.B. durch die Einrichtung des Handelsregisters (Publizität des Handelsregisters, vgl. §§ 15, 5 HGB) angelegt ist. Daneben unterliegt der Kaufmann auch
besonderen Sorgfaltspflichten gem. § 347 HGB, die sich von dem zivilrechtlichen Stan-
dard in § 276 BGB unterscheiden. Allgemein lässt sich sagen, dass das Handelsrecht
geprägt ist durch

- starke Akzentuierung der Privatautonomie
- Einfachheit und Zügigkeit der Geschäftsabwicklung
- klare und eindeutige Regelungsmuster
- Grundsatz der Entgeltlichkeit (vgl. § 354 HGB).

---

2  Hierzu einstweilen nur der Hinweis auf Klauseln wie *cif*, *fas* oder *fob*; Näheres unten Rn. 72.

# I. Der Kaufmann und das Handelsregister

Die Anwendung der handelsrechtlichen Spezialregelungen hängt regelmäßig von der **6** Kaufmannseigenschaft ab. Ausgangspunkt handelsrechtlicher Sonderregeln ist daher der in den §§ 1 ff. HGB normierte Kaufmannsbegriff. Das mit dem BGB am 1.1.1900 in Kraft getretene HGB bezog seinen Stellenwert aus dem Selbstverständnis des Kaufmannsstandes. Seine Grundstruktur war und ist auch nach der Reform von 1998 am Kaufmannsbegriff ausgerichtet. Ob Kaufmannseigenschaft vorliegt, entscheidet nicht der allgemeine Sprachgebrauch, beispielsweise ist der Bank- oder der Versicherungskaufmann nicht Kaufmann im Rechtssinn, sondern als abhängig Beschäftigter (Arbeitnehmer) lediglich Handlungsgehilfe des Kaufmanns, §§ 59 ff. HGB. Bei dem Tatbestandsmerkmal des Kaufmanns handelt es sich vielmehr um einen Rechtsbegriff, der zunächst erschlossen werden soll.

## 1. Kaufmannsbegriff

Das Handelsrecht ist, wie erwähnt, von Haus aus das Sonderrecht für bestimmte, am **7** Handelsverkehr teilnehmende Personen (subjektives System). Normadressat ist der Kaufmann (Zentralfigur des HGB). Davon zu unterscheiden sind die Nichtkaufleute, auf die das HGB grundsätzlich keine Anwendung findet. Das HGB knüpft nicht am Unternehmen an (objektives System). Eine Ausnahme gilt jedoch für Kleingewerbetreibende (= nichtkaufmännische Unternehmer), für die das Gesetz einige ausgewählte HGB-Normen für anwendbar erklärt, vgl. z.B. §§ 84 IV, 93 III HGB. In diesem Umfang gilt heute das HGB auch für Personen, die keine Kaufleute sind, aber ein kleingewerbliches Unternehmen betreiben.

Die Definition des Kaufmannsbegriffs lautet: **Kaufmann** ist, wer ein **Handelsgewerbe** **8** **betreibt, § 1 I HGB.** Als Grundlage für die weitere Erörterung und Entfaltung des Kaufmannsbegriffs dient

> **Fall 1**
>
> Der A betreibt einen Baustoffhandel. Die Hoch- und Tiefbau GmbH B bestellt unter Bezugnahme auf ihre AGB, die der Bestellung aber nicht beiliegen, eine größere Menge Ziegel für 40 000 EUR, Liefertermin 1.10. Ziffer 8 der AGB der B lautet: „Bei Überschreitung des vereinbarten Liefertermins um mehr als eine Woche ist eine Vertragsstrafe in Höhe von 30 % des Kaufpreises fällig". A liefert erst am 10.10. B klagt auf Zahlung von 12 000 EUR. Demgegenüber beantragt A Herabsetzung der Vertragsstrafe gem. § 343 BGB. Wer hat Recht?

### a) Betrieb eines Handelsgewerbes

Nach der Legaldefinition in § 1 I HGB sind für die Kaufmannseigenschaft drei Voraus- **9** setzungen maßgeblich: 1. **Gewerbe**; 2. **Handelsgewerbe**; 3. **betreiben.**

Was ein **Gewerbe** ist, wird weder im HGB noch an anderer Stelle im Gesetz definiert. **10** Der handelsrechtliche Gewerbebegriff weist nach allgemeiner Ansicht folgende Merkmale auf:

- offene
- planmäßige
- selbstständige (nicht aber freiberufliche)
- (erlaubte)
- Tätigkeit am Markt (in Gewinnerzielungsabsicht).

**11**  Die Absicht des Handelnden im Sinne einer plan- und berufsmäßigen Ausübung der Tätigkeit muss gegenüber Dritten erkennbar hervortreten (**offene** Tätigkeit). Dafür reicht nicht aus, wenn jemand z.B. nur gelegentlich Reparaturen von Kraftfahrzeugen durchführt. **Selbstständig** handeln alle, die nicht Arbeitnehmer oder Beamte sind (vgl. § 84 I 2 HGB); problematisch ist die Grenzlinie (§ 84 II HGB) zwischen unselbstständigen (§§ 59 ff. HGB) und selbstständigen Handelsvertretern (§ 84 I 1 HGB). Allein historisch begründet (Vermeidung der Gewerbesteuer für Freiberufler) ist die Ausgrenzung der **freien Berufe** (Ärzte, Rechtsanwälte, Notare, Steuerberater, Architekten, Künstler etc.).[3] Mangels Gewerbes können Angehörige dieser Berufsgruppen niemals Kaufleute sein und sich auch nicht in der Rechtsform einer OHG oder KG zusammenschließen (vgl. §§ 105 I und II, 161 HGB), wohl aber als Gesellschaft bürgerlichen Rechts (GbR), als EWIV[4] oder in der Rechtsform einer juristischen Person (GmbH, Aktiengesellschaft).

**12**  Vom Gewerbebegriff nicht erfasst sein sollen nach früherer Anschauung auch strafrechtlich **verbotene** Tätigkeiten, wie z.B. Hehlerei oder Schmuggel. Nach heute h.M. ist die Zulässigkeit der Tätigkeit (erlaubtes Marktverhalten) nicht erforderlich, vgl. auch § 7 HGB. Die Tätigkeit muss schließlich mit der **Absicht der Gewinnerzielung** erfolgen, jedenfalls im Regelfall. Heute hält man an Stelle dieses überkommenen Merkmals immer mehr für entscheidend, dass eine **wirtschaftliche Tätigkeit am Markt** (im Gegensatz zum Handeln eines privaten Verbrauchers) ausgeübt wird.

**13**  Das Gewerbe eines Kaufmannes muss **Handels**gewerbe sein. Dessen Vorliegen vermutet das Gesetz, vgl. § 1 II HGB (dazu noch unten Rn. 18). Damit fällt etwa auch die Urproduktion (Gewinnung von Naturerzeugnissen wie Kies, Torf, Erdöl oder Bergbau) ohne weiteres unter den Begriff des Handelsgewerbes. Der Gegenstand der Unternehmenstätigkeit selbst ist unerheblich. Das HGB gilt seit der Reform von 1998 prinzipiell für jede selbstständige gewerbliche Betätigung, insbesondere auch im Bereich der Produktion und der Dienstleistung. Die Konzentration auf den Handel i.e.S. ist entfallen. Daher können heute auch Handwerker ohne weiteres Kaufleute i.S. des HGB sein.

---

3  Einzelnen Freiberuflern eröffnet das Gesetz über Partnerschaftsgesellschaften (PartGG) die Möglichkeit, sich zur Ausübung ihres Berufes zusammenzuschließen. Dieser Verband ist am Modell der Personengesellschaft ausgerichtet.

4  Die Europäische wirtschaftliche Interessenvereinigung (EWIV) ist eine auf dem Gemeinschaftsrecht basierende Personengesellschaft zur Erleichterung und Förderung der grenzüberschreitenden Zusammenarbeit. Sie gilt als Handelsgesellschaft im Sinne des HGB. Eine EWIV kann von Gesellschaften und anderen Einheiten des öffentlichen oder des Privatrechts nach dem nationalen Recht eines EU-Mitgliedstaates gebildet werden. Sie kann von natürlichen Personen gegründet werden, die eine gewerbliche, kaufmännische, handwerkliche, landwirtschaftliche oder freiberufliche Tätigkeit in der Gemeinschaft ausüben oder dort andere Dienstleistungen erbringen. Eine EWIV muss aus mindestens zwei Mitgliedern aus verschiedenen Mitgliedstaaten bestehen.

**Wer** das Handelsgewerbe **betreibt**, ist **Kaufmann**. Dafür ist entscheidend, in wessen    **14**
Namen die zum Gewerbe gehörenden Rechtsgeschäfte abgeschlossen werden. Der
Betreiber wird häufig als Geschäfts- oder Unternehmensinhaber oder auch als Unternehmensträger (auch: Prinzipal, vgl. § 55 I HGB) bezeichnet. Unternehmensträger
kann jede natürliche Person, juristische Person und natürlich auch eine OHG oder KG
(vgl. § 124 HGB) sein, nach neuerer Ansicht auch eine BGB-Gesellschaft (GbR) als solche. Gesellschaften (mit oder ohne Rechtspersönlichkeit) treten in der Praxis sehr
häufig als Unternehmensträger auf. Handelsrecht setzt daher auch Grundkenntnisse
des Gesellschaftsrechts voraus und umgekehrt.

Der Begriff des Kaufmanns ist schließlich von dem in § 14 BGB definierten Begriff des    **15**
**Unternehmers** abzugrenzen. Unternehmer ist jede Person, die **selbstständig am
Markt planmäßig** und **dauerhaft** Leistungen **entgeltlich** anbietet. Damit decken sich
die Merkmale eines Unternehmers mit dem des Gewerbetreibenden bis auf die Einschränkung „mit Ausnahme der freien Berufe" (Freiberufler). Aber im Gegensatz zum
Begriff des Handelsgewerbes kommt es beim Unternehmer nicht auf den Umfang der
Tätigkeit an. Danach ist **jeder Kaufmann** zugleich auch **Unternehmer** i.S.v. § 14 BGB,
aber nicht jeder Unternehmer ein Kaufmann, z.B. ein nicht im Handelsregister eingetragener Kleingewerbetreibender, §§ 1 II, 2 S. 2 HGB; vgl. dazu sogleich Rn. 19.

### Überlegungen zum Fall 1:

Dieser Fall soll nicht nur den Begriff des Kaufmanns erläutern, sondern auch die Verzahnung des
HGB mit dem BGB demonstrieren. Als Anspruchsgrundlage für A kommt § 343 I BGB in Betracht.
Dies setzt zunächst ein wirksames Vertragsstrafeversprechen des A voraus. Der dem Versprechen
zugrunde liegende Kaufvertrag ist wirksam. Das vertragliche Strafversprechen könnte aber unwirk-
sam sein, da die AGB der B-GmbH beim Vertragsschluss dem Vertragsgegner (A) nicht vorgelegen
haben, vgl. § 305 II Nr. 2 BGB. Diese Voraussetzung ist aber gem. § 310 I BGB entbehrlich, weil A als
**Unternehmer** gewerblich tätig ist und der Vertrag sich auf seinen Baustoffhandel bezieht, § 14 BGB.
Ob A Kaufmann im Sinne des HGB ist, spielt an dieser Stelle der Untersuchung noch keine Rolle.
Die Klausel mit dem Vertragsstrafeversprechen hält auch einer Inhaltskontrolle stand (vgl. allgemein
dazu 1. Kapitel Rn. 171 f.). Dabei ist zu beachten, dass gem. § 310 I BGB die §§ 308, 309 BGB keine
Anwendung auf das Versprechen finden. Eine Unwirksamkeit des Versprechens nach der Kontroll-
norm des § 307 BGB ist hier nicht ersichtlich.

Damit ist das Vertragsstrafeversprechen wirksam. Die beantragte Herabsetzung der Vertragsstrafe
könnte durch § 348 HGB ausgeschlossen sein. Das ist der Fall, wenn A **Kaufmann** im Sinne des
HGB ist und das Versprechen zum Betrieb seines Handelsgewerbes erteilt hat (dies wird gemäß
§ 344 I HGB vermutet). A betreibt nach den vorstehenden Ausführungen ein Handelsgewerbe.
Ob er allerdings auch Kaufmann ist, steht damit noch nicht zwingend fest, vgl. § 1 II HGB: „es sei
denn ...". Als weitere Voraussetzung der Kaufmannseigenschaft ist daher in einem zweiten Schritt
die Erforderlichkeit eines in kaufmännischer Weise eingerichteten Geschäftsbetriebes zu prüfen.
Darum geht es im Folgenden.

### b) Erwerb der Kaufmannseigenschaft

Der Tatbestand eines Kaufmanns kann sich auf drei Arten verwirklichen.    **16**

Kaufmann kraft
aa) Gewerbebetriebs (§§ 1, 2, 3 HGB; 105, 161 HGB; § 5 HGB: Fiktivkaufmann)
bb) Rechtsform
cc) Rechtsscheins

## aa) Kaufmann kraft Gewerbebetriebs

**17**  Nach der Systematik des Gesetzes genügt grundsätzlich zum Erwerb der Kaufmannseigenschaft, dass der **Gewerbebetrieb** gewisse qualitative (**Art**) und quantitative Kriterien (**Umfang**) aufweist, die das Erfordernis eines in kaufmännischer Weise eingerichteten Gewerbebetriebs begründen, § 1 II HGB. Dabei handelt es sich um einen **offenen Tatbestand**, der regelmäßig durch eine rechtliche Wertung ausgefüllt werden muss. Denn das vom Gesetz vorausgesetzte Bedürfnis nach einer kaufmännischen Unternehmensorganisation kann nur durch charakteristische **Typenmerkmale** umschrieben werden, wie z.B. kaufmännische Buchführung, Vertretung, Kreditgeschäfte (Art des Betriebs) oder Umsatz, Zahl der Mitarbeiter und der Betriebsstätten (Umfang des Betriebs)[5]. Unterhalb dieser Schwelle liegt ein Kleinbetrieb vor, dessen Inhaber gem. § 2 HGB erst durch Eintragung in das Handelsregister zum Kaufmann wird (freiwillige Anmeldung, § 2 S. 2 HGB). Dieselbe Wahlmöglichkeit hat ein Land- oder Forstwirt, wenn dessen Betrieb eine kaufmännische Einrichtung erfordert, § 3 HGB. Aus dieser gesetzlichen Regelung ergibt sich folgende Einteilung:

**18**  Der **Istkaufmann** (Musskaufmann) nach § 1 HGB ist also per se (durch seine bloße gewerbliche Tätigkeit) Kaufmann, unabhängig von der Eintragung in das Handelsregister. Die Eintragung (auf seine Anmeldung hin) hat nur **deklaratorische** (rechtserklärende) Wirkung. Allerdings ist der Kaufmann zur Anmeldung verpflichtet, § 29 HGB (mit Sanktionsmöglichkeit, vgl. § 14 HGB mit §§ 388 I, 389 FamFG[6]: Androhung und Verhängung von Zwangsgeld). Die Vorschrift des § 1 II HGB ist gesetzliche Beweislastregel zum Schutz des Geschäftsverkehrs. Da man das Erfordernis der Errichtung eines kaufmännischen Geschäftsbetriebes schwer beurteilen kann, hilft im Rechtsverkehr die Vermutung, dass jeder Gewerbetreibende auch Kaufmann ist (vgl. die Formulierung: „es sei denn …").

Im **Fall 1** ist man allerdings auf diese gesetzliche Vermutung nicht angewiesen, da der Gewerbebetrieb des A (Vielfalt der Leistungen: Baustoffhandel und Größe des Einzelumsatzes) jedenfalls auf einen kaufmännischen Organisationsbedarf schließen lässt. Der Baustoffhändler A ist ohne Rücksicht darauf, ob eine Eintragung im Handelsregister vorliegt, Kaufmann. Im **Ergebnis** scheidet daher eine Herabsetzung der von A verwirkten Vertragsstrafe aus.

**19**  **Kannkaufmann** ist der **Kleingewerbetreibende** (Gewerbe: ja; Handelsgewerbe gem. § 1 II HGB: nein), §§ 2, 105 II HGB. Seine Eintragung in das Handelsregister wirkt **konstitutiv** (rechtserzeugend). Erst mit Registrierung im Handelsregister liegt ein Handelsgewerbe vor, sodass der Geschäftsinhaber mit Registereintrag Kaufmann wird. Er kann sich (d.h. seine Firma) aber jederzeit im Register wieder löschen lassen. Eine Eintragungsoption haben auch Gesellschafter einer kleingewerblich tätigen GbR. Ein Zusammenschluss mehrerer Personen zu einer OHG oder KG ist heute auch möglich

---

5   Die Figur des offenen Rechtsbegriffs, die nur durch prägende Typenelemente erfasst werden kann, wird uns auch beim Begriff des Arbeitnehmers begegnen, vgl. 3. Kapitel Rn. 20 ff.

6   Wortlaut § 388 I FamFG: „Sobald das Registergericht von einem Sachverhalt, der sein Einschreiten nach den §§ 14, 37a Abs. 4, 125a Abs. 2 des Handelsgesetzbuches … rechtfertigt, glaubhafte Kenntnis erhält, hat es dem Beteiligten unter Androhung eines Zwangsgeldes aufzugeben, innerhalb einer bestimmten Frist seiner gesetzlichen Verpflichtung nachzukommen oder die Unterlassung mittels Einspruchs gegen die Verfügung zu rechtfertigen."

in dem Fall, dass die Gesellschaft lediglich ihr eigenes Vermögen verwaltet (vgl. § 105 II HGB). Man spricht von einer Besitzgesellschaft, die ihr Unternehmen häufig aus steuerlichen Gründen an eine Betriebsgesellschaft verpachtet (sog. Betriebsaufspaltung). Bei solchen Unternehmensträgern ist fraglich, ob sie überhaupt ein Gewerbe betreiben (Gewinnerzielung bzw. unmittelbare Tätigkeit am Markt, vgl. oben Rn. 12); über solche Zweifel hilft seit 1998 der § 105 II HGB hinweg.

**Kannkaufmann** ist auch der Inhaber eines Unternehmens der **Land- und Forstwirt-**   20
**schaft**, § 3 HGB. Geschichtlich waren Bauernstand und Handelsstand stets getrennt. Winzer, Bauern etc. konnten früher nicht dem Handelsrecht unterstellt werden. Erst seit 1976 gibt es diese Möglichkeit, insbesondere deshalb, um diesen Berufsgruppen den Zugang zu den handelsrechtlichen Kooperationsformen der OHG, KG, GmbH & Co. KG zu ermöglichen. Im Unterschied zu den Kannkaufleuten gem. § 2 HGB kann eine Eintragung in das Handelsregister jedoch nur erfolgen, wenn das Unternehmen einen in kaufmännischer Weise eingerichteten Geschäftsbetrieb erfordert. In diesem Fall läge an sich gem. § 1 HGB ein Istkaufmann vor, sodass eine Pflicht zur Eintragung bestünde. Jedoch schließt § 3 I HGB den § 1 HGB aus. Das Gesetz gewährt dem Land- und Forstwirt lediglich ein Optionsrecht gem. § 3 II i.V.m. § 2 HGB. Nach Ausübung seines Wahlrechts und der (konstitutiven) Eintragung in das Handelsregister ist der Land- oder Forstwirt nicht mehr frei, die Eintragung nach Belieben wieder rückgängig zu machen, § 3 II HGB (vgl. „Maßgabe" für die Löschung). Auch insoweit besteht ein Unterschied zu den Kannkaufleuten gem. § 2 HGB.

Ist es zu einer Eintragung in das Handelsregister gekommen, so gilt der Geschäfts-   21
inhaber in jedem Fall als **Kaufmann (kraft Eintragung)**. Dann kann weder von ihm noch von einem Dritten geltend gemacht werden, dass er kein Handelsgewerbe i.S.d. § 1 II HGB betreibe, **§ 5 HGB**. Diese Vorschrift soll Streit darüber verhindern, ob das Erfordernis der kaufmännischen Einrichtung des Geschäftsbetriebs gegeben ist. Ein solcher Streit kann etwa dann entstehen, wenn der Betrieb eines ursprünglichen Istkaufmanns auf ein kleingewerbliches Niveau herabgesunken ist oder wenn der Betrieb eines Forst- oder Landwirts (von Anfang an oder später) eine kaufmännische Einrichtung nicht (mehr) erfordert. Der Erwerb und der Fortbestand der Kaufmannseigenschaft sind nach § 5 HGB dem Streit gerade entzogen, solange die Eintragung im Handelsregister besteht. Diese Vorschrift hat daher allein die Schaffung klarer Verhältnisse zum Ziel (Rechtssicherheit), ohne dass es auf die Gutgläubigkeit der Beteiligten überhaupt ankommt. Mit dem Kaufmann kraft Rechtsscheins (dazu unter cc) hat § 5 HGB nichts zu tun.

### bb) Kaufmann kraft Rechtsform (Formkaufmann)

Nur klarstellende Funktion hat die Anordnung des § 6 I HGB, dass auf Handelsge-   22
sellschaften (AG, KGaA, GmbH und OHG, KG sowie EWIV) Kaufmannsrecht anzuwenden ist. Das HGB gilt also nicht lediglich für Einzelkaufleute, sondern auch für jede der genannten Gesellschaften. Dass Kapitalgesellschaften dem Recht der Kaufleute unterstehen, folgt aus §§ 3, 278 III AktG, § 13 III GmbHG jeweils i.V.m. § 6 I HGB. Diese Gesellschaften sind als sog. Formkaufleute kraft Gesetzes Kaufleute, § 6 II HGB („Ver-

eine", vgl. unten Rn. 124). Die (nach der Handelsrechtsreform 1998 heute überflüssige) Vorschrift besagt lediglich, dass Formkaufleute unabhängig vom Erfordernis kaufmännischer Einrichtung „in vollem Umfang" (gemeint ist ohne Rücksicht auf den Unternehmensgegenstand) Kaufleute sind. Kapitalgesellschaften müssen also kein Handelsgewerbe betreiben, nicht einmal ein Gewerbe (so z.B. Steuer- oder Wirtschaftsberatungs-GmbH oder AG).

### cc) Kaufmann kraft Rechtsscheins

23    Nach der Lehre vom (Rechts-)Scheinkaufmann gilt derjenige, der im Rechtsverkehr als Kaufmann auftritt, ohne einer zu sein, als Kaufmann, d.h. er muss sich so behandeln lassen, als wäre er ein Kaufmann.

---

**Fall 2**

Der als „Bäcker an der Ecke" tätige Kleingewerbetreibende B ist nicht im Handelsregister eingetragen. Gleichwohl tritt er im Geschäftsverkehr wie ein Großkaufmann auf, um billiger einkaufen zu können. Als er die verdorbene Mehllieferung der A-GmbH nicht bezahlen will, weist A darauf hin, dass B den Mangel nicht unverzüglich nach der Lieferung gerügt habe. Muss B den Kaufpreis bezahlen?

---

**Lösung**

Die kaufrechtlichen Gewährleistungsrechte des Käufers B könnten gem. § 377 II HGB entfallen sein, wenn den B eine Rügeobliegenheit trifft (näher dazu unten Rn. 93 ff.). Dafür ist Voraussetzung, dass der Kaufvertrag für beide Teile ein Handelsgeschäft ist, d.h. dass beide Vertragspartner Kaufleute sind und das Geschäft jeweils zum Betrieb ihres Handelsgewerbes gehört, § 343 HGB. Während die A-GmbH gem. § 6 I HGB i. V. m. § 13 III GmbHG Formkaufmann ist, liegt bei B Kaufmannseigenschaft nicht vor. Denn B ist kein Kaufmann, da sein Unternehmen einen kaufmännisch geführten Geschäftsbetrieb nicht erfordert und er auch nicht im Handelsregister eingetragen ist, §§ 2, 5 HGB. Er hat aber eine solche Eigenschaft im Rechtsverkehr vorgetäuscht, z.B. durch Anzeigen, Führung einer entsprechenden Firma im Briefkopf in der geschäftlichen Korrespondenz, bei Warenbestellungen etc. In einem solchen Fall erfordert der Verkehrsschutz, den B beim „Wort zu nehmen" (Vertrauenshaftung). Der Rechtsscheinstatbestand setzt Zurechenbarkeit des Rechtsscheins, Vertrauen des Dritten (A-GmbH) sowie Kausalität des Rechtsscheins für den Vertragsabschluss voraus. Das alles ist hier gegeben.

**Ergebnis**

Wenn sich die A-GmbH auf den Rechtsschein beruft, muss sich B wie ein Kaufmann behandeln lassen, sodass zu Gunsten der A-GmbH die Sonderregel des § 377 HGB eingreift. Nach § 377 II HGB hat die in der vorgeschriebenen Frist unterlassene Mängelrüge des B die Rechtswirkung, dass die Lieferung als genehmigt gilt. Denn bei einer ordnungsgemäßen Untersuchung wäre der Mangel ohne weiteres erkannt worden. Daher kann sich B nicht mehr auf den Sachmangel berufen, er muss den Kaufpreis (für das verdorbene Mehl) bezahlen.

## 2.  Das Handelsregister

24    Das Handelsregister ist ein **öffentliches Verzeichnis** über die **Rechtsverhältnisse von Kaufleuten**. Sein Zweck besteht in der Registrierung der Zugehörigkeit zum Handels-

stand und in der Verlautbarung der hierfür wichtigen Tatsachen und Rechtsverhältnisse. Die gesetzlichen Grundlagen für das Verfahrensrecht (formelles Handelsregisterrecht) regeln §§ 8–16 HGB (dazu unter a). An die Eintragung oder Nichteintragung knüpft § 15 HGB materiell-rechtliche Rechtsfolgen (Publizität des Handelsregisters), dazu unter b).

## a) Formelles Handelsregisterrecht

Das Handelsregister wird von dazu bestimmten Amtsgerichten geführt. Es ist Teil des **25** Unternehmensregisters (Handels-, Genossenschafts- und Partnerschaftsregister, vgl. § 374 FamFG), das seit 1.1.2007 in Baden-Württemberg auf vier Registergerichte (Freiburg, Mannheim, Stuttgart und Ulm) konzentriert und auf den elektronischen Betrieb umgestellt worden ist, § 376 II FamFG, § 8 HGB. Nach dieser Neuerung erfolgen Anmeldungen (§ 12 HGB), Registereintragungen (§ 8a I HGB) und Bekanntmachungen des Handelsregisters (§ 10 S. 1 HGB) in elektronischer Form. Die Daten sind auch über das via Internet zugängliche Unternehmensregister abrufbar, § 8b HGB. Die Einsichtnahme ist jedermann (ohne Geltendmachung eines besonderen Interesses) zu Informationszwecken gestattet, § 9 I HGB. Der Abruf der elektronischen Daten sowie die Beglaubigung der Übereinstimmung der übermittelten Daten mit dem Handelsregisterinhalt (§ 9 III HGB) kostet seit der Einführung des elektronischen Registers freilich eine Gebühr. Ebenfalls wie schon bisher gebührenpflichtig ist die Erteilung eines Handelsregisterauszugs (Abschrift, § 9 IV HGB) oder eines sog. Negativattests (§ 9 V HGB).

Die Einrichtung des Handelsregisters soll Klarheit und Sicherheit im Handelsverkehr **26** durch Offenlegung bedeutsamer Rechtsverhältnisse der Kaufleute gewährleisten. Daher ist das Registergericht auch zur öffentlichen Bekanntmachung von Eintragungen verpflichtet § 10 HGB. Das geschieht, wie erwähnt, ebenfalls im Rahmen des elektronischen Informations- und Kommunikationssystems. Die Veröffentlichung in anderen Medien (insbesondere Tageszeitungen) hat nicht (mehr) amtlichen Charakter.

Das Handelsregister hat zwei Abteilungen: zum einen die **Abteilung A**, hier werden **27** Einzelkaufleute und Personengesellschaften eingetragen, und die **Abteilung B**, hier sind die Kapitalgesellschaften versammelt. Hinsichtlich des Inhalts des Handelsregisters unterscheidet man:

- **eintragungspflichtige Tatsachen**, das sind solche, hinsichtlich deren eine gesetzli- **28** che Pflicht zur Eintragung besteht, z.B. § 29 HGB: Pflicht zur Eintragung als Kaufmann; § 31 I HGB: Wechsel des Inhabers oder der Firma; § 53 HGB: Erteilung oder Erlöschen der Prokura; §§ 106–108 HGB: Gründung, Sitz und Firma von Handelsgesellschaften; § 143 II HGB: Ausscheiden eines Gesellschafters.
- **eintragungsfähige Tatsachen**, das sind solche, die nur auf fakultativen Antrag ein- **29** getragen werden, vgl. z.B. §§ 3, 25 II HGB;
- **nicht eintragungsfähige Tatsachen**, wie z.B. das Kapital einer Personengesellschaft **30** oder eines Einzelkaufmanns; die Handlungsvollmacht, § 54 HGB.

---

**Fall 3**

A, B und C gründen eine OHG durch Abschluss eines Gesellschaftsvertrages. Als sie nach geraumer Zeit vom Handelsregister zur Anmeldung aufgefordert werden, will C an der Anmeldung nicht mitwirken. Muss er das?

---

**Lösung**

Die Eintragung im Handelsregister setzt grundsätzlich einen elektronischen Antrag voraus, und zwar in öffentlich beglaubigter Form, § 12 I 1 HGB; auch eine Vollmacht zur Anmeldung bedarf dieser Form, § 12 I 2 HGB (vgl. dazu § 39a BeurkG[7]). Die Eintragung erfolgt nicht von Amts wegen, sie setzt also immer einen Antrag voraus. Das Registergericht kann die Anmeldung jedoch erzwingen, § 14 HGB i.V.m. §§ 388 ff. FamFG (Registerzwang). Zur Anmeldung sind im Fall 3 alle Gesellschafter, also auch der C, verpflichtet, §§ 106, 108 HGB. Die Eintragung kostet (Gerichts-)Gebühren, wobei die elektronische Anmeldung billiger ist als die frühere Einreichung der Anmeldung in Papierform.

31    Hinsichtlich der **Rechtsfolgen der Eintragung** unterscheidet man solche, die nur eine Rechtstatsache bekunden, welche schon ohne Rücksicht auf die Eintragung wirksam begründet ist, wie z.B. die Erteilung der Prokura (§ 53 III HGB) oder das Bestehen eines Istkaufmanns (§ 1 HGB). Eine solche Eintragung hat, wie bereits erwähnt (oben Rn. 18), lediglich **deklaratorische Wirkung**. Die Verlautbarung im Handelsregister hat demgegenüber **konstitutive Wirkung**, wenn es sich um solche Rechtsverhältnisse handelt, die erst durch die Eintragung selbst begründet werden, z.B. die Eintragung von Kannkaufleuten, §§ 2, 3 HGB; vgl. ferner zur Eintragung als Entstehensvoraussetzung einer GmbH die Vorschrift des § 11 I GmbHG und § 41 I 1 AktG für die Aktiengesellschaft.

**b) Publizitätswirkung des Handelsregisters**

32    Publizität bedeutet Offenlegung von (im Rechtsverkehr bedeutsamen) Tatsachen mit materiell-rechtlichen Konsequenzen. Der **§ 15 I HGB** schützt das Vertrauen (den guten Glauben) darauf, dass eine **eintragungspflichtige** Tatsache, die nicht eingetragen und bekannt gemacht (publiziert) ist, auch **nicht** besteht, sog. **negative Publizität**. Die Vorschrift bezieht sich logischerweise nur auf **deklaratorische** Eintragungen, weil bei diesen die Wirksamkeit der einzutragenden Tatsachen nicht von ihrer Eintragung im Register abhängt. Allein in diesem Fall kann der Registerinhalt von der Realität abweichen, sodass sich die Frage nach dem Vertrauensschutz stellt. § 15 I HGB schützt lediglich das Vertrauen des Rechtsverkehrs auf die Vollständigkeit des Handelsregisters; man sagt auch: auf das Schweigen des Handelsregisters kann man vertrauen[8]. Hierzu der

---

7    Wortlaut § 39a BeurkG: „Einfache elektronische Zeugnisse: Beglaubigungen ... können elektronisch errichtet werden. Das hierzu erstellte Dokument muss mit einer qualifizierten elektronischen Signatur nach dem Signaturgesetz versehen werden. Diese soll auf einem Zertifikat beruhen, das auf Dauer prüfbar ist."

8    Nicht geschützt wird demgegenüber das Vertrauen auf die Richtigkeit der erfolgten Eintragungen, also auf das „Reden des Registers".

---

**Fall 4**

Der Vorstand der Versicherungsgesellschaft V entdeckt erhebliche Veruntreuungen des Prokuristen P und kündigt ihm daraufhin fristlos. Dieser Vorgang wird aber nicht unverzüglich zur Eintragung in das Handelsregister angemeldet. In der Zwischenzeit schließt P mit dem Bekannten A, der von alledem nichts weiß, noch schnell einen Versicherungsvertrag für die V, wobei wenige Tage später der Versicherungsfall eintritt. Hat A Anspruch auf die Versicherungsleistung der V?

**Lösung**

Die Antwort auf die Fallfrage hängt davon ab, ob ein wirksamer Versicherungsvertrag zwischen A und V zustande gekommen ist. Problematisch ist die Vertretungsmacht des P, dessen Prokura materiell-rechtlich erloschen war (§ 168 S. 1 BGB)[9]. Aber diese Rechtstatsache (Erlöschen der Prokura = eintragungspflichtige Tatsache, § 53 III HGB) ist im Handelsregister nicht eingetragen. Da A davon nichts wusste (er war insoweit gutgläubig), kann V dem Anspruch des A gem. § 15 I HGB nicht entgegensetzen, dass P keine Prokura mehr hatte; denn diese Tatsache war in den Angelegenheiten der V einzutragen (V war anmeldepflichtig). A wird durch die negative Publizität des § 15 I HGB geschützt.

Es kommt dabei nicht darauf an, ob der gutgläubige Dritte (hier A) mit Rücksicht auf den Inhalt des Handelsregisters gehandelt hat. Er muss also nicht vor Abschluss eines Rechtsgeschäfts im Handelsregister nachschauen. Es besteht für ihn vielmehr ein Wahlrecht, sich auf die scheinbare Rechtslage zu berufen; er muss dies aber nicht tun. Im Fall 4 wird der A sich allerdings auf das (scheinbare) Fortbestehen der Vertretungsmacht des P berufen, damit der Versicherungsvertrag mit V zustande kommt und er den Primärleistungsanspruch daraus gegen V geltend machen kann.

War dagegen bei Vertragsschluss das Erlöschen der Prokura schon im Handelsregister **33** vermerkt, gilt **§ 15 II HGB**. Sein Inhalt kann nicht überraschen, denn es leuchtet unmittelbar ein, dass sich der Kaufmann auf eine zutreffend eingetragene Tatsache gegenüber einem Dritten berufen kann. Ein Dritter muss daher die im Handelsregister eingetragene und bekannt gemachte Tatsache (jedenfalls nach einer Schonfrist von 15 Tagen, vgl. § 15 II HGB) gegen sich gelten lassen.

Den Sonderfall einer unrichtig im elektronischen Informationssystem bekannt ge- **34** machten eintragungspflichtigen Tatsache (Falschinformation des Rechtsverkehrs durch Fehler bei der Bekanntmachung) regelt **§ 15 III HGB**. Ein gutgläubiger Dritter, der auf die Richtigkeit der Bekanntmachung vertraut, kann sich auf deren Inhalt berufen (**positive Publizität** des Handelsregisters). Das soll nicht nur dann gelten, wenn die bekannt gemachte Tatsache im Handelsregister ebenso unrichtig eingetragen ist, sondern auch dann, wenn die Tatsache im Handelsregister richtig vermerkt ist. Im Einzelnen ist hier manches streitig. Darauf kann hier nicht weiter eingegangen werden. Es fragt sich jedoch, ob diese ausschließliche Anknüpfung des registerrechtlichen Vertrauensschutzes an die Bekanntmachung noch zeitgemäß und rechtspolitisch überzeugend ist. Denn der Rechtsverkehr wird sich bei dem elektronisch geführten Handelsregister eher auf die Eintragung als auf die Bekanntmachung stützen.

---

**Lernkontrolle im Selbststudium:**
Kornblum/Schünemann/Müller, Aufgaben 229–237; 240, 241, 243–246; 249, 251, 253

---

9  Zur Erinnerung: Die Kündigung des Arbeitsvertrages hat nach § 168 S. 1 BGB auch das Erlöschen der Vollmacht (Prokura) zur Folge, vgl. oben 1. Kapitel Rn. 116.

## II. Das kaufmännische Unternehmen und sein Personal

35    In der Firma kommt der – auch wirtschaftlich bedeutsame – Zusammenhang zwischen dem Namen des Kaufmanns und dem von ihm geführten Unternehmen zum Ausdruck. Die Firma dient der Unterscheidung des Unternehmens im Rechtsverkehr, sie hat Namensfunktion (1). Das unter einer einheitlichen Firma geführte Unternehmen des Kaufmanns ist regelmäßig auf die Mitwirkung von Hilfspersonen in unterschiedlichen Abstufungen angewiesen; hierauf sind die kaufmännischen Vollmachten zugeschnitten (2).

### 1. Die kaufmännische Firma

36    Die **Firma** bezeichnet nicht, wie es der allgemeine Sprachgebrauch will, **das Unternehmen** selbst. Sie ist lediglich ein Name und zwar der **Name des Kaufmanns**, unter dem er seine Geschäfte im Rechtsverkehr betreibt und seine Unterschrift leistet (§ 17 HGB). Nichtkaufleute haben keine Firma im Rechtssinne, sie führen lediglich eine sog. Geschäfts- oder Etablissementsbezeichnung, wie z.B. „Zur blauen Ente", „Apotheke am Ring" o.ä. Die Firma ist auch abzugrenzen von der **Marke**, die nicht das Unternehmen als solches kennzeichnet, sondern die Waren oder Dienstleistungen des Unternehmens (Herkunftsbezeichnung). Der Träger des Unternehmens ist der Inhaber der Marke.

37    Die Firma des **Einzelkaufmanns** kann von seinem bürgerlichen Namen abweichen. Dennoch ist die betreffende natürliche Person der Inhaber des Geschäfts, das sie eben unter ihrem Kaufmannsnamen führt. Der Inhaber kann unter seinem bürgerlichen Namen, aber auch unter seiner Geschäftsbezeichnung (Firma) klagen und verklagt werden, § 17 II HGB. Der Einzelkaufmann als natürliche Person haftet für die Geschäftsverbindlichkeiten selbstverständlich mit seinem Geschäfts- und seinem Privatvermögen, auch wenn er allein bezüglich des kaufmännischen Geschäfts bestimmten Buchführungs-, Inventar- und Bilanzpflichten unterliegt, §§ 238 ff. HGB. Dagegen treten **Handelsgesellschaften** (OHG, KG, AG, GmbH) und eingetragene Genossenschaften nur mit dem Handelsnamen (Firma) auf; sie haften ihren Gläubigern mit dem Gesellschaftsvermögen.

### a) Bildung und Entstehung der Firma

38    Die Firma entsteht mit der erstmaligen **Benutzung** im Handelsverkehr durch einen Istkaufmann **oder** – in den Fällen der §§ 2, 3, 105 II, 161 II HGB (Kannkaufleute) und bei Formkaufleuten (§ 6 HGB) – mit ihrer **Eintragung** im Handelsregister. Sie erlischt, wenn der Betrieb des Handelsgewerbes eingestellt oder wenn die Firma im Handelsregister gelöscht wird.

39    Man unterscheidet:
- **Einzelfirma**: Unternehmensträger ist Einzelkaufmann; **Gesellschaftsfirma** bei der Handelsgesellschaft;
- **Personen**- und **Sachfirma**: die Firma enthält den bürgerlichen Namen des Kaufmanns oder weist auf den Unternehmensgegenstand hin;

- **Fantasiefirma**: es liegt weder eine Personen- noch eine Sachfirma vor;
- **Mischfirma**: Kombination der vorgenannten Möglichkeiten;
- **einfache** oder **zusammengesetzte Firma**, je nachdem, ob neben den Mindest-angaben des Firmenkerns noch ein Zusatz zur weitergehenden Individualisierung aufgenommen ist;
- **ursprüngliche** oder **abgeleitete Firma**, je nachdem, ob der gegenwärtige Inhaber die Firma selbst gebildet oder von dem früheren Unternehmensträger übernom-men hat.

Das Firmenrecht ist wichtiger Teil der allgemeinen handelsrechtlichen Publizität (ne-    **40**
ben §§ 15, 238 ff. HGB). Deshalb besteht auch gem. §§ 29, 31 HGB die Pflicht eines jeden Kaufmanns, seine Firma sowie deren Änderung bzw. Erlöschen zur Eintragung in das Handelsregister anzumelden (Registerzwang, § 14 HGB).

Früher (bis 1998) war der Inhalt des Firmenkerns zwingend vorgeschrieben und Ge-    **41**
staltungsfreiheit nur im Rahmen von Firmenzusätzen gegeben. Der Einzelkaufmann hatte keine Wahl, er musste seinen bürgerlichen Namen als Firma führen. Heute lässt die Grundnorm des § 18 I HGB ihm (wie auch den Personenhandelsgesellschaften und Kapitalgesellschaften) die freie Wahl zwischen einer Personen-, Sach- oder Fanta-siefirma (Liberalisierung des Firmenrechts). Verlangt wird lediglich Kennzeichnungs- und Unterscheidungskraft der Firma (Namensfunktion). Das bedeutet, dass die Firma zur Individualisierung des Unternehmensträgers in Abgrenzung zu anderen möglichen Firmen geeignet sein muss. Weiterhin müssen zur Klarheit im Rechtsverkehr die Firmen von Einzelkaufleuten, OHG und KG Rechtsformzusätze erhalten, § 19 I HGB. Dieselbe Anordnung gilt für Kapitalgesellschaften gem. § 4 AktG, § 4 GmbHG und § 3 GenG. Dieses Informationsgebot ergibt sich aus dem allgemeinen Prinzip der **Firmen-klarheit**. Danach hat also beispielsweise ein einzelkaufmännisches Unternehmen zu firmieren mit dem **Zusatz**: eingetragener Kaufmann, eingetragene Kauffrau, oder ab-gekürzt e.K. Nach § 37a HGB besteht auch eine sanktionierte Pflicht zur (korrekten) Angabe der Firma auf den Geschäftsbriefen. Dagegen wird nicht selten verstoßen.

Einen **Sonderfall** behandelt § **19 II HGB**. Bei einer OHG oder KG, in der keine natürli-    **42**
che Person nach § 128 HGB persönlich haftet, also nur juristische Personen als per-sönlich haftende Gesellschafter fungieren, insbesondere in der eine GmbH einzige Komplementärin ist (vgl. noch unten Rn. 210 ff.), muss im Interesse des Schutzes der Gesellschaftsgläubiger die Haftungsbeschränkung in der Firma selbst ausgewiesen werden, z.B. durch „XY GmbH & Co. KG" (nicht mehr möglich ist: GmbH & Co., wegen § 19 I Nr. 3 HGB) oder durch (Sachfirma) XY Import, „beschr. haftende KG". Der Name der GmbH muss nicht (mehr) in der Firma der OHG oder KG erscheinen.

### b)  Firmierungsgrundsätze

Die wirtschaftliche Bedeutung einer Firma im Wettbewerb kann erheblich sein. Die    **43**
Wertschätzung eines Unternehmens (good will) hängt insbesondere auch davon ab, ob das Unternehmen einen guten Namen (Firma) hat. Eine allgemein bekannte Firma verschafft dem Unternehmen einen Vorteil im Wettbewerb.

**44**    Die Rechtsgrundsätze des Firmenrechts dienen daher auch den Belangen des firmierenden Unternehmers selbst. Sie bezwecken aber hauptsächlich den Schutz des Rechtsverkehrs. Der Rechtsverkehr, der mit einer Firma bestimmte Vorstellungen hinsichtlich des Unternehmens verknüpft, soll ebenso wie der Wettbewerber davor geschützt werden, dass eine Firma zur Täuschung über die tatsächliche Unternehmenssituation (Gegenstand, Größe, Rechtsform, Inhaber) missbraucht wird. Daraus leiten sich die Grundsätze der Firmenwahrheit, Firmeneinheit und Firmenunterscheidbarkeit ab. Andererseits hat der Unternehmer, der durch eigene unternehmerische Leistung seiner Firma Bedeutung im Rechtsverkehr verschafft oder für den Erwerb der Firma viel Geld bezahlt hat, ein Interesse an der Erhaltung seiner Firma; darüber hinaus soll er vor unzulässiger Beeinträchtigung durch andere geschützt werden. Dem entsprechen die Grundsätze der Firmenbeständigkeit und Firmenausschließlichkeit.

**45**    Der weitgehenden Gestaltungsfreiheit bei der Firmenbildung steht als Regulativ § 18 II 1 HGB gegenüber: Verbot von irreführenden Angaben (Verkehrsschutz). Der Grundsatz der **Firmenwahrheit** schränkt die Liberalität von § 18 I HGB aus verständlichen Gründen wieder ein. Das gilt nicht nur im Zeitpunkt der Firmenbildung, sondern auch danach. Zum Grundsatz der Firmenwahrheit folgender

> ── **Fall 5** ──────────────────────────────────
>
> B betreibt ein pharmazeutisches Unternehmen unter der Firma Prof. Dr. A & Co. seit dem Tode des Mitgesellschafters Prof. Dr. A als Alleininhaber. Der Marktkonkurrent D klagt auf Unterlassung dieser Firma im Geschäftsverkehr. Mit Recht?

**46**    Als Anspruchsgrundlagen für das Unterlassungsbegehren des D kommen u.a. in Betracht § 37 II 1 HGB und §§ 3, 5 I, II Nr. 3 UWG. Es handelt sich hier um die unzulässige Fortführung einer ursprünglich zulässigen Firma einer OHG. Zwar erlaubt § 24 HGB (Grundsatz der **Firmenbeständigkeit**) nach dem Ausscheiden des A aus der zweigliedrigen OHG die Fortführung der bisherigen Firma, wenn die Erben des A zustimmen, vgl. § 24 II HGB. Jedoch kann eine Irreführung des Rechtsverkehrs darüber eintreten, dass ein „Prof. Dr." Unternehmensträger ist (Fachwissen und Seriosität werden hier vorgetäuscht), sodass die Firma nicht ohne Nachfolgezusatz (vgl. § 22 I HGB) fortgeführt werden darf (so BGHZ 53, 65). Die Unterlassungsklage hat daher Erfolg. Anders wäre es, wenn seinerzeit der Name des A ohne akademische Titel in die Firma aufgenommen worden wäre und diese Firma jetzt fortgeführt würde.

**47**    Ebenso sind nach dem Grundsatz der **Firmenwahrheit** Fantasiebezeichnungen wegen Irreführung über die Rechtsform und die Unternehmensgröße untersagt, wie z.B. die Firma AMONAG, wenn sie nicht eine Aktiengesellschaft (AG) als Unternehmensträger bezeichnet, wie das z.B. bei der Bezeichnung BAYWAG der Fall ist.

**48**    Der (ungeschriebene) Grundsatz der **Firmeneinheit** besagt, dass ein und dasselbe kaufmännische Unternehmen nur eine Firma haben kann (Grund: eindeutige Identifizierbarkeit). Die Regelung in § 30 HGB folgt dem Grundsatz der **Firmenunterscheidbarkeit**. Diese Vorschrift will bei der Bildung von neuen Firmen Verwechslungen mit bereits eingetragenen Firmenbezeichnungen „an demselben Ort" (!) verhindern. Der

Grundsatz der **Firmenbeständigkeit** liegt den §§ 21–24 HGB zu Grunde. Danach ist es entgegen dem Gebot der Firmenwahrheit gestattet, die Firma unverändert fortzuführen, obwohl sie im Kern unrichtig geworden ist durch Änderung des Namens des Geschäftsinhabers, z.B. nach Heirat, § 21 HGB, durch Wechsel des Unternehmensträgers, § 22 HGB, durch Vergesellschaftung eines einzelkaufmännischen Unternehmens (zu Haftungsfragen in diesem Fall vgl. § 28 HGB) oder durch Wechsel im Gesellschafterbestand einer Personengesellschaft (OHG, KG), hier greift jeweils § 24 HGB ein (vgl. Fall 5).

**Vorsicht** ist geboten: Die (fakultative) Fortführung eines erworbenen Handelsge- **49** schäfts unter der bisherigen Firma durch den übernehmenden Kaufmann führt gem. § 25 I HGB grundsätzlich zur **Haftung** des Nachfolgers für alle Schulden des bisherigen Inhabers (Altverbindlichkeiten). Das ist etwa der Fall, wenn die Ehefrau eines überschuldeten Einzelkaufmanns eine GmbH gründet, die das Handelsgeschäft des Ehemannes nach Übertragung unter der bisherigen Firma („Obst- und Gemüse Großhandel") mit GmbH-Zusatz fortführt. Eine abweichende Vereinbarung zwischen dem Erwerber und dem Veräußerer (Haftungsausschluss) ist Dritten gegenüber nur wirksam, wenn sie im Handelsregister eingetragen und bekannt gemacht ist oder den Dritten auf andere Weise mitgeteilt worden ist.

## 2. Die kaufmännischen Vollmachten

Im Recht der Stellvertretung enthält das Handelsrecht wesentliche Abweichungen **50** zum BGB. Dieses weist grundsätzlich das Risiko der fehlenden Vertretungsmacht dem Geschäftspartner zu, vgl. § 177 BGB (dazu oben 1. Kapitel Fall 25). Das ist mit dem im Handelsverkehr erforderlichen Verkehrsschutz nicht vereinbar. Das HGB stellt deshalb bestimmte handelsrechtliche Vollmachten in §§ 48 ff. HGB zur Verfügung, deren Umfang weitgehend typisiert und unabhängig von Beschränkungen durch den Vollmachtgeber festgelegt ist. Zunächst regelt das HGB die **Handlungsgehilfen mit Vertretungsmacht (§§ 48, 54 HGB)** und erst dann bringt es allgemeine Vorschriften für sonstige Handlungsgehilfen (kaufmännische Angestellte, §§ 59 ff. HGB). Das allgemeine Vertretungsrecht des BGB liegt den handelsrechtlichen Vollmachten stets zu Grunde, es ist gleichsam die Basis, auf der das HGB aufbaut. Der Inhaber eines Handelsgeschäfts ist aber nicht gezwungen, sich auf Grund der kaufmännischen Vollmachten vertreten zu lassen. Es steht ihm frei, auch Vollmachten nur nach BGB-Recht zu erteilen (Einzel- oder auch Generalvollmacht).

### a) Prokura und Handlungsvollmacht

Prokura und Handlungsvollmacht stellen eine besondere Form der Vertretungsmacht **51** dar, die sich jeweils im Umfang von der allgemeinen Vertretungsmacht des BGB unterscheiden und auch voneinander unterschieden werden müssen, was Umfang und Entstehung angeht.

### aa) Prokura, §§ 48–53 HGB

**52**    Die Prokura ist eine rechtsgeschäftliche Form der Vertretungsmacht (Vollmacht gem. § 166 II BGB) mit gesetzlich bestimmtem Umfang. Die Erteilung richtet sich nach §§ 167 ff. BGB. Zusätzlich sind die Voraussetzungen des § 48 I HGB zu beachten. Nur der **Kaufmann persönlich** kann Prokura erteilen; bei Personenhandelsgesellschaften und Formkaufleuten muss dies durch die organschaftlichen Vertreter (Geschäftsführer, Vorstand) erfolgen, 126 I HGB; § 78 AktG; § 35 I GmbHG. Außerdem verlangt § 48 I HGB eine **ausdrückliche** Willenserklärung des Inhabers des Handelsgeschäfts.

**53**    Der Grund für diese strikten Anforderungen liegt in dem gesetzlich vorgegebenen und unabänderlichen Umfang der Vertretungsmacht (§ 49 I HGB), der für den Kaufmann sehr gefährlich ist (= Kehrseite des handelsrechtlichen Vertrauensschutzes). Die Prokura ermächtigt zu Handelsgeschäften jeder Art (rechtliches Können im Außenverhältnis[10]). Beispielsweise kann der Prokurist einer „Maschinenfabrik" rechtswirksam für den Unternehmensträger eine ganze LKW-Ladung Bananen kaufen, § 49 I HGB. Er ist zum Abschluss aller Geschäfte bevollmächtigt, die der Betrieb *eines* (= irgendeines) Handelsgewerbes mit sich bringt. Lediglich Grundstücksgeschäfte sind ausgeklammert, § 49 II HGB. Das gilt aber nur für Veräußerung und Belastung eines Grundstücks, nicht aber z.B. für die Vermietung oder Verpachtung. Auch der Erwerb von Grundstücken für den Inhaber des Handelsgeschäfts wird von der Prokura erfasst. Dagegen sind jedoch nicht mehr von der Prokura gedeckt solche Geschäfte, die nicht Handelsgeschäfte i.S.d. §§ 343, 344 I HGB sind, sondern zum Privatbereich des Kaufmanns gehören, wie z.B. die Einstellung einer Haushaltshilfe. Das gleiche gilt auch für solche Rechtshandlungen, die die (gesellschafts-) rechtlichen Grundlagen des kaufmännischen Unternehmens betreffen, wie z.B. Firmenänderung, Sitzverlegung, Liquidation, Veräußerung oder Verpachtung des Unternehmens. Solche Geschäfte (Grundlagengeschäfte) sind „Chefsache", sie betreffen nämlich die **Grundlagen** des kaufmännischen Unternehmens und **nicht** bloß dessen **Betrieb** i.S. von § 49 I HGB.

**54**    Als Sonderformen der Prokura seien hier erwähnt die Gesamtprokura (§§ 48 II, 53 I 2 HGB) und die Filialprokura (§ 50 III HGB); Vertretungswirkung tritt im letztgenannten Fall nur ein, wenn der Prokurist namens der speziellen Firma der Niederlassung handelt.

**55**    Auch wenn der Prokurist im Innenverhältnis als Angestellter erheblichen Einschränkungen, was das rechtliche Dürfen anlangt, unterliegen kann und regelmäßig auch unterliegt, braucht sich ein Geschäftspartner darum nicht zu kümmern, § 50 I HGB.

**56**    Die Prokura bedarf zu ihrer Wirksamkeit nicht der Eintragung ins Handelsregister (häufiger Fehler). Zwar ordnet § 53 I HGB die Pflicht zur Anmeldung der Erteilung (und des Erlöschens) der Prokura in das Handelsregister an. Die **Eintragung** hat aber nur **deklaratorische Bedeutung** (arg. „Erteilung" bzw. „Erlöschen" der Prokura ist anzumelden,

---

10    Das rechtliche Können des Vertreters ist, wie bekannt (vgl. 1. Kapitel Rn. 114), zu unterscheiden von dem rechtlichen Dürfen im Innenverhältnis zwischen Kaufmann und Prokurist.

§ 53 I, III HGB). Der Prokurist zeichnet für gewöhnlich „ppa" = per procura, vgl. § 51 HGB.

Da es sich bei Erteilung und Erlöschen der Prokura jedoch um eintragungspflichtige **57** Tatsachen handelt, ist hier die Publizität des Handelsregisters gem. § 15 HGB zu beachten (vgl. schon Fall 4). Die Prokura erlischt z.B. mit dem Arbeitsvertrag, § 168 S. 1 BGB, sie kann aber auch bei Fortbestehen des Arbeitsvertrages jederzeit widerrufen werden, § 52 I HGB (anders als § 168 S. 2 BGB). Der Grund hierfür ist darin zu sehen, dass die Prokura Vertrauenssache ist.

Die folgenden **Übungsfälle 6–8** dienen der Veranschaulichung und Vertiefung des **58** Stoffs. Eine ausführlichere Musterlösung wird nur für den Fall 8 gegeben. Im Übrigen sollen stichwortartige Hinweise das Selbststudium unterstützen.

---

**Fall 6**

Als der Geschäftsführer G der A-GmbH bemerkt, dass der Prokurist P Kundenschecks unterschlagen hat, kündigt er ihm fristlos. P veräußert aus Enttäuschung und Wut den Geschäftswagen des G an den B, einen Geschäftskunden der A-GmbH, der von den Vorgängen nichts wusste. Auch im Handelsregister war nichts eingetragen. Ist der Kaufvertrag wirksam?

---

Wirksame Vertretungsmacht fehlt; Prokura ist erloschen, § 168 S. 1 BGB; es gilt nicht § 177 BGB (schwebende Unwirksamkeit), sondern § 15 I HGB: – eintragungspflichtige Tatsache, § 53 III HGB (Rn. 57), nicht eingetragen bei Vertragsschluss; – keine Kenntnis des B – Eintragungspflicht in Angelegenheiten der A-GmbH.

### Ergebnis

Der Kaufvertrag ist wirksam zustande gekommen.

---

**Fall 7**

Als der Geschäftsinhaber K ernsthaft erkrankt und auf Entziehungskur ist, veräußert der Prokurist P die wertvolle Münzsammlung des K, die im Tresor der Firma liegt, um einen finanziellen Engpass des Unternehmens zu überwinden. Muss K dieses Geschäft gegen sich gelten lassen?

---

Das Problem hier ist nicht § 15 I HGB, sondern der Umfang der Prokura, § 49 HGB. Kaufvertrag setzt Vollmacht (Prokura) des P voraus; Umfang der Prokura gem. § 49 HGB: Geschäfte im Zusammenhang mit einem Handelsgewerbe; Maßstab sind die §§ 343, 344 I HGB, d.h. im Zweifel (Vermutung) besteht ein Bezug zum Handelsgewerbe; oder gehört das abgeschlossene Geschäft nach der maßgeblichen Sicht des Rechtsverkehrs zur Privatsphäre (Rn. 53)? – hier: ausreichender Unternehmensbezug ist vorhanden.

### Ergebnis

Das Vertretergeschäft ist wirksam, K muss den Verkauf gelten lassen.

---

**Fall 8**

A, der Inhaber eines im Handelsregister eingetragenen Bauunternehmens, erteilt dem Polier P nach 25 Arbeitsjahren in Anerkennung der langjährigen Treue „ehrenhalber" Prokura mit dem Hinweis, dass P bei Geschäften für die Firma zuvor die Zustimmung des A einholen muss. Eine Eintragung in das Handelsregister erfolgt nicht und ist auch nicht vorgesehen. Wenig später mietet P auf einer Baustelle ohne Rücksprache bei A einen vor Ort benötigten Baukran zu einer horrenden Miete von der Baumaschinen-AG B an. Kann B von A Mietzinszahlung verlangen?

---

**Lösung**

B könnte gegen A einen Anspruch auf Zahlung gem. § 535 II BGB haben.

Dies setzt voraus, dass zwischen beiden ein Mietvertrag gem. § 535 BGB über den Kran (Mietsache) zustande gekommen ist. Hierfür müsste A bei Vertragsschluss wirksam von P vertreten worden sein. Dafür ist nach § 164 I BGB Voraussetzung, dass der P eine eigene Willenserklärung abgegeben hat und den Mietvertrag **im Namen** des A geschlossen hat. Das ist hier zu bejahen.

Weiterhin müsste P nach § 164 BGB **Vertretungsmacht** gehabt haben. Die Vertretungsmacht könnte sich aus § 49 I HGB ergeben. A hat dem P Prokura erteilt. Fraglich ist, ob eine wirksame Erteilung vorliegt. Gem. § 48 I HGB kann eine Prokura nur von Kaufleuten erteilt werden. Deshalb müsste A Kaufmann sein. Zwar kann nach dem Sachverhalt nicht unmittelbar festgestellt werden, ob der Betrieb des A nach Art und Umfang einen in kaufmännischer Weise eingerichteten Geschäftsbetrieb erfordert. Da jedoch für A eine Firma im Handelsregister eingetragen ist, wird er gem. § 5 HGB in jedem Fall als Kaufmann angesehen (oben Rn. 21).

Die nach § 48 I HGB erforderliche ausdrückliche Erteilung der Prokura liegt vor. Bedenken gegen die Gültigkeit der Prokura können allenfalls daraus hergeleitet werden, dass die gem. § 53 I HGB gebotene Eintragung in das Handelsregister unterblieb. Diese hat jedoch nur deklaratorische Bedeutung. Auf die materiell-rechtliche Wirksamkeit der Prokura hat sie keinen Einfluss (oben Rn. 56).

Weitere Voraussetzung für eine wirksame Verpflichtung des A durch P ist, dass der Mietvertrag vom Umfang der Prokura gedeckt ist. Gem. § 49 I HGB ermächtigt die Prokura zu allen Geschäften, die der Betrieb eines Handelsgewerbes mit sich bringt. Dass P erst nach Rücksprache mit A tätig werden durfte, die Prokura also im Innenverhältnis eingeschränkt ist, spielt keine Rolle. Gem. § 50 I und II HGB ist jede Beschränkung des Umfangs der Prokura Dritten gegenüber unwirksam. Daher ist A durch P bei Abschluss des Mietvertrages wirksam vertreten worden.

**Ergebnis**

Ein Anspruch auf Zahlung des Mietzinses besteht (für die Annahme der Unwirksamkeit des Mietvertrages gem. § 138 BGB reichen die Angaben im Sachverhalt nicht hin).

### bb) Handlungsvollmacht, § 54 HGB

59    Nach § 54 I BGB sind drei Arten der Handlungsvollmacht zu unterscheiden:

- **General**handlungsvollmacht, bzgl. des konkreten Betriebs eines Handelsgewerbes;
- **Art**handlungsvollmacht, z.B. Einkäufer, Kassierer;
- **Spezial**handlungsvollmacht, z.B. für einzelne Geschäftsvorgänge.

60    Für die Erteilung der Handlungsvollmacht (§§ 167 ff. BGB) gelten weniger strenge Anforderungen als bei der Prokura, weil die Handlungsvollmacht im Unterschied zu dieser für den Kaufmann weniger gefährlich ist. Handlungsvollmacht können daher auch Prokuristen oder andere Handlungsbevollmächtigte erteilen. Der Umfang der Vertretungsmacht ist auf **gewöhnliche** Geschäfte beschränkt, wie sie in einem **der-**

**artigen** Handelsgewerbe (branchenüblich) vorkommen. Eine Eintragung der Handlungsvollmacht im Handelsregister ist nicht erforderlich und auch gar nicht möglich.

### b) Außendienstmitarbeiter, §§ 55, 54 HGB

Die Handlungsvollmacht gem. § 54 HGB hat zunächst nur solche Handlungsgehilfen **61** im Blick, die im **Betrieb** des Kaufmanns tätig sind. Es gibt aber auch im **Außendienst** tätige (Vertriebs-)Gehilfen, und zwar unselbständige Mitarbeiter des Kaufmanns (Angestellte, §§ 59, 84 II HGB) und selbstständige Handelsvertreter (§ 84 I HGB). Beide fasst § 55 HGB als „Abschlussvertreter" bezüglich der Handlungsvollmacht zusammen. Diese Gleichbehandlung von selbstständigen und unselbstständigen kaufmännischen Hilfspersonen dient der Rechtssicherheit. Der Geschäftspartner braucht bezüglich des Umfangs der Vertretungsmacht im Einzelfall nicht nachzudenken, er kann ja auch kaum nachprüfen und sicher beurteilen, ob der Vertreter, mit dem er abschließt, Angestellter oder selbstständiger Mitarbeiter des Unternehmens ist.

Abschlussvertreter sind nicht zur Vertragsänderung (§ 55 II HGB) und auch grundsätz- **62** lich nicht zum Inkasso (§ 55 III HGB) berechtigt, sie können jedoch Mängelanzeigen u.ä. Willenserklärungen entgegennehmen, § 55 IV HGB (Passivvertretung).

### c) Ladenangestellte, § 56 HGB

Ladenangestellten verleiht § 56 HGB Vertretungsmacht (Ladenvollmacht). Es handelt **63** sich im Unterschied zu den Handlungsgehilfen (vgl. a und b) nicht um eine rechtsgeschäftlich erteilte Vollmacht. Die Vertretungsmacht gem. § 56 HGB („gilt") beruht nämlich nicht auf einer Willenserklärung des Geschäftsinhabers, sondern auf dem Gesetz. Die Vorschrift verleiht zum Schutz des Rechtspublikums den Ladenangestellten eine **Vollmacht kraft Rechtsscheins**. Sie greift daher auch nur ein, wenn der Angestellte nicht ohnehin schon nach § 54 HGB rechtsgeschäftliche Vollmacht in Form der Handlungsvollmacht hat. Voraussetzung der gesetzlichen Vertretungsmacht ist, dass der Mitarbeiter in einem Laden oder in einem offenen Warenlager (Verkaufslokal) zu „Verkäufen", die dort „gewöhnlich geschehen", „angestellt" ist. Bei Vorliegen dieser Voraussetzungen gilt § 56 HGB nicht nur für den Abschluss des (schuldrechtlichen) Kaufvertrages, sondern ebenso für die in Erfüllung des Kaufvertrages erfolgende Übertragung des Eigentums an der Handelsware, sachenrechtliches Geschäft gem. § 929 BGB. Insoweit darf man sich an dem Tatbestandsmerkmal „Verkäufe" nicht stören, weil der Wortlaut anerkanntermaßen zu eng gefasst ist. Der erstrebte Verkehrsschutz kann nur durch ausdehnende Interpretation des Gesetzeswortlautes erreicht werden.

§ 56 HGB findet jedoch analog § 54 III HGB keine Anwendung, wenn der Kunde die **64** wahre Rechtslage (Nichtbestehen der Vertretungsmacht) kennt oder kennen muss (d.h. fahrlässig nicht kennt, vgl. § 122 II BGB).

---

**Fall 9**

Der angestellte Schuhverkäufer A des Schuhgeschäfts des V vereinnahmt den Kaufpreis vom Käufer K, obwohl es überall Schilder gibt: „Zahlung an der Kasse". V verlangt von K erneut Zahlung des Kaufpreises. Mit Recht?

**Stichworte zur Lösung**

65    Kaufvertrag gem. § 433 BGB und Übereignung gem. § 929 S. 1 BGB, für beide Verträge greift § 54 I HGB ein; nicht aber bezüglich der Kaufpreiszahlung des K; insoweit besteht keine Vertretungsmacht des A (§§ 929 S. 1, 164 I BGB), da „Zahlung nur an der Kasse"; aber nach § 56 HGB Rechtsscheinvollmacht? nach Wortlaut: ja; vgl. aber § 54 III HGB, der für Ladenangestellte analog gilt.

**Ergebnis**

Für die streitige Zahlung besteht keine Vollmacht des A. Der K muss noch einmal zahlen.

---

**Lernkontrolle im Selbststudium:**
Kornblum/Schünemann/Müller, Aufgaben 257–266; 272–280; 282–284

---

# III. Handelsgeschäfte

66    Schon in dem bisherigen Gang der Darstellung haben wir das für handelsrechtliche Fälle typische Ineinandergreifen der Vorschriften von BGB und HGB kennen gelernt. Das Handelsrecht baut auf dem bürgerlichen Recht auf. Das gilt nun in ganz besonderer Weise im Bereich der Handelsgeschäfte selbst, § 343 HGB. Nach der gesetzlichen Systematik im 4. Buch des HGB enthalten §§ 343–372 HGB allgemeine Vorschriften (vor die „Klammer" gezogen, vgl. dazu 1. Kapitel Rn. 27), die neben der Regelung des persönlichen und sachlichen Anwendungsbereichs (dazu §§ 343–345 HGB) auch Ergänzungen zum BGB bringen. Ein kleiner Ausschnitt aus diesen Besonderheiten wird hier zunächst (unter 1) vorgestellt, bevor dann aus dem Kreis der einzelnen Handelsgeschäfte der Handelskauf herausgegriffen und gleichsam als Prototyp des Handelsgeschäfts dargestellt werden soll (2).

## 1. Spezielle handelsrechtliche Regeln

67    Die folgende Darstellung bringt eine Auswahl von handelsrechtlichen Spezifikationen, die die Eigenart des Rechtsgebiets (vgl. oben Rn. 5) verdeutlichen.

### a) Der Begriff des Handelsgeschäftes

68    Handelsgeschäfte sind nach § 343 HGB alle Geschäfte eines Kaufmannes, die zum Betrieb seines Handelsgewerbes gehören. Hier ist das einzelne Rechtsgeschäft gemeint, das mit dem kaufmännischen Unternehmen in zweckgerichtetem Zusammen-

hang steht. Vorsicht: In §§ 22–28 HGB spricht das Gesetz ebenfalls von „Handelsgeschäft", meint aber das kaufmännische Unternehmen selbst.

Abzugrenzen sind die **Handelsgeschäfte** i.S. von § 343 HGB von den Privatgeschäften des Kaufmanns, die mit dem Betrieb des Handelsgewerbes nicht in Zusammenhang stehen (dazu bereits oben Rn. 53 und Fall 7). Nach § 344 HGB wird aber eine Betriebsbezogenheit vom Gesetz vermutet, z.B. beim Kauf eines Schreibtisches, Kühlschranks etc. Keine Schwierigkeiten bereitet das Merkmal der Betriebsbezogenheit bei den Handelsgesellschaften, die naturgemäß eine private Rechtssphäre nicht besitzen.    **69**

Man unterscheidet **beiderseitige** und **einseitige Handelsgeschäfte**, und zwar danach, ob ein Rechtsgeschäft für beide Teile ein Handelsgeschäft ist oder nicht. Auch bei einseitigen Handelsgeschäften gelten die Regeln über die Handelsgeschäfte (4. Buch). Das bedeutet, dass das HGB auch bei Beteiligung eines Nichtkaufmanns Anwendung findet, § 345 HGB. Aber das ist kaum praktisch, weil das HGB die wichtigen Regeln (§§ 352 I; 353, 377 HGB) nur für beiderseitige Handelsgeschäfte aufstellt und im Übrigen andere Bestimmungen wie die §§ 347, 348 HGB nur den Teil betreffen, auf dessen Seite ein Handelsgeschäft vorliegt.    **70**

### b) Handelsbrauch, Schweigen und kaufmännisches Bestätigungsschreiben

Handelsbräuche (§ 346 HGB) sind keine Rechtsnormen, sie stellen lediglich die kaufmännische Verkehrssitte dar, also das Verhalten, das ein ordentlicher Kaufmann an den Tag zu legen pflegt und das der Rechtsverkehr von ihm erwartet. Besteht ein Handelsbrauch (auf Grund längerer tatsächlicher Übung), so ist dieser auch ohne Kenntnis und Willen der Beteiligten bei der Auslegung ihres (Erklärungs-)Verhaltens zu berücksichtigen.    **71**

Vielfach werden im Handelsverkehr, speziell im Seehandelsrecht, abgekürzte Klauseln zur Festlegung des Leistungsorts und zur Verteilung von Pflichten und Risiken benutzt. Diese Kurzformeln (Handelsklauseln, Trade Terms) sind keine Rechtsnormen, sondern gelten als Allgemeine Geschäftsbedingungen nur bei entsprechender Parteivereinbarung. Im internationalen Handelsverkehr heißen sie **Incoterms** (International Commercial Terms)[11]. Diese Klauseln bestimmen entweder den Verschiffungshafen (fas, fob[12]) oder den Bestimmungshafen (cif[13]). Die letztgenannte Klausel regelt außerdem noch die Kostenfrage und den Gefahrübergang. Es liegt eine Schickschuld vor. Der    **72**

---

11  Diese Regeln wurden 1953 von der Internationalen Handelskammer (ICC) ausgearbeitet und sind mit Wirkung zum 1.1.2011 (zum siebten Mal) neu gefasst worden.

12  *fas* bedeutet *free alongside ship*; *fob* meint *free on board*. „Frei an Bord" heißt, dass der Verkäufer seine Lieferverpflichtung erfüllt, wenn die Ware die Schiffsreling in dem benannten Verschiffungshafen überschritten hat. Von diesem Zeitpunkt ab gehen alle Gefahren des Verlusts oder der Beschädigung der Ware auf Kosten des Käufers. Die Klausel verpflichtet den Verkäufer, die Ware zur Ausfuhr freizumachen.

13  *cost insurance freight*: Kosten, Versicherung und Fracht … (benannter Bestimmungshafen). Die Klausel bedeutet, dass der Verkäufer die Kosten einschließlich der Seetransportversicherung (gegen die Gefahr des Verlusts oder der Beschädigung der Ware während des Transports) und die Fracht tragen muss, die erforderlich sind, um die Ware zum genannten Bestimmungshafen zu befördern.

Verkäufer muss die Ware danach verschiffen und die Versendungskosten einschließlich der Versicherung und Fracht bis zum genannten Bestimmungshafen tragen. Die Gefahr des zufälligen Untergangs ist damit jedoch auf den Empfänger übergegangen, d.h. er muss zahlen, ohne die Kaufsache zu erhalten (vgl. 1. Kapitel Rn. 245, 266). Demgegenüber betrifft die Kurzformel ex works (exw[14]) den Fall einer Holschuld.

**73**     Das **Schweigen** ist, so haben wir im Bürgerlichen Recht gelernt (1. Kapitel Rn. 93), keine Willenserklärung, es entfaltet daher grundsätzlich auch keine Rechtswirkung. Im Handelsrecht kommt dem Schweigen jedoch kraft Gesetzes (z.B. § 362 I HGB; ferner §§ 75h, 91a, 377 II und 386 I HGB) oder kraft handelsrechtlichen Gewohnheitsrechts z.B. beim **kaufmännischen Bestätigungsschreiben** eine bestimmte Rechtsqualität zu. Dabei werden objektiv nicht existente Willenserklärungen schlicht fingiert. Das erfolgt zu dem Zweck, rasch klare Verhältnisse zu schaffen (Rechtssicherheit).

**74**     Im Handelsverkehr ist es üblich (§ 346 HGB) Vertragsabschlüsse, die das Ergebnis von längeren mündlichen (auch telefonischen) Vertragsverhandlungen sind, schriftlich zu bestätigen. Zweck eines solchen Bestätigungsschreibens ist es, den gesamten Inhalt des geschlossenen Vertrages zu Beweiszwecken zu fixieren, um etwaige Missverständnisse und spätere Rechtsstreitigkeiten auszuschließen. Enthält ein solches Schreiben eine nicht zutreffende Angabe bezüglich des Zustandekommens des Vertrages oder des ausgehandelten Vertragsinhalts, muss der Empfänger (Kaufmann) widersprechen. Andernfalls (Schweigen) gilt der Vertrag mit dem Inhalt als zustande gekommen, den der redliche (!) Absender im Bestätigungsschreiben zusammengefasst hat.

**75**     Abzugrenzen ist das Bestätigungsschreiben von der bloßen **Auftragsbestätigung**, die gerade nicht auf die Bestätigung eines vermeintlich oder tatsächlich getroffenen Vertragsabschlusses gerichtet ist. Dabei handelt es sich in der Regel um die Annahmeerklärung des Antragsgegners, die nach allgemeinen BGB-Regeln zu beurteilen ist, §§ 145 ff., 130 BGB. Ob ein kaufmännisches Bestätigungsschreiben vorliegt, richtet sich jeweils nach den Umständen des Einzelfalls. Dazu der

---

**Fall 10**

Die Kaufleute A und B einigen sich auf die Lieferung einer bestimmten Menge Reis. Noch am selben Tag schickt der Käufer A dem Verkäufer B ein Schreiben, in welchem neben der Bestätigung des Vertragsabschlusses der Zusatz enthalten ist: „Im Übrigen gelten die Verkaufsbedingungen X". Diese enthalten eine Schiedsklausel. B achtet darauf zunächst nicht. Er widerspricht der Geltung der AGB erst bei Lieferung der Ware. Es kommt zu einem Rechtsstreit (vor dem Landgericht, vgl. unten 3. Kapitel Rn. 156) über die Zahlung des Kaufpreises in Höhe von 20 000 EUR. Der A hält die Klage des Verkäufers B vor dem staatlichen Gericht unter Berufung auf die Schiedsabrede für unzulässig (vgl. § 1032 ZPO[15]). Mit Recht?

---

14    „Ab Werk" bedeutet, dass der Verkäufer seine Lieferverpflichtung erfüllt, wenn er die Ware auf seinem Gelände (Werk, Fabrikationsstelle, Lager) dem Käufer zur Verfügung stellt. Der Käufer muss die Ware auf das von ihm zu beschaffende Beförderungsmittel verladen und gegebenenfalls auch zur Ausfuhr freimachen. Er trägt alle Kosten und Gefahren, die bereits mit dem Transport der Ware von dem Gelände des Verkäufers verbunden sind.

15    § 1032 I ZPO: „Wird vor einem Gericht Klage in einer Angelegenheit erhoben, die Gegenstand einer Schiedsvereinbarung ist, so hat das Gericht die Klage als unzulässig abzuweisen, sofern der Beklagte dies vor Beginn der mündlichen Verhandlung zur Hauptsache rügt …".

## Lösung

Der Fall wirft mit der prozessualen Frage nach der Zulässigkeit der Klage einen neuen Problembereich auf[16]. Es geht um die Zulässigkeit der von dem Verkäufer B erhobenen Zahlungsklage. Das angerufene Gericht darf nicht in der Sache selbst entscheiden, wenn ihm das Verfahren durch wirksame Schiedsabrede der Parteien entzogen ist, § 1032 ZPO. Dann wäre die Klage unzulässig und ohne weitere Sachprüfung vom staatlichen Gericht abzuweisen. Der B müsste sein Recht vor dem vereinbarten privaten Schiedsgericht suchen.

Fraglich ist aber, ob die Schiedsklausel wirksam vereinbart ist. Die Klausel könnte Inhalt des Liefervertrages zwischen A und B allenfalls[17] nach den Grundsätzen des kaufmännischen Bestätigungsschreibens geworden sein. Jedoch war die Schiedsabrede, wie überhaupt das AGB-Klauselwerk des Käufers A, nicht Gegenstand der Vertragsverhandlungen, ihre Geltung wurde mündlich nicht vereinbart. Vielmehr hat sie der A in einem Zusatz zum Bestätigungsschreiben erstmals gestellt. Deshalb liegt insoweit keine Bestätigung des Vertragsinhalts, sondern eine zusätzliche Vertragsbedingung („Im Übrigen" ...) vor.

Im Fall 10 greifen daher die Grundsätze des kaufmännischen Bestätigungsschreibens nicht ein. Es liegt schon objektiv nach dem Inhalt des Geschäftsbriefs des A ein kaufmännisches Bestätigungsschreiben nicht vor. Vielmehr wollte dieser offenbar nur dem B seine AGB unterschieben.

### Ergebnis

Die AGB-Schiedsklausel ist nicht Vertragsinhalt geworden. Daraus folgt, dass die Klage zulässig ist und vom Gericht entschieden werden muss.

### c)  Kontokorrent, §§ 355–357 HGB

Im kaufmännischen Verkehr hat die laufende Rechnung (= Kontokorrent) eine große Bedeutung. Beispiele: Kontokorrent zwischen Bank und Geschäfts- oder  Privatkunden; Verlag und Buchhändler; Unternehmer und Handelsvertreter; Kapitalkonto eines Gesellschafters der OHG oder KG.    **76**

Dabei werden jeweils gegenseitige Ansprüche festgestellt, verrechnet und auf diese Weise auf eine einzige Schuld (Saldo) zurückgeführt. Voraussetzung für ein Kontokorrent sind nach § 355 I HGB    **77**
- laufende Geschäftsverbindungen
- Kaufmannseigenschaft des einen Teils (z.B. der Bank)
- Kontokorrentabrede
- periodische Abrechnung.

Das Institut kann auch im Privatrechtsverkehr vereinbart werden. Die handelsrechtliche Besonderheit besteht lediglich in der Befreiung vom Zinseszinsverbot (§ 248 I BGB). Nach § 355 I HGB kann der Saldogläubiger „von dem Tage des (Rechnungs-)Abschlusses an Zinsen von dem Überschuss verlangen, auch soweit in der Rechnung Zinsen enthalten sind".    **78**

---

16  Diese prozessuale Frage erscheint noch einmal im 3. Kapitel Fall 8.
17  Weil der Verkäufer vor Vertragsausführung der Geltung der AGB des Käufers widersprochen hat, sodass es insoweit an einem Konsens der Vertragsparteien fehlt.

**79**    Die kontokorrentgebundenen Forderungen aus der Geschäftsbeziehung – das sind solche, die vereinbarungsgemäß ins Kontokorrent eingestellt werden sollen – können nicht separat geltend gemacht oder abgetreten, verpfändet oder aufgerechnet werden; sie sind auch nicht in bar zu bezahlen. Verzug kann daher insoweit nicht eintreten.

**80**    Nach Abschluss der Rechnungsperiode (spätestens aber nach einem Jahr, § 355 II HGB) erfolgt die Verrechnung der beiderseitigen Forderungen und Leistungen. Soweit die Forderungen sich decken, werden sie getilgt. In Höhe des Überschusses entsteht eine von den einzelnen Rechnungsposten abhängige (kausale) Saldoforderung. Diese Forderung unterliegt gem. § 355 I HGB nicht dem Zinseszinsverbot des § 248 BGB, und zwar auch dann, wenn der Schuldner kein Kaufmann, sondern eine Privatperson ist, wie z.B. im Verhältnis einer kontoführenden Bank zu ihrem Privatkunden.

**81**    Durch das regelmäßig nachfolgende Saldoanerkenntnis erkennt der Saldoschuldner die kausale Saldoforderung als verbindlich an. Man spricht von einem abstrakten Schuldanerkenntnis, § 781 BGB. Dieser Vertrag kommt durch Saldomitteilung der einen und durch Anerkennung der anderen Seite zu Stande (Genehmigungsfiktion in Nr. 7 II AGB-Banken i.d.F. vom März 2016[18]). Die Einhaltung der Schriftform des § 781 BGB ist nicht erforderlich, § 782 BGB. Sicherheiten (z.B. Bürgschaften, Wechsel), die für die einzelnen Rechnungsposten (Forderungen) gewährt wurden, bleiben bestehen, obwohl mit Abrechnung und Saldoanerkenntnis ein selbstständiger neuer Anspruch (aus dem Saldo) entstanden ist, § 356 HGB.

**82**    Wurde eine Position zu Unrecht ins Kontokorrent gestellt, dann hat das Saldoanerkenntnis keinen Bestand. Es kann nach § 812 II BGB zurückgefordert, d.h. um die betreffende Position bereinigt werden. Der Rückforderungsgläubiger muss die Unrichtigkeit des Anerkenntnisses jedoch beweisen. Die Banken können vor Rechnungsabschluss unrichtige Positionen durch einfache Fehlerkorrektur (Stornierung) selbst bereinigen (Nr. 8 I AGB-Banken).

### d)  Besonderheiten des Inhalts von Handelsgeschäften

**83**    Es ist schon gesagt worden (oben Rn. 4), dass **§ 347 I HGB** für den Kaufmann einen schärferen Haftungsmaßstab anordnet. Das Maß seiner Sorgfaltspflicht (und das seiner Gehilfen, § 278 BGB) bestimmt sich nach der Sorgfalt eines ordentlichen Kaufmanns. Privatleute haben demgegenüber lediglich für die im privaten Rechtsverkehr erforderliche Sorgfalt einzustehen (vgl. § 276 I 2 BGB). Die Verschärfung und Typisierung der kaufmännischen Sorgfalt ist im Interesse des Handelsverkehrs unerlässlich. Der Maßstab wird in der Rechtsordnung teilweise weiter konkretisiert und auf bestimmte Berufszweige und Funktionen zugeschnitten, z.B. auf die Sorgfalt eines ordentlichen und gewissenhaften Geschäftsleiters (§ 93 I 1 AktG). Auch Aufsichtsräte

---

18  Die AGB-Klausel lautet: „Einwendungen wegen Unrichtigkeit oder Unvollständigkeit eines Rechnungsabschlusses hat der Kunde spätestens vor Ablauf von sechs Wochen nach dessen Zugang zu erheben ... Das Unterlassen rechtzeitiger Einwendungen gilt als Genehmigung".

(z.B. bei der früher in der Rechtsform einer AG betriebenen Sachsen-LB) unterliegen, was häufig verkannt wird, einer solchen strengen Sorgfalt, § 116 AktG.

Die **§§ 348–350 HGB** halten den Kaufmann strenger an seinem gegebenen Wort fest, als dies nach dem BGB bei einer Privatperson der Fall ist. So kann eine von einem Kaufmann beim Betrieb seines Handelsgewerbes (§§ 343, 344 HGB) versprochene Vertragsstrafe nicht nach der bürgerlich-rechtlichen Bestimmung des § 343 BGB herabgesetzt werden (vgl. oben Fall 1). Zu erwähnen ist außerdem die Formfreiheit bei der Bürgschaft, dem Schuldversprechen und dem Schuldanerkenntnis, wenn diese auf Seiten des Versprechenden Handelsgeschäfte sind, § 350 HGB. Der Kaufmann kann sich danach formfrei (mündlich, per E-Mail) in rechtsgeschäftlich verbindlicher Weise für die Schuld eines anderen gegenüber dem Gläubiger verbürgen. Demgegenüber setzt ein Bürgschaftsvertrag nach dem BGB die Einhaltung der Schriftform durch den Bürgen voraus, § 766 S. 1 BGB. **84**

Für beiderseitige Handelsgeschäfte legen **§§ 352–353 HGB** den gesetzlichen Zinssatz auf 5 % fest (vgl. demgegenüber § 246 BGB: 4 %) und sehen bereits Fälligkeitszinsen (nicht erst Verzugszinsen, § 288 BGB) vor. Das Zinseszinsverbot (§ 248 I BGB) gilt auch im Handelsrecht (§ 353 S. 2 HGB), doch gibt es Ausnahmen, wie z.B. beim Kontokorrent, § 355 I HGB (vgl. oben Rn. 78). **85**

Schließlich soll noch auf die Bestimmung in **§ 366 I HGB** hingewiesen werden. Sie betrifft in Erweiterung der Grundregel des § 932 BGB die Frage des Schutzes des guten Glaubens beim rechtsgeschäftlichen Erwerb von einem nicht zur Veräußerung einer Sache befugten Kaufmann. **§ 932 BGB schützt** lediglich den **guten Glauben an das Eigentum** des Veräußerers. Damit ist jedoch dem Schutzbedürfnis im Handelsverkehr nicht genügt, da der Händler häufig selbst (noch) nicht Eigentümer der zu veräußernden Sache ist, was der Rechtsverkehr weiß oder womit er zumindest rechnet. Denn die Handelsware wird dem Händler gewöhnlich unter Eigentumsvorbehalt vom Hersteller und Zwischenhändler geliefert. Weil ein Erwerber dies in Rechnung stellen muss, wird es häufig am guten Glauben bezüglich des Eigentums des Veräußerers fehlen. Regelmäßig kann der Erwerber aber davon ausgehen, dass der Vorlieferant den Kaufmann zur Veräußerung der Ware im eigenen Namen gem. § 185 BGB ermächtigt hat. Es wäre aber der Sicherheit und Schnelligkeit des Handelsverkehrs höchst abträglich, wenn sich der Erwerber in jedem Einzelfall erst noch über das Vorliegen einer Verfügungsbefugnis bei dem Vorlieferanten des Verkäufers erkundigen müsste. Daher schützt **§ 366 I HGB** unter bestimmten Voraussetzungen auch den **guten Glauben an die Verfügungsbefugnis** des Veräußerers. Der gutgläubige Erwerber erlangt Eigentum an der Kaufsache, selbst wenn der Veräußerer keine Ermächtigung des Eigentümers der Kaufsache hat, darüber rechtsgeschäftlich zu verfügen. **86**

## 2. Handelskauf

Im Gegensatz zum Handelsgeschäft (§ 343 HGB) ist der Begriff des **Handelskaufs gesetzlich nicht definiert**. Die §§ 373 ff. HGB selbst enthalten Sonderregeln für den Handelskauf, sie setzen den Begriff aber voraus. Dieser ergibt sich erst aus der Zusam- **87** menschau von BGB und HGB. Handelskauf ist danach jeder Kauf (§ 433 BGB), der zumindest für einen Vertragspartner ein Handelsgeschäft (§§ 343, 344 HGB) ist und eine „**Ware**" (vgl. § 373 HGB)[19] oder ein **Wertpapier** (vgl. § 381 I HGB) zum Gegenstand hat.

**88**    Ware wird definiert als **bewegliche Sache**. Daher fallen nicht unter den Handelskauf z.B. Grundstücksgeschäfte oder der Kauf eines Unternehmens als Sachgesamtheit, wohl aber nach h.M. der Kauf von Standard-Software.

### a) Überblick über die gesetzlichen Regeln

**89**    Das Gesetz enthält in **§ 373 HGB** Bestimmungen, die beim Annahmeverzug (Gläubigerverzug) des Käufers neben (vgl. § 374 HGB) die Vorschriften des BGB treten. Einzelheiten können hier nicht dargestellt werden. Das gilt auch bezüglich § 375 HGB, der eine besondere Form des Handelskaufs regelt, bei der die genaue Bestimmung des Kaufgegenstandes und der Leistungsmodalitäten (Spezifikation) zunächst noch aufgeschoben ist.

**90**    In der Praxis bedeutsamer ist der **Fixhandelskauf, § 376 HGB**, bei dem die Parteien vereinbaren, dass die Leistung des einen Teils genau zu einer fest bestimmten Zeit oder innerhalb einer fest bestimmten Frist bewirkt werden soll (**relatives** Fixgeschäft[20]). Das relative Fixgeschäft (vgl. auch § 323 II Nr. 2 BGB) setzt aber mehr voraus als eine bloße kalendermäßige Bestimmung der Leistungszeit, bei der die Säumnis ohne Mahnung zum Schuldnerverzug führt, § 286 II Nr. 1 BGB (vgl. dazu 1. Kapitel Rn. 279). Voraussetzung für ein relatives Fixgeschäft ist daher 1. eine klare Bestimmung der Leistungszeit wie z.B.: „4. März" oder „binnen zwei Monaten"; und 2. eine Einigung der Parteien darüber, dass die Einhaltung der Frist so bedeutsam ist, dass das ganze Geschäft damit „steht oder fällt". Bei einem Fixgeschäft heißt es daher regelmäßig noch zusätzlich zur Zeitfestlegung: prompt, fix, präzis, genau, Nachlieferung ausgeschlossen, Lieferung für den Weihnachtsverkauf etc.

**91**    Hält der Schuldner die so vereinbarte Leistungszeit nicht ein, kann der Gläubiger nach § 376 HGB nicht nur ohne weiteres vom Vertrag zurücktreten (ebenso auch gem. § 323 II Nr. 2 BGB: ohne Nachfristsetzung), sondern bei Verschulden (Verzug) des Schuldners auch „Schadensersatz wegen Nichterfüllung" verlangen, § 376 I HGB (im Bürgerlichen Recht gem. §§ 280 I, III; 281 I 1 BGB: Schadensersatz statt der Leistung). In § 376 II–IV HGB finden sich Sonderregeln über die Berechnung des Schadens. Nur insofern besteht heute noch eine Abweichung zu den allgemeinen Regeln des BGB.

**92**    Wichtig für unsere Zwecke ist die **Sondervorschrift des § 377 HGB**, die auf dem Gebiet des Gewährleistungsrechts beim Handelskauf eine erhebliche Abweichung von den BGB-Vorschriften bringt. Das soll im Folgenden näher dargestellt werden.

---

19  Eine andere (europarechtlich vorgegebene) Definition enthält – zur Verwirrung der Verbraucher – § 241a I BGB (vgl. oben 1. Kapitel Rn. 92 Fall 18).

20  Beim **absoluten** Fixgeschäft ist die Leistung nach Zeitablauf schon gar nicht mehr möglich, sodass Unmöglichkeitsregeln, §§ 275 ff., 323 ff. BGB eingreifen, z.B. Saisonartikel (Weihnachten, Ostern, Sommerkollektion).

## b) Untersuchungs- und Rügeobliegenheit des Käufers

Nach BGB-Recht verjähren kaufrechtliche Gewährleistungsansprüche grundsätzlich in    **93**
zwei Jahren, vgl. § 438 I Nr. 3 BGB (dazu bereits 1. Kapitel Rn. 353). Das ist für den
Handelsverkehr, der an der zügigen Abwicklung der Kaufgeschäfte interessiert ist, viel
zu lange. Der Kaufmann muss so schnell wie möglich wissen, ob ein Geschäft „in
Ordnung geht". Deshalb ordnet das Gesetz an, dass der Käufer den Verkäufer unverzüglich über Mängel unterrichten muss, § 377 HGB.

## aa) Grundfall

Die Anwendung des § 377 HGB ist nicht einfach, weil dabei nicht nur auf die Belange    **94**
des Verkäufers abzustellen ist, sondern die Interessen beider Vertragsparteien im Handelsverkehr angemessen zu berücksichtigen sind. Der weiteren Behandlung dieser
Fragen soll zugrunde gelegt werden der folgende

---
**Fall 11**

Die B-GmbH bestellt bei der A-AG eine Schweißmaschine nach Katalog. Die Lieferung erfolgt
im Juni. Erst nach Aufnahme der Serienproduktion Mitte September stellt B fest, dass die Maschine nicht ordnungsgemäß arbeitet. Im Schreiben vom 23.9. rügt B den Mangel. A begehrt
Zahlung der Maschine. B weigert sich. Mit Recht?

---

Ein Anspruch auf Zahlung des Kaufpreises steht A nur zu, wenn sich B wegen des    **95**
Sachmangels nicht mehr auf die kaufrechtlichen Gewährleistungsrechte nach BGB
berufen kann. Das hängt davon ab, ob die handelsrechtliche Vorschrift des § 377 HGB
zu Gunsten der A eingreift.

Da der Kaufvertrag hier für beide Seiten ein Handelsgeschäft ist (**zweiseitiger** Han-    **96**
delskauf, § 377 I HGB), ist B in Abweichung vom Sachmängelgewährleistungsrecht
des BGB (§§ 434 ff. BGB) im eigenen Interesse gehalten[21], die Ware nach **Erhalt (= Ablieferung)** unverzüglich (= § 121 I 1 BGB) zu untersuchen und dabei etwa festgestellte
Mängel zu rügen. Anderenfalls droht dem Käufer ein Rechtsverlust (vgl. oben Fall 2).
Nur eine rechtzeitige (unverzügliche) Rüge erhält ihm die Sachmängelrechte.

Die handelsrechtliche **Untersuchungs- und Rügeobliegenheit** stellt nicht zwingen-    **97**
des Recht dar, sie kann also (im Kaufvertrag) von den Vertragsparteien abbedungen
oder gegebenenfalls auch verschärft werden (sog. dispositives Recht). In der Regel
geschieht dies durch Allgemeine Geschäftsbedingungen. Eine Abänderung der gesetzlichen Regelung erfolgt regelmäßig bei **Just in Time**-Lieferungen, bei denen die **Waren-
eingangskontrolle** auf Seiten des Käufers vereinbarungsgemäß **durch** die **Qualitäts-
sicherung** seitens des Verkäufers/Herstellers **ersetzt wird**. Der Käufer muss dann nur
noch eine Mindestkontrolle anhand des Lieferscheins durchführen und auf etwaige

---

21  Hinsichtlich der Untersuchung und Rüge handelt es sich (entgegen der Paragraphenüberschrift)
    nicht um eine Rechtspflicht des Käufers gegenüber dem Verkäufer; es liegt vielmehr lediglich eine
    Obliegenheit (im eigenen Interesse) vor. Unterlässt der Käufer die Untersuchung der Ware, wird er
    dem Verkäufer gegenüber zwar nicht schadensersatzpflichtig, er verliert aber seine Käuferrechte.

Transportschäden achten. Eine solche Vereinbarung haben im **Fall 11** die Parteien nicht getroffen. Daher unterliegt B der gesetzlichen Rügeobliegenheit nach § 377 HGB.

98 Diese greift ein, wenn sich **nach Ablieferung** der Ware bei der vom Käufer vorzunehmenden Untersuchung Mängel zeigen (die der Verkäufer nicht arglistig verschwiegen hat, vgl. § 377 V HGB). Die Ablieferung ermöglicht dem Käufer die Untersuchung der Ware, sie ist auslösendes Moment für den **Lauf der Rügefrist**. Dafür ist erforderlich, dass die Ware so in den Machtbereich des Käufers gelangt, dass dieser sie untersuchen kann. Hier ist die aus dem Allgemeinen Schuldrecht (1. Kapitel Rn. 240 ff.) bekannte Unterscheidung zwischen Holschuld (Ablieferungsort ist die Niederlassung des Verkäufers), Bringschuld (Leistungsort und Untersuchungsort ist das Geschäft des Käufers) und Schickschuld (Versendungskauf) maßgeblich. Im letzteren Fall bereitet die Bestimmung des Ablieferungsorts Schwierigkeiten (dazu noch unten Rn. 107).

99 Im vorliegenden Fall der Maschinenlieferung wird regelmäßig eine Bringschuld anzunehmen sein, d.h. der Ort für die Untersuchung und die Frist für die Rüge bestimmen sich ab Ablieferung der Sache auf dem Fabrikgelände der B. Dabei kommt es für die **Rechtserhaltung** nach § 377 II und III HGB in jedem Fall auf die Rechtzeitigkeit der Mängelanzeige an, d.h. der Untersuchung selbst kommt nur eine Hilfsfunktion im Hinblick auf die Bestimmung der Rügefrist zu. Beginn und Dauer der Rügefrist hängen von der **Erkennbarkeit** des Mangels ab. Ist ein Mangel trotz Untersuchung nicht erkennbar, gilt § 377 III HGB. Bezüglich der **erkennbaren** Mängel gem. § 377 II HGB ist weiter zu unterscheiden:

100 Liegt der Mangel bereits so offen zu Tage, dass er auch ohne Untersuchung erkennbar ist (der Fehler springt also gleichsam ins Auge) oder kennt ihn der Käufer bereits, so muss sogleich gerügt werden. Eine Frist zur Untersuchung kann der Käufer dann nicht beanspruchen. Die Rügefrist umfasst in diesem Fall nur einen kurzen Zeitraum ab Ablieferung. Der Käufer muss somit noch am Tag der Lieferung, spätestens aber am Folgetag den Fehler rügen (telefonisch, schriftlich, per Mail etc.).

101 Ist der Mangel nur auf Grund einer ordnungsgemäßen Untersuchung erkennbar, so erweitert sich der für die Mängelanzeige erforderliche Zeitraum um die für die unverzügliche Untersuchung notwendige Zeitspanne. Hier besteht insbesondere ein Anwendungsgebiet der Handelsbräuche gem. § 346 HGB. Abzustellen ist auf die Umstände des Einzelfalls, z.B. sind bei Massensendungen (z.B. Obstkonserven) Stichproben aus verschiedenen Kartons zu nehmen.

102 **Nicht erkennbare** (= verdeckte) Mängel gem. § 377 III HGB müssen unverzüglich nach Entdeckung mitgeteilt werden. Die Frist beginnt hier also nicht mit Ablieferung der Ware, sondern erst mit Entdeckung des Mangels. Der Entdeckung stehen gleich ein begründeter Mangelverdacht und der Ablauf der für eine ordnungsgemäße Untersuchung erforderlichen Zeit. Das bedeutet, dass ein Käufer, der Grund zu der Annahme hat, dass ein Mangel der Kaufsache vorliegt, nicht einfach untätig bleiben darf, um den für ihn negativen Folgen des § 377 HGB zu entgehen.

103 Was bedeuten diese Rechtssätze für unseren Fall? Die Grenzziehung ist nicht leicht. Die Untersuchungsobliegenheit dient jeweils dem Interesse des Verkäufers, der davor

geschützt werden soll, sich nach Ablauf einer längeren Zeit noch mit Gewährleistungs-
ansprüchen des Käufers auseinandersetzen zu müssen. Jedoch dürfen die Anforderungen an den Käufer dabei nicht überspannt werden, d.h. auch dessen Interessen
sind zu berücksichtigen. Die Untersuchung der Ware muss dem Käufer im Gang des
Betriebsablaufes möglich und zumutbar sein. Das Merkmal „unverzüglich" hat nicht
die Bedeutung von sofort i.S. von augenblicklich (vgl. 1. Kapitel Fall 16).

Zeigt sich der Mangel der Maschine im **Fall 11** erst bei der Aufnahme der Serienanfer-    **104**
tigung, kann vom Käufer/Besteller eine frühere Rüge (§ 377 II HGB) nicht verlangt
werden, sondern erst dann, wenn er die Serienproduktion aufgenommen hat, § 377 III
HGB. Waren daher die Fehlleistungen der Maschine bei einem (ersten) Probelauf
nicht erkennbar, so genügt die unverzügliche Mängelanzeige, nachdem der Mangel
unter Produktionsverhältnissen zu Tage getreten ist.

### Ergebnis

B hat damit rechtzeitig gem. § 377 III HGB gerügt, sodass die §§ 434 ff. BGB zur Anwendung
kommen, d.h. die Gewährleistungsrechte bleiben dem Käufer B erhalten.

Bei Unterbleiben der rechtzeitige Rüge „gilt die Ware als genehmigt", § 377 II und III    **105**
HGB. Diese **Fiktion** einer **vertragsgemäßen Leistung** führt zum Verlust der Sachmängelrechte, die dem Käufer sonst wegen des Fehlers nach BGB zustehen würden (vgl.
oben Fall 2).

### bb) Sonderfälle

Es bleibt nach der Lösung des Falles 11 jetzt neben dem bisher ausgesparten Problem    **106**
der Untersuchung und Rüge beim Versendungskauf (Rn. 98 a.E.) noch die im Handelsverkehr praktische Frage zu erörtern, wie die Rechtslage bei Einschaltung eines
Zwischenhändlers zu beurteilen ist.

### (1) Versendungskauf

Ausgangspunkt ist auch beim Versendungskauf die Vorschrift des § 377 I HGB, wo-    **107**
nach der Käufer die Ware unverzüglich nach Ablieferung zu untersuchen und zu rügen
hat. Hier kommt als Moment der **Ablieferung** aber sowohl die **Übergabe** der Ware
durch den Verkäufer **an die Transportperson** als auch die Aushändigung der Ware
durch die Transportperson **an den Käufer** am Bestimmungsort in Betracht. Das Gesetz
regelt diese Frage nicht (im Unterschied zu **Art. 38 II CSIG**[22], der das Aufschieben der
Untersuchung der Ware bis nach ihrem Eintreffen am Bestimmungsort zulässt). Die

---

22  United Nations Convention on Contracts for the International Sale of Goods (CSIG) = Wiener
    Einheitliches UN-Kaufrecht. Deutschland ist dem Abkommen zum 1.1.1991 beigetreten. Das
    UN-Kaufrecht ist auf den internationalen Handel zugeschnitten. Es gilt für Kaufverträge über Waren
    sowie Werklieferungsverträge zwischen Parteien mit Niederlassungen in verschiedenen Staaten,
    wenn diese Staaten Vertragsstaaten sind, und zwar **ohne Rücksicht** auf die Staatsangehörigkeit der
    Vertragsparteien und ohne Rücksicht darauf, ob sie **Kaufleute oder Nichtkaufleute** sind oder ob

Frage musste daher von der Rechtsprechung entschieden werden. Danach soll es auf die Umstände des Einzelfalles ankommen; eine nicht eben klare Auskunft. Es ist den Parteien des Versendungskaufs daher eine ausdrückliche Vereinbarung über den Ort der Ablieferung und damit den Ort der Untersuchung anzuraten.

**108**   **Ohne** konkrete **Vereinbarung** ist bei Versendungskäufen zu differenzieren: Hat etwa der Käufer die Transportperson zu beauftragen, was bei Verkäufen mit den Klauseln „fob" bzw. „frei Frachtführer" etc. zutrifft, so ist die Ware mit Übergabe an die Transportperson abgeliefert, was die Rügefrist in Gang setzt. Ist dagegen der Abschluss des Transportvertrages noch die Sache des Verkäufers, wie z.B. bei der Verwendung der Klausel „cif" oder „frachtfrei versichert", so findet die Ablieferung erst am Bestimmungsort der Ware statt. Dort setzt dann auch die Frist für Untersuchung und Rüge des Käufers ein.

### (2) Zwischenhandel

**109**   Ein besonderes Problem stellt die **Rüge des Zwischenhändlers** dar. Bei Einschaltung eines Zwischenhandels vollzieht sich der Warenabsatz regelmäßig auf mehreren Wirtschaftsstufen, wobei mehrere selbstständige Kaufgeschäfte hintereinander geschaltet werden. Das ist im Rahmen des § 377 HGB wie folgt zu berücksichtigen:

**110**   **Lieferung in der Absatzkette**: Hier wandert die Ware vom Hersteller (H) über den Zwischenhändler (Z) an den Einzelhändler (E). Sind sämtliche Beteiligte Kaufleute, ergeben sich für die Rügeobliegenheit grundsätzlich keine Besonderheiten. Sowohl Z als auch E haben etwaige Mängel unverzüglich ihrem jeweiligen Verkäufer anzuzeigen.

**111**   Häufig wird dabei je nach den Umständen des Einzelfalles dem Z im Verhältnis zu H eine eigene Untersuchung erspart. Das ist etwa dann der Fall, wenn der Transport von H zu Z sich verzögert, sodass dieser Schadenersatzansprüche des E wegen Verzugs befürchten muss; in diesem Fall liegt es auch im Interesse des H, wenn Z die Ware ohne weitere Untersuchung schnellstmöglich an E weitersendet. Eine zeitraubende Untersuchung der Ware ist nicht „tunlich" i.S.d. § 377 I HGB. Ein anderes Beispiel für das Entfallen der Untersuchungsobliegenheit des Z gegenüber H besteht im Fall der Lieferung einer Maschine, die nur durch ihren bestimmungsgemäßen Gebrauch auf Mängelfreiheit getestet werden kann. Wenn hier Z als Großhändler, was der Verkäufer H weiß, gar nicht zur Erprobung kompetent und in der Lage ist, wird H regelmäßig stillschweigend auf eine Untersuchung der Maschine durch Z verzichten. In diesen Fällen genügt es, wenn Z eine etwaige Rüge des E unverzüglich an H weiterleitet. Hat aber etwa E die Rügefrist versäumt, muss sich Z diese Säumnis auch gegenüber H entsprechend § 278 BGB zurechnen lassen. Das führt dann im Ergebnis dazu, dass sowohl die Lieferung H-Z, als auch die von Z an E als genehmigt gilt, § 377 II HGB.

---

der Vertrag handelsrechtlicher oder bürgerlich-rechtlicher Natur ist. Art. 38 II CSIG lautet: „Erfordert der Vertrag eine Beförderung der Ware, so kann die Untersuchung bis nach dem Eintreffen der Ware am Bestimmungsort aufgeschoben werden."

**Direkt- oder Durchlieferung**: Hier erfolgt die Lieferung des H auf Geheiß des Z direkt   **112**
an den Einzelhändler E (daher auch sog. Streckengeschäft). Auch bei einer solchen
Lieferbeziehung sind die für die rechtliche Beurteilung unterschiedlichen Handels-
käufe (H-Z und Z-E) strikt auseinander zu halten. Im Verhältnis zwischen Z und E gibt
es keine Besonderheiten. Der E hat die Ware nach Ablieferung durch H unverzüglich zu
untersuchen und Mängel gegenüber Z, ggf. auch direkt gegenüber H zu rügen. Z hinge-
gen ist, was sich aus der Natur der Sache ergibt (Beschleunigung des Liefervorgangs
und Kosteneinsparung), von der Untersuchungsobliegenheit befreit. Da der H mit der
Direktlieferung einverstanden war, hat er stillschweigend auf eine Untersuchung durch
Z verzichtet. Z hat daher allenfalls eine Rüge des E unverzüglich an H weiterzuleiten,
wobei ihm auch hier eine Versäumung der Rügefrist durch E gegenüber H entsprechend § 278 BGB zugerechnet wird mit der Folge, dass die Ware dann in beiden
Kaufverhältnissen als genehmigt gilt.

---

**Lernkontrolle im Selbststudium:**
Kornblum/Schünemann/Müller, Aufgaben 288, 290, 294–296; 300–305

2. Teil

# Gesellschaftsrecht

**113**   Das Gesellschaftsrecht befasst sich mit den privaten Personenverbänden. Darunter ist der Zusammenschluss von Personen zur Verfolgung eines gemeinsamen Zwecks zu verstehen. Was das genau heißt und wie die privaten Personenvereinigungen im Hinblick auf ihre Verbandsstruktur unterschieden werden, ist Gegenstand des ersten Abschnitts (I). Die weiteren Unterrichtseinheiten handeln von diesen Differenzierungen, nämlich von Personengesellschaften (II) und Kapitalgesellschaften (III). Abschließend soll noch auf moderne Entwicklungen und Bestrebungen im Gesellschaftsrecht eingegangen werden, die sich die vom Gesetz zur Verfügung gestellten Gesellschaftstypen durch Vermengung und Verbindung für unterschiedliche unternehmerische und wirtschaftliche Ziele zu Nutze machen (IV).

## I.   Privatrechtliche Personenverbände

**114**   Gegenstand des Gesellschaftsrechts sind alle Personenvereinigungen ohne Rücksicht darauf, wie sie heißen und in welchem Gesetz sie im Einzelnen geregelt sind, sofern sie nur bestimmte allgemeine Voraussetzungen erfüllen. Die zu Grunde liegenden Sachfragen sind für alle Arten und Formen der privaten Personenverbände grundsätzlich gleich. Das soll zunächst gezeigt werden, bevor die einzelnen Gesellschaftsformen aufgefächert und näher dargestellt werden.

### 1.   Begriff des privaten Personenverbandes

**115**   Der von der Wissenschaft entwickelte Begriff des privaten Personenverbandes hat vier Voraussetzungen, welche die privatrechtlich organisierten Personenzusammenschlüsse von anderen Verbänden abgrenzen. Bei den privaten Personenverbänden handelt es sich um:

- privatrechtliche
- auf freiwilliger Basis (rechtsgeschäftlich) begründete
- Personenvereinigungen
- zur Verfolgung eines gemeinsamen Zwecks.

**116**   Im Einzelnen heißt dies: Das Merkmal **privatrechtlich** bezieht sich auf den Gründungsakt, der aus dem Privatrecht stammen muss, z.B. durch Abschluss eines bürgerlichrechtlichen (Gesellschafts-)Vertrages gem. § 705 BGB. Damit werden alle öffentlich-rechtlichen Verbände ausgeschieden, deren Rechtsgrundlage durch öffentliches Recht, in der Regel durch Gesetz (auch die Verfassung ist ein Gesetz) erfolgt, z.B. Bund, Länder, Gemeinden, Kammern etc. Das Merkmal „auf **freiwilliger** = rechtsgeschäftlicher **Basis**" bedeutet hier lediglich, dass der vertragliche Gründungsakt durch autonome Willenserklärung aller Beteiligten erfolgen muss. Damit gehören zum Gesellschaftsrecht nicht solche privatrechtliche Personengemeinschaften, die ohne den Willen der Betroffenen entstehen, wie z.B. die Erbengemeinschaft (§§ 2032 ff. BGB) oder die Gläubigerversammlung im Insolvenzverfahren, §§ 74 ff. InsO (vgl. unten 3. Kapitel Rn. 217). Dass der Verband eine **Vereinigung**, ein Zusammenschluss **von Personen** sein muss, scheint zunächst selbstverständlich. Aber es gibt auch einen privatrechtlichen Rechtsträger, dem keine Mitglieder angehören, nämlich die Stiftung (§§ 80 ff. BGB). Das ist eine rechtlich verselbstständigte Vermögensmasse ohne Mitglieder (die begünstigten Personen heißen Destinatäre).

Von besonderer Bedeutung ist das vierte Merkmal: Die Mitglieder des Verbandes müs-     **117** sen einen **gemeinschaftlichen Zweck** anstreben. Das bedeutet mehr als die bloße Addition und Bündelung von Individualinteressen der einzelnen Verbandsmitglieder. Es muss ein verselbstständigter, überindividueller Zweck vorliegen, den alle Mitglieder gemeinsam verfolgen. Hier können schwierige Abgrenzungsprobleme bei jedem Personenverband auftreten, gleichgültig ob es sich um eine Vereinsgründung (was ist der allen gemeinsame Zweck eines Kaninchenzuchtvereins? oder des Vereins der Kunstfreunde?) oder um eine gemeinsame erwerbswirtschaftliche Betätigung mehrerer Personen handelt.

---

**Fall 12**

Die Landwirte A–D schaffen sich aus Kostengründen einen Mähdrescher an, damit ein jeder von ihnen seine Ernte „einfahren" kann. Liegt damit bereits eine Gesellschaft vor? Wann kann man von einem solchen Zusammenschluss sprechen?

---

Das bloß gemeinsame Haben, Verwalten und Erhalten einer Sache oder einer Vermö-     **118** gensmasse reicht für die Verfolgung eines gemeinsamen Zwecks noch nicht aus. Häufig handelt es sich in Fällen dieser Art lediglich um eine schlichte Rechtsgemeinschaft, wie z.B. bei der Bruchteilsgemeinschaft, §§ 741 ff. BGB. So liegt es auch im Fall 12. Für die Existenz eines Personenverbandes, etwa einer GbR (§ 705 BGB), wäre z.B. erforderlich, dass die Beteiligten A–D sich beim Zusammenschluss darüber einig sind, ihre Felder gemeinschaftlich zu bewirtschaften und zu ernten oder den Mähdrescher an andere Bauern weiter zu vermieten. Dann erst liegt ein gemeinsamer Zweck und somit ein privater Personenverband vor.

## 2.  Struktur der Personenverbände

Die soeben vorgestellte Definition des privaten Personenverbandes wird von einer     **119** ganzen Reihe von Personenzusammenschlüssen erfüllt, die, was ihr Herkommen und ihre Ausgestaltung angeht, sehr verschieden sind. Diese Unterschiede zeigen sich insbesondere darin, dass die Verbände nicht in einem einheitlichen Gesetzbuch, sondern ganz verstreut geregelt sind (BGB, HGB, AktG, GmbHG, GenG, VAG). Unabhängig hiervon lassen sich alle Verbände nach ihrer Struktur in **zwei Grundtypen** einteilen: **Personengesellschaften** und **Körperschaften**. Beide Typen stellen lediglich Idealformen und gleichsam gesetzliche Leitbilder dar, die sich in der Rechtspraxis nicht in

Reinkultur, sondern regelmäßig in einer abgewandelten Form (Typenvermischung) zeigen.

### a) Personengesellschaften

120    Die Personengesellschaften werden entscheidend von der persönlichen Verbundenheit des einzelnen Mitglieds zum Verband geprägt. Hier steht jeweils die Person, nicht der Verband (die Gruppe) im Vordergrund. Das äußert sich in folgenden **typischen Ausprägungen**:

- (relativ) geringe Zahl der Mitglieder;
- (weitgehende) Abhängigkeit des Verbandes vom einzelnen Mitglied und Bindung des Mitglieds an den Verband (Treuepflichten);
- (regelmäßig) Einstimmigkeitsprinzip bei der Willensbildung;
- (weitgehende) persönliche Haftung der Verbandsmitglieder für Verbindlichkeiten der Gemeinschaft;
- Selbstorganschaft, d.h. Verwaltung des Verbandes nur durch die Mitglieder[23].

121    **Grundmodell** dieses Verbandstyps ist die **bürgerlich-rechtliche Gesellschaft** (§§ 705 ff. BGB), die in Abgrenzung zu anderen Personengesellschaften auch BGB-Gesellschaft oder Gesellschaft des bürgerlichen Rechts (GbR) genannt wird. Zu diesem Gesellschaftstyp gehören auch: OHG, KG, stille Gesellschaft und die Partnergesellschaft (PartGG).

122    Das gesetzliche Leitbild sieht für diese Gesellschaften vor, dass der Gesellschafter nicht nur als Kapitalgeber auftritt, sondern im Verband aktiv beteiligt ist und auch das unternehmerische Risiko in vollem Umfang persönlich trägt (Haftung).

### b) Körperschaften

123    Demgegenüber wird die Körperschaft von der starken Verselbstständigung des Verbandes gegenüber den einzelnen Mitgliedern geprägt. Hier steht die Gruppe, nicht die einzelne Person im Mittelpunkt. Das Mitglied tritt primär als Kapitalgeber in Erscheinung, sein unternehmerisches Risiko ist in der Regel in Höhe seiner Einlage begrenzt. Bedeutsam für diese Form des Verbandes (Korporation) sind folgende **typusprägende Merkmale**:

- (häufig) große Mitgliederzahl;
- Unabhängigkeit des Verbandes von dem einzelnen Mitglied (Ein- und Austritt); wechselnder Mitgliederbestand; Übertragbarkeit der Mitgliedschaft;
- grundsätzlich keine persönliche Mitarbeit der Mitglieder; Mitgliedschaft wird i.d.R. nur über die Kapitalanlage vermittelt;
- Mehrheitsprinzip bei der Willensbildung; keine persönliche Haftung der Mitglieder für Verbandsverbindlichkeiten;

---

23  In der Betriebswirtschaftslehre wird derjenige, der eine Unternehmung aktiv betreibt, auch *Entrepreneur* genannt. Im Gesellschaftsrecht spricht man von einem unternehmerischen Gesellschafter, das sind z.B. OHG-Gesellschafter und Komplementäre bei der KG. Diese bestimmen die Geschicke des Unternehmens selbst.

- eigene Rechtsfähigkeit des Verbandes (juristische Person);
- Drittorganschaft (Fremdorganschaft), d.h. die Organe der Gesellschaft können Verbandsexterne, müssen also nicht notwendig Verbandsmitglieder sein.

**Gesetzlicher Prototyp** der Körperschaft ist der **eingetragene Verein** (e.V.), §§ 21 ff.     **124**
BGB. Auf diese Grundform der Körperschaft gehen die „Wirtschaftsvereine" = Kapitalgesellschaften zurück: AG, GmbH, KGaA, eG, Reederei und VVaG. Einen Überblick über die privaten Personenvereinigungen vermittelt das folgende Schaubild:

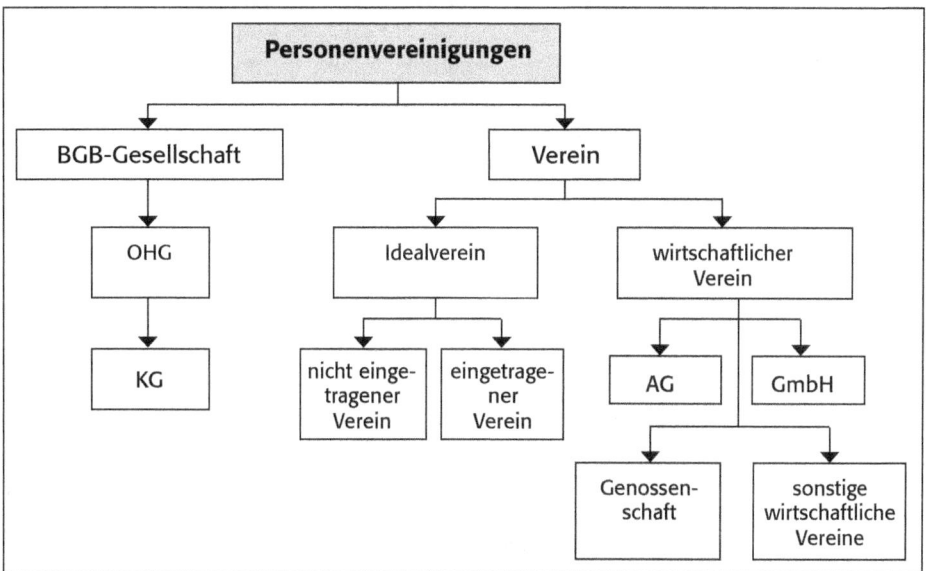

## 3. Rechtliche und betriebswirtschaftliche Relevanz

Im Gesellschaftsrecht geht es unabhängig davon, um welchen Verbandstyp es sich     **125**
handelt, wie er historisch entstanden und wo er geregelt ist, immer um dieselben Grundfragen:

- wie *entsteht* die Gesellschaft;
- wie sind das *Innenverhältnis* (Geschäftsführung) und das *Außenverhältnis* (Vertretung) gestaltet;
- wie kommt es zu einem *Wechsel der Gesellschafter* und schließlich zur *Beendigung der Gesellschaft*?

Das Gesellschaftsrecht lässt den Beteiligten weitgehend Freiheit, den Personenver-     **126**
band im Gesellschaftsvertrag auf ihre jeweiligen Bedürfnisse hin einzurichten. So kann die Personengesellschaft eine kapitalistische Ausrichtung erhalten (Publikums-KG), bei der es maßgeblich auf eine Kapitalbeteiligung der Mitglieder ankommt. Mit der Gründung einer Immobilien-KG verfolgen die Initiatoren den Zweck der Kapitalsammlung für ein unternehmerisches Immobilienprojekt; eine Aufgabe, die an sich dem gesetzlichen Leitbild der Aktiengesellschaft als Publikumsgesellschaft entspricht. Auf der

anderen Seite kann etwa eine Familien-GmbH durch Ausgestaltung des Gesellschaftsvertrags (Satzung oder Statut genannt) personalistisch strukturiert werden.

127    Die **Wahl der Gesellschaftsform** gehört zu den grundlegenden konstitutiven Entscheidungen bei der Unternehmensorganisation. Diese unternehmerische Grundentscheidung hat weit reichende Konsequenzen für die Unternehmensfinanzierung (Kapitalbedarf), die Haftungsrisiken und die Strukturierung der Entscheidungsprozesse; darüber hinaus auch für die Mitbestimmung der Arbeitnehmer im Unternehmen (Aufsichtsrat) und steuerrechtliche Auswirkungen (z.B. Körperschaftsteuer). Grundsätzlich können die Rechtsformen frei gewählt werden (Abschlussfreiheit), allerdings besteht eine Beschränkung der Inhalts- und Gestaltungsfreiheit im Interesse des Verkehrsschutzes, insbesondere durch einen numerus clausus der Gesellschaftsformen (begrenzte Zahl) und durch ihren zwingend vorgegebenen Rechtsinhalt (**Typenzwang**). Eine neue Gesellschaftsform kann nicht durch Rechtsgeschäft geschaffen, sondern nur durch Gesetz begründet werden. Allerdings ist eine Grundtypenmischung in gewissem Umfang möglich (vgl. unten Rn. 210 ff.).

## II. Personengesellschaften (am Beispiel der OHG)

128    Im Folgenden soll exemplarisch für die Personengesellschaften die Gesellschaftsform vorgestellt werden, deren Zweck auf den Betrieb eines Handelsgewerbes gerichtet ist: die **offene Handelsgesellschaft**. Dabei ist immer wieder auf die Grundform, das ist die BGB-Gesellschaft (vgl. § 105 III HGB), zurückzukommen. Diese unterscheidet sich von der OHG bereits durch den Gesellschaftszweck. Die GbR ist für jeden Zweck offen (zweckneutral), sie kommt daher in vielfältigen Erscheinungsformen im Rechtsverkehr vor: Fahr-, Tipp-, Bietergemeinschaft, Emissionskonsortium (Übernahme von Aktien durch mehrere Banken bei Gründung oder Kapitalerhöhung börsennotierter Aktiengesellschaften zur Platzierung der Aktien auf dem Kapitalmarkt); auch zu erwerbswirtschaftlichen Zwecken, wie bei der Freiberufler-GbR; bei der Gesellschaft, die ein Kleingewerbe betreibt; Arbeitsgemeinschaften, z.B. ARGE im Baugewerbe. Diese Fungibilität fehlt der OHG, sie kann **nur** zum **Betrieb eines Handelsgewerbes** begründet werden.

### 1. Errichtung der OHG

129    Der Begriff **offene** Handelsgesellschaft in § 105 I HGB bringt im Gegensatz zur **stillen Gesellschaft** (§§ 230 ff. HGB) zum Ausdruck, dass alle Gesellschafter nach außen (also: offen) hervortreten (Außengesellschaft). Die Anordnung des § 105 I HGB ist zwingend i.S. des gesellschaftsrechtlichen Typenzwangs. Wenn die dort formulierten Tatbestandsvoraussetzungen gegeben sind, liegt eine Handelsgesellschaft in der Rechtsform der OHG vor, ob die Beteiligten das wollen oder nicht. Bei der Frage, wie und vor allem wann die OHG entsteht, ist streng zwischen dem Innenverhältnis (der Gesellschafter) und dem Außenverhältnis (gegenüber Dritten) zu unterscheiden.

130    Im **Innenverhältnis** ist die Gesellschaft errichtet mit Abschluss des Gesellschaftsvertrages, § 105 III HGB i.V.m. § 705 BGB: **Zwei** oder mehrere **Personen** verpflichten sich

**gegenseitig**, die Erreichung eines **gemeinsamen Zweckes** in einer durch den Vertrag bestimmten Weise zu **fördern** und die vereinbarten **Beiträge** zu **leisten**.

Es muss also, wie erörtert (vgl. oben Rn. 117), ein gemeinsamer Zweck (Gleichrichtung der Interessen der Vertragspartner) zugrunde liegen. Beim zweiseitigen Schuldvertrag verfolgt demgegenüber jede Partei ihre eigenen Interessen (gegenläufige Interessen). Der Gesellschaftsvertrag begründet ein Dauerschuldverhältnis, er erschöpft sich im Unterschied etwa zu einem kaufrechtlichen Schuldverhältnis nicht im einmaligen Austausch der versprochenen Leistungen. Wichtig ist noch, dass der gemeinsame Zweck auf den Betrieb eines Handelsgewerbes i.S.v. § 1 HGB gerichtet sein muss, ansonsten liegt eine GbR vor, mit der, wie dargelegt, jeder andere gesetzlich erlaubte Zweck verfolgt werden kann. **131**

Der Abschluss des **Gesellschaftsvertrages** ist grundsätzlich **formfrei**, also mündlich oder durch konkludentes Verhalten möglich (Ausnahme § 311b BGB, wenn die Einlageverpflichtung eines Gesellschafters auf ein Grundstück gerichtet ist). Mit Abschluss des Vertrages ist die OHG im Innenverhältnis der Gesellschafter errichtet; einer Eintragung in das Handelsregister bedarf es nicht. Freilich entsteht bei Vorliegen eines istkaufmännischen Handelsgewerbes i.S. des § 1 II HGB mit Geschäftsbeginn der OHG die Anmeldepflicht gegenüber dem Handelsregister gem. § 106 HGB. Ist die Gesellschaft auf den Betrieb eines **kleingewerblichen Unternehmens** angelegt, liegt kein Handelsgewerbe vor, § 105 II 2 HGB. Wir haben es mit einer GbR zu tun. Eine Pflicht zur Anmeldung besteht in diesem Fall nicht. **132**

Im Verhältnis zu Dritten (**Außenverhältnis**) entsteht die OHG nach § 123 II HGB bereits vor der Eintragung mit Aufnahme ihrer Geschäfte (Geschäftsbeginn), wenn „die Gesellschaft", d.h. mit Zustimmung aller Gesellschafter (!) ihre Geschäfte schon vor der Eintragung in das Handelsregister beginnt. Die verfahrensrechtlich zwingende (vgl. § 106 HGB) Eintragung ist nur deklaratorischer Natur. Im Übrigen, also auch bei einem kleingewerblich tätigen Personenverband (§§ 105 II, 123 II HGB), greift der Grundsatz des § 123 I HGB ein und macht die Wirksamkeit der OHG im Außenverhältnis von der (in diesem Fall: konstitutiven) Eintragung in das Handelsregister abhängig. Machen die Gesellschafter von der Berechtigung der §§ 2 S. 2, 105 II 2 HGB keinen Gebrauch, so bleibt Träger des kleingewerblichen Unternehmens eine GbR. **133**

Im Ergebnis kann daher festgestellt werden, dass bei Vorliegen eines Handelsgewerbes nach § 1 II HGB eine OHG in der Rechtspraxis entstehen kann, ohne dass die Beteiligten davon wissen. Gleichwohl unterliegen sie aber ohne Rücksicht darauf den Rechtsfolgen, die für eine OHG gelten. Das soll im Folgenden gezeigt werden. **134**

## 2. Geschäftsführung und Vertretung

Die Rechtsfolgen, die an das Entstehen der OHG geknüpft sind, weichen von denen einer GbR ab. Denn die OHG weist bereits eine deutlicher ausgeprägte Verbandsstruktur als die GbR auf. Bei dieser herrschen nach der (freilich disponiblen) Legalordnung die typischen Merkmale der Personengesellschaft vor: **gemeinschaftliche** Geschäftsführung und Vertretung (§§ 709, 725 BGB); Auflösung bei Tod eines Gesellschafters **135**

(§ 727 BGB); kein Austritt eines Gesellschafters, nur Kündigung des Gesellschaftsvertrages gem. § 723 BGB. Anders liegt es demgegenüber bei der OHG, die auf den Betrieb eines Handelsgewerbes (begrenzter Gesellschaftszweck) gerichtet ist. Der Gesetzgeber hat daher die **OHG** von vornherein auf die Bedürfnisse des Handelsverkehrs zugeschnitten. Sie ist nicht nur gem. § 124 I HGB **teilrechtsfähig**, vielmehr besteht bei ihr regelmäßig **Alleingeschäftsführung** (mit Widerspruchsrecht der anderen geschäftsführenden Gesellschafter, § 115 I 2. Halbs. HGB) und **Alleinvertretung** durch die einzelnen Gesellschafter (§ 125 HGB). Begrifflich und inhaltlich ist dabei strikt zu trennen zwischen der Geschäftsführungsebene, die das Innenverhältnis der Gesellschafter betrifft, und der Vertretungsmacht des Gesellschafters im Außenverhältnis der Gesellschaft gegenüber Dritten. Zu diesen Fragen der folgende

---

**Fall 13** ─────────────────────────────────────────────

Nachdem A und B in ihrem erlernten Beruf keine Anstellung fanden, entschlossen sie sich, einen Copy-Shop in der Universitätsstadt zu eröffnen. Die Geschäfte gingen anfangs schlecht, sodass die Inhaber in dem kleinen Laden abwechselnd arbeiteten. Im zweiten Jahr aber florieren die Geschäfte so gut, dass die Partner ein weiteres Geschäft eröffnen und zwei Angestellte für den inzwischen auf Schreibwaren ausgeweiteten Laden beschäftigen. Eine Handelsregistereintragung erfolgt nicht. Als B wenig später ein weiteres Ladengeschäft von C hinzukauft, ist A damit nicht einverstanden. Ist der Kauf wirksam und von wem kann C Zahlung des Kaufpreises verlangen?

---

**Lösung**

Als Anspruchsgrundlage für C gegenüber der möglicherweise bestehenden OHG kommt § 433 II BGB (Unternehmenskauf) i.V.m. § 124 I HGB in Betracht. Das setzt voraus, dass ein wirksamer Kaufvertrag zwischen C und der OHG mit den Gesellschaftern A und B zustande gekommen ist.

Es müsste daher eine nach außen wirksame **OHG entstanden** sein. Das setzt zunächst den Abschluss eines Gesellschaftsvertrages zwischen A und B voraus, § 105 III HGB i.V.m. § 705 BGB. Ein solcher Vertrag liegt hier konkludent vor, Schriftform ist nicht erforderlich. Der Gesellschaftszweck müsste gem. § 105 I HGB auf das Betreiben eines Handelsgewerbes gerichtet sein. Eine gewerbliche Tätigkeit (Copy-Shop) ist gegeben. Es fehlt jedoch zunächst an den Voraussetzungen des § 1 II HGB (Erfordernis einer kaufmännischen Einrichtung nach Art und Umfang des Betriebes). Erst ab dem zweiten Jahr liegt ein Handelsgewerbe und damit ein Unternehmen gem. § 105 I HGB vor, sodass die Voraussetzungen des § 123 II HGB gegeben sind und eine OHG besteht. Dass die Gesellschafter A und B von dieser Rechtsfolge keine Kenntnis haben, spielt keine Rolle. Es genügt für das Entstehen der Personenhandelsgesellschaft, dass sie sich unter den gegebenen tatsächlichen Bedingungen zur gewerblichen Betätigung zusammengeschlossen haben.

Ein wirksamer Kaufvertrag zwischen der OHG und C und damit eine Gesellschaftsverbindlichkeit gem. § 124 I HGB setzt weiter voraus, dass die OHG **wirksam vertreten** worden ist. Fraglich ist, ob B mit Vertretungsmacht handelte, § 164 I BGB, § 125 I HGB (zum Verständnis: § 125 I HGB ist anzuwenden, auch wenn hier die OHG nicht im Handelsregister eingetragen ist, weil die Eintragung bei Vorliegen der Voraussetzungen des § 123 II HGB nur deklaratorischer Natur ist). Nach § 125 I HGB ist jeder Gesellschafter zur Vertretung der OHG ermächtigt (**Einzelvertretungsmacht**), wenn er nicht im Gesellschaftsvertrag von der Vertretung ausgeschlossen ist[24].

---

24  Die Abweichung von der gesetzlichen Alleinvertretungsmacht ist gem. § 106 II Nr. 4 HGB in das Handelsregister einzutragen; unterbleibt dies, so kann sich ein gutgläubiger Dritter gem. § 15 I HGB auf die Gesetzeslage und damit auf die Alleinvertretungsmacht nach § 125 I HGB berufen, zur sog. negativen Publizität des Handelsregisters, vgl. oben Rn. 32.

Nach § 126 I HGB (Umfang der Vertretungsmacht) kann daher B alle außergerichtlichen Geschäfte und Rechtshandlungen für die OHG vornehmen. Es könnte nur sein, dass der Widerspruch des A, der das Geschäft nicht gelten lassen will, daran etwas ändert. Der **Widerspruch** betrifft aber lediglich die Geschäftsführungsebene, also das **Innenverhältnis** der Gesellschafter gem. §§ 114 ff. HGB. Es gilt ohnehin Einzelgeschäftsführungsbefugnis (§ 115 I HGB), soweit im Gesellschaftsvertrag nichts anderes vereinbart ist. Bei Widerspruch eines Gesellschafters darf der andere die Maßnahme nicht vornehmen (rechtliches Dürfen). Dies ändert jedoch nichts am rechtlichen Können im Außenverhältnis, vgl. § 126 II HGB. Der Widerspruch des A berührt die Vertretungsmacht des B nicht, er hat keine Außenwirkung (gegenüber C)[25].

Damit steht als **Teilergebnis** fest, dass B die Gesellschaft wirksam vertreten hat. Diese muss den Kaufvertrag gegen sich gelten lassen und unterliegt gem. § 124 I HGB der Verpflichtung zur Zahlung des Kaufpreises. Die OHG als solche kann nach dieser Vorschrift auch vor Gericht verklagt werden (vgl. unten 3. Kapitel Rn. 168).

Obwohl die OHG keine juristische Person ist, wird sie vom Gesetz (§ 124 I HGB) einer **136** solchen angeglichen (Teilrechtsfähigkeit). Damit eignet sich die Rechtsform der OHG als Unternehmensträger jedenfalls für kleinere und mittlere Unternehmen. Das Vermögen der OHG steht nicht ihr selbst zu (insoweit ist sie keine juristische Person), sondern – wie auch bei der GbR – den Gesellschaftern „zur gesamten Hand", vgl. § 105 III HGB; §§ 718, 719 BGB.

### 3. Haftung der Gesellschafter

Damit ist der Fall 13 noch nicht abschließend behandelt. Vielmehr ist hier weiter zu **137** fragen, ob für die Kaufpreisschuld der OHG neben dieser (§ 124 I HGB) auch die Gesellschafter A und B persönlich einstehen müssen. Hierauf gibt **§ 128 HGB** die Antwort. Was allgemein die Haftung der Gesellschafter von Personengesellschaften angeht, gibt es heute zwischen OHG und GbR keine Unterschiede mehr (a); eine wichtige Besonderheit weist nur die KG auf (b).

### a) Haftung bei OHG und BGB-Gesellschaft

Nach § 128 HGB haftet jeder OHG-Gesellschafter für die Verbindlichkeiten der Gesell- **138** schaft gegenüber deren Gläubigern neben der OHG **persönlich** als Gesamtschuldner (vgl. § 421 BGB). Als Anspruchsgrundlage kommt also § 433 II BGB i.V.m. §§ 128, 124 I HGB in Betracht (man spricht von akzessorischer Haftung). Diese Haftung gilt nicht nur für Schulden der Gesellschaft, die während der Zugehörigkeit des Gesellschafters zur OHG begründet werden, sondern auch für solche Verbindlichkeiten, die schon bei seinem Eintritt in die bereits existierende OHG bestanden, **§ 130 HGB** (**Altverbindlichkeiten**). Der Gesellschafter haftet außerdem noch 5 Jahre lang für die bei seinem Ausscheiden aus der OHG bereits begründeten Verbindlichkeiten, **§ 160 HGB** (sog. **Nachhaftung**).

---

25 Eine Ausnahme greift etwa ein bei Kollusion oder bei evidentem Missbrauch der Vertretungsmacht, vgl. hierzu bereits oben 1. Kapitel Rn. 123.

**139**    Die Gesellschafter der OHG haften danach den Gesellschaftsgläubigern (1) **unmittelbar**, d.h. direkt; (2) **primär**, d.h. die Gesellschafter können die Gläubiger nicht erst an die Gesellschaft verweisen; (3) **für** die **gesamte Verbindlichkeit** (und nicht etwa nur in Höhe ihres Anteils an der Gesellschaft) und (4) **mit** ihrem **gesamten Vermögen**. Regelmäßig werden in der Praxis daher die OHG und ihre Gesellschafter (als Gesamtschuldner) zusammen verklagt.

**140**    Die weitgehende Haftung für Gesellschaftsverbindlichkeiten ist typisch für eine Personengesellschaft, bei der die Gesellschafter mit ihrem gesamten Vermögen für die Schulden des Verbandes einzustehen haben (personalistische Struktur). Das ist insbesondere auch beim Grundmodell der BGB-Gesellschaft der Fall. Die neuere Rechtsprechung sieht die nach außen auftretende Gesellschaft bürgerlichen Rechts gleich der OHG (§ 124 I HGB, oben Rn. 136) als teilrechtsfähig an und erklärt die Haftung der BGB-Gesellschafter für die Verbindlichkeiten der GbR nunmehr auch in Analogie zu § 128 HGB (sog. Akzessorietätstheorie)[26].

**141**    Damit steht das **Ergebnis** fest: A und B haften in vollem Umfang neben der OHG auf Zahlung der Kaufpreisschuld. Befriedigen A und/oder B im **Fall 13** den Gesellschaftsgläubiger C aus ihrem privaten Vermögen, so können sie gem. § 110 HGB Rückgriff bei der OHG nehmen und Aufwendungsersatz (aus dem Gesellschaftsvermögen) verlangen.

### b) Haftung bei der KG

**142**    Eine **Besonderheit** in der Haftungsverfassung der Personengesellschaften weist die in §§ 161 ff. HGB geregelte **KG** auf. Diese Personenhandelsgesellschaft wird heute nur selten noch gewählt, es herrscht vielmehr die Mischform der GmbH & Co. KG vor (dazu unten Rn. 210 ff.). Bei der KG ist die Haftung bei einem oder mehreren (nicht allen) Gesellschaftern gegenüber Gesellschaftsgläubigern auf den Beitrag einer bestimmten Vermögenseinlage (Haftsumme) beschränkt. Die beschränkt haftenden Gesellschafter (vgl. §§ 171, 172 HGB) bezeichnet man als **Kommanditisten**; die unbeschränkt gem. § 128 HGB haftenden Gesellschafter heißen **Komplementäre**. Die (auf einen Geldbetrag lautende) Haftsumme wird im Handelsregister eingetragen (Anmeldepflicht gem. § 162 I 1 HGB), es erfolgt jedoch keine Bekanntmachung der Angaben bezüglich der Kommanditisten, § 162 II HGB. Die KG ist danach eine Sonderform der OHG. Sie ermöglicht dem Kommanditisten eine Gesellschaftsbeteiligung ohne unbeschränkte Haftung für die Gesellschaftsverbindlichkeiten. Dazu ein leicht abgewandelter Fall aus der Arbeitsgerichtspraxis[27]:

---

26  BGHZ 146, 341 = NJW 2001, 1056.
27  Nach BAGE 110, 372 = NJW 2004, 3287.

---

**Fall 14**

Der Arbeitnehmer A hat 40 Jahre im Betrieb der B-KG gearbeitet, als im Jahre 2015 die Gesellschafter der KG deren Liquidation und die Stilllegung des Betriebes beschließen sowie sämtliche Arbeitsverhältnisse kündigen. Das Arbeitsverhältnis des A, der sich mit der Kündigungsschutzklage gegen die Kündigung wehrt, endet Ende 2017. Da er im letzten Jahr für mehrere Monate keinen Lohn mehr erhalten hat, nimmt er jetzt die KG i.L., den Komplementär E (Seniorchef) sowie dessen Ehefrau F als frühere Kommanditistin in Anspruch. Beide sind bereits im Jahr 2015 aus der Gesellschaft ausgeschieden, was im Jahre 2017 auch in das Handelsregister eingetragen wurde (§§ 161 II, 143 II HGB). Wie sind die Erfolgsaussichten der Klage zu beurteilen?

## Lösungsweg und Lösung

Selbstverständlich schuldet die B-KG dem A den restlichen Arbeitslohn gem. §§ 611 BGB[28], 161 II, 124 I HGB. Damit liegt eine Verbindlichkeit der KG vor. Die Beantwortung der weiteren Frage nach der Haftung der beiden Personengesellschafter für diese Gesellschaftsschuld muss unterscheiden zwischen der Kommanditistin F und dem Komplementär E.

**143**

**Komplementäre** haften wie OHG-Gesellschafter, §§ 161 II, 128 ff. HGB. Daher werden sie in der Praxis regelmäßig neben der Gesellschaft als Gesamtschuldner mitverklagt. Die Auflösung der Gesellschaft durch Auflösungsbeschluss der Gesellschafter (§§ 161 II, 131 I Nr. 2 HGB) ändert an der Gesellschafterhaftung nichts, weil die Gesellschaft mit der Auflösung noch nicht erloschen ist, sondern erst noch liquidiert, d.h. abgewickelt werden muss. Es liegt eine Liquidationsgesellschaft vor, §§ 145 ff. HGB (dazu sogleich noch unter 4). Bis zum Abschluss des Liquidationsverfahrens, das oft mehrere Jahre dauern kann, können die aufgelöste Gesellschaft (§§ 161 II, 156 HGB) und daneben deren unbeschränkt haftende Gesellschafter verklagt werden.

**144**

Die Haftung des E für die Gesellschaftsverbindlichkeiten gegenüber dem Arbeitnehmer A steht grundsätzlich nicht in Zweifel, §§ 161 II, 128 HGB. E haftet neben der KG „in Liquidation" (i.L.) selbstverständlich unbeschränkt. Zu beachten ist hier jedoch, dass E bereits aus der KG ausgeschieden und dies im Jahr 2017 in das Handelsregister eingetragen worden ist. Damit stellt sich das Problem der **Nachhaftung** des ausgeschiedenen Gesellschafters für die bis zu seinem Ausscheiden begründeten Gesellschaftsverbindlichkeiten (vgl. Rn. 138). Nach §§ 160 I, 161 II HGB haftet im Fall 14 auch der E dem A, weil die Gehaltsforderung des A aus dem Jahre 2017 bereits 2015, also bei Ausscheiden des E „begründet" war. Denn bei einer Arbeitslohnforderung kommt es auf die Begründung des Arbeitsverhältnisses (das war im Fall 14 vor 40 Jahren) an. Entsprechend ist auch zu entscheiden bei anderen Dauerschuldverhältnissen wie z.B. bei Miet-, Pacht- oder Lizenzverträgen. Die Haftung des ausgeschiedenen Gesellschafters betrifft jedoch nur solche Verbindlichkeiten, die vor Ablauf von fünf Jahren nach dem Ausscheiden fällig sind und geltend gemacht werden, § 160 I 1 HGB. Die Frist für die Enthaftung des ausgeschiedenen Gesellschafters beginnt gem. § 160 I 2 HGB mit Ende des Tages, an dem das Ausscheiden aus der Gesellschaft in das Handelsregister eingetragen worden ist. Eine Enthaftung des E (5 Jahre nach Eintragung seines Ausscheidens im Handelsregister) ist noch nicht eingetreten.

**145**

**Anders** sieht die Rechtslage aber bezüglich der ebenfalls im Jahr 2015 ausgeschiedenen **Kommanditistin** F aus. Die Haftung der Kommanditisten für die KG-Verbindlichkeiten ist von vornherein auf die **Haftsumme** (Hafteinlage) beschränkt, § 171 I HGB. Der entsprechende Euro-Betrag (Haftsumme) wird in das Handelsregister eingetragen, § 172 I HGB. Auf diesen Betrag können die Gesellschaftsgläubiger den Kommanditisten (**Außenverhältnis**) in Anspruch nehmen. Davon zu unterscheiden ist das **Innenverhältnis** der Gesellschafter selbst. Hier kann sich der Kommanditist zu einem höheren oder niedrigeren Beitrag als die Haftsumme verpflichtet haben, sog. **Einlage** (Pflichteinlage), §§ 161 II, 105 III HGB, § 705 BGB. Die Pflichteinlage braucht nicht in einer Geldleistung bestehen, sie kann auch auf eine Sach- oder Dienstleistung gerichtet sein. Haftsumme und Einlage müssen sich daher nicht decken.

**146**

---

28 Vergütungspflicht des Arbeitgebers, dazu 3. Kapitel Rn. 60.

**147**    Der Gesellschaftsgläubiger (hier A) kann sich nur auf die Haftsumme berufen, die im Handelsregister eingetragen oder (bei Erhöhung der Kommanditeinlage) in sonstiger Weise von der KG kundgemacht worden ist, § 172 II HGB. Die **Haftung** des Kommanditisten gegenüber den Gesellschaftsgläubigern (§ 171 I HGB) **erlischt**, sobald der Kommanditist eine der Haftsumme entsprechende Leistung erbracht hat, entweder in die Kasse der KG selbst (das Gesellschaftsvermögen) oder an einen Gesellschaftsgläubiger. Diesen Umstand muss der Kommanditist im Rechtsstreit mit dem Gesellschaftsgläubiger beweisen, der ihn wegen der Schuld der KG persönlich in Anspruch nimmt.

**148**    Das Ausscheiden des Kommanditisten lässt die Haftung aus § 171 I HGB unberührt, es gilt auch für ihn grundsätzlich die Nachhaftung gem. § 160 HGB (über § 161 II HGB). Der Kommanditist bleibt auch nach seinem Ausscheiden aus der KG den Gesellschaftsgläubigern „verhaftet", wenn er zu diesem Zeitpunkt noch nicht von der Haftung gem. § 171 I Halbs. 2 HGB befreit war. Aber selbst wenn der Kommanditist schon auf seine Haftsumme geleistet hatte und sich deshalb auf die Haftungsbeschränkung berufen konnte, ist hier Vorsicht geboten, weil die Haftung des Kommanditisten gem. § 172 IV HGB wiederaufgelebt sein kann. Das ist dann der Fall, wenn der Kommanditist bei seinem Ausscheiden aus dem Vermögen der KG oder aus dem Vermögen eines Komplementärs auf Rechnung der KG eine Abfindung für seinen Gesellschaftsanteil erhält. Darin kann eine Rückgewähr seiner Hafteinlage zu sehen sein, sodass die **Haftung** nach § 171 I Halbs. 1 HGB **wiederauflebt**.

### Ergebnis

E haftet dem A ohne weiteres auf Zahlung des restlichen Arbeitslohns, während die Haftung der F von den näheren Umständen ihres Ausscheidens (Zuwendungen seitens der KG) abhängt.

## 4.  Auflösung und Beendigung der Gesellschaft

**149**    So schnell eine Personengesellschaft auch begründet sein mag (vgl. oben Fall 13), ihre Beendigung ist ein Akt in mehreren Teilschritten, die sich unter Umständen über eine längere Zeit erstrecken können.

### a)  Auflösung der BGB-Gesellschaft und der OHG

**150**    Im Fall 14 spielte das freiwillige Ausscheiden von Gesellschaftern durch Änderung des Gesellschaftsvertrages eine Rolle (den Ausschluss aus der Gesellschaft gegen den Willen des Gesellschafters regelt § 140 HGB). Nach dem Leitbild für Personengesellschaften müsste schon das Ausscheiden eines Gesellschafters zur Auflösung der Gesellschaft führen, weil der Zusammenschluss der Personengesellschaft gerade mit Rücksicht auf die ursprünglichen Mitglieder (Vertragspartner) erfolgt. Dieses „reine" Prinzip ist im (freilich dispositiven) Recht der **BGB-Gesellschaft** durchgeführt. Ein bloßes Ausscheiden eines Gesellschafters bei fortbestehender Gesellschaft ist gesetzlich nicht vorgesehen (kann aber ohne weiteres vereinbart werden, vgl. § 736 BGB). Vielmehr kann sich der Gesellschafter lediglich, jedoch „jederzeit" durch Kündigung des gesamten Gesellschaftsvertrages aus der Gesellschaft lösen, § 723 BGB. Das hat aber auch für die übrigen Gesellschafter einschneidende Folgen, denn die durch die Kündigung aufgelöste Gesellschaft ist jetzt auseinanderzusetzen, § 730 BGB, d.h. Aufteilung des Vermögens nach Schuldenbereinigung, gegebenenfalls auch Ausgleichung von Verlusten, § 735 BGB. Dieselben Rechtsfolgen greifen auch bei Tod oder Insolvenz eines Gesellschafters ein, §§ 727, 728 BGB.

**151**    Von dieser Grundregelung des BGB weicht das HGB für die **OHG** z.T. erheblich ab. Diese Gesellschaft ist Trägerin eines Handelsunternehmens, sie kann daher nicht so

„flüchtig" angelegt und existenziell an die Mitgliedschaft der Gründungsgesellschafter gebunden sein, wie das bei der (für viele Zwecke geeigneten) GbR – jedenfalls nach dem gesetzlichen Regelungsmuster in §§ 705 ff. BGB – der Fall ist. Bei der OHG gilt (vgl. die 1998 neu gefassten §§ 131 ff. HGB) die Regel, dass das Ausscheiden von Gesellschaftern (wenn der Gesellschaftsvertrag nichts anderes vorsieht) nicht zur Auflösung der Gesellschaft führt, § 131 III HGB. Das gilt insbesondere auch beim Tod eines Gesellschafters. In diesem Fall ordnet § 131 III Nr. 1 HGB die Fortsetzung der Gesellschaft ohne die Erben an. Die OHG weist damit auch insoweit einen deutlich ausgeprägteren Verbandscharakter als die BGB-Gesellschaft auf. Die Kündigung eines Gesellschafters (nicht jederzeit möglich, vgl. § 132 HGB) führt nicht zur Auflösung. Sie hat nur das Ausscheiden des kündigenden Gesellschafters zur Folge, § 131 III Nr. 3 HGB. Dem ausscheidenden Gesellschafter ist das Abfindungsguthaben (Auseinandersetzungsguthaben) auszuzahlen (§ 105 III HGB, § 738 I BGB), oder, wie oft grob verallgemeinernd gesagt wird, der Gesellschaftsanteil „abzukaufen".

Gesetzliche Auflösungsgründe der OHG finden sich in § 131 I HGB: 1. Zeitablauf; **152** 2. (Auflösungs-) Beschluss der Gesellschafter; 3. Insolvenzverfahren über das Vermögen der Gesellschaft und 4. gerichtliche Auflösung (bei wichtigem Grund, § 133 HGB). Auch bei Erreichen des Gesellschaftszwecks ist die Gesellschaft aufgelöst, § 105 III HGB, § 726 BGB.

## b) Rechtsfolgen der Auflösung

Die **Auflösung** der BGB-Gesellschaft und der OHG bedeutet **nicht** ihre **Beendigung**, **153** sie führt nur zur Auseinandersetzung (vgl. §§ 730 ff. BGB), die **Liquidation** genannt wird und hinsichtlich einiger Besonderheiten bei der OHG noch gesondert ausgestaltet ist, §§ 145 ff. HGB.

Ziel und Zweck des Verfahrens ist die Befriedigung der Gläubiger und die Verteilung **154** des etwa verbleibenden Gesellschaftsvermögens unter den Gesellschaftern, § 730 BGB, § 149 HGB. Zur Verteilung des nach der Schuldenberichtigung (Befriedigung der Gesellschaftsgläubiger) verbleibenden Gewinns stellt das Gesetz bestimmte Regeln auf. Bei der **BGB-Gesellschaft** sind zunächst Beiträge und Einlagen den Gesellschaftern zurückzuerstatten, §§ 732, 733 BGB. Der Rest ist dann gem. § 734 BGB nach den jeweiligen Gewinnanteilen an die Gesellschafter auszukehren. Für die **OHG** sieht § 155 HGB nur die Verteilung des nach der Berichtigung der Gesellschaftsschulden verbleibenden Gewinns nach Kapitalanteilen vor. Eine Rückgewähr der Beiträge (Einlagen der Gesellschafter) ist nicht angeordnet, weil die geleisteten Beiträge schon bei der Berechnung des Kapitalanteils berücksichtigt sind. Erst **nach Abschluss der Liquidation** ist die Gesellschaft beendet, man spricht von **Vollbeendigung**.

Die Vertretungsverhältnisse der Auflösungs- oder auch sog. Liquidationsgesellschaft **155** sind gegenüber der „werbenden Gesellschaft" (= terminus technicus) regelmäßig verschieden. Grundsätzlich gilt nicht mehr Einzelvertretungsmacht (§ 125 I HGB), sondern Gesamtvertretungsmacht, § 146 I HGB. Das hat seinen Grund darin, dass es jetzt um die gemeinsame Abwicklung des Personenverbandes geht und damit eine andere Lage gegeben ist. Selbstverständlich kann der Gesellschaftsvertrag anderes vorsehen;

auch können die Gesellschafter im Liquidationsstadium noch anderes vereinbaren. In jedem Fall sind die Liquidatoren und ihre Vertretungsmacht von sämtlichen Gesellschaftern zur Eintragung in das Handelsregister anzumelden, § 148 HGB (Publizität bei der OHG i.L.). Die letzte Handlung der Liquidatoren besteht darin, das **Erlöschen der Firma der OHG** zur Eintragung in das Handelsregister anzumelden, **eintragungspflichtige Rechtstatsache** gem. § 157 I HGB. Auch ohne Antrag, also von Amts wegen wird die Gesellschaft gelöscht, § 394 I FamFG.[29]

> **Lernkontrolle im Selbststudium:**
> Kornblum/Schünemann/Müller, Aufgaben 311, 319–321; 325–333; 315, 316

## III. Kapitalgesellschaften (am Beispiel der GmbH)

**156**  Das Kapitalgesellschaftsrecht behandelt den wirtschaftlich bedeutendsten Teil des Gesellschaftsrechts. Sein Gegenstand sind bestimmte körperschaftlich strukturierte Personenverbände, die sog. Kapitalgesellschaften. Das sind die Gesellschaft mit beschränkter Haftung (GmbH), die Unternehmergesellschaft (UG), die Aktiengesellschaft (AG) und die Kommanditgesellschaft auf Aktien (KGaA). Diese haben im Wirtschaftsleben die hergebrachten Handelsgesellschaften (OHG und „reine" KG) erheblich zurückgedrängt.

**157**  Der Begriff „Kapitalgesellschaft" stammt aus der Wissenschaft (vgl. jetzt die gesetzliche Definition in § 3 I Nr. 2 UmwG). Er bringt zutreffend ein elementares Strukturmerkmal dieser Verbände zum Ausdruck, bei denen die Kapitalgewährung (Investment) im Vordergrund der Mitgliedschaft steht. Das Kapital heißt bei der Aktiengesellschaft **Grundkapital** und bei der GmbH **Stammkapital**. Als übergeordneter Begriff hat sich die Bezeichnung **Garantiekapital** eingebürgert. Der Gesellschafter muss lediglich den Verlust des eingelegten Kapitals befürchten, eine persönliche Haftung für die Verbindlichkeiten der Kapitalgesellschaft trifft ihn nicht (Haftungsprivileg). Zum Ausgleich für die fehlende Haftung der Gesellschafter gegenüber den Gesellschaftsgläubigern ist das Gesetz bemüht, das Garantiekapital dieser Gesellschaften zu sichern. Das Garantiekapital hat darüber hinaus noch die Funktion, die Mitgliedschaft der Gesellschafter zur Gesellschaft zu vermitteln. Um diese und weitere allgemeine Grundprinzipien geht es zunächst (unter 1), bevor (unter 2 bis 4) wichtige Einzelheiten bezüglich Gründung, Organisation und Finanzverfassung der Kapitalgesellschaften, hauptsächlich am Beispiel der GmbH, besprochen werden sollen. Das Kapitalgesellschaftsrecht, namentlich das Recht der GmbH, ist durch das am 1.11.2008 in Kraft getretene MoMiG einer weit

---

29  Die Vorschrift lautet: „Eine Aktiengesellschaft, Kommanditgesellschaft auf Aktien, Gesellschaft mit beschränkter Haftung oder Genossenschaft, die kein Vermögen besitzt, kann von Amts wegen oder auf Antrag der Finanzbehörde oder der berufsständischen Organe gelöscht werden. ²Sie ist von Amts wegen zu löschen, wenn das Insolvenzverfahren über das Vermögen der Gesellschaft durchgeführt worden ist und keine Anhaltspunkte dafür vorliegen, dass die Gesellschaft noch Vermögen besitzt."

reichenden Reform unterzogen worden mit dem Ziel, die Attraktivität der deutschen GmbH im Vergleich mit ausländischen Gesellschaftsformen (britische Private Limited) zu erhöhen und zugleich eingerissene Missbräuche zu bekämpfen. Auch davon wird im Folgenden an der einen oder anderen Stelle zu sprechen sein.

## 1. Grundlagen

Es besteht leicht die Gefahr, dass man bei Betrachtung der Einzelheiten im Zusammenhang mit der Errichtung, den Organen etc. den Überblick über die allen Kapitalgesellschaften typischen Grundelemente verliert. Deshalb wollen wir vor der anschließenden Einzeldarstellung, die sich im Wesentlichen an der Rechtsform der GmbH orientiert, auf die charakteristischen Gemeinsamkeiten von Kapitalgesellschaften mit Blick auf die AG und die GmbH eingehen.      **158**

### a) Garantiekapital

Einiges ist schon eingangs im Zusammenhang mit dem Stamm- und Grundkapital (Garantiekapital) angedeutet worden. Das Garantiekapital hat neben dem wichtigen Gläubigerschutz auch die Funktion, die Mitgliedschaft der Kapitalgeber zu vermitteln sowie den Maßstab der jeweiligen Beteiligung (Mitgliedschaft) zu bezeichnen. Gesellschafter einer Kapitalgesellschaft kann nur sein, wer durch einen (oder mehrere) Anteil(e) am Garantiekapital (GmbH: Geschäftsanteil; AG: Aktie) beteiligt ist. Das **Garantiekapital** ist bei der GmbH und der AG eine **im Handelsregister eingetragene Kennziffer**, die aber – was nicht verkannt werden darf – nichts mit dem Unternehmenswert zu tun hat. Vielmehr geschieht die Vermittlung der Mitgliedschaft durch die einzelnen Anteile (Aktien) wie folgt.      **159**

Nach dem GmbH-Recht können die Gesellschafter frei über die Höhe ihrer Stammeinlagen entscheiden, ein Mindestnennwert von 100 EUR wie bisher ist nicht mehr vorgeschrieben. Hinsichtlich der Nennwertanteile am Stammkapital der GmbH bestimmt § 5 II 1 GmbHG lediglich, dass der Nennbetrag jedes Geschäftsanteiles auf volle Euro lauten muss. Bei der AG ist ein Nennwertanteil überhaupt nicht vorgeschrieben (fakultativ); wenn ein solcher angegeben wird, muss er mindestens auf 1 Euro oder auf volle Euro lauten, § 8 II AktG. In jedem Fall muss die Summe aller Aktien- oder Geschäftsanteilnennwerte dem Grund- bzw. dem Stammkapital der AG bzw. GmbH entsprechen. Erst aus dem **Verhältnis** von Nennwert der Aktien zum Gesamtkapital ergibt sich der **Umfang der Beteiligung**, was für die Mitgliedschaftsrechte (z.B. Stimm- und Gewinnbezugsrechte) von Bedeutung ist.      **160**

Daneben besteht bei der AG die Möglichkeit **nennwertlose** Anteile, sog. **Stückaktien** auszugeben, § 8 I, III AktG. Hier wird das Grundkapital der Gesellschaft in eine bestimmte Anzahl von Aktien zerlegt, die alle im gleichen Maße am Grundkapital beteiligt sind. Der Wert der einzelnen Aktien ergibt sich dabei nach der festgelegten Stückelung. So vermittelt etwa bei einem Grundkapital von 500 000 EUR und einer Stückelung von 10 000 Stückaktien eine Aktie 1/10 000stel Beteiligung oder 50 EUR vom Grundkapital.      **161**

### b) Die Kapitalgesellschaft als juristische Person

**162**  Als typische Körperschaften sind die Kapitalgesellschaften mit eigener Rechtspersönlichkeit ausgestaltet, sog. juristische Personen, vgl. § 13 I GmbHG und § 1 I 1 AktG. Die GmbH ist selbst Träger ihrer Pflichten und haftet ebenso wie eine natürliche Person für ihre Verbindlichkeiten mit ihrem gesamten Vermögen[30]. Nur deshalb ist es überhaupt möglich, die einzelnen Gesellschafter von einer persönlichen Haftung für die Gesellschaftsverbindlichkeiten freizustellen, § 13 II GmbHG, § 1 I 2 AktG.

**163**  Das Haftungsprivileg setzt die Ausbildung des Verbandes als eigene Rechtsperson voraus, die als von den Gesellschaftern getrennte Person auftritt und selbst Träger von Rechten und Pflichten ist, sodass getrennte Vermögenssphären bestehen (**Trennungsprinzip**). Die Kapitalgesellschaft hat eine eigene Rechtszuständigkeit für ihr Vermögen, sie selbst ist Inhaber des Gesellschaftsvermögens. Das Haftungsprivileg verliert der Gesellschafter ausnahmsweise im Rahmen der von der Rechtsprechung entwickelten sog. **Durchgriffshaftung**[31], wenn er einseitig seine Interessen gegenüber der Gesellschaft unmittelbar zum Nachteil der Gesellschaftsgläubiger verfolgt und das Vermögen der Gesellschaft „ausplündert"; in diesem Fall kommt eine deliktische Haftung nach § 826 BGB in Betracht.

**164**  Die Trennung der Rechtsperson der Gesellschaft von den einzelnen Gesellschaftern hat auch Bedeutung für das **Steuerrecht**. GmbH und AG unterliegen als eigenständige juristische Personen einer eigenen („Einkommensteuer"=) Körperschaftsteuer. Dagegen sind die von Personengesellschaften erwirtschafteten Gewinne nur bei den einzelnen Gesellschaftern im Wege der Einkommensteuer steuerbar.

### c) Rechtsformwahl als unternehmerische Entscheidung

**165**  Das Bedürfnis natürlicher Personen, am Wirtschaftsleben ohne persönliches Haftungsrisiko teilzunehmen (unternehmerische Tätigkeit ohne persönliche Haftung), macht nicht bei Personengruppen Halt. Vielmehr hat auch der Einzelkaufmann seit jeher ein vitales Interesse an einer Einrichtung, die der Sache nach einem „Einzelkaufmann mbH" entspricht, bei der er also die Haftung für seine Geschäftsschulden mit seinem Privatvermögen (vgl. oben Rn. 37) vermeiden kann. Ursprünglich machte das Gesetz die mit der Errichtung einer GmbH oder AG verbundene Haftungsprivilegierung der Anteilsinhaber (Gesellschafter) von einem Zusammenschluss mehrerer Personen (bei der GmbH: 2; bei der AG: 5 Gesellschafter) abhängig. Die Praxis behalf sich über Jahrzehnte hinweg mit der sog. „Strohmanngründung" einer GmbH. Der Strohmann trat sofort mit Gründung der GmbH seinen Geschäftsanteil an den weiteren Gesellschafter ab, der damit – wie von Anfang an beabsichtigt – zum Alleingesellschafter wurde. Seit der GmbH-Reform von 1980 ist eine solche **Einmann-Gründung** unmittelbar möglich, § 1 GmbHG. In gleicher Weise erlaubt das Gesetz seit 1994 sogar, eine AG durch eine Person allein zu gründen, § 2 AktG (sog. kleine Aktiengesellschaft).

---

30  Die Haftung der GmbH ist damit nicht beschränkt, sodass die gesetzliche Bezeichnung Gesellschaft „mit beschränkter Haftung" im Grunde nicht zutreffend ist.

31  Die Erklärungsansätze der Rechtsprechung haben wiederholt gewechselt, vgl. unten Rn. 203.

Was den **Zweck der Gesellschaft** angeht, sind die Gründer von GmbH und AG frei,     **166**
insbesondere muss der Gesellschaftszweck nicht (wie bei der OHG) auf den Betrieb
eines Handelsgewerbes gerichtet sein. Vor allem Angehörige der freien Berufe z.B.
Rechtsanwälte, Steuerberater etc. dürfen sich in der Rechtsform der GmbH organisieren. Die Gesellschafter können auch einen gemeinnützigen Zweck im Gesellschaftsvertrag festlegen. Dieser kann im Gegensatz zu einer (verselbstständigen) Stiftung
durch Änderung des Gesellschaftsvertrages jederzeit auf einfache Weise geändert werden. Obwohl es sich bei der GmbH und der AG um eine körperschaftlich strukturierte
Kapitalgesellschaft handelt, unterscheiden sich beide Gesellschaftsformen deutlich in
ihrer volkswirtschaftlichen Funktion. In der Rechtspraxis wird die GmbH häufig als
Rechtsform für kleinere Unternehmen gewählt, sodass dort die Gesellschafter wesentlich stärker in die Unternehmensführung eingebunden sind als bei der rein kapitalistisch ausgerichteten AG. Bei den Gesellschaftern einer GmbH handelt es sich auch
meist um unternehmerisch tätige Personen mit entsprechender Sach- und Branchen-
kenntnis, während sich die Gesellschafterstellung der Aktionäre der AG regelmäßig
auf die Kapitalanlage beschränkt.

Häufig setzt das Steuerrecht den entscheidenden Impuls für die Wahl einer bestimm-     **167**
ten Rechtsform. Es beeinflusst die unternehmerische Rechtsformwahl im Wirtschaftsleben nicht selten mehr als (vernünftige) betriebswirtschaftliche Überlegungen. Bei
der Wahl einer Kapitalgesellschaft (GmbH, AG) sollte je nach Unternehmensgröße
insbesondere auch die unternehmerische (nicht bloß die betriebliche) Mitbestimmung der Arbeitnehmer im Aufsichtsrat oder Verwaltungsrat bedacht werden (vgl.
unten Rn. 173).

## 2. Gründung und Organisation einer Kapitalgesellschaft

Die Errichtung einer Kapitalgesellschaft, insbesondere einer AG, und die Konzeption     **168**
ihrer Organisationsverfassung stellen eine komplexe Angelegenheit dar, die heutzutage meist durch juristische und steuerrechtliche Fachleute vorbereitet und beglei-
tet wird. Im Folgenden kann nur ein Überblick über die wichtigsten Fragen gegeben
werden.

### a) Gründungsphase

Die Gründung einer Kapitalgesellschaft, namentlich einer AG, aber auch bereits einer     **169**
GmbH, ist erheblich aufwändiger und komplizierter als die Gründung einer Personen-
gesellschaft, bei der regelmäßig der formlose, ja konkludente Abschluss des Gesell-
schaftsvertrages genügt (vgl. oben Fall 13). Wir haben es hier mit einem mehrstufigen
Akt (**Gründung**) zu tun, der erst auf letzter Stufe zur Eintragung der GmbH oder der AG
in das Handelsregister führt. Erst in diesem Moment entsteht – im Unterschied zu der
Rechtslage bei der OHG oder KG (§§ 123 II, 161 II HGB) – die juristische Person, § 11 I
GmbHG, § 41 I 1 AktG.

Die Basis für den Gesamtvorgang der Errichtung einer Kapitalgesellschaft bildet selbst-     **170**
verständlich der Gesellschaftsvertrag, auch Statut genannt (bei Einmann-Gründung

die einseitige Errichtungserklärung). Das reicht für die Gründung der juristischen Person freilich nicht hin, weil die (bzw. der Allein-) Gesellschafter bis zur Eintragung in das Handelsregister aus Gründen des Gläubigerschutzes (Kapitalaufbringung) bereits einen Teil des Garantiekapitals vorweisen und der werdenden Gesellschaft effektiv zur Verfügung stellen müssen (muss).

171    Häufig steht am Anfang einer Gründung bereits die Führung eines gemeinsamen Unternehmens durch die zukünftigen Gesellschafter, i.d.R. in der Form einer OHG, sog. **Vorgründungsgesellschaft**. Der wesentliche und zwingend erforderliche Schritt für dieses erste Stadium ist der Abschluss eines inhaltlich bereits weitgehend fixierten Gesellschaftsvertrages (bei der AG: Satzung). Für die GmbH-Gründung legt § 3 GmbHG den Mindestinhalt fest. Der Gesellschaftsvertrag bedarf grundsätzlich der notariellen Beurkundung, § 2 I GmbHG, § 23 I AktG. Mit dem **Abschluss des notariellen Gesellschaftsvertrages** (bei der AG: Feststellung der Satzung) entsteht die **Vorgesellschaft** (Vor-GmbH oder GmbH i.Gr.). In dieser Gründungsphase erhält die Gesellschaft die Organisation (Ausrichtung der Verbandstruktur, mehr kapitalistisch oder mehr personalistisch) und wird mit dem Garantiekapital insoweit ausgestattet, als dies für die Handelsregistereintragung erforderlich ist und nachgewiesen werden muss, § 7 II und III GmbHG. Probleme bereitet in der Praxis immer wieder die **Sachgründung**. Das bedeutet, dass nach dem Gesellschaftsvertrag die Gesellschaftereinlagen teilweise nicht in Geld, sondern in Sachwerten geleistet werden, § 5 IV GmbHG. Hierzu ist bei der Registeranmeldung die Vorlage eines Sachgründungsberichts erforderlich (das ist insbesondere auch bei der AG bedeutsam). Erst nach der Leistung der erforderlichen Einlagen kommt es zur Anmeldung (Antrag auf Registereintrag), § 7 II, III GmbHG. Das Registergericht (Amtsgericht) prüft die ordnungsgemäße Errichtung und Anmeldung der GmbH, § 9c GmbHG.

172    Mit der Eintragung ist dann, wie gesagt, die Kapitalgesellschaft entstanden und die Vorgesellschaft beendet. Weil sich diese Phase über Jahre hinziehen kann, stellen sich viele Rechtsfragen, u.a. auch das Problem der Haftung für den bisherigen Geschäftsbetrieb des Unternehmens. Darauf kann hier nicht weiter eingegangen werden, es sei lediglich auf § 11 II GmbHG verwiesen, der einen Lösungsansatz enthält (persönliche Haftung der Handelnden für die Schulden der GmbH i. Gr.).

### b)  Organisationsverfassung

173    Im Gegensatz zu den Personengesellschaften bedarf die – auch die personalistisch ausgerichtete – GmbH einer ausführlichen statuarischen Regelung ihrer Organe und deren Kompetenzen. Die juristische Person, die nicht selbst handeln kann, braucht hierfür ein Organ, den Geschäftsführer (GmbH) bzw. Vorstand (AG); und außerdem ein Organ für die Willensbildung der Gesellschafter (GmbH: Gesellschafterversammlung; AG: Hauptversammlung). Es stellen sich schwierige Fragen der Kompetenzabgrenzung. Die gesetzliche Regelung hierzu ist bei der GmbH weitgehend durch den Gesellschaftsvertrag abdingbar. Bei der AG kommt als weiteres Organ in jedem Fall noch der **Aufsichtsrat** hinzu. Er kann auch **bei der GmbH** eingerichtet werden; zwingend ist das bei der GmbH in dem Fall, dass die **Unternehmensmitbestimmung** eingreift. Früher ordneten dies §§ 76, 77 BetrVG an. Diese Regelung ist durch das **Drittel-**

**beteiligungsgesetz** von 2004 abgelöst worden, das für Kapitalgesellschaften mit 500 bis 1999 Arbeitnehmern bestimmt, dass der Aufsichtsrat zu einem Drittel aus Arbeitnehmervertretern bestehen muss. Beschäftigt das Unternehmen regelmäßig mehr als 2000 Arbeitnehmer, so greift die paritätische Mitbestimmung (mit Stichentscheid des Vorsitzenden) nach dem **Mitbestimmungsgesetz** von 1976 ein. Nach dem **Montan-Mitbestimmungsgesetz** (Eisen/Stahl/Bergbau) von 1951 ist der Aufsichtsrat einer Kapitalgesellschaft mit mehr als 1000 Arbeitnehmern ebenfalls zu gleichen Anteilen mit Arbeitnehmer- und Kapitaleignervertretern sowie mit einem neutralen Mitglied besetzt.

### aa) Geschäftsführer/Vorstand

Bezüglich des Geschäftsführers (§§ 35 ff. GmbHG) oder der Mitglieder des Vorstandes (§§ 76 ff. AktG) muss man streng zwischen der organschaftlichen Bestellung und der (schuldrechtlichen) Anstellung unterscheiden. **174**

Die **Bestellung** bezeichnet den korporativen Akt, durch den die Organstellung der Person in der Gesellschaft begründet wird (einseitiges Rechtsgeschäft durch die Gesellschafterversammlung, § 46 Nr. 5 GmbHG; bzw. durch den Aufsichtsrat der GmbH, falls ein solcher besteht). Daraus folgt, dass der Mehrheitsgesellschafter oder die Gesellschafter, welche die Mehrheit der Gesellschaftsanteile und damit der Stimmen auf sich vereinigen, den Geschäftsführer bestimmen. Dies kann ein Gesellschafter sein (wie häufig bei der personalistisch strukturierten Familien-GmbH), muss es aber nicht (Drittorganschaft). Die Bestellung ist jederzeit frei widerruflich, wenn nicht der Gesellschaftsvertrag ein anderes vorsieht. Bei der AG erfolgt der korporative Akt der Bestellung durch den Aufsichtsrat für höchstens fünf Jahre mit der Möglichkeit zur Wiederbestellung. Der Widerruf ist hier nur aus wichtigem Grund möglich (§ 84 AktG). Bestellung und Widerruf sind jeweils bei GmbH und AG (deklaratorisch) im Handelsregister einzutragen, § 10 I GmbHG, § 39 I AktG. **175**

Neben die Bestellung tritt stets noch die **Anstellung** durch gegenseitigen Vertrag zwischen dem Geschäftsführer und der Gesellschaft, der als Geschäftsbesorgungsvertrag einzustufen ist, §§ 675 i.V.m. 611 ff. BGB. Der Geschäftsführer und der Vorstand sind nicht Arbeitnehmer der Gesellschaft, weil sie Leitungsfunktion ausüben. Deswegen fehlt es schon an dem typischen Merkmal der Abhängigkeit (vgl. hierzu unten 3. Kapitel Rn. 23). Im Anstellungsvertrag werden insbesondere die Vergütung, Altersversorgung, Urlaub etc. geregelt. Die geschäftsbesorgungsrechtlichen Hauptpflichten der Unternehmensführer bestehen in der internen Geschäftsführung (Unternehmensleitung) und in der externen Vertretung der Gesellschaft kraft **organschaftlicher Vertretungsmacht** (§ 35 I GmbHG, § 78 I AktG). Der Vertretungsmacht des Geschäftsführers unterliegen nicht Satzungsänderungen (Grundlagengeschäfte, wie z.B. der Abschluss eines Gewinnabführungsvertrages im Rahmen einer Konzerneingliederung, vgl. hierzu unten Rn. 226). Solche Geschäfte betreffen die Ebene des Gesellschaftsvertrages und sind daher (wie übrigens auch bei Personengesellschaften) selbstverständlich den Gesellschaftern zur Entscheidung (in der Gesellschafter- bzw. in der Hauptversammlung) vorbehalten. Der Geschäftsführer einer GmbH ist im Übrigen weit weniger autonom als der Vorstand einer AG, weil er jederzeit Weisungen der GmbH-Gesellschafter **176** unterliegt, § 37 I GmbHG. Demgegenüber leitet der Vorstand einer AG die Gesellschaft eigenverantwortlich, § 76 AktG.

177    Allerdings darf der GmbH-Geschäftsführer nicht jede Weisung befolgen, weil er aus der Organstellung und aus dem Geschäftsführer-Anstellungsvertrag eine bestimmte **Pflichtenstellung** z.B. gegenüber dem Stammkapital der GmbH allgemein und insbesondere im Falle drohender Insolvenz hat, deren Verletzung zu einer persönlichen Haftung des Geschäftsführers führen kann. So hat er z.B. Sorge dafür zu tragen, dass das Stammkapital nicht an die Gesellschafter zurückfließt, § 30 I GmbHG (Verbot der Rückgewähr von Einlagen). Wichtig ist insbesondere auch die Pflicht zum Insolvenzantrag (§ 15a I InsO), der unverzüglich, spätestens aber nach drei Wochen, wenn die Gesellschaft zahlungsunfähig oder überschuldet ist, nachgekommen werden muss (Näheres im 3. Kapitel Rn. 239, 252). Wenn der Geschäftsführer nach diesem kritischen Zeitpunkt noch Zahlungen an Dritte (Gläubiger der GmbH) aus dem Gesellschaftsvermögen vornimmt, haftet er der GmbH auf die Rückgewähr der Zahlung, § 64 S. 1 GmbHG. Die gleiche Ersatzpflicht trifft den Geschäftsführer, der Zahlungen an die Gesellschafter der GmbH vornimmt, die zur Zahlungsunfähigkeit der Gesellschaft führen, § 64 S. 3 GmbHG (Schutz der GmbH vor „Ausplünderung"). Den Rückgewähranspruch der GmbH macht jeweils der Insolvenzverwalter geltend, wenn es zu einem Insolvenzverfahren kommt[32].

178    Daneben haftet der Geschäftsführer denjenigen Gesellschaftsgläubigern gegenüber persönlich, die durch Verschleppung des Insolvenzantrags geschädigt worden sind (Insolvenzverschleppungsschaden; näher dazu unten 3. Kapitel Rn. 264). Außerdem macht sich der Geschäftsführer, der seiner Pflicht, den Antrag auf Eröffnung des Insolvenzverfahrens zu stellen, nicht, nicht richtig oder nicht rechtzeitig nachkommt, strafbar, vgl. § 15a IV und V InsO; ferner §§ 283 ff., 266, 266a StGB.

**bb) Gesellschafterversammlung**

179    Die Gesellschafterversammlung ist das zentrale Willensbildungsorgan der Kapitalgesellschaft. Sie besteht aus der Gesamtheit der Gesellschafter. In diesem Punkt gibt es naturgemäß große Unterschiede zwischen einer GmbH und einer AG.

180    Bei der GmbH ist die Gesellschafterversammlung anders als bei der AG eindeutig oberstes Organ der Gesellschaft, vgl. §§ 45, 46 GmbHG. Die Gesellschafter können dem Geschäftsführer generelle und auch Einzelweisungen erteilen. Einberufung und Durchführung der Versammlung bei der GmbH unterliegen viel einfacheren Regeln als bei der AG. Die Abstimmung kann aber bei der GmbH zu Problemen führen, wenn die regelmäßig einfache Mehrheit an Stimmen (vgl. § 47 II GmbHG: „Jeder Euro eines Geschäftsanteils gewährt eine Stimme") nicht erreicht wird. Insbesondere bei kleinen Gesellschaften mbH kommt es häufig zu einer paralysierenden Pattsituation. Satzungsänderungen erfordern in jedem Fall eine qualifizierte Mehrheit, mindestens aber eine Mehrheit von drei Vierteln der abgegebenen Stimmen; der Beschluss bedarf außerdem grundsätzlich der notariellen Beurkundung, § 53 II 1 GmbHG.

---

32  Das ist aber häufig mangels Masse nicht der Fall, vgl. unten 3. Kapitel Rn. 222, 254.

## 3. Mitgliedschaft

Die Gesellschafterstellung (Mitgliedschaft) ist die Summe der personen- und vermö-    **181**
gensrechtlichen Stellung des einzelnen Gesellschafters bezüglich der Gesellschaft.
Zwar steht, wie bereits erwähnt (vgl. oben Rn. 157), bei einer Kapitalgesellschaft die
kapitalmäßige Beteiligung im Gegensatz zu einer Personengesellschaft im Vordergrund. Darauf beschränkt sich aber die Mitgliedschaft in einer Kapitalgesellschaft natürlich nicht, vielmehr enthält sie ebenfalls ein ganzes Bündel von Rechten und Pflichten. Bei der AG wird die Rechtsstellung, die mit der Mitgliedschaft verbunden ist, in
einem Wertpapier (Inhaber- oder Namensaktie) verbrieft.

### a)  Mitgliedschaftsrechtliche Rechte und Pflichten

Die Individualrechte des einzelnen Gesellschafters gegenüber der Gruppe bestehen    **182**
hauptsächlich in Vermögens- und Verwaltungsrechten (sog. **Teilhaberechte**). Der Anspruch auf Gewinnbeteiligung, bei der AG Dividende genannt (§ 58 IV AktG), steht im
Vordergrund. Bei der GmbH wird der Anspruch auf Ausschüttung des Jahresüber-
schusses auf der Grundlage des vom Geschäftsführer erstellten Jahresabschlusses ermittelt und durch die Gesellschafterversammlung beschlossen, § 29 I, II GmbHG. Zu
den Mitwirkungsrechten des Gesellschafters zählen die Befugnisse, sich entsprechend
der Kapitalbeteiligung an der internen Willensbildung der Gesellschaft zu beteiligen
(Rede- und Stimmrecht), insbesondere aber auch das Recht zur Teilnahme an der
Gesellschafterversammlung und das Recht, Beschlüsse der Gesellschafterversammlung (Hauptversammlung) anzufechten, d.h. eine gerichtliche Überprüfung ihrer
Recht- und Satzungsmäßigkeit herbeizuführen.

Die **Hauptpflicht** eines Aktionärs oder GmbH-Gesellschafters besteht in der **Leistung**    **183**
**der** gezeichneten **Einlage**. Der Gesellschafter muss die übernommene Einlage, d.h.
den Nennbetrag der Aktien bzw. der Gesellschaftsanteile zuzüglich eines Agios (Auf-
geld) an die Gesellschaft zahlen. Bei der AG, dem Prototyp des Wirtschaftsvereins,
bewendet es in aller Regel bei dieser Gesellschafterverpflichtung, weil eine über die
Kapitalbeteiligung hinausgehende persönliche Bindung der Aktionäre nicht vorgesehen ist.

Anders liegt es in diesem Punkt bei der GmbH. Hier herrschen andere Strukturen, so-    **184**
dass im Gesellschaftsvertrag häufig vielfältige weitere Pflichten der einzelnen Gesellschafter errichtet werden, wie z.B. Mitarbeitspflichten, Unterlassung von Wettbewerb
etc., Zahlung von weiteren Einlagen, § 26 I GmbHG (Nachschusspflicht). Insbesondere
die (ungeschriebene) **Treuepflicht** des Gesellschafters einer GmbH kann ähnlich wie
bei Personengesellschaften sehr stark ausgeprägt sein. Diese Pflicht nötigt den Gesellschafter u.U. dazu, auf die Belange der Gesellschaft und der Mitgesellschafter angemessen Rücksicht zu nehmen, z.B. kein „Aushungern" von Minderheitsgesellschaftern;
Zustimmung zu dringend notwendigen Geschäftsführungsmaßnahmen oder Satzungsänderungen etc.

### b) Erwerb und Übertragung der Mitgliedschaft

**185**    Die Gründungsgesellschafter einer Kapitalgesellschaft erwerben die Mitgliedschaft unmittelbar (**originär**). Auf die gleiche Weise erwerben bei einer effektiven Kapitalerhöhung (wenn eine existente Gesellschaft ihr Garantiekapital erhöht) neu hinzukommende Gesellschafter die neuen Anteile (Geschäftsanteile oder Aktien). Geht ein bereits bestehender Gesellschaftsanteil, also die verkörperte Mitgliedschaft, auf eine andere Person über, was etwa auf der Grundlage eines schuldrechtlichen Vertrages wie Verkauf oder Schenkung oder auch im Erbrechtsweg geschehen kann, dann spricht man von einem abgeleiteten (**derivativen**) Erwerb. Die Aktien einer AG sind ebenso wie die Geschäftsanteile an einer GmbH nicht nur veräußerlich, sondern auch vererblich, weil typischerweise die AG und prinzipiell auch die GmbH nicht wie die OHG oder die KG durch persönliche Beziehungen der Gesellschafter geprägt sind (bei der Personengesellschaft führt der Tod eines Gesellschafters grundsätzlich zur Auflösung der Gesellschaft, vgl. oben Rn. 150 a.E.).

**186**    Im Vergleich zu der Mitgliedschaft in einer Personengesellschaft kann ein Anteil an einer Kapitalgesellschaft relativ unkompliziert übertragen werden, wobei die Übertragung von Aktien, insbesondere die der börsennotierten Aktiengesellschaften noch einfacher vor sich geht als die von GmbH-Anteilen. **Inhaberaktien** werden nämlich als **Wertpapiere** wie bewegliche Sachen gem. **§§ 929 ff. BGB** übertragen; insbesondere nach §§ 929, 931 BGB, wenn die Papiere in einem Wertpapierdepot bei einer Bank verwahrt liegen. Hat die AG keine Einzelaktien, sondern Sammelurkunden (vgl. § 10 V AktG) ausgestellt, die alle oder einen Großteil der Aktien verbriefen, so stehen dem Aktionär lediglich Miteigentumsanteile an der Sammelurkunde zu, die er ebenfalls nach den genannten sachenrechtlichen Vorschriften des BGB übertragen kann. Bei der Namensaktie, die nicht anonym auf den Inhaber, sondern auf eine bestimmte Person ausgestellt ist, erfordert die Übertragung zusätzlich einen schriftlichen Übertragungsvermerk (sog. Indossament), § 68 I AktG.

**187**    Die **Geschäftsanteile** an einer **GmbH** können nicht in einer Wertpapierurkunde verbrieft werden. Ihre Übertragung erfolgt durch **Abtretungsvertrag nach §§ 398, 413 BGB**. Der Gesetzgeber hat jedoch für die Abtretung des Geschäftsanteils mit der **notariellen Beurkundung** eine besondere Form vorgesehen, § 15 III GmbHG (zur notariellen Beurkundung, vgl. 1. Kapitel Rn. 152). Darüber hinaus ist es gesellschaftsvertraglich möglich, die Übertragung der Anteile an die Zustimmung der Gesellschafter zu binden, sog. Vinkulierung gem. § 15 V GmbHG. Früher konnte ein Gesellschafter nur eine einzige, je nach dem Umfang seiner Beteiligung unterschiedlich große Stammeinlage übernehmen. Die Neuregelung nach der GmbH-Reform 2008 (MoMiG) sieht im Hinblick auf die Erleichterung der Übertragbarkeit von GmbH-Anteilen vor, dass jeder Gesellschafter auch mehrere Stammeinlagen (Geschäftsanteile) übernehmen kann, § 5 II 2 GmbHG. Die gezeichneten Geschäftsanteile sind in der beim Handelsregister einzureichenden Gesellschafterliste durch laufende Nummern dem jeweiligen Gesellschafter zugeordnet, §§ 8 I Nr. 3, 40 I 1 GmbHG. Eine der wesentlichen Neuerungen des MoMiG bestand in der Einführung des **gutgläubigen Erwerbs** von **Gesellschaftsanteilen** auf der Grundlage dieser Liste, § 16 I, III GmbHG. Dem können wir hier aber nicht weiter nachgehen.

Ein **Kündigungsrecht** des Gesellschafters kennt das Recht der Kapitalgesellschaften    188
anders als bei den Personengesellschaften nicht. Für börsennotierte Aktiengesellschaften ist das auch nicht erforderlich. Im Übrigen wird ein solches Recht des Gesellschafters aus wichtigem Grund jedoch bei der GmbH erwogen. Auch der Ausschluss
eines Gesellschafters aus einer Kapitalgesellschaft ist gesetzlich nicht vorgesehen (vgl.
für Personengesellschaften § 140 HGB), dürfte aber aus wichtigem Grund (Ausschluss
von ausgesprochenen Störenfrieden) ganz ausnahmsweise zulässig sein.

### 4. Finanzverfassung

Das ebenso wichtigste wie heikelste Kapitel des Kapitalgesellschaftsrechts ist die ge-    189
setzliche Regelung der Finanzverfassung mit ihren strengen und zwingenden Vorschriften bezüglich der Kapitalaufbringung und der Kapitalerhaltung. Hier liegt in der
Praxis vieles im Argen, weil nicht selten eine Tendenz der Gesellschafter insbesondere
bei der GmbH besteht, gegen die Gesetzesregelung persönliche Vorteile zu Lasten der
Gesellschaft und ihrer Gläubiger zu ziehen.

Aus der Sicht der Gesellschafter stellt aber das von ihnen einmal (bei der Gründung)    190
aufzubringende Garantiekapital die „Eintrittskarte" für die persönliche Haftungsbe-
freiung dar. Nur mit Rücksicht auf dieses besonders gesicherte Garantiekapital wird
den Gesellschaftsgläubigern die persönliche Haftung der Gesellschafter vorenthalten.
Diese kapitalgesellschaftsrechtliche Grundeinsicht schwindet in Zeiten, in denen der
Gesetzgeber eine „Gesellschaft mit beschränkter Haftung" **ohne Kapital** (UG) einführt
(vgl. unten Rn. 193).

### a) Das feste Nennkapital

Das Garantiekapital (Grund- bzw. Stammkapital) besteht aus einer festen, im Han-    191
delsregister eingetragenen Kennziffer, bezüglich derer zwei elementare Grundver-
pflichtungen der Gesellschafter bestehen:

- positiv: das Kapital ist bei Gründung effektiv aufzubringen und der Gesellschaft zur
  Verfügung zu stellen, und zwar in „bar" (Geldwert) oder werthaltigen Sachwerten
  (**Gebot der Kapitalaufbringung**);
- negativ: dieses so aufgebrachte Vermögen darf nicht an die Gesellschafter zurückfließen (**Verbot der Einlagenrückgewähr**).

Das bedeutet nicht, dass das Grund- und Stammkapital unangetastet im Safe der    192
Gesellschaft abzulegen, also in seiner Substanz zu schützen wäre. Gemeint ist lediglich, dass der entsprechende im Gesellschaftsvermögen verkörperte Wert dem Zugriff
der Gesellschafter entzogen sein muss. Selbstverständlich darf die Gesellschaft das ihr
zur Verfügung gestellte Kapital im Rahmen ihrer unternehmerischen Tätigkeit einsetzen, sodass das Risiko des Verlustes jederzeit besteht. Das Verbot der Rückzahlung an
die Gesellschafter meint vielmehr konkret, dass die GmbH-Gesellschafter **keine** offenen oder verdeckten **Ausschüttungen** beschließen dürfen, soweit das Vermögen der
GmbH **unter** die **Stammkapitalziffer** gefallen ist oder bei Auszahlung unter diese fallen würde.

**193**    Das große Problem besteht dabei schon darin, dass das in § 5 I GmbHG vorgeschriebene **gesetzliche Mindestkapital** in Höhe von 25 000 EUR[33] (bei der AG: 50 000 EUR) häufig nicht hinreicht, um die GmbH mit ausreichendem Eigenkapital auszustatten (Problem der Unterkapitalisierung). Häufig begnügen sich die Gründer einer GmbH (insbesondere im Bereich von Dienstleistung und Handwerk) mit dem gesetzlichen Mindestkapital. Die Zeichnung eines ausreichenden Eigenkapitals stellt aber nicht nur ein betriebswirtschaftliches Grunderfordernis dar, sondern ist auch für die Kreditwürdigkeit der Gesellschaft von ausschlaggebender Bedeutung. Damit nicht genug. Der Gesetzgeber hat mit der GmbH-Reform 2008 die Gründung einer GmbH (**Unternehmergesellschaft**) zugelassen, deren **Stammkapital** lediglich in Höhe von **einem Euro** bestehen muss, § 5a I i.V.m. § 5 II GmbHG. Für kapitalschwache und eilige Gründer hat das Gesetz außerdem die vereinfachte Gründung einer GmbH unter Verwendung notarieller Musterprotokolle eingeführt, sog. „GmbH von der Stange", vgl. § 2 Ia GmbHG. Die neue Gesellschaft darf allerdings nicht mit dem Rechtsformzusatz „GmbH" firmieren, sie muss im Rechtsverkehr die Bezeichnung „Unternehmergesellschaft" (UG) mit dem Zusatz „haftungsbeschränkt" führen, § 5a I GmbHG. Der Gesetzgeber wollte mit der Ein-Euro-GmbH die Flucht in ausländische Briefkastengesellschaften mit Verwaltungssitz in Deutschland (insbesondere britische Private Limiteds) eindämmen. Ob dieses Konzept aufgeht und überhaupt wirtschaftlich Sinn macht, erscheint zumindest fraglich.

### b)  Kapitalaufbringung

**194**    Die effektive Ausstattung der Kapitalgesellschaft mit dem Garantiekapital hat im Zusammenhang mit der Gründung zu erfolgen. Bei der Unternehmergesellschaft (Rn. 193) besteht die Pflicht zur vollständigen Kapitalaufbringung vor der Anmeldung zum Handelsregister, § 5a II 1 GmbHG. Im Übrigen gilt für die GmbH im Gründungsstadium, dass die Gesellschafter nicht das gesamte Kapital, sondern nur einen wesentlichen Teil davon aufzubringen haben. Man unterscheidet hier die **Bargründung** und die **Sachgründung**.

**195**    Normalfall nach dem Gesetz soll die **Bargründung** sein, d.h. dass die Gesellschafter der Gesellschaft in Erfüllung ihrer Einlageverpflichtung aus dem Gesellschaftsvertrag das versprochene Kapital in Form einer Geldeinlage (regelmäßig durch unbare Zahlung) zukommen lassen. Eine Anmeldung zum Handelsregister darf erst erfolgen, wenn auf jeden Geschäftsanteil ein Viertel des Nennbetrags einbezahlt ist, insgesamt unter Berücksichtigung der Sacheinlagen jedoch die Hälfte des gesetzlichen Mindeststammkapitals, § 7 II 1 und 2 GmbHG. Das bedeutet im Ergebnis, dass die GmbH bereits nach Einzahlung von 12 500 EUR in das Handelsregister eingetragen wird. Dabei stellt sich die Frage, was aus den noch offenen Einlageforderungen der GmbH nach ihrer Eintragung in das Handelsregister wird.

---

33  Zur Zeit des Inkrafttretens des GmbH-Gesetzes (1892) war ein Eigenkapital von 20 000 Goldmark vorgesehen, eine vergleichsweise hohe Summe (nicht unter einem 6-stelligen Eurobetrag), die seinerzeit nicht leicht aufgebracht werden konnte.

Hier liegt eine tatsächliche Schwachstelle der Praxis, obwohl das Gesetz um eine **196** Sicherung der Kapitalaufbringung in § 19 II GmbHG bemüht ist. Die offenen Einlagen sind durch Gesellschafterbeschluss einzufordern (häufig geschieht dies dann erst durch den Insolvenzverwalter), sie dürfen den Gesellschaftern nicht erlassen und auch nicht gestundet werden. Auch kann der Gesellschafter gegen die Einlageforderung grundsätzlich nicht mit eigenen Gegenforderungen gegenüber der Gesellschaft (z.B. Vergütungsansprüche aus übernommener Geschäftsführertätigkeit) aufrechnen, vgl. § 19 II 2 GmbHG. Die weiteren Maßnahmen des Gesetzes zur Durchsetzung der Einlageforderungen erweisen sich nicht selten (gerade in einer Familien-GmbH) als Papiertiger: Kaduzierung (= Verlust) des Gesellschaftsanteils, § 21 GmbHG; anteilsmäßige Haftung der Mitgesellschafter für die ausgefallenen Geldbeträge, § 24 GmbHG.

Noch problematischer ist die Gründung einer GmbH durch **Sacheinlagen**, wie sie in **197** der Praxis oft bei Einbringung eines einzelkaufmännischen Handelsgeschäfts in die neue GmbH vorkommt. Die Gefahr, die dabei wie überhaupt bei jeder Sachgründung besteht, liegt in der Überbewertung der Einlage. Fließt hier der GmbH nicht der effektive Wert zu, wird das versprochene Kapital nicht erreicht und gegen den Grundsatz der realen Kapitalaufbringung verstoßen. Ein solches Vorgehen führt nicht nur zur Vernachlässigung des Mindestschutzes für die Gesellschaftsgläubiger, sondern auch dazu, dass der zu wenig leistende Gesellschafter gegenüber den Mitgesellschaftern ungerechtfertigt bevorzugt wird. Auch in diesem Bereich versucht der Gesetzgeber gegen verbreitete Missbräuche in der Praxis anzukämpfen.

So folgt aus der (für die GmbH analog anzuwendenden) Bestimmung des § 27 II AktG, **198** dass das Know-how eines Geschäftsbetriebes nicht eingelegt werden kann; das gleiche gilt auch für Dienstleistungen, arg. § 7 III GmbHG. Dennoch ist der Begriff Sacheinlage gem. § 5 IV GmbHG weit zu verstehen, er umfasst nicht nur Sachen (körperliche Gegenstände, § 90 BGB), sondern auch Rechte wie z.B. Patent- und Markenrechte etc. Der Gegenstand der Einlage muss im Gesellschaftsvertrag der GmbH genau bezeichnet werden, § 5 IV 1 GmbHG. Sacheinlagen sind schon vor der Anmeldung an die Gesellschaft zu leisten, was dem Registergericht in Form eines **Sachgründungsberichts** anzuzeigen und nachzuweisen ist, § 7 III GmbHG. Das Registergericht hat die Werthaltigkeit in gewissem Umfang nachzuprüfen. Die Reform des GmbH-Rechts im MoMiG hat bestehende Anforderungen auch in diesem Bereich zurückgenommen. Nach früherer Rechtslage musste das Registergericht die Eintragung ablehnen, wenn Sacheinlagen überbewertet worden sind. Gemäß § 9c I 2 GmbHG erfolgt die Ablehnung der Eintragung nur noch dann, wenn die Sacheinlage „nicht unwesentlich" überbewertet worden ist. Im Übrigen ordnet das Gesetz bei Überbewertung der Sacheinlage noch die sog. Differenzhaftung des einlagepflichtigen Gesellschafters an, § 9 I GmbHG.

Ein großes Problem in der Praxis stellt auch die **verdeckte** oder auch sog. verschleierte **Sacheinlage** dar. Damit ist der Fall angesprochen, dass zwar eine Bargründung vereinbart ist, diese jedoch planmäßig durch eine Sacheinlage ersetzt wird. Dazu der **199**

---

**Fall 15**

---

Die vom Gründungsgesellschafter A übernommene Bareinlage in Höhe von 20 000 EUR wird unmittelbar nach Eintragung der GmbH in das Handelsregister durch den Verkauf einer A gehörenden Sache an die GmbH „ausgetauscht", die nur 10 000 EUR wert ist. Das kommt erst zwei Jahre später im Rahmen des Insolvenzverfahrens über das Vermögen der GmbH heraus. Der Insolvenzverwalter I fragt, ob er von A noch Zahlung der Bareinlage in Höhe von 20 000 EUR verlangen kann.

**Lösung**

In dem „Austausch" (= Aufrechnung der Einlageforderung gegen die Kaufpreisforderung) liegt eine Umgehung der Sacheinlagevorschriften mit ihrer komplizierten Regelung der Wertprüfung und Offenlegung (Sachgründungsbericht), § 5 IV GmbHG. Häufig soll diese Vorgehensweise dazu dienen, unredlichen Gesellschaftern die Einbringung minderwertiger Einlagen zu ermöglichen. Nach bisheriger Rechtsprechung waren solche Vereinbarungen unwirksam, sodass die tatsächlich vom Gesellschafter erbrachte Einlage nicht, auch nicht teilweise als Erfüllung seiner Einlageverpflichtung angesehen wurde. Die geschuldete Einlage musste daher mit vollem Wert nachgeleistet werden. Im Fall 15 hätte der I daher nach früherer Rechtslage einen Anspruch auf Zahlung von 20 000 EUR gegen A geltend machen können. Das MoMiG hat jedoch die Pflicht zur ungeschmälerten Bareinlage relativiert. Nunmehr gilt nach § 19 IV 3 GmbHG die sog. **Anrechnungslösung**. Danach schuldet A jedenfalls bis zur Eintragung der GmbH in das Handelsregister die Bareinlage, wie im Gesellschaftsvertrag vereinbart. Die tatsächlich erbrachte (verdeckte) Sacheinlage wird darauf jedoch mit ihrem vollen Wert angerechnet. Das Gesetz erlaubt damit dem Gesellschafter an die Stelle der Barleistung eine andere Leistung (an Erfüllungs Statt, vgl. § 364 I BGB) zu setzen. Eine entsprechende Vereinbarung ist nach § 19 IV 2 GmbHG nicht (mehr) unwirksam. Da im Fall 15 der Wert der Sacheinlage um die Hälfte hinter der geschuldeten Bareinlage zurückbleibt, muss A der Gesellschaft noch eine Einlage von 10 000 EUR zahlen.

Allein, für viele Fälle dieser Art gilt: wo kein Kläger, da kein Richter[34]. Im Fall 15 ist das freilich ausnahmsweise einmal anders. Hier verfolgt der Insolvenzverwalter die Zahlungspflicht des Gesellschafters A gegenüber der insolventen GmbH.

## c) Kapitalerhaltung

**200**    Ist es schon nicht einfach, das Prinzip der effektiven Kapitalaufbringung in der Praxis durchzusetzen, so erweist sich das zweite Element im System des festen Nennkapitals, nämlich das Prinzip der Kapitalerhaltung, in der praktischen Verwirklichung als mindestens ebenso schwierig. Es besteht, wie gesagt, darin, dass das Stammkapital nicht an die Gesellschafter zurückfließen darf. Das **Verbot der Einlagenrückgewähr** in § 30 GmbHG (vgl. auch § 57 AktG) stellt die zentrale Vorschrift der Kapitalerhaltung dar. Bei der AG untersagt § 57 II AktG, den Aktionären mehr als den jeweiligen Bilanzgewinn auszukehren, d.h. hier sind nicht nur das reine Grundkapital, sondern auch die bereits gebildeten Rücklagen dem Zugriff der Aktionäre entzogen. Das GmbH-Recht bleibt erheblich dahinter zurück. § 30 I 1 GmbHG verbietet eine Auszahlung an die Gesellschafter nur dann, wenn dadurch das zur Erhaltung des Stammkapitals erforderliche Gesellschaftsvermögen angegriffen wird, die Zahlung also zu Lasten des gebundenen Vermögens der GmbH erfolgt (Schutz lediglich des Garantiekapitals). Eine wei-

---

34 Häufig wird mangels Eröffnung eines Insolvenzverfahrens ein Insolvenzverwalter, der solche Ansprüche verfolgen könnte, nicht bestellt, vgl. bereits oben Rn. 177 Fn. 29 mit Hinweis auf 3. Kapitel Rn. 222, 254.

tere Aufweichung des Grundsatzes der Kapitalbindung hat das MoMiG mit § 30 I 2 GmbHG gebracht (dazu noch unten Rn. 233).

Bei einem Verstoß gegen § 30 I GmbHG (Auszahlung des zur Erhaltung des Stamm-    **201** kapitals erforderlichen Vermögens der Gesellschaft) besteht ein Rückzahlungsanspruch der GmbH gegen den begünstigten Gesellschafter, § 31 I GmbHG; daneben kommt auch eine Haftung des Geschäftsführers gem. § 43 III GmbHG und gegebenenfalls auch eine Mithaftung der Mitgesellschafter gem. § 31 II GmbHG in Frage.

Neben den **offenen Ausschüttungen** (ohne Gegenleistung des begünstigten Gesell-    **202** schafters) kann es auch zu einem das Garantiekapital angreifenden Abfluss von Vermögen an die Gesellschafter im Rahmen eines Austauschvertrages kommen. Das ist grundsätzlich nicht bedenklich, wird aber dann problematisch, wenn die Gegenleistung der GmbH (z.B. Geschäftsführergehalt an Geschäftsführer-Gesellschafter) außer Verhältnis zur Leistung steht, wobei es auf den marktüblichen Wert der Leistung ankommt. Greift eine solche **„verdeckte Gewinnausschüttung"** das zur Erhaltung des Stammkapitals erforderliche Gesellschaftsvermögen an, wird sie wie eine verbotene unmittelbare Zahlung an den Gesellschafter behandelt. Dieser muss dann die ungebührliche Differenz zum Marktwert der Gesellschaft erstatten.

Oberhalb des Stammkapitals, also außerhalb der gesetzlichen Ausschüttungssperre    **203** des § 30 I GmbHG, dürfen die Gesellschafter nach der ursprünglichen Vorstellung des Gesetzgebers das Vermögen der GmbH ohne weiteres abschöpfen. Jedoch setzt sich in der Rechtsprechung immer mehr der Gedanke durch, dass den Gesellschaftern **existenzvernichtende Eingriffe** zu Lasten der Gesellschaft nicht erlaubt sind. Durch solche Maßnahmen werden nicht nur die GmbH, sondern auch ihre Gläubiger geschädigt. Beide kommen daher als Gläubiger eines gegen den eingreifenden Gesellschafter gerichteten Schadensersatzanspruchs in Betracht. Die Rechtsprechung hat in einem Zick-Zack-Kurs bisher alle Varianten durchgespielt. Der BGH nahm zunächst eine Haftung der eingreifenden Gesellschafter gegenüber den durch solche Eingriffe geschädigten Gesellschaftsgläubigern (Außenhaftung) mit der Begründung an, die Gesellschafter dürften sich nicht auf die Haftungsbeschränkung des § 13 II GmbHG berufen (Durchgriffshaftung, oben Rn. 163). Er stützte diese Durchgriffshaftung anfangs (1985) noch auf konzernrechtliche Erwägungen (vgl. unten Rn. 231), ist dann aber (2001) auf den Haftungsgesichtspunkt der rechtsmissbräuchlichen Existenzvernichtung umgeschwenkt; Inhaber des Schadensersatzanspruchs sollten die geschädigten Gläubiger der GmbH sein, § 826 BGB[35]. Eine erneute Kehrtwendung (von der Außenhaftung zur Innenhaftung der eingreifenden Gesellschafter) erfolgte im Jahr 2007. Seitdem favorisiert der BGH bei missbräuchlicher Schädigung des GmbH-Vermögens eine Schadensersatzhaftung der betreffenden Gesellschafter allein gegenüber der geschädigten GmbH (Innenhaftung) aus § 826 BGB[36].

---

35  BGHZ 149, 10 = NJW 2001, 3622 (im Fall „Bremer Vulkan"); BGHZ 151, 181 = NJW 2002, 3064 („KBV").

36  Die erneute Neuausrichtung der Rechtsprechung begann mit BGH NJW 2007, 2689 („Trihotel"); bestätigt von BGH NJW 2008, 2437 („Gamma"). Ob damit das letzte Wort gesprochen ist, erscheint mit Blick auf die bisherige Entwicklung der Rechtsprechung und die teils heftige Kritik am Kurs

### d)    (Kapitalersetzende) Gesellschafterdarlehen

**204**    Alle unter b) und c) dargestellten Bemühungen des Gesetzes zur Aufrechterhaltung des Systems des festen Nennkapitals taugen als Schutzinstrumente für die Gläubiger der Gesellschaft überhaupt nur, wenn die festgesetzte Stammkapitalziffer dem wirtschaftlichen Eigenkapitalbedarf der Gesellschaft einigermaßen entspricht (vgl. schon oben Rn. 193). Das ist jedoch in der Praxis bei weitem nicht immer der Fall. Die Gründungsgesellschafter werden auch künftig, dem Signal des Reformgesetzgebers folgend, nicht selten eine Kapitalgesellschaft ohne (oder jedenfalls ohne ausreichendes) Kapital etablieren. Das gilt insbesondere für die Gründung einer GmbH im Handwerker- oder Dienstleistungsbereich. Eine GmbH mit zu geringer Kapitalausstattung ist jedoch mangels hinreichender Eigenmittel auf Fremdkapital angewiesen. Das ist nicht weiter bedenklich, soweit sich Banken zur Kreditierung des GmbH-Unternehmens bereitfinden. Aber häufig werden die benötigten Fremdmittel der GmbH von den Gesellschaftern selbst zur Verfügung gestellt. Auch das ist grundsätzlich nicht zu beanstanden.

**205**    Kritisch wird diese Praxis erst, wenn ein Dritter, nämlich eine Bank, der GmbH zu marktüblichen Bedingungen kein Darlehen mehr gewährt hätte. Dann sollte nach bisheriger Rechtsprechung das der GmbH in der Krise vom Gesellschafter gewährte Darlehen (Gesellschafterdarlehen) wie die Zufuhr von Eigenkapital an die GmbH behandelt werden (eigenkapitalersetzendes Gesellschafterdarlehen). Das hatte nach gefestigten Rechtsprechungsgrundätzen zur Konsequenz, dass der Gesellschafter die Rückzahlung seines Darlehens nicht verlangen konnte, wenn damit das Stammkapital der GmbH hätte angegriffen werden müssen. Parallel hierzu hatte bisher § 32a I GmbHG a.F. angeordnet, dass in der Insolvenz der GmbH das Darlehen überhaupt nicht mehr zurückgezahlt werden durfte.

**206**    Die Modernisierung des GmbH-Rechts durch das MoMiG hat demgegenüber auf die Rechtsprechungsregeln verzichtet und auch § 32a aus dem GmbH-Gesetz gestrichen. Die Rückzahlung eines Gesellschafterkredits wird während des „normalen Lebens" der Gesellschaft grundsätzlich als unproblematisch angesehen. Das Gesetz greift nur ein, wenn die Rückführung der Darlehensvaluta an den Gesellschafter im Zusammenhang mit der Insolvenz der GmbH geschieht. Darlehensrückzahlungen im Vorfeld, genauer im Einjahreszeitraum vor der Insolvenz, unterliegen dem Anfechtungsrecht des Insolvenzverwalters gem. §§ 129 ff., 135 I Nr. 2 InsO (allgemein zum Anfechtungsrecht 3. Kapitel Rn. 265 ff.). Rückzahlungsforderungen des Gesellschafters in der Insolvenz der GmbH werden nachrangig behandelt (vgl. unten 3. Kapitel Rn. 216). Die GmbH-Novelle 2008 hat damit wesentliche Instrumente des Gläubigerschutzes vom Gesellschafts- in das Insolvenzrecht verlagert. Sie strebt eine erhebliche Vereinfachung des Rechts der GmbH an, insbesondere entfällt die Qualifizierung eines Darlehens als „kapitalersetzend". Zu diesem Rechtsproblem sind bisher ganze Bibliotheken gefüllt worden. Der Grundgedanke der Neuregelung ist, dass die Organe und Gesellschafter einer gesunden GmbH mit Gesellschafterdarlehen unbefangener umgehen können.

---

des BGH nicht sicher; immerhin hat der BGH seine Rechtsprechung in weiteren Urteilen bestätigt, vgl. NJW-RR 2013, 1321 („Spritzgussmaschine").

Rückzahlungen auf Gesellschafterdarlehen werden überhaupt erst ein Jahr vor und in der Insolvenz der Gesellschaft kritisch (so die amtliche Begründung des Gesetzesentwurfes der Bundesregierung, BT-Drs. 16/6140). Die künftige Praxis wird erweisen, ob die insolvenzrechtliche Lösung nicht tendenziell zu Lasten der Gesellschaftsgläubiger geht. Das steht jedenfalls zu befürchten, weil das Konzept des Gesetzgebers stets die Eröffnung des Insolvenzverfahrens voraussetzt, zu der es aber häufig schon mangels Masse nicht kommt (siehe noch 3. Kapitel Rn. 254).

---

**Lernkontrolle im Selbststudium:**
Kornblum/Schünemann/Müller, Aufgaben 314, 337–343; 345, 346, 350

---

## IV. Verbindung und Vermischung von Unternehmensgesellschaften

Die gewerbliche Wirtschaft und insbesondere die Industrie begnügen sich nicht mit    **207**
den vom Gesellschaftsrecht zur Verfügung gestellten klassischen Gesellschaftstypen. Vielfältig sind die Bemühungen, die gesetzlichen Rechtsformen und Regelungsinhalte den jeweiligen Bedürfnissen des Unternehmens anzupassen. Dabei kommt es zur Verformung und zur Vermischung der gesetzlich geregelten Gesellschaftstypen (1). Daneben führen die Konzentrationsprozesse in der Wirtschaft zu einer immer stärkeren organisatorischen Verbindung und Verflechtung von Einzelgesellschaften (Unternehmensverbindungen), deren zahlreiche Probleme das Konzernrecht in den Griff zu bekommen versucht (2).

### 1. Verformung und Vermischung von Gesellschaftstypen

Die dispositiven Regeln insbesondere über die Personengesellschaften erlauben seit    **208**
jeher eine weitgehend freie Gestaltung der Gesellschaftsverhältnisse durch die Gesellschafter. Das Gesetz überlässt ihnen grundsätzlich die Organisation ihres Verbandes durch Typenwahl und Ausgestaltung des Gesellschaftsvertrages (Satzung).

### a) Die Publikums-KG

Der Einfallsreichtum der Wirtschaftsjuristen hat die gesetzlichen Leitbilder und Struk-    **209**
turen zum Teil so weit abgewandelt, dass die neuen Organisationsformen als rechtspolitisch fragwürdige Gebilde erscheinen, denen teilweise auch lange Zeit die rechtliche Anerkennung verwehrt worden ist, wie z.B. der Publikums-KG, der Einmanngesellschaft und insbesondere der GmbH & Co. KG. Beispielsweise hat die seit etwa 40 Jahren zu beobachtende Erscheinung der Massen- oder Publikums-KG die vom Gesetz bereitgestellte **personenrechtliche Grundform** der Kommanditgesellschaft **gesprengt** und sich eine körperschaftlich verfasste Organisationsstruktur gegeben („atypische" Gesellschaft). Der Gesellschaftsvertrag, der regelmäßig von einer kleinen Gruppe von

Gründern (sog. Initiatoren) geschlossen wird, erlaubt einer Vielzahl von Kommanditisten den Beitritt, die als Kapitalanleger geworben werden. Damit wird der KG die Aufgabe der Kapitalsammlung zugewiesen, für die der Gesetzgeber an sich die Rechtsform der AG bereithält (Zugang zum Kapitalmarkt) und hierfür auch die Überwachungsinstrumente (Aufsichtsrat, Hauptversammlung) zur Verfügung stellt. Solche Kontrollorgane fehlen jedoch bei der KG, sodass sich alsbald die Frage des Anlegerschutzes stellte. Hier musste die Rechtsprechung einspringen und umfangreiche **Sonderregeln** zum **Schutz der Kommanditisten** entwickeln. Der Gesetzgeber blieb lange ganz untätig. Inzwischen reguliert das am 22.7.2013 in Kraft getretene Kapitalanlagegesetzbuch zum Schutz der Anleger das Recht der Fonds-KG. Auf Einzelheiten kann hier nicht weiter eingegangen werden.

### b)  Die GmbH & Co. KG

210  Vielfach werden die atypischen Gestaltungen kombiniert mit **Typenvermischungen**; Paradigma dafür ist etwa die GmbH & Co. KG. Das ist eine KG, an der eine GmbH als (meist einziger) Komplementär beteiligt ist. Hier wird also eine Personengesellschaft mit einer Kapitalgesellschaft vermengt. Die ebenfalls mögliche Beteiligung einer Kapitalgesellschaft an einer Personengesellschaft in Form einer AG & Co. OHG oder AG & Co. KG oder GmbH & Co. OHG kommt demgegenüber kaum vor. Allein die GmbH & Co. KG hat in der Wirtschaftspraxis eine beispiellose Erfolgsgeschichte aufzuweisen. Das hat weniger betriebswirtschaftliche, sondern fast ausschließlich **steuerliche Gründe**.

211  Zu Beginn des 20. Jahrhunderts gab es bereits die Unternehmensgesellschaften der KG und der GmbH. Die KG als Personengesellschaft hatte wie die OHG eine längere Tradition, sie war schon im Allgemeinen Deutschen Handelsgesetzbuch (ADHGB) von 1861 geregelt und schließlich auch in das Handelsgesetzbuch (HGB) von 1897 übernommen worden. Die Gesellschaft mit beschränkter Haftung war ohne existierendes historisches Vorbild erst durch das GmbH-Gesetz von 1892 als „kleine Aktiengesellschaft" geschaffen worden. Die Geschichte der Aktiengesellschaft als privatrechtliche Körperschaft begann im Zuge der Industrialisierung und des daraus folgenden hohen Kapitalbedarfs der Unternehmen schon Anfang bis Mitte des 19. Jahrhunderts. Kein Mensch dachte zunächst daran, dass sich an den Personenhandelsgesellschaften der OHG und der KG andere als natürliche Personen beteiligen könnten. Dass in die KG eine juristische Person, etwa eine GmbH, als persönlich haftender Gesellschafter (Komplementär) aufgenommen werden könnte, lag auch außerhalb der Vorstellung des Gesetzgebers. Es versteht sich auch heute noch keineswegs von selbst, dass eine juristische Person mit ihrem der weitgehenden Disposition ihrer Gesellschafter unterliegenden Gesellschaftsvermögen als Komplementär zugelassen wird. In anderen Ländern wie zum Beispiel Italien oder Spanien können sich nur natürliche Personen und nicht juristische Personen als Komplementäre an Handelsgesellschaften beteiligen.

212  In Deutschland ist es zur Bildung dieser Gesellschaftsform gekommen, nachdem im Jahre 1910 das Land Bayern eine Einkommensteuerregelung geschaffen hatte, die für die GmbH die **Doppelbesteuerung** der Körperschaft und ihrer Gesellschafter vorsah.

Der Gewinn der GmbH wurde zunächst durch die **Körperschaftsteuer** und nach Ausschüttung an die Gesellschafter noch einmal durch die **Einkommensteuer** belastet. In der Absicht, dieser (alsbald auch von den anderen Ländern in Deutschland übernommenen und erst 1977 beseitigten) Doppelbelastung zu entgegen, kam es zu einer Welle von Umgründungen bestehender Gesellschaften mbH in GmbH & Co. Kommanditgesellschaften. Mit der Vermengung der Rechtsformen wollte man den mit der GmbH verbundenen Haftungsvorteil für die Gesellschafter (§ 13 II GmbHG) erhalten und zugleich die Vorteile einer der Körperschaftsteuer nicht unterliegenden Personengesellschaft erreichen. Die Neuschöpfung eines Personengesellschaftstyps der KG, bei der alle als Gesellschafter beteiligten natürlichen Personen vom Risiko der unbeschränkten persönlichen Haftung befreit sind, wurde zunächst zum Teil erbittert bekämpft. Die Gründer einer GmbH & Co. KG wurden (und werden bis heute) verdächtigt, die Gläubiger der KG benachteiligen zu wollen, weil diesen nur das (regelmäßig von den übrigen Gesellschaftern auf einen geringen Wert beschränkte) Vermögen der Komplementär-GmbH als Haftungsgrundlage zur Verfügung steht. Es kam damals die Rede auf von einem „künstlichen Gebilde" und gar von einem „juristischen Monstrum".

Die Zivilgerichte haben jedoch gegen solche Widerstände recht früh (Reichsgericht 1922) die Fähigkeit einer **GmbH** anerkannt, **Gesellschafter einer OHG** oder Komplementärin der **KG** zu sein[37]. Im Steuerrecht wurde die als „missbräuchlich" angesehene Rechtsform auch noch lange Jahre nach ihrer zivilrechtlichen Anerkennung als unwirksam behandelt. Das ist heute ebenso Geschichte wie das steuerliche Motiv zur Gründung einer GmbH & Co. KG. Dieses hat sich spätestens mit der Einführung des Anrechnungsverfahrens im Körperschaftsteuerrecht erledigt[38].     **213**

Allerdings hat der Gesetzgeber die Rechtsform der GmbH & Co. KG bis heute nicht in einem speziellen Gesetz geregelt. Die GmbH & Co. KG ist vielmehr nur an einigen wenigen Stellen im Gesetz erwähnt, die Regelungen zum Schutz der Gesellschaftsgläubiger und des Rechtsverkehrs betreffen (vgl. z.B. §§ 19 II, 172 VI HGB). Im Übrigen gilt für die GmbH & Co. KG das Recht der Kommanditgesellschaft, §§ 161–177a HGB. Für die Komplementär-GmbH muss das GmbH-Gesetz herangezogen werden.     **214**

## 2. Verbundene Unternehmen

Eine Instrumentalisierung für die Zwecke der wirtschaftlichen Konzentration von Unternehmen erfährt das Gesellschaftsrecht insbesondere durch die Konzernbildung. Nach dem Regelungsmodell des klassischen Gesellschaftsrechts ist die Gesellschaft rechtlich und wirtschaftlich unabhängig. Demgegenüber werden durch Unternehmensverbindungen **Unternehmen** bei fortbestehender **rechtlicher Selbstständigkeit** in **wirtschaftliche Abhängigkeit** gestellt. Die Schwierigkeit liegt darin, dass es ver-     **215**

---

37 Nachzulesen ist die bahnbrechende Entscheidung RGZ 105, 101 auch bei Klunzinger, Grundzüge des Gesellschaftsrechts, S. 314.
38 Danach werden Gewinne im Wege der einheitlichen und gesonderten Feststellung auf die einzelnen Gesellschafter aufgeteilt, die je nach der Rechtsform zur Einkommens- oder Körperschaftsteuer (juristische Personen) veranlagt werden.

schiedene Stufen der Abhängigkeit und damit unterschiedlich schädigende Einflussnahmen auf die abhängige Gesellschaft gibt.

216 Die durch die Verflechtung von Unternehmen im Interesse des herrschenden Unternehmens provozierten gesellschaftsrechtlichen (Schutz der Minderheitsaktionäre und der Gläubiger) und kartellrechtlichen Probleme (Schutz des freien Wettbewerbs) haben ihren Grund in dem Umstand, dass sich neben natürlichen Personen auch juristische Personen wiederum zu einem eigenen Verband zusammenschließen und rechtlich organisieren können. Beispielsweise können mehrere Gesellschaften mbH eine neue GmbH oder eine AG gründen[39] oder sich an einer bereits bestehenden juristischen Person beteiligen (Verschachtelung). Das Wirtschaftsleben in den modernen Industriestaaten ist dadurch geprägt, dass ein hoher Prozentsatz von Gesellschaften untereinander gesellschaftsrechtliche Verbindungen eingegangen ist[40]. Hält eine Gesellschaft Beteiligungen an einer Vielzahl von Unternehmensgesellschaften, kommt es häufig zur Bildung einer **Holdinggesellschaft**. Darunter versteht man eine Gesellschaft, meist in der Rechtsform einer Personengesellschaft, durch die ein oder mehrere Gesellschafter ihren Anteilsbesitz an anderen Gesellschaften verwalten.

217 Der Gesetzgeber hat sich der Problematik der Verflechtung von Unternehmensgesellschaften bisher lediglich im Rahmen des Aktienrechts und das auch spät (1937) und nur lückenhaft angenommen, vgl. das „Konzernrecht" in §§ 15–19, 291 ff. AktG (dazu unter a). Ein besonderes GmbH-Konzernrecht ist nicht kodifiziert, sondern allein der Ausbildung durch die Rechtspraxis überlassen (b). Die Regelungsmaterie ist nicht durchgebildet, ergänzungsbedürftig und auch nur schwer zu überschauen. Wir müssen uns hier auf einen groben Überblick beschränken.

### a) Aktienkonzernrecht

218 Anknüpfungspunkt für die Anwendung konzernrechtlicher Vorschriften ist die Verbindung einer Aktiengesellschaft mit einem anderen Unternehmen. Dabei ist vorausgesetzt, dass eine **AG** an der Verbindung **beteiligt** ist und ihr in der Verbindung ein rechtlich selbstständiges „Unternehmen" gegenübersteht, § 15 AktG. Die Konzernintegration kann dabei in abgestufter Form von der **Mehrheitsbeteiligung** über den **Vertragskonzern** bis zur **Eingliederung** reichen. Die Ursache für die wachsende Bedeutung der mittelbaren Beteiligungen liegt in dem Bedürfnis der Wirtschaft, mehrere Unternehmen einer einheitlichen Instanz betriebswirtschaftlicher Planung und Leitung in Fällen zu unterstellen, wo eine **Fusion** (Verschmelzung) von Unternehmen[41] aus unterschiedlichen Gründen nicht in Betracht kommt.

---

39 Beispiel: Mehrere Muttergesellschaften können eine Tochter(-gesellschaft) gründen, sog. Gemeinschaftsunternehmen (joint venture).

40 Die 100 größten Unternehmen in der BRD halten mehr als 5000 Beteiligungen an anderen Unternehmen. Zwei Drittel der bestehenden Aktiengesellschaften und eine Vielzahl der Gesellschaften mbH gelten heute als konzernverflochten, sodass sich die Frage stellt: wer gehört zu wem? Dazu gibt es eine Broschüre der Commerzbank, die schon vielfach neu aufgelegt worden ist.

41 Verschmelzung bedeutet nicht nur eine wirtschaftliche, sondern auch eine rechtliche Vereinigung mehrerer Kapitalgesellschaften, wobei mindestens eine Kapitalgesellschaft untergeht, vgl. § 2 UmwG.

## aa) Der Zentralbegriff des Unternehmens

Das Verhältnis der rechtlich selbstständigen Unternehmen zueinander kann bestimmt sein durch Mehrheitsbeteiligung (§ 16 AktG), Abhängigkeit und Beherrschung (§ 17 AktG), sog. Konzernierung (§ 18 AktG), wechselseitige Beteiligung (§ 19 AktG) oder – ein klassisches Konzernierungsmittel – durch Abschluss eines Unternehmensvertrages (§§ 291, 292 AktG). Für den Überblick über die komplexe Regelungsmaterie ist es wichtig zu wissen, dass § 15 AktG die aufgezählten Unternehmensverbindungen nur zu dem gesetzestechnischen Zweck zusammenfasst, dass das Gesetz an anderer Stelle ohne weiteres daran anknüpfen kann (z.B. bei Informationspflichten wie etwa den Berichtspflichten des Vorstandes, § 90 I AktG, oder dem Auskunftsrecht der Aktionäre, § 131 I 2 AktG). Hinsichtlich der Terminologie muss man weiter wissen, dass der **eigentliche Konzerntatbestand § 18 AktG**, der die Begriffe Konzern und Konzernunternehmen definiert, eine besonders enge Form der Unternehmensverbindung (Konzernierung) im Blick hat. In den anderen Fällen spricht das Gesetz lediglich von **„verbundenen Unternehmen"**. Dennoch wird der gesamte Regelungsstoff üblicherweise als Konzernrecht im weiteren Sinne bezeichnet.

**219**

Ein nicht geringes **Problem** des Rechts der verbundenen Unternehmen (Konzernrecht) besteht in der Frage, was eigentlich unter dem Begriff **„Unternehmen"** zu verstehen ist. Das Aktiengesetz definiert diesen Begriff nicht. Der handelsrechtliche Unternehmens- oder Geschäftsbegriff ist jedenfalls nicht gemeint. Selbstverständlich ist eine in den Konzernverbund eingefügte (= durch Mehrheitsbeteiligung beherrschte) **Kapitalgesellschaft** Unternehmen im Sinne der konzernrechtlichen Regelungen der §§ 15 ff., 291 f. AktG. Zweifelhaft ist jedoch, unter welchen Voraussetzungen darüber hinaus ein (die AG) beherrschendes Unternehmen vorliegt. Ist auch der die Geschicke der AG beeinflussende **Großaktionär**, also eine natürliche Person (nicht eine andere Gesellschaft), als „Unternehmen" anzusehen, sodass die konzernrechtlichen Vorschriften des Aktiengesetzes anzuwenden sind, deren Zweck u.a. darin besteht, die übrigen Anleger vor Machtmissbrauch zu schützen? Der BGH bejaht das, wenn der Großaktionär sich zugleich noch außerhalb der AG unternehmerisch engagiert, wobei hierfür eine maßgebliche Beteiligung bei einer anderen Handelsgesellschaft genügen soll. In diesem Fall sei die Gefahr fremdbestimmter wirtschaftlicher Machtausübung durch Konzernierung gegeben, vor der das Konzernrecht Gläubiger und Minderheiten schützen soll (so der BGH[42]).

**220**

## bb) Die einzelnen Konzerntatbestände

Die unterschiedlichen Abstufungen der Unternehmensverbindungen lösen unterschiedliche Rechtsfolgen in Bezug auf den Schutz der Minderheiten und der Gläubiger aus. Freilich überschneiden sich die Konzernsachverhalte im Einzelfall, was die Sache nicht einfach macht. Bei der konzernrechtlichen Reaktion geht es jeweils darum, die schädigenden Einflussnahmen des herrschenden Unternehmensgesellschafters auf die abhängige AG zum **Schutz** der **Gläubiger** und der **Minderheitsgesellschafter**

**221**

---

42  In dem grundlegenden Urteil BGHZ 122, 123, 127 = NJW 1993, 1200.

der AG (sog. außenstehende Aktionäre) zurückzudrängen und notfalls auszugleichen. Dabei unterscheidet man zwei grundlegend verschiedene Abhängigkeitslagen, je nachdem ob die Unternehmensverbindung auf vertraglicher Grundlage beruht (Vertragskonzern) oder auf den faktischen Mehrheitsverhältnissen (faktischer Konzern). Die Konzernierungsstufe der Eingliederung (§§ 319 ff. AktG) wird hier nicht näher betrachtet.

### (1) Faktischer und qualifiziert-faktischer Konzern

222   Anknüpfungspunkt für diesen Konzernsachverhalt ist die **Mehrheitsbeteiligung** eines Unternehmensgesellschafters bei einer AG oder einer KGaA gem. § 16 AktG. Der Mehrheitsbesitz (Anteile oder Stimmenmehrheit) ist Grundlage für die gesetzliche Vermutung einer Abhängigkeit der im Mehrheitsbesitz stehenden AG, § 17 II AktG. Hierfür genügt die bloße Möglichkeit des herrschenden Unternehmens, Einfluss auf das andere Unternehmen auszuüben. An diese Abhängigkeit knüpft wiederum die Konzernvermutung des § 18 I 3 AktG an, sodass bei mehrheitlicher Beteiligung auch vermutet wird, dass beide Unternehmen unter einheitlicher Leitung stehen.

223   Damit liegt ein Unternehmensverbund allein auf Grund der faktischen Verhältnisse, d.h. ohne Abschluss eines Beherrschungsvertrages vor. Eine solche Lage ist natürlich auch dann gegeben, wenn eine einheitliche Leitung gem. § 18 AktG tatsächlich besteht, also der beherrschende Einfluss nicht bloß ausgeübt werden kann, sondern tatsächlich über die einheitliche Unternehmensleitung von der Konzernmutter ausgeübt wird. In diesen Fällen spricht man vom Vorliegen eines **faktischen Konzerns**, der in §§ 311 ff. AktG geregelt ist. Diese Vorschriften sollen verhindern, dass das herrschende Unternehmen seinen Einfluss zum Nachteil des abhängigen Unternehmens im Mehrheits- (= Konzern-)Interesse missbraucht. Die Möglichkeiten hierfür sind zahlreich. Schädigende Maßnahmen liegen z.B. vor, wenn das abhängige Unternehmen angehalten wird, Waren unter Marktwert zu liefern oder zu überhöhten Konzernverrechnungspreisen zu kaufen oder der Konzernmutter einen zinslosen Kredit zu gewähren etc. Das Gesetz hat in **§ 311 AktG** ein spezielles konzernrechtliches **Benachteiligungsverbot** aufgestellt. Danach darf die abhängige AG nicht zu nachteiligen Maßnahmen veranlasst werden, ohne dass ihr für die Nachteile bis zum Ende des Geschäftsjahres ein Ausgleich gewährt wird. Kommt das herrschende Unternehmen seiner Verpflichtung zum **Nachteilsausgleich** nicht (rechtzeitig) nach, trifft es eine **Schadensersatzpflicht**. Dem herrschenden Unternehmen legt das Gesetz zusätzlich noch die Verpflichtung zu einem **Abhängigkeitsbericht** auf (§§ 312 ff. AktG), in dem es über die Geschäftsbeziehungen zu der abhängigen AG Auskunft zu erteilen hat, damit zur Sicherung des Nachteilsausgleichs die Angemessenheit von Leistung und Gegenleistung geprüft werden kann.

224   Das Ausgleichssystem der §§ 311 ff. AktG bietet jedoch nur dann einen effektiven Schutz für Minderheitsaktionäre und Gläubiger der abhängigen AG, wenn es sich bei den der abhängigen AG zugefügten Nachteilen um abgrenzbare Einzelmaßnahmen handelt, die sich im Rahmen eines Schadensersatzanspruchs auch erfassen lassen. Wenn aber das herrschende Unternehmen die abhängige AG wie eine eigene Betriebseinheit führt, können die einzelnen ausgleichspflichtigen Maßnahmen nicht

mehr voneinander abgegrenzt werden. Man spricht in diesem Fall im Hinblick auf die Steigerung der schädigenden Einflussnahme von einer qualifizierten Nachteilszufügung und von einem **qualifiziert-faktischen Konzern**. Eine solche Form der Unterordnung der Interessen der beherrschten AG kann nach h.M. nur im Rahmen eines Beherrschungsvertrages der beteiligten Unternehmen gerechtfertigt sein. Für diesen speziellen Konzerntatbestand sieht das Gesetz jedoch eigene Regeln in **§§ 291 ff. AktG** vor, die auf den qualifiziert-faktischen Konzern **entsprechend** angewendet werden. Danach trifft das herrschende Unternehmen die Pflicht zum Verlustausgleich entsprechend § 302 AktG und ferner die Verpflichtung, die Minderheitsaktionäre gem. §§ 304, 305 AktG analog zu entschädigen. Dem herrschenden Unternehmen werden aber andererseits die steuerlichen Vorteile des Vertragskonzerns (dazu unten Rn. 228 a.E.) verwehrt. Man will damit erreichen, dass Abhängigkeitsverhältnisse rechtlich, d.h. vertraglich geordnet werden (vgl. sogleich Rn. 225 ff.).

#### (2) Vertragskonzern

Die Unterstellung einer AG unter fremde Leitungsmacht kann auch durch einen Unternehmensvertrag i.S.v. §§ 291 f. AktG erfolgen. In diesem Fall liegt ein Vertragskonzern vor, der anders als die bloß faktische Abhängigkeit zu erheblichen Veränderungen in der Organisationsstruktur der abhängigen AG führt. **225**

Der **Beherrschungsvertrag** überträgt die Leitungsmacht des Vorstands der abhängigen AG auf das herrschende Unternehmen, § 291 I 1 Fall 1 AktG. Daraus erwächst diesem die Befugnis, Weisungen an den Vorstand der abhängigen AG zu erteilen, die im Konzerninteresse auch nachteilig für die abhängige AG sein können, § 308 I 2 AktG. Die vertragliche Grundlage versetzt das herrschende Unternehmen in die Lage, die abhängige AG wie eine unselbstständige Abteilung zu führen. Regelmäßig wird der Beherrschungsvertrag mit einem **Gewinnabführungsvertrag** (§ 291 I 1 Fall 2 AktG) kombiniert. Das herrschende Unternehmen übernimmt danach das Ergebnis (Gewinn, aber auch Verlust) der abhängigen Gesellschaft. Die Verlustausgleichspflicht folgt aus § 302 AktG. Im Ergebnis droht der abhängigen AG praktisch keine Insolvenz – jedenfalls solange als das herrschende Unternehmen solvent ist. **226**

Damit werden die **Interessen der Gläubiger** der abhängigen AG regelmäßig berücksichtigt, nicht jedoch die Interessen der Minderheitsaktionäre, die bei Abführung eines möglichen Bilanzgewinns an das herrschende Unternehmen kraft des Gewinnabführungsvertrages einen Dividendenanspruch nicht erlangen (§ 58 IV AktG). Das Gesetz ordnet aber zu ihrem Schutz an, dass ein Unternehmensvertrag nur wirksam ist, wenn er einen jährlich zu zahlenden angemessenen **Ausgleich für** die **außenstehenden Aktionäre** vorsieht, § 304 AktG. Außerdem muss ihnen die Möglichkeit eingeräumt werden, ihre Aktien gegen Zahlung einer angemessenen Abfindung an das herrschende Unternehmen zu veräußern, § 305 AktG. **227**

Mit der Regelung des § 291 AktG knüpft das Aktiengesetz an Vorgaben des Steuerrechts an. Dieses hatte Anfang des 20. Jahrhunderts den starken Konzernierungsinteressen der deutschen Industrie noch ohne gesetzliche Grundlage Rechnung getragen und das Institut der **steuermindernden Organschaft** frei erfunden. Damit wurde die **228**

Doppelbelastung durch die Körperschaftsteuer bezüglich der ihre Gewinne abführenden Tochtergesellschaft und der Muttergesellschaft vermieden. Außerdem wird das körperschaftsteuerliche Ergebnis der abhängigen AG zugerechnet, wodurch die Verrechnung von Gewinnen und Verlusten der organschaftlich verbundenen Gesellschaften ermöglicht wird. Da lediglich auf das Gesamtergebnis Steuern zu zahlen sind, können erhebliche Steuerbeträge eingespart werden, wenn eine Konzerngesellschaft Verlust und eine andere Gewinn macht. Zu diesem Zweck werden noch heute die Konzernmitglieder trotz ihrer rechtlichen Selbstständigkeit steuerrechtlich als unselbstständige Abteilungen des herrschenden Unternehmens behandelt. Voraussetzung für diese Privilegierung ist jedoch ein kombinierter Beherrschungs- und Gewinnabführungsvertrag (§ 291 I 1 AktG). Die hiernach möglichen **Steuervorteile** regen seit jeher mehr als jede betriebswirtschaftliche Überlegung zur Konzernbildung an – ein rechtspolitisches Paradoxon.

### b)  Der GmbH-Konzern

229    Dieselben Probleme wie bei Unternehmensverbindungen im Zusammenhang mit Aktiengesellschaften (Aktienkonzernrecht) stellen sich im GmbH-Recht. Hier bestehen die durch Abhängigkeits- und Konzernverhältnisse begründeten Gefahren sogar in besonderem Maße. Als GmbH-Konzerne bezeichnet man solche Unternehmensverbindungen, an denen in der Rolle der **abhängigen** Gesellschaft auch Gesellschaften mbH beteiligt sind (ist die GmbH herrschendes Konzernunternehmen, finden die Regeln des Aktiengesetzes direkt Anwendung). Auch diese Verbindungen werfen Probleme des Gläubiger- und Minderheitenschutzes auf. Gleichwohl existiert eine gesetzliche Regelung nicht. Die Materie ist eine unendliche Streitgeschichte zwischen Rechtsprechung und Literatur.

230    Im Ausgangspunkt ist man bestrebt, die gesetzlichen Schutzregelungen des Aktiengesetzes auf den GmbH-Konzern analog anzuwenden. Das begegnet im Hinblick auf die Definitionsnormen der §§ 15–19 AktG (dazu oben Rn. 219) keinen Schwierigkeiten, weil diese Tatbestände rechtsformneutral gefasst sind und deshalb auch auf die GmbH angewendet werden können. Es gibt aber wegen der strukturellen Unterschiede der beiden Verbandsformen (insbesondere bezüglich der Vermögensbindung und der Mitverwaltungsrechte der Gesellschafter) durchaus Unterschiede gegenüber dem Aktienkonzernrecht. Wie dort ist auch im GmbH-Konzernrecht zunächst zu unterscheiden zwischen **Vertragskonzern** und **faktischem Konzern**. Innerhalb der faktischen Konzerne wird ebenfalls weiter differenziert zwischen einfachen und qualifiziert faktischen Konzernen.

231    Ein **einfacher Konzern** liegt – wie im Aktienkonzernrecht – vor, wenn eine GmbH von einem anderen „Unternehmen" (vgl. dazu oben Rn. 220) abhängig ist, ohne dass mit dem herrschenden Unternehmensgesellschafter ein Beherrschungsvertrag besteht. Demgegenüber begründet eine qualifiziert faktische Unternehmensverbindung stets einen rechtswidrigen Zustand. Denn ein **qualifiziert faktischer Konzern** liegt (nach der Rechtsprechung) immer dann vor, wenn das herrschende Unternehmen die Geschäfte der abhängigen GmbH unter **objektivem Missbrauch der Leitungsmacht** führt und ihr dadurch **Schäden** zufügt, die sich durch konkrete Einzelausgleichs-

maßnahmen nicht kompensieren lassen. Es liegt insoweit ein qualifizierter Verstoß gegen die gesellschaftsrechtliche Treuepflicht (dazu allgemein schon oben Rn. 184) vor. Ein solcher Befund soll nach früherer Rechtsprechung einen speziellen Konzernhaftungstatbestand gem. §§ 302, 303 AktG analog auslösen. In Betracht kommt aber schon ein gewöhnlicher Deliktsanspruch nach § 826 BGB (vgl. bereits oben Rn. 203 a.E.). In jedem Fall besteht Einigkeit darüber, dass der Missbrauch der Leitungsmacht zum Nachteil der abhängigen GmbH eine Verpflichtung des herrschenden Unternehmens zum Ausgleich sämtlicher Verluste begründet. Vieles ist hier streitig und noch nicht endgültig geklärt.

Als Ergebnis kann aber immerhin Folgendes festgehalten werden. Bei nachteiligen **232** Einzeleingriffen im Rahmen eines **einfachen Konzerns** bestehen Schadensersatzansprüche der abhängigen GmbH und der außenstehenden (= Minderheits-)Gesellschafter aufgrund der Verletzung der gesellschaftsrechtlichen Treuepflicht des Mehrheitsgesellschafters. Keine Anwendung auf den GmbH-Konzern finden §§ 311 ff. AktG wegen der strukturellen Unterschiede zwischen AG und GmbH. Bei der Bildung eines **qualifiziert faktischen Konzerns** bestehen nicht nur Abwehransprüche der Minderheitsgesellschafter gegen schädigende Einflussnahmen des herrschenden Unternehmens, sondern darüber hinaus auch Ansprüche der abhängigen GmbH gegen das herrschende Unternehmen selbst, in dessen Interesse die Belange der GmbH zurückgestellt wurden. Bei Vorliegen eines **GmbH-Vertragskonzerns** ist das herrschende Unternehmen gegenüber der beherrschten GmbH zum Verlustausgleich entsprechend § 302 AktG verpflichtet.

Das MoMiG (GmbH-Reform 2008) lässt bei der abhängigen GmbH eine Ausnahme **233** von der Kapitalbindung zu, § 30 I 2 GmbHG. Die Neuerung ermöglicht das zinssparende Cash-pooling im Konzern, bei dem Liquidität von der abhängigen Tochtergesellschaft abgezogen und bei der Muttergesellschaft zentral für alle Konzerngesellschaften verwaltet wird. Zivilrechtlich liegt dem Vorgang ein Darlehen der betreffenden GmbH an die Mutter zugrunde. Besteht ein Beherrschungs- oder Gewinnabführungsvertrag (entsprechend § 291 AktG), darf die GmbH nunmehr das Darlehen auch aus Mitteln des Stammkapitals auszahlen, ohne mit dem Ausschüttungsverbot des § 30 I 1 GmbHG in Konflikt zu geraten. Dabei kommt es auch nicht darauf an, ob der Rückzahlungsanspruch vollwertig ist, d.h. von der Mutter (z.B. in den USA) erfüllt werden kann.

Drittes Kapitel

# Grundzüge des Arbeits-, Zivilprozess- und Insolvenzrechts

Mit der im dritten und letzten Kapitel anstehenden Lehreinheit sollen nach den Studienplänen der Berufsakademien und der Dualen Hochschule Baden-Württemberg in erster Linie Grundkenntnisse im **Arbeitsrecht** (dazu 1. Teil) vermittelt werden. Dieses, namentlich das Individualarbeitsrecht, steht in unmittelbarem Zusammenhang mit dem Bürgerlichen Recht des BGB. Der Arbeitsvertrag gehört als spezieller Vertragstypus zum Besonderen Teil des Schuldrechts (§ 611 BGB). Insoweit bewegen wir uns, nicht anders als in den bisherigen Abschnitten, auf dem Gebiet des **materiellen Rechts**. Wie in der Kapitelüberschrift schon zum Ausdruck kommt, können wir uns auch hier nur mit den Grundlagen beschäftigen und Vertiefungen nur insoweit vornehmen, wo es zum Verständnis des Ganzen unbedingt erforderlich ist. **1**

Darüber hinaus soll den Studierenden auch ein Überblick über **verfahrensrechtliche** Fragen im Zusammenhang mit der Durchsetzung materiell-rechtlicher Ansprüche verschafft werden (dazu 2. Teil). Je nach Ausrichtung der Studiengänge liegt der Schwerpunkt entweder im **Zivilprozessrecht**, bei dem der einzelne Gläubiger seinen Anspruch gegenüber dem Schuldner geltend macht und im Wege der Einzelzwangsvollstreckung verfolgt, oder im **Insolvenzrecht**, bei dem sämtliche Gläubiger eines insolventen Schuldners ihre Ansprüche in einem besonderen Vollstreckungsverfahren (Gesamtvollstreckung) zu befriedigen versuchen. Beide Verfahrensordnungen haben damit die Verwirklichung des materiellen Gläubigerrechts zum Ziel. Die Insolvenzordnung zieht lediglich die Konsequenz aus dem Umstand, dass der – insolvente – Schuldner seinen Verpflichtungen gegenüber allen Gläubigern nicht mehr nachkommen kann. Die Gliederung des 2. Teils dieses Kapitels in zwei Unterabschnitte (Zivilprozess- und Insolvenzrecht) trägt der unterschiedlichen Schwerpunktbildung der Studieninhalte Rechnung. **2**

## 1. Teil

# Arbeitsrecht

**3**  Für die meisten Beschäftigten, die als Erwerbspersonen einer Tätigkeit nachgehen, gilt das Arbeitsrecht. Eine immer größere Rolle spielt das Arbeitsrecht auch für die arbeitgebenden Unternehmen auf dem personalwirtschaftlichen Sektor. Das Rechtsgebiet hat daher eine überragende praktische Bedeutung. Zunächst sollen Grundbegriffe und Grundlagen einschließlich des ebenso zentralen wie problematischen Begriffs des Arbeitnehmers vorgestellt werden (I). Fragen und Antworten zur Begründung, zum Inhalt und zur Beendigung des Arbeitsverhältnisses schließen an (II). Die abschließende Unterrichtseinheit behandelt mit dem Tarifvertrags-, Arbeitskampf- und Betriebsverfassungsrecht praktisch wichtige Themen des kollektiven Arbeitsrechts (III).

## I.  Grundlagen

**4**  Das Arbeitsrecht ist das Sonderrecht der Arbeitnehmer. Was ein Arbeitnehmer ist, weiß offenbar jede(r); aber so einfach liegen die Dinge nicht, wie wir sehen werden. Es gibt natürlich den Proto- oder Urtyp des Arbeitnehmers. Sein Pendant ist der Arbeitgeber, dem die Produktionsmittel gehören und der die Arbeitsbedingungen festlegt, und dies schon deswegen darf, weil er das wirtschaftliche Risiko des Arbeitseinsatzes trägt. So weit – so gut. Zwischen diesen eindeutigen Antipoden des Arbeitsrechts – weisungsgebundene Arbeitnehmer auf der einen und selbstständiger, weisungsberechtigter Unternehmer auf der anderen Seite – sind in der Rechtswirklichkeit noch viele andere Erwerbspersonen einzuordnen, bei denen sehr fraglich sein kann, ob sie Selbstständige oder Arbeitnehmer sind (dazu noch später unter 3). Einstweilen aber müssen wir uns mit einigen Grundfragen des Arbeitsrechts beschäftigen.

### 1.  Struktur und System des Arbeitsrechts

**5**  Ein grundlegendes Strukturmerkmal des Arbeitsrechts ist die Trennung des Rechtsgebiets in individuelles und kollektives Arbeitsrecht. Das **Individualarbeitsrecht** betrachtet mit Arbeitnehmer und Arbeitgeber jeweils individuelle Bezugspersonen und deren Rechtsbeziehung, nämlich das Arbeitsverhältnis. Zum Bereich des Arbeitsrechts gehören auch die Teilgebiete Koalitionsrecht, Tarifvertragsrecht, Arbeitskampfrecht (betr. die materiellen Arbeitsbedingungen) sowie das Betriebsverfassungs- und Mitbestimmungsrecht (betr. die arbeitsorganisatorischen Grundlagen). Hier erscheint der einzelne Arbeitnehmer nicht mehr als Individuum, sondern als Mitglied eines Kollektivs, z.B. einer Gewerkschaft oder der Betriebsbelegschaft. Deshalb heißt dieser Teil des Arbeitsrechts **kollektives Arbeitsrecht**. Beide Segmente des Arbeitsrechts stehen jedoch nicht unverbunden nebeneinander, sie haben viele Berührungspunkte (z.B. muss bei der Kündigung des Arbeitsvertrages durch den Arbeitgeber der Betriebsrat mitwirken).

Häufig wird als dritter Bereich noch das **Arbeitsschutzrecht** (Arbeitszeitgesetz, Bundesurlaubsgesetz, Jugendarbeitsschutzgesetz, Mutterschutzgesetz etc.) angeführt. Dieser Teil des Rechtsgebiets weist allerdings schon aus dem Bereich des Privatrechts hinaus, weil hier vor allem öffentlich-rechtliche Schutzvorschriften eine Rolle spielen. Gleichwohl wird das Arbeitsverhältnis insgesamt dem Privatrecht und nicht dem öffentlichen Recht zugeordnet (vgl. Schaubild 1. Kapitel zu Rn. 20).   **6**

Mit mehr Berechtigung als etwa im Verbraucherschutzrecht greift das Gesetz im Bereich des Arbeitsrechts als **Korrektiv der Vertragsfreiheit** ein. Denn zwischen den Partnern des Arbeitsvertrages besteht regelmäßig keine wirtschaftliche Parität, sodass von einer vertragsimmanenten Richtigkeitsgewähr des Inhalts des Arbeitsvertrages für gewöhnlich nicht die Rede sein kann (eine Ausnahme mag etwa gelten bei einem begehrten Arbeitnehmer wie z.B. einem Fußballprofi oder EDV-Spezialisten). Dem Arbeitsrecht kommt vor diesem Hintergrund verstärkt die Aufgabe des Interessenausgleichs zu, damit die für gewöhnlich bestehende soziale und wirtschaftliche Imparität (ungleichgewichtige Ausgangslage) bei Abschluss und Durchführung des Arbeitsvertrages sich nicht unzumutbar zu Lasten des Arbeitnehmers auswirkt.   **7**

Das Grundgesetz selbst gibt bewusst keine bestimmte Arbeits- und Wirtschaftsverfassung (Kapitalismus, Marktwirtschaft, Sozialismus) vor. Insbesondere ist nicht das Privateigentum an sämtlichen Produktionsmitteln im Sinne einer kapitalistischen Verfassungsordnung vorgeschrieben (vgl. Art. 15 GG[1]). In der Verfassungswirklichkeit der Bundesrepublik Deutschland hat sich jedoch auf der Grundlage des Privateigentums an den Produktionsmitteln ein System der sozialen Marktwirtschaft herausgebildet. Der soziale Rechtsstaat schützt nach seinem Selbstverständnis nicht nur die Vertragsfreiheit vor unlauterem Wettbewerb (UWG) und marktbeherrschender Konzentration (Kartellrecht), sondern auch den Schwächeren vor dem Stärkeren (Mieterschutz, Verbraucherschutz, Arbeitnehmerschutz). Im historischen Kontext ist freilich festzustellen, dass dieser Ordnungsrahmen im Arbeitsrecht immer neu ausgerichtet werden muss, weil die Ökonomie die Kosten für den Produktionsfaktor der Arbeit immer mehr zurückzudrängen versucht (Neoliberalismus). Das schlägt selbstverständlich auf die Arbeitsverhältnisse durch (z.B. Niedrig-Lohn-Verträge, Dumpinglöhne und die Debatte um Mindestlöhne) und trifft die Arbeitnehmer, die regelmäßig in existenzieller Weise darauf angewiesen sind, durch ihre unselbstständige Arbeitsleistung ihren Lebensunterhalt zu verdienen. Die Diskussion um prekäre Beschäftigungsverhältnisse ist durch das Mindestlohngesetz (MiLG) vom 11.8.2014 entschieden worden, dessen Erfolg aber nicht gewiss ist.   **8**

Mittelbar wird das Arbeitsrecht z.B. auch durch den Gleichheitsgrundsatz (Art. 3 II, III GG) und durch Art. 1 GG berührt. Unmittelbare Bedeutung für das Arbeitsrecht entfaltet Art. 9 III GG: „Das Recht, zur Wahrung und Förderung der Arbeits- und Wirtschaftsbedingungen Vereinigungen zu bilden, ist für jedermann und für alle Berufe gewährleistet". Die Verfassung garantiert damit die Vereinigungs- oder auch sog.   **9**

---

1   Art. 15 GG lautet: „Grund und Boden, Naturschätze und Produktionsmittel können zum Zwecke der Vergesellschaftung durch ein Gesetz, das Art und Ausmaß der Entschädigung regelt, in Gemeineigentum oder in andere Formen der Gemeinwirtschaft überführt werden".

**Koalitionsfreiheit.** Für das Arbeitsrecht ist ferner die Garantie der Berufsfreiheit in Art. 12 GG bedeutsam. Die verfassungsrechtlichen Vorgaben stehen aber zunächst immer nur auf dem Papier, es kommt stets darauf an, dass diese Rechtssätze in der Rechtswirklichkeit tatsächlich erreicht werden.

## 2. Geschichte und Rechtsquellen des Arbeitsrechts

10    Die Ausführungen unter 1. zeigen schon auf, dass der Schutzbereich des Arbeitsrechts sich nicht gleichsam naturrechtlich entfaltet hat, sondern von der Arbeitnehmerseite hart erkämpft werden musste. Das moderne Arbeitsrecht hat sich erst im Zuge der Industrialisierung im 19. Jahrhundert herausgebildet.

11    Zu Beginn dieser Entwicklung befand sich der Arbeiter außerhalb der überkommenen feudalen Ständeordnung von Adel, Geistlichkeit, Bürgertum und Bauernstand. Er musste sich als Besitzloser (Proletarier) mit seiner Hände Arbeit seinen Unterhalt verdienen und konnte allein durch seinen Fleiß seinem sozialen Status nicht entkommen. Im Grunde stand sich der Arbeiter im 19. Jahrhundert nur wenig besser als ein freigelassener Sklave, der nicht mehr (wie im antiken Rom als bloße Sache) vermietet wurde, sondern sich selbst vermieten musste (Dienstmiete), für dessen kranke, alte und invalide Tage es daher auch keinen sozialen Schutz gab wie etwa Lohnfortzahlung, Krankengeld, Alters- und Invalidenrente, Kündigungsschutz oder gar Urlaub.

12    Nur allmählich und zögerlich hat der monarchische Staat seine Schutzpflichten gegenüber seinen Untertanen vor Ausbeutung und Entwürdigung erkannt und wahrgenommen. Preußen hat 1839 das „Regulativ für die jugendlichen Arbeiter in Bergwerken und Fabriken" erlassen, das die Arbeit von Kindern unter 9 Jahren verbot und die Arbeit von Jugendlichen unter 16 Jahren auf 10 Stunden pro Tag begrenzte.[2] Aus England sind Kinderarbeit und andere Auswüchse der Vertragsfreiheit als Manchester-Liberalismus bekannt geworden. Hier hatten sich schon seit 1824 die trade unions (Gewerkschaften) etabliert. Erste wirksame Ansätze gegen immer größer werdende soziale Missstände schuf in Deutschland der Gesetzgeber mit der Sozialversicherung (Kaiserliche Botschaft 1881); zu nennen sind insbesondere das Krankenversicherungsgesetz 1883, das Unfallversicherungsgesetz 1884 sowie das Invaliditäts- und Altersversorgungsgesetz von 1889. Im Jahre 1911 wurden diese Gesetze in die Reichsversicherungsordnung (RVO) übernommen, daraus ist heute das Sozialgesetzbuch (SGB) geworden.

13    Im Unterschied zum Sozialrecht ist es auf dem Gebiet des Arbeitsrechts in Deutschland nie zu einem einheitlichen Arbeitsgesetzbuch gekommen[3]. Das Recht der Arbeitsverhältnisse ist auf viele Einzelgesetze verteilt; die dtv-Ausgabe ArbG (Arbeitsgesetze)

---

2    Die Motive des Gesetzgebers waren freilich nicht humanistischer Natur. Das preußische Militär hatte vielmehr bemerkt, dass die durch Nacht- und Schichtarbeit vorgeschädigten Kinder aus den Industriebezirken für die Armeereserve nicht oder nur eingeschränkt tauglich waren.

3    Allerdings gab es in der DDR eine Gesamtkodifikation des sozialistischen Arbeitsrechts im Arbeitsgesetzbuch (AGB) vom 16.7.1977.

enthält nur einen Bruchteil der gültigen Regeln. Viele Bereiche insbesondere auch des kollektiven Arbeitsrechts sind überhaupt nicht gesetzlich geregelt, sondern Gegenstand des Richterrechts, z.B. das gesamte Arbeitskampfrecht (Streik, Aussperrung).

Die wichtigste Rechtsquelle für das Individualarbeitsrecht ist das BGB, hier §§ 611 ff. BGB (Dienstvertragsrecht). Die Gesetzeslage ist aber lückenhaft; vielfach hat die Rechtsprechung die Lücken geschlossen oder die Härte des Gesetzes gemildert (Richterrecht), z.B. bezüglich der Haftung der Arbeitnehmer für Schäden, welche die Arbeitnehmer dem Arbeitgeber oder Dritten bei der Verrichtung der Arbeit zufügen. Dabei stützt sich die Rechtsprechung insbesondere auf den Grundsatz von Treu und Glauben (§ 242 BGB), aus dem sowohl **Treuepflichten des Arbeitnehmers** gegenüber dem Arbeitgeber als auch umgekehrt **Fürsorgepflichten des Arbeitgebers** (Rücksichtnahme auf Arbeitnehmerinteressen bei betrieblichen und unternehmerischen Entscheidungen) hergeleitet werden. Eine wichtige Quelle des Arbeitsrechts stellen sog. **Gesamtvereinbarungen** oder Kollektivvereinbarungen dar. Das sind Instrumente des kollektiven Arbeitsrechts zur Gestaltung von Arbeitsbedingungen, die unmittelbar auf den Individualarbeitsvertrag einwirken. Darunter fallen die **Tarifverträge** zwischen einem Arbeitgeber oder einem Arbeitgeberverband auf der einen und einer Gewerkschaft auf der anderen Seite sowie auf betrieblicher Ebene die **Betriebsvereinbarungen** zwischen Arbeitgeber und Betriebsrat.

**14**

Vom **internationalen Arbeitsrecht** i.S. des IPR (Internationales Privatrecht, vgl. hierzu das EGBGB), das in Fällen mit Auslandsberührung darüber Auskunft gibt, welches nationale Recht überhaupt anwendbar ist, ist hier nicht weiter zu reden. Dieses Rechtsgebiet behandelt Fragen nach der Rechtslage beispielsweise in dem Fall, dass ein weißrussischer Bauhilfsarbeiter, der von einem polnischen Arbeitgeber zeitweise in Berlin für Montagearbeiten eingesetzt wird und einen Arbeitsunfall erleidet, Entgeltfortzahlung von seinem Arbeitgeber und Heilbehandlung von der AOK verlangt.

**15**

Ein anderes Teilgebiet des Arbeitsrechts bildet das **europäische Arbeitsrecht**, bei dem unterschieden werden muss, ob es sich um **Primärrecht** (Abkommen der Mitgliedstaaten), das unmittelbar nur die einzelnen Mitgliedsstaaten rechtlich bindet, oder um **Sekundärrecht** (Richtlinien) handelt, das noch in nationales (Arbeits-) Recht umgewandelt werden muss und erst dann unmittelbar im Verhältnis der Bürger untereinander gilt (vgl. 1. Kapitel Rn. 10).

**16**

## 3. Der (offene) Begriff des Arbeitnehmers

Alle Welt spricht ganz selbstverständlich vom Arbeitnehmer. Wer das sein soll, ist aber, je näher man hinsieht, desto weniger klar. Der Arbeitnehmerbegriff ist, was einigermaßen überraschen dürfte, insbesondere in seinen Randbereichen weithin ungeklärt und heftig umstritten. Und doch hängt von der Qualifizierung eines Beschäftigten als Arbeitnehmer in rechtlicher Hinsicht eine ganze Menge oder sogar „alles" ab. Das wird häufig an einer Konstellation wie der folgenden verdeutlicht.

**17**

---

**Fall 1**

A ist seit mehreren Jahren als „freier Mitarbeiter" beim SWR in Baden-Baden „auf Abruf" beschäftigt gegen einen Stundenlohn von 45 EUR nach Einzelabrechnung. Seine Einsätze werden
normalerweise monatlich im Voraus in einem Dienstplan per E-Mail bekannt gegeben. A kommt
dabei auf eine wöchentliche Tätigkeit von durchschnittlich 30 Stunden. Der Sender zahlt weder
Lohn im Krankheitsfall noch Sozialversicherungsbeiträge und führt auch keine Lohnsteuer für
A ab. Auch Urlaub gab es bisher nicht. A verlangt jetzt erstmals insgesamt 20 Tage bezahlten
Erholungsurlaub. Mit Recht?

---

**18**    Das ist ein Fall aus dem Individualarbeitsrecht, in dem es, wie das aus den früheren
Unterrichtseinheiten bekannt und vertraut ist, um einen Anspruch (vgl. die Legaldefinition in § 194 I BGB) geht. Wir müssen hier deshalb wie auch sonst bei der Anspruchsgrundlage ansetzen. Es geht dem A nicht um die Vergütung (§ 611 BGB), sondern um bezahlten Urlaub. Er beruft sich auf das Gesetz, genauer auf §§ 1, 3, 11 BUrlG,
da sein Mitarbeitervertrag darüber keine Regeln enthält (möglicherweise sogar einen
solchen Anspruch ausdrücklich verneint). Das Bestehen eines Urlaubsanspruchs hängt
nun davon ab, ob der A „Arbeitnehmer" (vgl. § 1 BUrlG) ist.

**19**    Eine gesetzliche Definition des Arbeitnehmers gibt es nicht, auch § 2 BUrlG enthält sie
nicht, sondern bringt mit dem Hinweis auf „Arbeiter und Angestellte" lediglich eine
Scheindefinition, die letztlich nichts besagt. Das Gleiche gilt im Übrigen auch für § 5
ArbGG und § 622 I BGB. Dieser Befund liegt in der Natur der Sache. Denn bei der
Bezeichnung „Arbeitnehmer" handelt es sich um einen tatbestandsmäßig offenen,
also ausfüllungsbedürftigen Rechtsbegriff[4].

**20**    Der Begriff des Arbeitnehmers erfasst nämlich einen **Typus**, der in verschiedenen
Variationen vorkommen kann und aus einer Mehrzahl von Elementen (Ordnungsprin-
zipien, Merkmalen, Gesichtspunkten, Anhaltspunkten oder Indizien) besteht, wobei
jedoch alle Erscheinungsformen auf den gleichen Kerntatbestand hinführen, der dem
Typus das Gepräge gibt[5]. Was das heißt oder heißen soll, wird schnell klar: Niemand
hat in den allermeisten Fällen (weit über 90 %) Zweifel daran, wer als Prototyp eines
Arbeiters (Fabrik) oder eines Angestellten (Büro), also als Arbeitnehmer anzusehen
ist. Für diese typusprägende Gestalt ist maßgeblich die ontologische Kategorie der
Eingliederung in den Ablauf eines Betriebs, in dem diese Urtypen eines Arbeitnehmers den ganzen Arbeitstag lang ihre gesamte Arbeitskraft nach Weisung des Arbeitgebers einbringen und in der Regel dort auch ihr gesamtes Erwerbseinkommen zum
Lebensunterhalt beziehen. Aus der Anschauung solch klarer Fälle speist sich die allgemein übliche Definition:

**Arbeitnehmer** ist, wer auf Grund privatrechtlichen Vertrages zur Leistung von weisungsgebun-
dener, unselbstständiger und fremdbestimmter Arbeit gegen Entgelt im Dienst eines anderen
(des Arbeitgebers) verpflichtet ist.

---

4   Ein solcher Rechtsbegriff ist uns schon in dem Merkmal des kaufmännischen Gewerbebetriebs
    gem. § 1 II HGB begegnet, vgl. 2. Kapitel Rn. 17.
5   Ehmann, Vom logischen Begriff zum Typus – erörtert am Beispiel des Arbeitnehmers, Festschrift
    für Klaus Adomeit, 2008, S. 131.

Das Merkmal **„privatrechtlicher Vertrag"** (§ 611 BGB) grenzt den Arbeitnehmer z.B.    **21**
vom Beamten ab, der zwar ebenso wie der Arbeitnehmer eine weisungsabhängige
und fremdbestimmte Tätigkeit ausübt, aber durch staatlichen Hoheitsakt (Ernennungs-
urkunde) ernannt wird und nicht den Regeln des Arbeitsrechts unterworfen ist; für ihn
gilt vielmehr das Beamtengesetz. Demgegenüber sind Angestellte und Arbeiter des
öffentlichen Dienstes ohne weiteres Arbeitnehmer im Sinne der genannten Definition.
Denn die Grundlage ihrer Tätigkeit ist ein privatrechtlicher Arbeitsvertrag. Ihre Anstellung erfolgte bis 2005 regelmäßig nach dem Bundesangestelltentarifvertrag (BAT), der
danach durch den Tarifvertrag für den öffentlichen Dienst (TVöD) und auf Länder-
ebene durch den TV-L ersetzt wurde.

Der **Arbeitsvertrag** ist ein **Unterfall des Dienstvertrages** i.S. des § 611 BGB, der ei-    **22**
gentlich freie Dienstleistungen regelt, wie sie etwa der Arzt, Steuerberater, Rechtsanwalt, der Vorstand oder Geschäftsführer einer juristischen Person[6], der Nachhilfe-
oder Klavierlehrer etc. erbringen. Dem Arbeitnehmer und dem freien Dienstnehmer
(Selbstständigen) ist gemeinsam, dass sie dem anderen Vertragsteil Dienste, d.h.
Arbeit als solche schulden, nicht aber einen bestimmten Erfolg ihrer Tätigkeit. Das unterscheidet wiederum den Dienst- und Arbeitsvertrag vom Werk- und Bauvertrag, vgl.
§§ 631, 650a BGB („Erfolg").

Innerhalb des Normbereichs von § 611 BGB unterscheidet man also zwischen allge-    **23**
meinem Dienstvertrag und Arbeitsvertrag. Der zur Definition des abhängigen Arbeitnehmers herangezogene Gegenbegriff der **Selbstständigkeit** führt in Grenzfällen jedoch nicht zu einer eindeutigen Klärung und Unterscheidung. Das erweist sich z.B.
beim selbstständigen Handelsvertreter, der uns bereits im Handelsrecht begegnet ist
(vgl. 2. Kapitel Rn. 11, 61). Er ist selbstständiger Gewerbetreibender. Was gemeint ist,
beschreibt § 84 I 2 HGB folgendermaßen: „Selbstständig ist, wer im wesentlichen frei
seine Tätigkeit gestalten und seine Arbeitszeit bestimmen kann". Aber schon im Han-
delsvertreterrecht erweist sich diese Formel als unbrauchbar zur Abgrenzung des
selbstständigen Handelsvertreters vom abhängig beschäftigten Außendienstmitarbei-
ter (Handlungsgehilfen, §§ 59 ff. HGB), wenn der Handelsvertreter schutzbedürftig ist,
etwa wegen besonderer (wirtschaftlicher und persönlicher) Abhängigkeit von dem Unternehmer. Das hat das BAG bei entsprechenden Einkommensverhältnissen (1000 EUR
pro Monat) und bei vertraglicher Bindung an einen einzigen Unternehmer angenommen. Es hat den (quasi selbstständigen) Handelsvertreter der arbeitsgerichtlichen Zuständigkeit unterstellt (vgl. § 5 III ArbGG) und ihn regelmäßig auch als Arbeitnehmer
behandelt mit der Folge, dass er den gesamten Schutz des Arbeits- und Sozialrechts
genießt[7]. Hier zeigt sich (leider, aus der Sicht der Studierenden), dass die Beurteilungs-
maßstäbe doch sehr relativ sind.

---

6  Zwar ist der Vorstand oder der Geschäftsführer bei der AG bzw. GmbH beschäftigt (Anstellungsvertrag), er handelt aber weitgehend unabhängig und selbständig. Wenn der Geschäftsführer
   einer GmbH allerdings über gesellschaftsrechtliche Weisungen hinaus (§ 37 I GmbHG, vgl.
   dazu 2. Kapitel Rn. 176) arbeitsbegleitenden Weisungen i.e.S. Folge zu leisten hat, kann er als
   Arbeitnehmer zu qualifizieren sein.
7  Sog. Festanstellungsrechtsprechung, BAG AP Nr. 15–21, 26, 34, 42, 74 und 118 zu § 611 BGB
   – Abhängigkeit.

**24**    Die Bestimmung der Arbeitnehmereigenschaft bereitet eher noch größere Probleme bei dem sog. „freien Mitarbeiter"[8], der uns in der Person des A im Fall 1 begegnet. Dabei stellt man zur Abgrenzung zwischen Arbeitnehmern und freien Dienstnehmern ebenfalls auf das Merkmal der persönlichen Abhängigkeit (Weisungsgebundenheit) ab. Es liegt vor, wenn der Arbeitgeber das Recht (= **Direktionsrecht**) hat, die Art, den Ort und die Zeit der vertraglich geschuldeten Arbeitsleistung konkret zu bestimmen (vgl. für gewerbliche Arbeiter § 106 GewO). Dieses Abgrenzungsmerkmal hat aber bei näherem Zusehen nur relatives Gewicht, wenn man etwa an den Fall denkt, dass der Arbeitgeber einen (Computer-) Spezialisten beschäftigt, dem er schon mangels Fachkenntnissen keine konkreten Arbeitsweisungen erteilen kann.

**25**    Im Fall 1 muss A auf Grund des Dienstplanes tätig werden, der aber in gleicher Weise für alle seine (fest angestellten) Kollegen gilt. Von einem „freien Mitarbeiter", der selbstständig Zeit und Ort seiner Tätigkeit bestimmt, kann daher keine Rede sein. Dieser Umstand ist ein starkes Indiz für die Arbeitnehmerstellung des A. Für seine Qualifizierung als Arbeitnehmer spricht auch der Umstand, dass er in den Betriebsablauf beim Sender eingebunden und damit persönlich abhängig ist wie ein typischer Arbeitnehmer. Außerdem ist A verpflichtet, im Wesentlichen seine ganze Arbeitskraft (30 Wochenstunden) einzubringen, während es für den selbstständigen freien Mitarbeiter (Freiberufler) typisch ist, dass er nicht nur für einen Kunden, Mandanten oder Patienten etc., sondern für mehrere gleichzeitig arbeitet.

**26**    Die vorhandenen Einordnungselemente (Indizien) reichen im **Fall 1** aus, um das Vertragsverhältnis als Arbeitsverhältnis zu kennzeichnen. Damit können wir hier als **Ergebnis** festhalten: Der A kann vom SWR (juristische Person: Anstalt des öffentlichen Rechts) Erholungsurlaub gem. § 1 BUrlG beanspruchen, da er Arbeitnehmer ist. Dass er im Vertrag als „freier Mitarbeiter" bezeichnet wird, ändert daran nichts. Es liegt ein Fall der **Scheinselbstständigkeit** vor, wie er typischerweise auch bei der – früher weit verbreiteten (vgl. Heimarbeitsgesetz vom 14.3.1951) – Heimarbeit gegeben ist. Eine neue Form des Vertragsformenmissbrauchs stellt die „Anstellung" von Mitarbeitern im Wege eines (Schein-)Werkvertrages dar (Outsourcing), die in die Weisungsstruktur des Unternehmens eingegliedert sind (solche Fremdvergaben von Aufgaben sind vor einigen Jahren im Daimler-Konzern publik geworden). Ebenso werden Mitarbeiter von Paketzustellunternehmen als Scheinselbständige in „Systempartnerschaftsverträgen" zu Dienstleistungen verpflichtet. Aber nicht alles, was betriebswirtschaftliche Zielsetzungen im Unternehmen vorgeben, lässt sich rechtlich halten[9]. Im Fall 1 besteht daher

---

8    Der freie Mitarbeiter kommt insbesondere bei Verlagen und bei Rundfunk- und Fernsehanstalten vor. Mittlerweile greift diese Beschäftigungsform auch im Bereich von Berufseinsteigern, jungen Rechtsanwälten u.ä. um sich, die längere Zeit zur Sammlung beruflicher Erfahrung als freie Mitarbeiter oder Praktikanten für ein Taschengeld arbeiten (müssen); sie haben seit 1.1.2015 Anspruch auf den Mindestlohn von zunächst 8,50 EUR brutto (seit 1.1.2017 8,83 EUR) je Arbeitsstunde.

9    Der Scheinselbstständige wird von der Rechtsprechung wie ein Arbeitnehmer behandelt. Das gilt etwa auch in dem Fall des Franchise-Nehmers bei „eismann" o.ä., der Privathaushalte in bestimmten Regionen auf eigenes „unternehmerisches Risiko" mit Tiefkühlprodukten beliefert und hierfür einen bestimmten LKW mit einem bestimmten Werbelogo benutzen sowie vorbestimmte Fahrtrouten abfahren und Qualitätsstandards einhalten muss.

ein Anspruch des A auf Urlaub, selbst wenn der Mitarbeitervertrag einen solchen Anspruch ausdrücklich ausschließen sollte. Das folgt aus der Regelung des § 13 I BUrlG, wonach der Urlaubsanspruch in einem Individualvertrag nicht ausgeschlossen werden kann (zwingendes Recht). Nicht einmal in einem Tarifvertrag (vgl. unten Rn. 121 ff.) kann von den unabdingbaren Vorschriften der §§ 1, 2 und 3 I BUrlG abgewichen werden.

Dies Ergebnis hat in der Praxis noch weitere Konsequenzen für den Arbeitgeber. Denn **27** A hat im Fall 1 auf Grund seiner Arbeitnehmerstellung auch im Übrigen Anspruch auf die Behandlung als Arbeitnehmer, d.h. er ist gesetzlich pflichtversichert in der Sozialversicherung, sodass der Arbeitgeber auch Sozialversicherungsbeiträge abführen (und nachentrichten) muss[10]. Für die Verfolgung und Durchsetzung der genannten Ansprüche ist der Rechtsweg zu den Arbeitsgerichten (nicht zu den ordentlichen Gerichten, wie bei allgemeinen Dienstverträgen gem. § 611 BGB) eröffnet.

Weitgehend überholt und ohne Bedeutung ist heute die Unterscheidung zwischen **28** **Arbeitern** (körperliche Arbeit) und **Angestellten** (geistige Arbeit), wobei letztere vor wenigen Jahrzehnten in der sozialen Anschauung noch als „etwas Besseres" galten. Die begriffliche Trennung spielte bis September 2005 eine allerdings nur mehr untergeordnete Rolle im Bereich der gesetzlichen Rentenversicherung durch die Trennung in die BfA für Angestellte und die LVA für Arbeiter. Beide Arbeitnehmergruppen sind seitdem in der Deutschen Rentenversicherung (DRV) als einheitlichem Rentenversicherungsträger zusammengeführt. Vor noch nicht allzu langer Zeit war der Unterschied auch im Individualarbeitsrecht noch beachtlich; Angestellte genossen längere Kündigungsfristen und erhielten ihr „Gehalt" am Monatsanfang, während Arbeiter erst am Monatsende entlohnt wurden.

## II. Das Arbeitsverhältnis

Aus dem weiten Feld des Individualarbeitsrechts können wir in dem hier vorgegebenen Rahmen nur wenige Aspekte näher betrachten (zum kollektiven Arbeitsrecht vgl. unten III). Dabei stehen Fragen der Begründung (1) und der Beendigung des Arbeitsverhältnisses (3) im Vordergrund. Daneben sind natürlich auch die Rechte und Pflichten insbesondere des Arbeitnehmers von besonderem Interesse (2).

### 1. Entstehung des Arbeitsverhältnisses

Ein Arbeitsverhältnis entsteht durch Abschluss eines Arbeitsvertrages; regelmäßig wird **30** der Arbeitsvertrag schon vor der tatsächlichen Arbeitsaufnahme geschlossen. Den Arbeitsvertrag haben wir bereits als privatrechtlichen Vertrag i.S. der §§ 611 ff. BGB zwischen Arbeitnehmer und Arbeitgeber identifiziert (oben Rn. 21). Ein (Kontrahierungs-) Zwang zum Abschluss eines Arbeitsvertrages besteht weder auf Seiten des Arbeitge-

---

10 Verstößt der Arbeitgeber bewusst (vorsätzlich) gegen diese Verpflichtung, macht er sich strafbar, § 266a StGB.

bers noch auf der Arbeitnehmerseite. Es gilt vielmehr das dem § 311 I BGB zugrunde liegende Prinzip der Vertragsfreiheit (Abschlussfreiheit). Ein subjektives, einklagbares Recht auf Arbeit gibt es in unserer Rechtsordnung nicht. Dementsprechend ist der Staat auch nicht verpflichtet, jedem seiner arbeitsfähigen Bürger eine Arbeitsstelle zu verschaffen.

**31**  Das Zustandekommen eines Arbeitsverhältnisses bestimmt sich nach den aus dem Anfangskapitel bekannten Vorschriften der §§ 145 ff.; 104 ff.; 164 ff. BGB; außerdem gelten die schuldrechtlichen Leistungsstörungsregeln der §§ 280 ff., 323 ff. BGB. Denn der Arbeitsvertrag ist auf schuldrechtlichen Leistungsaustausch gerichtet: Lohn gegen Arbeit. Es liegt ein gegenseitiger Vertrag i.S. der §§ 320 ff. BGB vor, sodass der – freilich von vielen Ausnahmen durchlöcherte – **Grundsatz** gilt: **Ohne Arbeit kein Lohn** (vgl. dazu noch unten Rn. 68 mit Fall 4). Das Austauschverhältnis erschöpft sich nicht in einem einmaligen Vorgang (wie z.B. beim Kaufvertrag in der Lieferung der gekauften Sache), es liegt vielmehr ein Dauerschuldverhältnis vor (wie bei Miete, Pacht oder Darlehen). Viele Rechtsfragen knüpfen sich an die Begründung eines Arbeitsverhältnisses. Das beginnt schon im Stadium der Vertragsanbahnung (a). Der schließlich abgeschlossene Vertrag kann durchgreifende Mängel aufweisen (b). Häufig wird der Vertrag nur unter einer Befristung auf Zeit oder auf Probe geschlossen (c).

### a) Vertragsanbahnung

**32**  Vor einem Arbeitsverhältnis steht meist eine große Hürde – das Vorstellungsgespräch. Dazu kommt es aber auch nur, wenn das Bewerbungsschreiben Erfolg hat und man zur Vorstellung eingeladen wird. Schon das ist nicht selbstverständlich. Bereits im Zusammenhang mit der Anbahnung eines Arbeitsvertrages entsteht ein (vorvertragliches) Schuldverhältnis.

### aa) Vorvertragliche Pflichtenstellung bei Einstellungsbewerbungen

**33**  Mit dem Vorstellungsgespräch treten die Beteiligten in vorvertragliche Verhandlungen ein, die besondere Rechtspflichten zu gegenseitiger Rücksichtnahme und Interessenwahrung begründen.

**34**  Den **Arbeitgeber** treffen **Rechtspflichten** aber schon im Hinblick auf die Ausschreibung der Arbeitsstelle. Nach dem Allgemeinen Gleichbehandlungsgesetz (AGG) von 2006 muss auch der private (!) Arbeitgeber heute allgemeine Gleichbehandlungsgebote weit über das früher in §§ 611a, 611b BGB a.F. aufgestellte Verbot der Geschlechterdifferenzierung hinaus einhalten. Er muss insbesondere darauf achten, dass jede Benachteiligung aus Gründen der Rasse, der ethnischen Herkunft, des Geschlechts, der Religion oder Weltanschauung, einer Behinderung, des Alters oder der vom Gesetz sog. sexuellen Identität unterbleibt, §§ 1, 2 I Nr. 1, 7 I AGG. Nach § 8 AGG darf der Arbeitgeber im Hinblick auf einen der vorgenannten Gründe zu einer unterschiedlichen Behandlung kommen, wenn dieser Grund wegen der Art der auszuübenden Tätigkeit oder der Ausübungsbedingungen eine wesentliche oder entscheidende berufliche Anforderung darstellt. Ebenso lassen §§ 9, 10 AGG eine unterschiedliche Behandlung wegen der Religion, der Weltanschauung oder des Alters zu.

Mit diesen Vorschriften[11] verordnet der Staat seinen Bürgern eine verbindliche Moral    **35**
im Privatrechtsverkehr. Die zugrunde liegenden sozialpädagogischen Träumereien werden, abgesehen von wenigen kritischen Einwänden, im Allgemeinen von den Juristen
in Deutschland mit großem und feierlichem Ernst durchgeführt und immer weiter
ausdifferenziert. Verstößt der Arbeitgeber im Rahmen der Vertragsanbahnung gegen
das allgemeine Benachteiligungsverbot, etwa weil er die Einstellung eines Bewerbers
oder einer Bewerberin wegen seines bzw. ihres Geschlechts oder seiner bzw. ihrer
Rasse rechtswidrig ablehnt, so kann der Bewerber bzw. die Bewerberin zunächst für
seinen bzw. ihren immateriellen Schaden wegen der sozialen Herabwürdigung eine
angemessene Entschädigung in Geld („Schmerzensgeld") verlangen, § 15 II 1 AGG.
Auch Ersatz eines ihm (ihr) entstandenen Vermögensschadens kann (die) der diskri-
minierte Bewerber(in) vom Arbeitgeber verlangen, § 15 I AGG. Dieser Anspruch beschränkt sich nicht bloß auf die Erstattung der Reisekosten anlässlich der Vorstellung,
sondern kann u.U. auch auf das entgangene Gehalt gerichtet sein, wenn feststeht,
dass der Bewerber die ausgeschriebene Stelle ohne Diskriminierung erhalten hätte.
Das dürfte nun aber doch die Ausnahme sein.

Der Arbeitgeber unterliegt darüber hinaus noch weiteren schuldrechtlichen Verpflich-    **36**
tungen während der Vertragsverhandlungen etwa im Zusammenhang mit den ihm
übersandten Bewerbungsunterlagen (Aufbewahrung und Rücksendung) und der dis-
kreten Behandlung dieser Unterlagen. Bei Verstoß gegen diese vorvertraglichen Rechtspflichten haftet der einstellungswillige Arbeitgeber dem Bewerber auf Schadensersatz,
§§ 311 II Nr. 1, 241 II, 280 I BGB. Grundsätzlich ist er auch zur Erstattung der dem zum
Vorstellungsgespräch gebetenen Bewerber entstandenen Aufwendungen (Reisekosten) verpflichtet (§§ 662, 670 BGB). In der Praxis werden allerdings solche Zahlungen
häufig schon in der Stellenausschreibung ausdrücklich ausgeschlossen.

Der Arbeitgeber unterliegt nach dem Betriebsverfassungsrecht auch speziellen arbeits-    **37**
rechtlichen Bedingungen bei der Einstellung von Arbeitnehmern, sog. Mitbestimmung
in personellen Angelegenheiten, §§ 92 ff. BetrVG (unten Rn. 143). Insbesondere muss
der Betriebsrat der Verwendung von Personalfragebögen zustimmen. In Betrieben mit
mehr als 20 wahlberechtigten Arbeitnehmern hat der Arbeitgeber die Zustimmung
des Betriebsrats zur Einstellung des Arbeitnehmers einzuholen, § 99 BetrVG.

Auch den **Einstellungsbewerber** treffen vorvertragliche **Pflichten** im Rahmen seiner    **38**
Bewerbung. So muss er zum Beispiel auf Umstände in seiner Person hinweisen, die
eine Aufnahme der Arbeit generell oder zu dem beabsichtigten Termin in Frage stellen
(insbesondere ansteckende Krankheit, Ladung zum Strafantritt, in früherer Zeit: Einberufung zur Bundeswehr, fehlende Aufenthalts- oder Arbeitserlaubnis, bestehendes
Wettbewerbsverbot). Dabei geht es um solche Umstände, die den Vertragszweck ge-
fährden oder sogar vereiteln können, sodass dem Arbeitgeber ein Schaden droht.
Insoweit hat der Bewerber eine Offenbarungspflicht, er muss also den Mund auf-
machen, auch wenn er nicht gefragt wird.

---

11  Das AGG setzt gleich vier europäische Richtlinien zur Verwirklichung des Grundsatzes der
    Gleichbehandlung um.

### bb) Insbesondere: Das Fragerecht des Arbeitgebers

**39**  Ein Einstellungsbewerber hat jedoch nur ganz ausnahmsweise die Pflicht, auch ungefragt Mängel seiner Qualifikation offen zu legen. Im Grundsatz ist die Informationserhebung nämlich Sache des Arbeitgebers. Er muss durch Vorgaben und Nachfragen verdeutlichen, von welchem Anforderungsprofil und welchen Qualifikationsmerkmalen die Einstellung abhängen soll.

**40**  Nach dem Grundsatz der Privatautonomie (Abschlussfreiheit) steht dem einstellungswilligen Arbeitgeber daher auch grundsätzlich das Recht zu, die von ihm für erforderlich gehaltenen Daten zur Prüfung der Eignung der Kandidat(inn)en zu erfragen. Davon wird in der Praxis gern und im Übermaß Gebrauch gemacht. Jedoch hat der Arbeitgeber kein unbeschränktes Fragerecht. Dazu der folgende

---

**Fall 2**

Die Fluggesellschaft Ikarus Deutschland AG (I-AG) beabsichtigt die Einstellung von 10 Stewardessen. Der Leiter der Personalabteilung legt den Bewerberinnen einen Fragebogen mit zahlreichen Fragen vor u.a. nach Schul- und Berufsausbildung, bisherigen beruflichen Tätigkeiten, Gewerkschaftszugehörigkeit und Vorstrafen. Obwohl die Bewerberin B wegen wiederholter Ladendiebstähle einmal zu einer Geldstrafe von 20 Tagessätzen zu je 50 EUR verurteilt worden war, verneint sie die Frage nach etwaigen Vorstrafen. Ebenso verneint sie wahrheitswidrig die Frage, ob sie regelmäßig eine sichere Methode der Empfängnisverhütung anwende und einen ständigen Freund habe. Die Frage einer bestehenden Schwangerschaft verneint sie ebenfalls, obwohl sie seinerzeit bereits damit rechnete, im zweiten Monat schwanger zu sein. Daraufhin wird die B eingestellt. Als sie nach weiteren zwei Monaten die Schwangerschaft durch ärztliches Attest anzeigt, entdeckt der Arbeitgeber I-AG auch die anderen Lügen und kündigt das Arbeitsverhältnis fristlos. Zu Recht?

---

**41**  Zunächst müsste der I-AG ein Gestaltungsrecht zustehen, das sie befugt, den mit B abgeschlossenen Arbeitsvertrag ohne Einhaltung einer Kündigungsfrist zu beenden. Da, wie ausgeführt, der Arbeitsvertrag ein Unterfall des Dienstvertrages gem. § 611 BGB ist, ergibt sich ein Kündigungsrecht aus § 626 I BGB. Die außerordentliche Kündigung setzt das Vorliegen eines wichtigen Grundes voraus. Ein solcher könnte gegeben sein, weil die B einige der Fragen zur Einstellung wahrheitswidrig beantwortet hat.

**42**  Zwar trifft es im Ausgangspunkt zu, dass ein Bewerber die an ihn gerichteten Fragen des Arbeitgebers wahrheitsgemäß beantworten muss. Dies gilt aber nur, soweit die **Fragen rechtlich zulässig** sind. Eine falsche Antwort bleibt für den Bewerber jedoch bei solchen Fragen ohne rechtliche Konsequenzen, bei denen ein **berechtigtes Informationsinteresse** des Arbeitgebers nicht besteht. Im Konfliktfall müssen hier die Belange des Arbeitgebers und die Interessen des Arbeitnehmers im Hinblick auf den Schutz seiner Persönlichkeitssphäre und seines Persönlichkeitsrechts abgewogen werden. Der Arbeitgeber darf nur solche Fragen stellen, die sachlich und unmittelbar mit der ausgeschriebenen Stelle zusammenhängen. Auf unzulässige Fragen braucht der Bewerber nicht zu antworten. Ein „Schweigerecht" würde ihm aber nicht recht weiterhelfen, weil der Arbeitgeber aus einer verweigerten Antwort ohne weiteres seine Schlüsse ziehen könnte („beredtes Schweigen"). Dem Bewerber wird daher, wie man häufig liest, ein „Recht zur Lüge" eingeräumt. Das ist aber eine juristisch nicht korrekte

Formulierung. In rechtlicher Hinsicht fehlt es vielmehr an einer Arglist oder an einem rechtswidrigen Verhalten des Bewerbers, der auf eine unzulässige Frage bewusst eine falsche Antwort gibt. Ein solches Verhalten provoziert keine Rechtsnachteile, insbesondere darf der Arbeitgeber darauf weder eine Kündigung noch eine Anfechtung (§ 123 I BGB) des daraufhin abgeschlossenen Arbeitsvertrages stützen.

Problematisch sind stets Fragen mit privatem oder höchstpersönlichem Hintergrund **43** wie z.B. Heiratsabsichten, Freizeitbeschäftigung, Konfessions-, Partei- oder – wie im Fall 2 – **Gewerkschaftszugehörigkeit** (vgl. BAG NJW 2015, 1458). Solche Umstände sind regelmäßig für die fachliche Eignung eines Bewerbers ohne Relevanz, ein **sachlicher Zusammenhang mit dem Beschäftigungsverhältnis** besteht nicht. Das ist jedoch bei der im Fall 2 von B verneinten Frage nach etwaigen **Vorstrafen** schon differenzierter zu sehen. Wegen des allgemeinen Grundsatzes der Resozialisierung von Vorbestraften wird die Frage zwar grundsätzlich nicht für zulässig gehalten, aber gleichwohl im Einzelfall nicht ausgeschlossen, soweit die Straftat für die Ausübung der konkreten Arbeitstätigkeit von besonderer Bedeutung ist, z.B. wenn der wegen eines Vermögensdeliktes (Diebstahl, Unterschlagung, Veruntreuung) oder Urkundendelikts (Urkundenfälschung) vorbestrafte Bewerber als Buchhalter, Kassierer oder Steuerfachgehilfe angestellt werden soll. Das gleiche gilt für den wegen Trunkenheit am Steuer durch Strafbefehl oder Strafurteil vorbestraften Bewerber, der als Kraftfahrer beschäftigt werden will. Im Fall 2 dürfte ein solcher Zusammenhang jedoch nicht bestehen, da B nicht „einschlägig" vorbestraft ist.

Bei Fragen nach der **beruflichen Ausbildung** oder nach Vortätigkeiten eines Bewer- **44** bers besteht grundsätzlich ein berechtigtes Informationsinteresse des Arbeitgebers, der die fachliche und persönliche Eignung des Bewerbers beurteilen können muss. Demgegenüber hat der Arbeitgeber jedoch kein Interesse, über die **private Lebensführung** und etwaige Absichten zur Gründung einer Familie, Kinderwunsch etc. informiert zu werden. Insoweit besteht kein unmittelbarer Bezug zum Arbeitsverhältnis. Der Fragebogen der I-AG im Fall 2 verletzt daher das **allgemeine Persönlichkeitsrecht** der B, soweit die Bewerberin über Verhütungsmethoden Auskunft geben soll. Ebenso unzulässig sind Methoden der systematischen Ausforschung der Persönlichkeit des Bewerbers. Aus den USA sind sehr ausgeklügelte und hoch raffinierte Einstellungsfragebögen bekannt, die Psychologen allein zu dem Zwecke entwickelt haben, die Persönlichkeit des Bewerbers auszuleuchten. Die Anwendung solcher Praktiken stellt mit Sicherheit einen Verstoß gegen die Menschenwürde gem. Art. 1 GG dar und ist rechtswidrig, weil damit die ausgeforschte Person wie eine Sache (Untersuchungsobjekt) behandelt wird. Dies gilt erst recht in dem heutzutage nicht mehr undenkbaren Fall, dass der Arbeitgeber vom Bewerber die Vorlage eines Gentests zur Aufklärung über bestimmte Eigenschaften, Krankheiten etc. verlangt. Eine Einstellungsuntersuchung bezüglich tätigkeitsrelevanter Gesundheitsmerkmale (Sehtest bei Kraftfahrer) ist allerdings stets möglich. Über die Zulässigkeit von Einstellungsfragen entscheidet in jedem Einzelfall eine Güter- und Interessenabwägung, wobei sich die Bewertungsmaßstäbe und damit das Abwägungsergebnis im Laufe der Zeit durchaus ändern können. Heute werden z.B. für zulässig gehalten die Fragen nach einer Aids-Erkrankung (nicht jedoch nach einer bloßen Aids-Infektion, str.) oder nach der Zugehörigkeit zur Scientology-Sekte.

45   Nach den bisherigen Ausführungen hat B daher mangels Zulässigkeit der Fragen kei-
     nen zur Kündigung berechtigenden Pflichtverstoß begangen. Etwas anderes könnte
     jedoch bezüglich der Frage nach der **Schwangerschaft** gelten. Eine solche Frage ist
     zwar grundsätzlich nach § 7 I i.V.m. §§ 1, 2 I Nr. 1 AGG (Verbot der geschlechtsbezoge-
     nen Diskriminierung) untersagt. Die Frage muss aber zulässig sein, wenn die Schwan-
     gerschaft ausnahmsweise der Arbeitsleistung aus tatsächlichen Gründen entgegen-
     steht wie z.B. bei einer Sportlehrerin oder einem Mannequin. Das gleiche muss ferner
     gelten, wenn rechtliche Gründe die Beschäftigung einer Schwangeren verbieten, vgl.
     §§ 3 ff. MuSchG.

46   Im Fall 2 besteht ein Verbot der Beschäftigung der werdenden Mutter nach Ablauf des
     dritten Monats der Schwangerschaft gem. § 4 II Nr. 7 MuSchG. Damit liegt eine zuläs-
     sige Frage vor, die B nicht verneinen durfte, weil sie bereits bei ihrer Bewerbung mit
     einer Schwangerschaft zumindest gerechnet hat. Mithin dürfte ein wichtiger Grund für
     eine fristlose Kündigung gem. § 626 I BGB gegeben sein.

47   Damit ist der Fall aber noch nicht zu Ende. Denn es ist zu berücksichtigen, dass nach
     § 9 I 1 MuSchG einer Frau während ihrer Schwangerschaft nicht gekündigt werden
     darf. Dieses Kündigungsverbot gilt mangels Einschränkung im gesetzlichen Tatbestand
     nicht nur für ordentliche Kündigungen, sondern auch für die hier in Rede stehende
     außerordentliche (= fristlose) Kündigung.

> **Zwischenergebnis im Fall 2**:    Die fristlose Kündigung gem. § 626 BGB ist nicht berechtigt. Das
> Arbeitsverhältnis ist dadurch nicht beendet worden.

### b) Mängel des Arbeitsvertrages

48   Ein Arbeitsvertrag kann unter einem rechtlichen Mangel leiden, der entweder sein
     rechtswirksames Zustandekommen verhindert oder zur Anfechtung der Vertragserklä-
     rung berechtigt. Besondere Rechtsprobleme stellen sich dabei in dem Fall, dass der
     Vertrag durch Aufnahme der Arbeitstätigkeit bereits vollzogen ist.

### aa) Anfechtung des Arbeitsvertrages

49   Der Fall 2 ist unter dem Gesichtspunkt der Anfechtbarkeit des Arbeitsvertrages noch zu
     prüfen. Nach der bisherigen Lösung blieb die **arglistige Täuschung** der B bei Ab-
     schluss des Arbeitsvertrages unberücksichtigt. Die bewusst falsche Antwort hat bei der
     I-AG zu einem Irrtum über eine Eignungsvoraussetzung der B geführt. Diesen Willens-
     mangel in der Person des Leiters oder Mitarbeiters der Personalabteilung (vgl. § 166 I
     BGB) kann die I-AG durch Anfechtung gem. § 123 I BGB geltend machen. Regelmäßig
     wird schon die (erfolglose) fristlose Kündigung als Anfechtungserklärung gem. § 140
     BGB umgedeutet werden können.

50   Das Anfechtungsrecht des BGB wird durch den Kündigungsschutz des Arbeitsrechts
     nicht ausgeschlossen. Zwar wird der von § 9 MuSchG angestrebte absolute Kün-
     digungsschutz durch eine Anfechtung obsolet. Aber das Gesetz will die Schwangere
     lediglich vor dem Verlust ihres rechtmäßig erlangten Arbeitsplatzes schützen. Der Ar-

beitgeber kann sich daher auf einen Anfechtungsgrund (Willensmangel bei Vertragsschluss) ohne Rücksicht auf den bestehenden Kündigungsschutz berufen und den Arbeitsvertrag (genauer: seine auf den Abschluss des Arbeitsvertrages gerichtete Willenserklärung) anfechten.

Die Anfechtung wegen der arglistigen Täuschung der B hat die Aufhebung des Arbeitsvertrages zur Folge, §§ 123 I, 142 I BGB. Aber auch damit sind wir noch nicht endgültig beim Ergebnis angelangt. Denn anders als die Kündigung, durch die das Arbeitsverhältnis mit Wirkung für die Zukunft (ex nunc) beendet wird, führt die Anfechtung eines Rechtsgeschäfts zur Nichtigkeit von Anfang an (ex tunc), § 142 I BGB (vgl. dazu schon 1. Kapitel Rn. 185). Das hätte aber zur Folge, dass die Rechtsgrundlage für die beiderseits erbrachten Leistungen entfiele, sodass diese gem. § 812 I 1 Fall 1 BGB (gesetzliche Anspruchsgrundlage) wieder herausgegeben werden müssten. Diese Rechtsfolge ist jedoch bei einem Dauerschuldverhältnis wie dem Arbeitsverhältnis nach Vollzug (Arbeitsantritt) kaum möglich. Die bereits geleistete Arbeit kann man nicht zurückgeben, der Arbeitslohn wird größtenteils für den Lebensunterhalt verwendet worden sein. Wegen dieser besonderen Interessenlage schränkt man die Rechtsfolge der Anfechtungserklärung nach Vollzug des Arbeitsverhältnisses dahin ein, dass sie wie eine Kündigung wirkt, also nicht ex tunc, sondern nur ex nunc (für die Zukunft)[12]. 51

Außerdem ist für die I-AG eine Anfechtung wegen **Eigenschaftsirrtums** gem. § 119 II BGB zu erwägen. Als Eigenschaften des Vertragspartners kommen jedoch nur solche in Betracht, die von gewisser Dauer sind. Ob die betreffende Eigenschaft darüber hinaus auch verkehrswesentlich ist, hängt davon ab, ob sie in unmittelbarem Zusammenhang mit dem Inhalt des Arbeitsvertrages steht. Das ist beispielsweise in folgenden Fällen anerkannt: Ehrlichkeit und Vertrauenswürdigkeit eines Kassierers; Vorstrafen, die für den vorausgesetzten Arbeitsbereich einschlägig sind; Krankheiten, wenn sie die Arbeitstätigkeit dauernd und erheblich mindern; Verfassungstreue für Angestellte im öffentlichen Dienst. Problematisch ist allerdings ein Irrtum des Arbeitgebers über eine bestehende Schwangerschaft seiner Mitarbeiterin. Eine Schwangerschaft wurde früher als eine verkehrswesentliche Eigenschaft angesehen, wenn die Arbeitnehmerin infolge der Schwangerschaft außer Stande ist, die übernommene Arbeit auszuführen (wie etwa im Fall 2 wegen eines Beschäftigungsverbotes). Diese Rechtsprechung kann jedoch nunmehr nach einer Entscheidung des Europäischen Gerichtshofs (EuGH NZA, 2000, S. 255) nicht mehr aufrechterhalten werden. Damit scheidet im **Fall 2** eine Anfechtung gem. § 119 II BGB aus. 52

### Ergebnis

Mit (dem Zugang der) Anfechtungserklärung der I-AG wegen arglistiger Täuschung der Arbeitnehmerin endet das Arbeitsverhältnis mit B (wegen der vom Anfechtenden einzuhaltenden Anfechtungsfrist vgl. noch § 124 I BGB).

---

12 Das Gleiche gilt übrigens auch bei Anfechtung einer Beitrittserklärung zu einer Personengesellschaft nach Vollzug des Gesellschaftsvertrags, wie in diesem Zusammenhang zum Gesellschaftsrecht nachgetragen werden soll.

### bb) Nichtigkeit des Arbeitsvertrages

**53**   Während man bei der Anfechtung durch Begrenzung der Gestaltungswirkung in Analogie zu den Rechtsfolgen einer Kündigung zu angemessenen Rechtsfolgen kommt, gibt es andere Mängel des Arbeitsvertrages, die zwangsläufig zur anfänglichen Vertragsnichtigkeit führen, wie z.B. die Gesetzes- oder Sittenwidrigkeit (§§ 134, 138 BGB) oder die fehlende Vertretungsmacht zum Abschluss des Arbeitsvertrages (§ 177 BGB). Wird hier der Wirksamkeitsmangel erst nach Arbeitsaufnahme entdeckt, so stellt sich die Frage nach den Rechtsfolgen, wie in dem folgenden

---

**Fall 3**

Der Bauingenieur A ist in der B Hoch- und Tiefbau GmbH nur für den Einkauf, nicht jedoch für den übrigen kaufmännischen Bereich und das Personal zuständig. Diesen Bereich leitet der Alleingeschäftsführer und Alleingesellschafter B. Als B sich auf längerer Geschäftsreise in China befindet, stellt A seinen Freund F als Controller ein. Nach seiner Rückkehr ist B jedoch mit dieser Personalentscheidung nicht einverstanden. Er schickt F sofort nach Hause und verweigert ihm jede Lohnzahlung für die bisher geleistete Arbeit. Wie ist die Rechtslage?

---

Als Anspruchsgrundlage kommt hier § 611 I BGB in Betracht. Lohn kann F aber nur fordern, wenn ein wirksamer Arbeitsvertrag zu Stande gekommen ist. Mangels Vollmacht des A (§ 164 I BGB) – dieser hat als Einkäufer der GmbH nur Arthandlungsvollmacht gem. § 54 HGB – ist der Vertrag gem. § 177 I BGB zunächst schwebend unwirksam und mangels Genehmigung des Geschäftsführers B endgültig unwirksam. Bei diesem Ergebnis kann man jedoch nicht stehen bleiben, weil F schon einige Wochen lang Arbeitsleistungen für die GmbH erbracht hat. Hier greift die Lehre vom **faktischen** (fehlerhaften) **Arbeitsverhältnis** ein, nach der ein nichtiger Arbeitsvertrag, der durch Arbeitsaufnahme in Vollzug gesetzt worden ist, mit Geltendmachung des Nichtigkeitsgrundes nur für die Zukunft als unwirksam gilt, jedoch für die bisherige Zeit als wirksam behandelt wird[13].

#### Ergebnis

Im Fall 3 kann die B-GmbH das (faktische) Arbeitsverhältnis jederzeit beenden und unterliegt dabei keinen Schranken aus dem Kündigungsrecht (keine Kündigungsschutzklage des Arbeitnehmers!). Der Arbeitnehmer F hat bis dahin einen Anspruch auf Lohn einschließlich Entrichtung der Sozialversicherungsbeiträge für die Zeit seiner Arbeitstätigkeit.

### c) Befristung des Arbeitsvertrages

**54**   Arbeitsverträge werden häufig aus unterschiedlichen Gründen nicht auf unbestimmte Zeit, sondern nur befristet, also für eine bestimmte Zeit oder unter Vereinbarung einer Probezeit abgeschlossen. Beide Gestaltungen des Arbeitsverhältnisses werfen jeweils eigene Rechtsfragen auf.

**55**   Werden **Arbeitsverträge auf bestimmte Zeit** geschlossen, enden sie automatisch, d.h. ohne Kündigung mit dem Eintritt des vereinbarten Endtermins, was schon der § 620 I BGB allgemein für Dienstverträge anordnet. Diese Vorschrift wird aber im Ar-

---

13   Das Gleiche gilt wiederum nach der Lehre von der fehlerhaften Gesellschaft auch in Bezug auf einen nichtigen Gesellschaftsvertrag.

beitsrecht von § 15 I TzBfG (lex specialis) verdrängt, vgl. § 620 III BGB. Befristete Verträge können während ihrer Laufzeit nur aus wichtigem Grund gekündigt werden (vgl. §§ 626, 627 BGB), eine ordentliche Kündigung ist nicht möglich. Jedoch besteht die Gefahr, dass durch die Vereinbarung befristeter Arbeitsverträge der arbeitsrechtliche Kündigungsschutz unterlaufen wird. Denn im Arbeitsrecht ist die Kündigung durch den Arbeitgeber im Anwendungsbereich des allgemeinen Kündigungsschutzgesetzes dadurch stark eingeschränkt, dass sie zu ihrer Wirksamkeit einer sozialen Rechtfertigung bedarf (vgl. unten 3 c).

Daher hat der Gesetzgeber eingegriffen und den Abschluss befristeter Arbeitsverträge **56** durch das Teilzeit- und Befristungsgesetz an strenge Voraussetzungen geknüpft. Eine Befristung muss nach § 14 I 1 TzBfG durch einen **sachlichen Grund** gerechtfertigt sein; ein solcher ist nach dem Beispielskatalog des § 14 I 2 TzBfG beispielsweise gegeben

- bei vorübergehendem Arbeitsbedarf (Auftragsspitze), Nr. 1; bzw.
- bei einem Vertretungsfall infolge Ausfall eines festangestellten Arbeitnehmers, Nr. 3; oder zum Zweck der
- Erprobung eines Arbeitnehmers, Nr. 5.

Ohne einen solchen Rechtfertigungsgrund ist die Befristung nach § 14 II TzBfG ledig- **57** lich für eine Laufzeit von zwei Jahren zulässig; eine Wiederholung der Befristung ist nicht zulässig, § 14 II 2 TzBfG. Bei Neugründung eines Unternehmens besteht aber die Möglichkeit, befristete Arbeitsverträge bis zu vier Jahren Laufzeit abzuschließen, § 14 IIa TzBfG[14]. In jedem Fall kann eine Befristung wirksam nur unter Einhaltung der gesetzlichen Schriftform vorgenommen werden, § 14 IV TzBfG i.V.m. § 126 BGB. Formbedürftig ist aber allein die Befristungsabrede als solche, nicht jedoch der ganze Arbeitsvertrag.

Ist eine Befristungsvereinbarung etwa wegen Fehlens eines sachlichen Grundes oder **58** wegen Verstoßes gegen das Schriftformerfordernis gem. § 14 IV TzBfG unwirksam, so besteht das Arbeitsverhältnis unbefristet fort; § 16 TzBfG ordnet an, dass der Arbeitsvertrag auf unbestimmte Zeit geschlossen gilt. Will ein Arbeitnehmer die Unwirksamkeit der Befristung gerichtlich geltend machen, so greift (wie bei der Kündigungsschutzklage, vgl. unten Rn. 117) eine Ausschlussfrist von drei Wochen nach dem Ablauf der vereinbarten Frist ein, § 17 TzBfG.

Nimmt der Arbeitgeber bei einem neu begründeten Arbeitsverhältnis nicht bereits **59** eine Befristung gemäß § 14 I 2 Nr. 5 TzBfG vor, so wird er in der Regel auf der Vereinbarung einer **Probezeit** bestehen. Die Probezeit dauert für gewöhnlich sechs Monate, kann aber je nach Tätigkeit oder Person des Arbeitnehmers (Vorkenntnisse,

---

14 Die Bestimmung des § 14 III TzBfG a.F., die den zeitlich unbegrenzten Abschluss befristeter Arbeitsverträge mit Arbeitnehmern, die das 52. Lebensjahr vollendet haben, grundsätzlich erlaubte, hat der EuGH wegen des Verstoßes gegen das in Art. 13 EG-Vertrag enthaltene Verbot der Altersdiskriminierung für gemeinschaftsrechtswidrig gehalten, EuGH NJW 2005, 3695 – „Mangold". Das BAG hat sodann die Vorschrift für unwirksam erklärt, BAGE 118, 76 = NJW 2006, 3599. Die gesetzliche Neuregelung in § 14 III TzBfG stellt die älteren Arbeitnehmer deutlich schlechter. Dieser Vorgang wirft die Frage nach dem Sinn des Diskriminierungsverbots auf, das ganz offenbar in guter Absicht, aber mit bösen Folgen aufgestellt ist.

Praktika) variieren. Damit wird **nicht** ein **befristetes Arbeitsverhältnis** begründet, vielmehr besteht der Vertrag auf unbestimmte Zeit. Der Arbeitsvertrag ist aber während der Probezeit unter der kürzeren Kündigungsfrist von zwei Wochen und vor allem ohne Begründung ordentlich kündbar, § 622 III BGB; bei Ausbildungsverträgen auch ohne Frist, §§ 20, 22 I BBiG. Eine Kündigung ist also insbesondere auch dann nicht ausgeschlossen, wenn sich der zur Probe eingestellte Arbeitnehmer bewährt hat. Stets möglich bleibt eine Kündigung aus wichtigem Grund, § 626 BGB.

## 2. Inhalt des Arbeitsverhältnisses

60    Der Arbeitsvertrag begründet, wie erwähnt, primär ein schuldrechtliches Austauschverhältnis. Der Arbeitnehmer ist verpflichtet, die vereinbarte Arbeitsleistung zu erbringen („Leistung der versprochenen Dienste"), während auf der anderen Seite der Arbeitgeber „zur Gewährung der vereinbarten Vergütung" (Arbeitsentgelt) verpflichtet ist, § 611 I BGB. In dem Austausch der Leistungspflichten (Arbeitsverpflichtung gegen das Lohnzahlungsversprechen) i.S. eines gegenseitigen Vertrages nach §§ 320 ff. BGB[15] erschöpft sich das Arbeitsverhältnis im Unterschied etwa zu einem Kaufvertrag nicht. Vielmehr liegt zwischen Arbeitgeber und Arbeitnehmer ein Dauerschuldverhältnis vor, das sich in besonderer Weise auch auf den persönlichen Lebensbereich des Arbeitnehmers auf der einen Seite und auf die wirtschaftlichen Belange des Arbeitgebers auf der anderen Seite bezieht, was je nach den Umständen des Einzelfalles vielfältige Sorgfaltspflichten der Parteien des Arbeitsvertrages hervorbringt.

61    Im Folgenden soll ein kleiner Ausschnitt aus dem arbeitsrechtlichen Pflichtenprogramm vorgestellt werden. Häufig wird das Thema untergliedert in Rechte und Pflichten des Arbeitnehmers und des Arbeitgebers. Das ist jedenfalls für unsere Zwecke nicht erforderlich, weil sich aus den Rechten und Pflichten der einen Vertragsseite spiegelbildlich die Rechtsstellung der Gegenseite ergibt. Deshalb können wir uns hier mit einer konzisen Darstellung aus der Arbeitnehmerperspektive begnügen. Von zentraler Bedeutung sind dabei der Lohnanspruch und die Arbeitspflicht des Arbeitnehmers (a) sowie die Frage nach den Rechtsfolgen von etwaigen Pflichtverletzungen des Arbeitnehmers (b).

### a) Arbeitspflicht des Arbeitnehmers

62    Die Arbeitspflicht des Arbeitnehmers korrespondiert mit der Hauptleistungspflicht des Arbeitgebers auf Lohnzahlung einschließlich der Arbeitgeberanteile zur Sozialversicherung. Es gilt der Grundsatz: Ohne Arbeit kein Lohn. Darüber und über einige Ausnahmen handelt der Abschnitt bb). Zuvor geht es jedoch um die konkrete Festlegung der Arbeitspflicht des Arbeitnehmers durch den Arbeitgeber (aa).

---

15  Vgl. aber als bedeutsame Abweichung von § 320 BGB die Vorleistungspflicht des Arbeitnehmers gem. § 614 BGB.

### aa) Inhalt der Arbeitsleistung

Seine Hauptleistungspflicht, nämlich die Erbringung der vereinbarten Arbeitsleistung, **63** kann der Arbeitnehmer nur persönlich bewirken, vgl. § 613 S. 1 BGB: „in Person". Da der Vertrag die geschuldete Arbeitsleistung aber in der Regel nur abstrakt umschreiben kann, wird der Inhalt der Schuld des Arbeitnehmers durch die Weisung (Direktion) des Arbeitgebers konkretisiert. Das Weisungs- oder **Direktionsrecht** des Arbeitgebers korrespondiert mit der persönlichen Abhängigkeit des Arbeitnehmers, die diesen vom freien Mitarbeiter unterscheidet (vgl. oben Rn. 23 f.). Der Arbeitnehmer muss der Anordnung des Arbeitgebers Folge leisten.

Das **einseitige Leistungsbestimmungsrecht** des Arbeitgebers ist in der Praxis von **64** großer Bedeutung, weil hierdurch der Arbeitgeber Art, Ort und Zeit der Arbeitsleistung festlegen kann, siehe § 106 GewO, § 315 BGB. Freilich darf dies nicht willkürlich geschehen, sondern nur nach „billigem Ermessen". Das bedeutet, dass der Arbeitgeber bei Ausübung seines Direktionsrechts auch die Interessen des Arbeitnehmers berücksichtigen muss. Vielfach ist das Weisungsrecht durch den Arbeitsvertrag, durch Betriebsvereinbarung, Tarifvertrag oder Gesetz beschränkt. Im Konflikt- und Streitfall entscheiden die Arbeitsgerichte, ob die Maßnahme des Arbeitgebers angemessen und damit noch vom Direktionsrecht umfasst ist.

Unzulässig ist z.B. die Aufnahme einer Konzernversetzungsklausel in den vorformu- **65** lierten Arbeitsvertrag (= AGB!), wonach der Arbeitgeber den Arbeitnehmer auch bei einer anderen Gesellschaft innerhalb des Konzerns einsetzen kann, sodass es zu einem Wechsel in der Person des Arbeitgebers kommt. Eine solche Klausel ist der AGB-rechtlichen Inhaltskontrolle durch die (Arbeits-) Gerichte gem. §§ 305 ff.; 310 IV 2 BGB unterworfen (vgl. allgemein zum Recht der AGB, 1. Kapitel Rn. 164 ff.). Das gilt nicht für die **Umsetzung** (Versetzung) des Arbeitnehmers an einen anderen Ort (Betriebsstätte) innerhalb des Unternehmens. Eine solche AGB-Regelung unterliegt nicht der Angemessenheitskontrolle, weil sie keine von Rechtsvorschriften abweichende Bestimmung enthält und nur das allgemeine Direktionsrecht des Arbeitgebers zum Ausdruck bringt. Ebenso unterliegen grundsätzlich die Vergütungsregelung und die allgemeine Tätigkeitsbeschreibung im Arbeitsvertrag nicht der gerichtlichen Inhaltskontrolle. Denn dabei geht es lediglich um den Leistungsaustausch und die Beschreibung der geschuldeten Leistung. Die auf die vertraglichen Hauptleistungen gerichteten Vertragskonditionen können (und dürfen) nach dem Grundsatz der Parteiautonomie nicht unter gerichtlicher Kontrolle stehen. Das AGB-Recht greift immer nur da ein, wo die AGB-Klauseln von Rechtsvorschriften abweichen oder diese ergänzen (dazu schon 1. Kapitel Rn. 171).

Ist die konkrete Maßnahme der Umsetzung eines Arbeitnehmers vom Direktionsrecht **66** des Arbeitgebers nicht gedeckt, bleibt diesem nur die Möglichkeit, den Arbeitsvertrag im Wege einer Änderungsvereinbarung (§ 311 I BGB) zu modifizieren oder den Arbeitnehmer durch Änderungskündigung (vgl. dazu noch unten Fall 6) auf den neuen Arbeitsplatz zu verweisen. Die Änderungskündigung bedarf gegebenenfalls der Beteiligung des Betriebsrats, vgl. § 99 BetrVG; gegen sie kann sich der Arbeitnehmer mit der Kündigungsschutzklage zur Wehr setzen (vgl. dazu unten Rn. 116).

**67**    Allgemein ist festzustellen, dass die konkreten Arbeitsbedingungen durch eine Vielzahl von gesetzlichen Vorgaben (Arbeitsschutzgesetze) engmaschig und detailliert geregelt werden. Das gilt insbesondere auch in Bezug auf die **Arbeitszeit** (vgl. dazu das entsprechende ArbZG) und ihre Reduzierung (§§ 6 ff. TzBfG). Das ArbZG beispielsweise enthält in großer Regelungsdichte öffentlich-rechtliche Schutzvorschriften über Höchstarbeitszeiten (§ 3), Mindestruhepausen (§ 4), Mindestruhezeiten (§ 5), Nacht- und Schichtarbeit (§ 6), Regelung von Sonntags- und Feiertagsarbeit (§§ 9–11) sowie bezüglich der Überarbeit (Überstunden), die unter Überschreitung der regelmäßigen betrieblichen Arbeitszeit geleistet wird; ferner über Mehrarbeit, also die Zeit, die unter Überschreitung der Grenzen des Arbeitszeitgesetzes geleistet wird. Für Angestellte des öffentlichen Dienstes ist in den Tarifverträgen (TVöD bzw. TV-L) Ähnliches geregelt.

### bb) Ohne Arbeit kein Lohn?

**68**    Aus dem bereits mehrfach erwähnten Umstand, dass es sich bei dem Arbeitsvertrag um einen gegenseitigen Vertrag handelt, folgen die Anwendung der Vorschriften des allgemeinen Schuldrechts sowie der Grundsatz: Ohne Arbeit kein Lohn, § 326 I 1 BGB (zu dieser Vorschrift vgl. 1. Kapitel Rn. 257 ff.). Diese Regel wird aber im Arbeitsrecht wiederholt durchbrochen, sodass nicht selten die Ausnahme gilt: Lohn ohne Arbeit. Dazu der

---

**Fall 4**

Der Arbeitnehmer A versäumt den ganzen Vormittag, weil er auf dem Weg zur Arbeit in einen Stau gerät oder (alternativ) weil die Lokführer streiken. Sein Arbeitgeber B fragt, ob er eine entsprechende Lohnkürzung vornehmen darf. A verlangt von B volle Lohnzahlung.

---

Anspruchsgrundlage für A ist § 611 I BGB: Gewährung der vereinbarten Vergütung. Fraglich ist, ob dies auch für die ausgefallene Arbeitszeit gilt. Die Frage ist zu verneinen, d.h. B darf den Lohn zeitanteilig kürzen, wenn § 326 I 1 BGB eingreift (Anspruch auf Gegenleistung entfällt; hier: teilweise).

Das setzt voraus, dass der Schuldner A nach § 275 I–III BGB nicht zu leisten braucht. Für die Befreiung von der Leistungspflicht gemäß § 275 I BGB müsste man annehmen können, dass es dem A nicht möglich war, die Arbeit anzutreten. Fraglich ist aber, ob hier die Kategorie der Unmöglichkeit überhaupt in Betracht kommt. Diese Frage wäre zu verneinen, wenn A die versäumte Arbeitsleistung nachholen könnte. Das ist jedoch wegen der **besonderen Leistungsstruktur im Arbeitsrecht** nicht der Fall. Denn der Arbeitnehmer ist zur persönlichen Leistung nur während der betrieblichen Arbeitszeit verpflichtet, und zwar jeden Werktag zu einer neuen eigenständigen Leistungseinheit. Der Arbeitnehmer schuldet eine nach Zeit oder Zeitabschnitten bemessene Tätigkeit, während der er in die Organisation des Betriebs des Arbeitgebers eingebunden ist, wo die Arbeitsleistungen aller betrieblichen Mitarbeiter miteinander koordiniert werden. Man spricht daher vom Fixschuldcharakter der Arbeitspflicht (zum Fixgeschäft vgl. schon 2. Kapitel Rn. 90). Mit Ablauf der vorgesehenen Arbeitszeit ist eine Nachholung nicht mehr möglich, es liegt (objektive) **Unmöglichkeit der Arbeitsleistung** vor. Da der Umstand, auf Grund dessen der Schuldner (Arbeitnehmer A) hier nach § 275 I BGB nicht zu leisten braucht, weder von diesem (sonst Schadensersatzpflicht gem. §§ 275 IV, 283, 280 I, III BGB; z.B. wenn der Schuldner „blau" macht) noch vom Gläubiger (sonst Lohnzahlungspflicht gem. § 326 II BGB) zu vertreten ist, wird B wegen des Wegfalls der Leistungspflicht (Arbeitspflicht) des A auch von seiner Verpflichtung zur Gegenleistung (Lohnzahlung) frei, § 326 I 1 BGB.

Bei diesem allgemeinen Grundsatz des Schuldrechts bleibt es, wenn nicht arbeitsrechtliche Sonderregeln eingreifen. Als eine solche **Ausnahmevorschrift** könnte im Fall 4 der **§ 616 BGB** eingreifen. Danach verliert der Arbeitnehmer, der seine Arbeitspflicht vorübergehend nicht erfüllt, seinen Vergütungsanspruch nicht, wenn er „für eine verhältnismäßig nicht erhebliche Zeit durch einen in seiner Person liegenden Grund ohne sein Verschulden an der Dienstleistung verhindert wird". Wer sorgfältig unter diese Rechtsnorm subsumiert, kann das richtige Ergebnis nicht verfehlen. Entscheidend für § 616 BGB sind allein **subjektive Hinderungsgründe** (z.B. Todesfälle, Geburten, Bestattungen, gerichtliche Vorladungen etc.[16]). Nach dem eindeutigen Wortlaut der Vorschrift fallen objektive (d.h. nicht in der Person des Arbeitnehmers liegende) Umstände für die ausgefallene Arbeitsleistung, wie sie hier mit Bahnstreik bzw. Verkehrsstau gegeben sind, nicht unter den Ausnahmetatbestand des § 616 BGB.

### Ergebnis

Es bleibt daher dabei, dass der A für die Vormittagsstunden keinen Lohn beanspruchen kann.

Damit wird im Fall 4 der Grundsatz „Ohne Arbeit kein Lohn" durchgehalten. Die arbeitsrechtliche Gegenregel „Lohn ohne Arbeit" (genauer: Lohnzahlung bei Befreiung von der Arbeitspflicht) greift etwa ein, wenn ein Fall des § 616 BGB vorliegt. Der Arbeitnehmer hat dann ausnahmsweise Anspruch auf bezahlten Sonderurlaub in persönlichen Angelegenheiten. **69**

Darüber hinaus kann der Arbeitnehmer Lohn ohne Arbeit auch bei Krankheit beanspruchen, hier greift die Lohnausgleichszahlung gem. § 3 EntgeltFG ein. Der Lohnfortzahlungsanspruch bei **Arbeitsunfähigkeit** des Arbeitnehmers besteht bis zu einer Dauer von sechs Wochen. Der Arbeitnehmer muss seine Anspruchsberechtigung unverzüglich (am ersten Tag) anzeigen und bei längerer Dauer ab drei Kalendertagen durch ärztliches Attest (Arbeitsunfähigkeitsbescheinigung) gem. § 5 I 2 EntgeltFG nachweisen. Der Arbeitnehmer verliert jedoch seinen Lohnanspruch, wenn er aus eigenem Verschulden arbeitsunfähig krank wird. Was die Verschuldensvoraussetzung angeht, legt man allerdings einen sehr großzügigen Maßstab an. Verletzungen im Freizeitsport wie z.B. beim Fußball, Boxen, ja sogar beim Kick-Boxen werden regelmäßig noch als unverschuldet angesehen; ebenso Verkehrsunfälle, wenn nur normale Fahrlässigkeit vorliegt. Anders liegt es freilich, wenn der Unfall auf Trunkenheit des Arbeitnehmers, Drogeneinnahme etc. zurückzuführen ist. Bloße Alkohol- oder Drogenabhängigkeit des Arbeitnehmers führt aber in der Regel noch nicht zum Verlust des Lohnfortzahlungsanspruchs bei Arbeitsunfähigkeit. **70**

Eine weitere Ausnahme vom Grundsatz „Ohne Arbeit kein Lohn" liegt beim Urlaub vor. Im arbeitsrechtlichen Sinn ist **Urlaub** die zum Zweck der Erholung gewährte Freistellung von der Arbeitspflicht unter Fortzahlung der Arbeitsvergütung (bezahlter Erholungsurlaub). Das Nähere und viele andere Details regelt das Bundesurlaubsgesetz (vgl. dazu schon Fall 1). Die Mindestdauer des bezahlten Erholungsurlaubs (24 Tage) ordnet § 3 BUrlG an, die Höhe des **Urlaubsentgelts** bestimmt § 11 S. 1 BUrlG. Das Urlaubsentgelt darf **nicht** mit dem **Urlaubsgeld** verwechselt werden. Dieses stellt eine zusätzliche Arbeitgeberleistung dar, zu der der Arbeitgeber auf Grund Einzelarbeitsvertrags, Tarifvertrags oder Betriebsvereinbarung verpflichtet sein kann. **71**

---

16 An sich auch Erkrankungen des Arbeitnehmers. Dieser Fall ist jedoch speziell geregelt im Entgeltfortzahlungsgesetz (EntgeltFG), dazu sogleich unter Rn. 70.

**72** Eine weitere Durchbrechung erfährt der Grundsatz „Ohne Arbeit kein Lohn" auch dann, wenn sich das **Betriebs- oder Wirtschaftsrisiko** verwirklicht, das grundsätzlich der Arbeitgeber zu tragen hat. Was damit gemeint ist, wird sogleich klar, wenn man den Fall 4 dahin abwandelt, dass der im Betrieb erschienene Arbeitnehmer einen Vormittag lang nicht arbeiten kann, etwa weil der Strom ausfällt, ein Maschinenschaden vorliegt (Betriebsrisiko) oder keine Aufträge (Auftrags- oder Absatzmangel fällt unter Wirtschaftsrisiko) auszuführen sind. Auch in diesen Fällen bekommt der Arbeitnehmer, der nicht gearbeitet hat, Lohn vom Arbeitgeber. Dieser hat das Risiko des Arbeitsausfalls zu tragen, wie neuerdings auch § 615 S. 3 BGB zum Ausdruck bringt. Wenn durch die Betriebsstörung jedoch die Existenz des Unternehmens gefährdet ist, verlieren die Arbeitnehmer jedenfalls teilweise, in schweren Fällen vorübergehend sogar ganz ihren Lohnanspruch (std. Rspr.).

**73** Ein besonderer Fall, in dem der Arbeitnehmer den versprochenen Lohn ebenfalls ohne Arbeitsleistung erhält, liegt bei **Gläubigerverzug des Arbeitgebers gem. § 615 S. 1 BGB** vor (Spezialregelung zu § 326 II 2. Fall BGB, dazu oben 1. Kapitel Fall 60). Der Gläubigerverzug setzt voraus, dass der Arbeitgeber die ihm vom Arbeitnehmer ordnungsgemäß angebotene Arbeitsleistung nicht annimmt. So liegt es beispielsweise, wenn der Maurer, der nach einer im Streit mündlich ausgesprochenen Kündigung des Chefs (unwirksam gem. § 623 BGB) am nächsten Tag auf der Baustelle erscheint, um seine Arbeit aufzunehmen, wieder nach Hause geschickt wird. Der Lohnanspruch für die ausgefallene Zeit folgt hier aus § 611 I BGB. Denn § 615 S. 1 BGB ist, was häufig übersehen wird, keine Anspruchsgrundlage, sondern hält den Lohnzahlungsanspruch aus § 611 BGB lediglich aufrecht, indem das Gesetz anordnet, dass der Arbeitnehmer bei Annahmeverzug des Arbeitgebers die unterbliebene Arbeit nicht nachholen muss.

### b) Haftung des Arbeitnehmers bei Pflichtverletzung

**74** Eine Verletzung der Arbeitspflicht des Arbeitnehmers liegt nicht nur vor, wenn der Arbeitnehmer nicht arbeitet (Nichtleistung), sondern insbesondere auch dann, wenn er schlecht arbeitet (Schlechtleistung), z.B. wenn er unbrauchbare Arbeitsergebnisse erzielt, Ausschuss produziert oder Material vergeudet. Bei schuldhafter Pflichtverletzung haftet der Arbeitnehmer dem Arbeitgeber gem. § 280 I BGB (positive Vertragsverletzung[17]). Das gilt auch dann, wenn der Arbeitnehmer sog. Nebenpflichten aus dem Arbeitsvertrag verletzt (§ 241 II BGB), z.B. Störungen im Betriebsablauf nicht meldet, den Betriebsfrieden stört, Betriebsgeheimnisse preisgibt, in verbotenen Wettbewerb zum Arbeitgeber tritt (vgl. die handelsrechtlichen Spezialregeln der §§ 60, 61 HGB) oder Schmiergeldzahlungen annimmt. Damit verletzt er seine **arbeitsrechtliche Treuepflicht**. Ebenso wie die kaufmännischen Angestellten unterliegen alle Arbeitnehmer gem. §§ 241 II, 242 BGB einem allgemeinen Wettbewerbsverbot. Arbeitnehmer dürfen daher, wie weithin bekannt ist, keine Schwarzarbeit im Tätigkeitsbereich ihres Arbeitgebers leisten. Das Wettbewerbsverbot endet erst mit dem Arbeitsverhältnis, kann aber arbeitsvertraglich auch darüber hinaus erstreckt werden, wie sich

---

17  Allgemein zu dieser Leistungsstörung vgl. bereits 1. Kapitel Rn. 295 und 299 (Prüfungsprogramm).

etwa für Handlungsgehilfen aus der (verallgemeinerungsfähigen) arbeitsrechtlichen Vorschrift des § 74 HGB ergibt.

Bei **Schädigung des Arbeitgebers oder Dritter** durch den Arbeitnehmer hat aller- **75** dings die Rechtsprechung zu Gunsten der Arbeitnehmer Einschränkungen bezüglich der Haftung vorgenommen (Haftungsprivilegierung), was hier gezeigt werden soll anhand von

---

**Fall 5**

Der Arbeitnehmer A ist im Unternehmen des B, der mit Heizöl und Kraftstoffen handelt, als Kraftfahrer beschäftigt. Als sich eine Wespe in das Führerhaus seines Lastwagens verirrt und er sie verjagen will, kommt es zu einem folgenschweren Unfall, bei dem das Fahrzeug beschädigt wird und das auslaufende Öl das Erdreich kontaminiert. Muss A für den Schaden am LKW in Höhe von 30 000 EUR und für den Schaden der Gemeinde G in Höhe von 300 000 EUR (Ölverseuchung des Straßengrundstücks) aufkommen?

---

Dieser extreme, aber im Arbeitsleben durchaus denkbare Fall zeigt die drastischen **76** Folgen der bürgerlich-rechtlichen Haftung im Arbeitsverhältnis besonders eindringlich auf. Eine unbeschränkte Haftung des Schädigers würde seinen wirtschaftlichen Ruin bedeuten. Bei der Beantwortung der Fallfrage nötigt der Umstand, dass der Arbeitnehmer sowohl seinen Arbeitgeber als auch einen Dritten (Straßeneigentümer) geschädigt hat, zur Differenzierung des gutachtlichen Lösungsweges.

### aa) Schadensersatzansprüche des Arbeitgebers

Wie gewohnt, ist mit der Anspruchsgrundlage zu beginnen. In Betracht kommen hier **77** Ansprüche aus dem Arbeitsvertrag und aus Delikt, d.h. aus unerlaubter Handlung (Eigentumsverletzung gem. § 823 I BGB)[18].

**Vertragliche Ansprüche** könnten sich aus der Verletzung einer arbeitsvertraglichen **78** Sorgfaltspflicht gem. §§ 611, 280 I 1, 619a[19], 249 I BGB ergeben. Der Arbeitnehmer A hat seine arbeitsvertraglichen Pflichten zur sorgfältigen und gewissenhaften Ausführung der ihm übertragenen Tätigkeit bei Führung des Lastwagens des B verletzt, als er die Wespe aus dem Führerhaus des fahrenden LKW verscheuchen wollte. Diese Pflichtverletzung erfolgte auch fahrlässig, §§ 280 I 1, 619a, 276 I 1, II BGB. Damit ist A dem B wegen Schlechterfüllung des Arbeitsvertrages zum Schadensersatz verpflichtet.

---

18  Die Einteilung der Ansprüche nach ihrer Entstehungsgrundlage (Vertrag oder Gesetz) ist ein elementares Strukturprinzip des Zivilrechts; vgl. dazu schon die Übersicht 1. Kapitel nach Rn. 30.
19  Nach allgemeinem Leistungsstörungsrecht (§ 280 I 2 BGB) wird vermutet, dass der Schuldner die Pflichtverletzung zu vertreten hat. Es liegt daher an ihm, sich zu entlasten (vgl. 1. Kapitel Fälle 62 und 63). Im Arbeitsrecht ist es umgekehrt; hier trägt nicht der Arbeitnehmer (Schuldner) die Beweislast, vielmehr muss der Arbeitgeber (Gläubiger) das Verschulden des Arbeitnehmers nachweisen, § 619a BGB.

**79** Eine Ersatzpflicht des A folgt daneben auch aus der **gesetzlichen Anspruchsgrund-lage** des § 823 I BGB, weil A das Eigentum des B am LKW fahrlässig verletzt und damit dem B einen Schaden zugefügt hat.

**80** Nach beiden Haftungsgrundlagen ist A daher gem. § 249 I BGB verpflichtet, den Zustand herzustellen, der ohne das schadenstiftende Verhalten bestehen würde. Daher müsste A nach den allgemeinen zivilrechtlichen Ersatzregeln 30 000 EUR Schadensersatz zahlen. Denn nach dem Haftungsrecht des BGB muss ein Schädiger selbst dann in vollem Umfang für den von ihm verursachten Schaden einstehen, wenn ihm nur der Vorwurf einer ganz leichten Fahrlässigkeit gemacht werden kann (Alles-oder-nichts-Prinzip).

**81** Eine solche ruinöse Rechtsfolge hat die Rechtsprechung im Arbeitsrecht seit jeher als unangemessen empfunden, weil der Arbeitgeber den Unternehmergewinn aus der Arbeitstätigkeit des Arbeitnehmers zieht und deshalb grundsätzlich auch das **Betriebsrisiko** zu tragen hat. Daher wurde die Haftung des Arbeitnehmers für Schäden, die in Ausführung einer betrieblichen Tätigkeit herbeigeführt worden sind, erheblich eingeschränkt. Über mehrere Zwischenstufen ist die Rechtsprechung zu folgender **Haftungsbeschränkung** gelangt[20]:

**82** Hat eine betriebliche Tätigkeit des Arbeitnehmers zu einem Schaden geführt, so hängt der Umfang der Haftung vom Verschuldensgrad des Arbeitnehmers ab:

(1) bei Vorsatz und grober Fahrlässigkeit haftet der Arbeitnehmer uneingeschränkt;

(2) bei normaler (einfacher) Fahrlässigkeit i.S. von § 276 II BGB kommt es zu einer Schadensteilung zwischen Arbeitnehmer und Arbeitgeber je nach den Umständen des Einzelfalls; bei der hier erforderlichen Interessenabwägung ist insbesondere auch auf die **Gefahrgeneigtheit** der konkret ausgeübten Tätigkeit zu achten (z.B. der Betrieb eines LKW);

(3) bei leichter und leichtester Fahrlässigkeit scheidet eine Haftung des Arbeitnehmers aus.

**83** Im Fall 5 muss man sich bei Zuordnung des Verschuldens des A für eine dieser Haftungsebenen zwischen der Stufe (2) und (3) entscheiden. Ein Fall der leichteren Fahrlässigkeit scheint nicht vorzuliegen, eher einfache (normale) Fahrlässigkeit (2) im unteren Bereich. Da die Tätigkeit des A als LKW-Fahrer jedoch typische Gefahren mit sich bringt, bei der auf Dauer auch einem noch so zuverlässigen Arbeitnehmer Fehler un-

---

20  Eine bemerkenswerte Vorwegnahme der modernen Rechtsprechungsgrundsätze zum Schutz der Arbeitnehmer vor übermäßigen Haftungsansprüchen des Arbeitgebers stellt das bei Ebel, Quellen zur Geschichte des Arbeitsrechts (bis 1849), 1964, S. 270 ff., abgedruckte „Hütten-Reglement für die Glasfabriken zu Schreiberhau/Schlesien vom 18.12.1812" der Königlich-Preußischen Regierung von Schlesien dar. Es lautet auszugsweise: „§ 19. Fügen sie (ergänze: die Hütten-Arbeiter) dem Hütten-Herrn vorsätzlich oder aus grobem oder mäßigem Versehen Schaden zu, so müssen sie denselben ersetzen. § 20. Wegen geringen Versehens sind sie nur zum Schadensersatz verpflichtet, wenn sie wider den ausdrücklichen Befehl des Hütten-Herrn oder seines Stellvertreters gehandelt haben". Bei größerem Interesse an dem Thema, vgl. Schnauder, Die Grundsätze der gefahrgeneigten Arbeit, JuS 1995, 594–598.

terlaufen, ist der Schaden zwischen A und B aufzuteilen. Dabei spielt dann u. a. auch die Höhe des Lohnes des A eine maßgebliche Rolle.

### Teilergebnis

Je nach den weiteren Umständen des Falles könnte man eine Haftungsquote des A von $\frac{1}{5}$ bis $\frac{1}{10}$ des Schadens annehmen.

### bb) Schadensersatzansprüche Dritter

Prekärer ist die Haftungslage des Arbeitnehmers A gegenüber der Grundstückseigentümerin G, die erhebliche Aufwendungen für Bodenaustausch und Grundwassersicherung hat. Hier kommt ein vertraglicher Anspruch nicht in Betracht, da zwischen dem Schädiger A und der geschädigten Eigentümerin ein Vertrag nicht besteht. Die Schadensersatzhaftung des A kann sich aber aus dem Gesetz ergeben.   **84**

Zu untersuchen ist daher hier allein die deliktische Ersatzpflicht des A gem. § 823 I BGB wegen Eigentumsverletzung. Eine Haftung des A ist grundsätzlich gegeben, weil A das Eigentum der G rechtswidrig und schuldhaft verletzt hat. Der Gemeinde G ist hieraus ein Schaden in Höhe von 300 000 EUR entstanden. Gegenüber G haftet A in voller Höhe. Neben dem A haftet der Gemeinde G auch der B, ebenfalls kraft Gesetzes, nach § 7 StVG (als Kraftfahrzeughalter), gegebenenfalls auch gem. § 831 BGB (Haftung für Verrichtungsgehilfen). Es handelt sich um eine Gesamtschuldnerschaft, § 421 BGB[21].   **85**

Bei diesem Resultat darf man im (Innen-)Verhältnis der Gesamtschuldner (§ 426 BGB) nicht stehen bleiben. A hat vielmehr gegen seinen Arbeitgeber B einen **Freistellungsanspruch** jedenfalls in dem Umfang, wie der Ersatzanspruch des Arbeitgebers ihm gegenüber nach den dargestellten arbeitsrechtlichen Haftungsgrundsätzen (Rn. 82, 83) eingeschränkt ist (also in Höhe von $\frac{4}{5}$ bis $\frac{9}{10}$, vgl. Teilergebnis zu aa). Der Arbeitnehmer müsste damit nach dem arbeitsrechtlichen Haftungsergebnis den Schaden in Höhe einer Quote von $\frac{1}{5}$ bis $\frac{1}{10}$ aus eigener Tasche zahlen. Das dürfte aber noch nicht das letzte Wort sein. Möglicherweise wird man den Arbeitgeber B im Hinblick auf die Versicherbarkeit des Schadensrisikos und die spezielle Gefahrenlage bei Öltransporten (gesteigertes Betriebsrisiko) aus dem Gesichtspunkt der arbeitsrechtlichen Fürsorgepflicht (vgl. oben Rn. 14) für verpflichtet halten, den A überwiegend oder sogar in vollem Umfang gegenüber G zu entlasten. Das hängt sehr von den Umständen des Falles ab.   **86**

### Ergebnis

Unter Berücksichtigung aller Umstände ist freilich nicht ganz auszuschließen, dass A auf einem Teil des Schadens der G sitzen bleibt.

---

21  Als weiterer Haftungsschuldner tritt hier noch die Kfz-Versicherung des B hinzu, Direktanspruch des geschädigten Dritten gem. § 115 I Nr. 1 VVG i.V.m. § 1 PflVG. Das soll hier wegen der Regressprobleme im Zusammenhang mit dem Forderungsübergang gem. § 86 I VVG außer Betracht bleiben.

**87**    Immerhin zeigt der Fall 5, dass auch bei eingeschränkter Geltung der zivilrechtlichen Haftungsgrundsätze die Arbeitnehmerhaftung zu gravierenden Folgen für den Arbeitnehmer führen kann. Keineswegs ist, wie gelegentlich kolportiert wird, der vom Arbeitnehmer zu tragende Haftungsanteil auf drei Monatsgehälter begrenzt. Die Arbeitsrechtspraxis weiß nichts von einer solchen Obergrenze, wie ein vom BAG entschiedener Fall zeigt. Verklagt war eine geringfügig als Reinigungskraft in einer Röntgenpraxis beschäftigte Arbeitnehmerin. Als sie nach Praxisschluss einen Alarmton eines laufenden Medizingerätes abstellen wollte, verursachte sie einen Schaden von über 30 000 EUR. Das BAG machte ihr eine besonders grobe Fahrlässigkeit zum Vorwurf, weil sie wissen musste, dass sie der Bedienung einer derart komplexen Maschine nicht gewachsen war. Die Arbeitnehmerin musste sich an dem Schaden ihres Arbeitgebers mit einem Brutto-Jahresgehalt beteiligen (BAG, NJW 2011, 1096).

## 3.  Beendigung des Arbeitsverhältnisses

**88**    Einer weiteren Darstellung des Arbeitsvertragsrechts steht unser Zeitbudget entgegen. Wir müssen uns deshalb innerhalb des Individualarbeitsrechts dem Thema der Beendigung des Arbeitsverhältnisses zuwenden.

### a)  Allgemeine Beendigungsgründe

**89**    Für die Beendigung eines Arbeitsvertrages kommt eine Reihe von Gründen in Betracht. Von der **Befristung** (vgl. allgemein § 620 I BGB und speziell §§ 3 I, 15 I TzBfG) war bereits die Rede (oben Rn. 54 ff.). Ein weiterer Beendigungsgrund ist stets der **Tod des Arbeitnehmers** (vgl. § 613 S. 1 BGB). Beim Tod des *Arbeitgebers* geht das Vertragsverhältnis grundsätzlich auf die Erben über, § 1922 BGB; eine Ausnahme gilt nur dann, wenn die Dienst- oder Arbeitsleistung allein für den Arbeitgeber bestimmt war, wie z.B. Musik- oder Nachhilfeunterricht, Pflege etc. Zur Vertragsbeendigung kann ferner ein schriftlicher (§ 623 BGB) **Aufhebungsvertrag** führen. Die Zulässigkeit einer solchen Vereinbarung folgt bereits aus dem Grundsatz der Vertragsfreiheit, vgl. § 311 I BGB. In der Praxis wird der Weg des Auflösungsvertrages häufig gewählt, um einer (fristlosen) Kündigung des Arbeitgebers zu entgehen. Die Beendigung des Arbeitsvertrages durch Kündigung wird im weiteren Gang der Darstellung im Mittelpunkt stehen.

**90**    Entgegen einer weit verbreiteten Annahme endet das Arbeitsverhältnis nicht automatisch mit dem Erreichen der Regelaltersgrenze der gesetzlichen Rentenversicherung. Im Gesetz steht das nicht, sondern das Gegenteil, vgl. § 41 S. 1 SGB VI. Eine entsprechende Befristung kann sich allerdings aus einem Tarifvertrag oder einer Betriebsvereinbarung, regelmäßig aber aus dem Arbeitsvertrag selbst ergeben. Eine entsprechende individualrechtliche Regelung ist jedenfalls nach dem Gesetz unbedenklich, vgl. § 10 Nr. 5 AGG[22]. Ebenso wenig führt die **Insolvenz des Arbeitgebers** zum Erlöschen

---

22  Das Verbot der Altersdiskriminierung hat europarechtliche Dimension, weil es ebenso wie andere Diskriminierungsverbote im Allgemeinen Gleichbehandlungsgesetz auf der Richtlinie

des Arbeitsverhältnisses (dazu noch unten Rn. 275). Durch die Teilnahme an einem rechtmäßigen **Streik** wird das Arbeitsverhältnis ebenfalls nicht aufgelöst, sondern nur suspendiert. Es entfallen dabei die Arbeitspflicht des Arbeitnehmers und die Vergütungspflicht des Arbeitgebers.

Die in der Praxis bedeutsamste Form der Beendigung eines Arbeitsverhältnisses stellt **91** die Kündigung dar. Zunächst ist von den allgemeinen zivilrechtlichen Bestimmungen und von der Unterscheidung zwischen ordentlicher und außerordentlicher Kündigung zu sprechen (b). In einem weiteren Abschnitt soll die arbeitsrechtliche Besonderheit des Kündigungsschutzes der Arbeitnehmer dargestellt werden (c).

## b) Kündigung

Wie bei anderen Dauerschuldverhältnissen ist es auch beim Arbeitsverhältnis jeder **92** Partei grundsätzlich möglich, sich von dem unbefristeten Vertrag durch **ordentliche Kündigung** zu lösen, § 620 II BGB. Diesen allgemeinen Rechtsgrundsatz enthalten z.B. auch §§ 488 III, 489 BGB (Darlehensvertrag), § 542 I BGB (Mietvertrag), § 723 I 1 BGB (GbR). In Abweichung hiervon kann das Recht des *Arbeitgebers* zur ordentlichen Kündigung eines Arbeitsverhältnisses durch individualvertragliche oder kollektive Vereinbarung (vgl. unten Fall 7) ganz oder teilweise ausgeschlossen werden.

Die Kündigung ist eine einseitige, empfangsbedürftige Willenserklärung. Sie entfaltet **93** erst mit ihrem Zugang beim Empfänger Wirkung, indem sie das Rechtsverhältnis beendet. Diese **Gestaltungswirkung** der Kündigungserklärung kann nicht einseitig vom Kündigenden, sondern nur im Einvernehmen mit dem Erklärungsempfänger wieder zurückgenommen werden. Gekündigt ist eben gekündigt.

Als Willenserklärung unterliegt die Kündigung den allgemeinen Vorschriften des BGB **94** über Willenserklärungen (§§ 116 ff. BGB) und Rechtsgeschäfte (§§ 104 ff. BGB, nicht aber: §§ 145 ff. BGB). Insbesondere ist § 130 BGB zu beachten (Wirksamkeit der Kündigungserklärung erst mit ihrem **Zugang**), sodass die Absendung eines Kündigungsschreibens zur Einhaltung der Kündigungsfrist des § 622 BGB nicht ausreicht. Es kommt hierfür auf den rechtzeitigen Zugang der Erklärung beim Adressaten an.

Die Kündigung kann aus unterschiedlichen Gründen zivilrechtlich **unwirksam** sein, **95** z.B. wegen Formmangels (§§ 125, 126, 623 BGB) oder wegen Gesetzesverstoßes (§ 134 BGB), etwa wenn der Arbeitgeber dem Arbeitnehmer wegen dessen Gewerkschaftsbeitritts kündigt, vgl. hierzu Art. 9 III 2 GG; oder wenn die Kündigung deshalb erfolgt, weil der Arbeitnehmer den Mindestlohn gem. MiLG verlangt, vgl. § 612a (Maßregelverbot); ferner wegen Treu- oder Sittenwidrigkeit (§§ 242, 138 I BGB), etwa wenn das Motiv des Arbeitgebers (Racheakt) sittlich verwerflich ist.

Bei der jederzeit möglichen **ordentlichen Kündigung** muss eine Begründung nicht **96** erfolgen. Auch ohne sachlichen Grund ist die Kündigung wirksam. Das gilt nicht nur für die Kündigung des Arbeitnehmers, sondern grundsätzlich auch für die Kündigung

---

(RiL 2000/78/EG) beruht. Der Europäische Gerichtshof hält Vereinbarungen von Altersgrenzen jedenfalls grundsätzlich für zulässig, EuGH NJW 2007, 3339.

des Arbeitgebers, sofern nicht die arbeitsrechtlichen Sonderregeln über den Kündigungsschutz des Arbeitnehmers (dazu unten c) Anwendung finden. Für die wirksame ordentliche Kündigung kommt es damit hauptsächlich auf die Einhaltung der Fristen des § 622 BGB an. Danach ist bei der Kündigung durch den Arbeitgeber nach der Dauer der Betriebszugehörigkeit (Bestand des Arbeitsverhältnisses) zu unterscheiden; die gestaffelten **Kündigungsfristen** sind in § 622 I und II Nr. 1–7 BGB aufgelistet. Von dieser Regelung kann zum Nachteil des Arbeitnehmers individualvertraglich nur in begrenztem Umfang abgewichen werden (§ 622 V BGB). Bei der gesetzlichen Anordnung der Kündigungsfristen handelt es sich allerdings um eine sog. tarifdispositive Norm, d.h. die Tarifparteien können im Rahmen eines Tarifvertrags die zum Schutz der Arbeitnehmer bestehenden Mindestkündigungsfristen aufheben und in Abweichung vom Gesetz eine ungünstigere Regelung vorsehen, § 622 IV BGB. Dieser Vorschrift liegt eine tarif- und arbeitsmarktpolitische Zielrichtung zu Grunde. In jedem Falle genießt der gekündigte Arbeitnehmer aber einen besonderen Rechtsschutz. Das Gesetz sieht nämlich bei bestimmten Vertragsverhältnissen, deren Fortbestehen für die Parteien von besonderer wirtschaftlicher und sozialer Bedeutung ist (Mietverhältnis für den Mieter von Wohnraum, Arbeitsverhältnis für den Arbeitnehmer), einen **Bestandsschutz** in Form des Kündigungsschutzes vor (dazu unten c).

97    Bei der **außerordentlichen Kündigung** eines (befristeten oder unbefristeten) Arbeitsverhältnisses spielt der Kündigungsgrund auch nach allgemeinem Zivilrecht eine maßgebliche Rolle. Denn nur ein **wichtiger Grund** rechtfertigt die fristlose Kündigung. Es müssen also Tatsachen vorliegen, auf Grund derer dem Kündigenden (Arbeitnehmer oder Arbeitgeber) unter Berücksichtigung aller Umstände des Einzelfalles und unter Abwägung der Interessen beider Vertragsteile die Fortsetzung des Arbeitsverhältnisses bis zum Ablauf der ordentlichen Kündigungsfrist oder bis zur vereinbarten Beendigung des Arbeitsverhältnisses nicht zugemutet werden kann, § 626 I BGB. Es gilt der Rechtssatz, dass niemand an einem Vertrag festgehalten werden soll, wenn ihm die Bindung an den Vertrag wegen eines wichtigen Grundes unzumutbar geworden ist. Auch diese Vorschrift aus dem Dienstvertragsrecht ist nur die Ausprägung eines allgemeinen Grundsatzes, der bei jedem Dauerschuldverhältnis gilt, vgl. § 314 I 1 BGB und weitere Konkretisierungen in § 490 BGB (Darlehensvertrag), § 543 BGB (Mietvertrag) sowie § 723 I 2 BGB (GbR).

98    Hiernach hängt die Wirksamkeit der außerordentlichen Kündigung von einer Interessenabwägung ab. Der Kündigende (Arbeitnehmer oder Arbeitgeber) muss die für das Vorliegen des Kündigungsgrundes erforderlichen Tatsachen darlegen und notfalls auch beweisen. Besteht ein Kündigungsgrund, so steht ihm auch ein Schadensersatzanspruch gegen den anderen Teil zu, §§ 628 II, 314 IV BGB. Als wichtige Gründe kommen z.B. in Betracht

99    ■ für den Arbeitgeber:
       beständige Arbeitsverweigerung oder Schlechterfüllung; häufige Unpünktlichkeit; Trunkenheit während der Arbeit; strafbare Handlungen, wobei bereits der schwerwiegende Verdacht einer strafbaren Handlung genügen kann. Die auf eine solche Annahme gestützte sog. Verdachtskündigung ist möglich, wenn der Arbeitnehmer zuvor gehört worden ist und der Arbeitgeber auch sonst alles getan hat, um den

Sachverhalt vollständig aufzuklären. In letzter Zeit sind insbesondere fristlose Kündigungen von Arbeitnehmern wegen eines Bagatellvorfalles (z.B. Entwendung eines Frikadellenbrötchens vom Büfett des Arbeitgebers etc.) ins Gerede gekommen. Angeblich sei dadurch das Vertrauensverhältnis der Parteien auch eines langjährigen Arbeitsverhältnisses irreversibel zerstört. In solchen Fällen (der Erstbegehung) stehen freilich Anlass und Rechtsfolge außer Verhältnis (so jetzt auch das BAG NJW 2011, 167 – Fall Emmely[23]); vgl. zum ultima-ratio Grundsatz unten Rn. 101.

- für den Arbeitnehmer:     **100**
  erheblicher Zahlungsverzug oder Insolvenz des Arbeitgebers; massive Beleidigungen; sexuelle Übergriffe; erhebliche Gesundheitsgefährdungen durch die betrieblichen Arbeitsbedingungen.

Grundsätzlich muss vor jeder außerordentlichen Kündigung wegen eines vertragswidrigen Verhaltens der Gegenseite eine **Abmahnung** erfolgen (ultimata-ratio-Prinzip, vgl. § 314 II BGB). An einem wichtigen Grund für eine fristlose Kündigung fehlt es, wenn mildere, für den Arbeitnehmer weniger einschneidende Mittel zur Beseitigung der Störung des Arbeitsverhältnisses in Betracht kommen, z.B. eine ordentliche Kündigung oder eine Versetzung. Der Kündigende muss außerdem die **Kündigungserklärungsfrist** des § 626 II BGB einhalten. Diese hat nichts mit der (für ordentliche Kündigungen zu beachtenden) Kündigungsfrist zu tun, sondern stellt eine besondere materiellrechtliche Ausschlussfrist dar. Sie beträgt zwei Wochen und beginnt mit Kenntniserlangung vom Kündigungsgrund. Diese Regelung leuchtet unmittelbar ein, denn wenn der Kündigungsberechtigte nach Kenntniserlangung vom Kündigungsanlass länger als zwei Wochen mit der fristlosen Kündigung zuwartet, ist davon auszugehen, dass der Grund nicht so gravierend gewesen sein kann.     **101**

Will der Arbeitnehmer die außerordentliche Kündigung des Arbeitgebers nicht gelten lassen, so muss er innerhalb einer dreiwöchigen (Ausschlussfrist-)Frist ihre Unwirksamkeit gerichtlich geltend machen, § 13 I 2 KSchG. Versäumt er diese Frist, gilt die Kündigung als wirksam und ist unangreifbar.     **102**

## c) Kündigungsschutz

Gegenüber **ordentlichen Kündigungen** des Arbeitgebers schützt das Arbeitsrecht den Arbeitnehmer in besonderer Weise. Die Möglichkeit zur Beendigung des Arbeitsverhältnisses durch einseitige Willenserklärung nach freier Entscheidung des Arbeitgebers ist zu Gunsten des Bestandsschutzes von Arbeitsverhältnissen stark eingeschränkt. Das Kündigungsschutzgesetz (KSchG) hat für alle Gruppen von Arbeitnehmern einen allgemeinen Kündigungsschutz etabliert, für besonders schutzbedürftige Arbeitnehmer sogar einen **besonderen Kündigungsschutz**, z.B. für Betriebsratsmitglieder in § 15 KSchG, für (werdende) Mütter in § 9 MuSchG, Elternzeitberechtigte in § 18 I 1 BEEG und für Schwerbehinderte in §§ 85 ff., 91 i.V.m. § 2 II, III SGB IX. Der **allgemeine Kündigungsschutz** richtet sich gegen **sozial ungerechtfertigte ordentliche Kündigungen** des Arbeitsverhältnisses durch den Arbeitgeber.     **103**

---

23 Die Kassiererin Emmely wurde gekündigt, weil sie zwei Leergutbons im Wert von insgesamt 1,30 EUR für sich einlöste.

**104**   Einige Aspekte des individualrechtlichen Kündigungsschutzes zeigt unser

---
**Fall 6**
---

Innerhalb des Konzernunternehmens U-AG mit über 400 Beschäftigten sollen nach einer im Vorstand getroffenen Entscheidung die Personalkosten erheblich reduziert werden. Der Vorstand beschließt die Entlassung von 120 Mitarbeitern und die Umsetzung von 50 Arbeitnehmern in andere Betriebe. Was ist bei Verfolgung dieses Unternehmensziels arbeitsrechtlich zu beachten?

Zusatzfrage: Der Arbeitnehmer A hat eine unbedingte Kündigung erhalten; Arbeitnehmer B eine Kündigung mit dem Angebot der Fortsetzung des Arbeitsverhältnisses in einem anderen Betrieb der U-AG in einer anderen Stadt. Was können A und B dagegen unternehmen?

**105**   Die Unternehmensleitung muss in jedem Fall mit Widerstand des Betriebsrats und der betroffenen Arbeitnehmer rechnen. Diese werden vermutlich – unterstützt durch den Betriebsrat und die zuständige Gewerkschaft – Kündigungsschutz nach dem Kündigungsschutzgesetz in Anspruch nehmen.

**106**   Der gesetzliche Kündigungsschutz der betroffenen Arbeitnehmer wird bei Bestehen eines Betriebsrates, wovon im Fall 6 auszugehen ist, von § 102 BetrVG flankiert. Die betriebsverfassungsrechtlichen Grundsätze setzen für jede Kündigung (also auch für die außerordentliche Kündigung) die Anhörung des Betriebsrats voraus. Eine **ohne Anhörung des Betriebsrats** ausgesprochene **Kündigung** ist von vornherein **unwirksam**, § 102 I 3 BetrVG. Widerspricht der Betriebsrat der Kündigung binnen einer Woche (§ 102 II BetrVG), so führt das nicht dazu, dass der Arbeitgeber die Kündigung nicht vornehmen darf. Der Widerspruch kann aber einen besonderen (betriebsverfassungsrechtlichen) Weiterbeschäftigungsanspruch des gekündigten Arbeitnehmers bis zum Abschluss einer von diesem angestrengten Kündigungsschutzklage zur Folge haben, § 102 V BetrVG[24]. Eine erste Antwort auf die Fragen im Fall 6 lautet daher: Die U-AG muss in jedem Fall den Betriebsrat anhören.

**107**   Was den Kündigungsschutz des Arbeitnehmers angeht, greift das Kündigungsschutzgesetz nur ein, wenn das Arbeitsverhältnis des Arbeitnehmers länger als sechs Monate besteht (also über eine etwaige Probezeit hinaus), § 1 I KSchG, und auch dann nur, wenn der Betrieb mehr als zehn Arbeitnehmer beschäftigt, § 23 I 3 KSchG (sog. Kleinbetriebsklausel)[25]. Ist dies nicht der Fall, ist die Kündigung nicht an § 1 KSchG, sondern an zivilrechtlichen Vorschriften zu messen (vgl. oben Rn. 92 ff.). Sie kann aber auch aus anderen Gründen unwirksam sein, etwa bei fehlender Zustimmung des Integrationsamts im Fall der Kündigung eines schwerbeschädigten Arbeitnehmers (§ 85 SGB IX). Ebenso kann eine Kündigung im Kleinbetrieb wegen Altersdiskriminierung gem. § 134 BGB i.V.m. §§ 1, 3, 7 I AGG nichtig sein (vgl. BAG 2016, 268).

---

24  Außerdem kann ein Widerspruch des Betriebsrats zu einem Gegengrund führen, der einen an sich gegebenen Rechtfertigungsgrund für die ordentliche Kündigung gem. § 1 II 1 KSchG wieder entfallen lässt, § 1 II 2 und III 1 KSchG.

25  Diese zum 1.1.2004 in Kraft getretene Regelung gilt nur für Arbeitnehmer, deren Arbeitsverhältnis nach dem 31.12.2003 begonnen hat. Nach § 23 KSchG a.F. galt der Kündigungsschutz bereits in einem Betrieb mit mehr als fünf Arbeitnehmern. Für Arbeitnehmer, die zum Stichtag bereits in einem Betrieb mit mehr als fünf Arbeitnehmern beschäftigt waren, gilt die alte Regelung fort, § 23 I 2 KSchG (Bestandsschutz).

Ist dagegen – wie im Fall 6 – der Anwendungsbereich des Kündigungsschutzgesetzes eröffnet, lässt das Gesetz eine ordentliche Kündigung nur unter der Voraussetzung zu, dass sie sozial gerechtfertigt ist. Die Grundnorm des § 1 I KSchG ordnet an, dass eine **sozial ungerechtfertigte Kündigung** unwirksam ist. Eine ordentliche Kündigung ist sozial ungerechtfertigt, wenn sie nicht auf bestimmte, vom Gesetz anerkannte Gründe gestützt werden kann, § 1 II KSchG. Als anerkennenswerte Gründe kommen alternativ oder kumulativ in Betracht nur solche, die 1. in der Person des Arbeitnehmers, oder 2. in seinem Verhalten oder 3. in betrieblichen Erfordernissen (Sphäre des Arbeitgebers) liegen. Bei den drei Kündigungsgründen, die allein eine ordentliche Kündigung des Arbeitnehmers durch den Arbeitgeber rechtfertigen können, handelt es sich um unbestimmte Rechtsbegriffe (Generalklauseln), die der Konkretisierung und Präzisierung durch die Rechtsprechung bedürfen. Kündigungsschutzrecht ist daher weitgehend Richterrecht. Nach der Rechtsprechung des BAG kommt dem **Grundsatz der Verhältnismäßigkeit** im Rahmen der sozialen Rechtfertigung einer Kündigung bei allen drei Kündigungsgründen eine maßgebliche Bedeutung zu. **108**

#### ■ Personenbedingte Gründe

Darunter sind solche Gründe zu verstehen, die in der Person des Arbeitnehmers liegen, auf die dieser jedoch keinen Einfluss hat, um sie abzustellen oder zu korrigieren. Sozial gerechtfertigt kann danach eine Kündigung sein, wenn der Arbeitnehmer nicht nur vorübergehend die **Fähigkeit** oder **Eignung** zur ordnungsgemäßen Erbringung der Arbeitsleistung verliert, z.B. infolge Krankheit, Alkohol- oder Drogensucht, Entziehung der Fahrerlaubnis (Führerscheinentzug), Verdacht einer (auch außerdienstlichen) strafbaren Handlung (vgl. Rn. 99), Inhaftierung, fehlende Arbeitserlaubnis. Ein Verschulden des Arbeitnehmers ist nicht erforderlich, vielmehr ist entscheidend, dass die Erreichung des Vertragszwecks nicht nur vorübergehend unmöglich geworden ist. **109**

Allerdings ergibt sich die Rechtfertigung einer Kündigung in solchen Fällen wiederum erst auf Grund einer Interessenabwägung, wenn dem Arbeitgeber nicht mehr zumutbar ist, den Arbeitnehmer auf Dauer weiter zu beschäftigen und wenn eine andere Alternative wie z.B. eine Versetzung des Arbeitnehmers innerhalb des Betriebs (Verhältnismäßigkeitsprinzip) nicht in Betracht kommt. Anderenfalls ist dem Bestandsschutzinteresse des Arbeitnehmers der Vorrang einzuräumen. **110**

#### ■ Verhaltensbedingte Gründe

Diese Fallgruppe kommt in der Arbeitsrechtspraxis mindestens ebenso oft wie die personenbedingte Kündigung vor. Hier stützt der Arbeitgeber die Kündigung des Arbeitsverhältnisses auf ein Verhalten des Arbeitnehmers, der gegen seine Haupt- oder Nebenleistungspflichten aus dem Arbeitsvertrag verstoßen hat. Typische Gründe im Verhalten eines Arbeitnehmers, die seine Kündigung rechtfertigen können, sind erhebliche, auch unverschuldete **Pflichtverletzungen** wie Unhöflichkeit, Unverträglichkeit, Unpünktlichkeit, Straftaten im Zusammenhang mit der Arbeitsleistung, Verrat von Betriebsgeheimnissen, eigenmächtiger Urlaubsantritt oder die „Androhung einer Krankheit" (= „Blaumachen"). **111**

112    Auch hier ist jedoch stets eine Abwägung und Gewichtung der Interessen des Arbeitnehmers und des Arbeitgebers vorzunehmen. In jedem Fall fordert der Grundsatz der Verhältnismäßigkeit (Kündigung nur als ultima ratio), dass der Arbeitgeber den Pflichtverstoß erst **abmahnt**, um den Arbeitnehmer zu einer Korrektur seines Verhaltens zu veranlassen. Deshalb darf der Arbeitgeber regelmäßig erst im Wiederholungsfall kündigen.

### ■ Betriebsbedingte Gründe

113    Im Fall 6 kommen für eine Kündigung der Arbeitnehmer nur betriebsbedingte Gründe in Betracht. Das Gesetz verlangt für die Rechtfertigung einer ordentlichen Kündigung „dringende betriebliche Erfordernisse", die einer Weiterbeschäftigung des Arbeitnehmers in diesem Betrieb entgegenstehen, § 1 II 1 KSchG. Das heißt nichts anderes, als dass der Arbeitsplatz des betroffenen Arbeitnehmers entfällt, etwa aufgrund Arbeitsmangels, Witterungsbedingungen, Rationalisierungs- oder Umstrukturierungsmaßnahmen, Änderungen der Produktionsmethoden bis hin zur Betriebsstilllegung. Der Unternehmer, der das wirtschaftliche Unternehmerrisiko trägt, muss selbstverständlich auch frei darüber entscheiden können, wie er ein unternehmerisches Ziel möglichst effizient und zweckmäßig erreicht. Nur offenbar unsachliche, willkürliche oder unvernünftige Gründe führen daher zur Unwirksamkeit einer betriebsbedingten Kündigung (**Willkürkontrolle**). Von diesem Ausnahmefall einmal abgesehen, fehlt es an einem dringenden betrieblichen Erfordernis nach Maßgabe des Grundsatzes der Verhältnismäßigkeit jedenfalls dann, wenn weniger einschneidende Maßnahmen, wie etwa der Abbau von Überstunden oder die Möglichkeit einer anderweitigen Beschäftigung im Betrieb in Betracht kommen.

114    Der Arbeitgeber muss die Gründe für seine Kündigung dem Arbeitnehmer bei oder nach Kündigungserklärung nicht mitteilen (vgl. aber zwei Ausnahmen: § 22 III BBiG; § 9 III MuSchG). Davon hängt die Wirksamkeit der Kündigung nach den gesetzlichen Vorgaben nicht ab. Freilich muss der Arbeitgeber bei betriebsbedingter Kündigung auf Verlangen des Arbeitnehmers diesem (vgl. § 1 III 1 Halbs. 2 KSchG) sowie in jedem Fall dem Betriebsrat die Gründe nennen, auf die er seine Kündigung stützt (§ 102 I 2 BetrVG). Im Kündigungsschutzprozess liegt es an ihm, die Kündigungsgründe darzutun und zu beweisen, § 1 II 4 KSchG.

115    Auch wenn im Fall 6 ein anerkennenswerter Grund für die Annahme eines dringenden betrieblichen Bedürfnisses besteht, kann die Kündigung dennoch sozial ungerechtfertigt und damit unwirksam sein, wenn der Arbeitgeber (U-AG) bei der personellen Auswahl der zu entlassenden Arbeitnehmer gegen bestehende Auswahlrichtlinien (§ 95 BetrVG) verstößt, andere Beschäftigungsmöglichkeiten in sonstigen Betrieben des Unternehmens nicht berücksichtigt oder eine falsche **Sozialauswahl** trifft, § 1 II 2 Nr. 1, III 1 KSchG (Ausprägung des Verhältnismäßigkeitsgrundsatzes). Will der Arbeitnehmer geltend machen, die Sozialauswahl (Lebensalter[26], Dauer der Be-

---

26  Nach einer Leitentscheidung des BAG (NJW 2009, 2255) darf der Arbeitgeber bei betriebsbedingten Kündigungen grundsätzlich auf das Lebensalter abstellen, d.h. ältere Arbeitnehmer bei der Aufstellung von Kündigungslisten bevorzugen, ohne gegen das Diskriminierungsverbot zu verstoßen.

triebszugehörigkeit, Schwerbehinderung) sei fehlerhaft erfolgt, so muss er darlegen, welcher andere Kollege statt seiner hätte gekündigt werden müssen. Dies berührt ein leidiges Thema in der Arbeitswelt, weil das System des Kündigungsschutzes für den Erfolg der Kündigungsschutzklage unkollegiales und unsolidarisches Verhalten notwendig macht.

Im Fall 6 hat der Arbeitgeber eine Möglichkeit zur Umsetzung des Arbeitnehmers B **116** bejaht und diesem ein entsprechendes Angebot mit der **Änderungskündigung** gemacht, weil er wohl befürchtete, dass eine uneingeschränkte Kündigung der arbeitsgerichtlichen Kontrolle im Hinblick auf § 1 II Nr. 1b KSchG nicht standhalten werde. Eine Änderungskündigung ist eine vinkulierte Kündigungserklärung, mit der der Kündigende als Alternative zur Beendigung des Arbeitsverhältnisses dessen Fortsetzung zu anderen Bedingungen anbietet, vgl. § 2 KSchG. Damit unterliegt die Änderungskündigung einer Bedingung (§ 158 BGB), weil sie vom Eintritt eines künftigen ungewissen Ereignisses (Einverständnis des Arbeitnehmers) abhängig gemacht ist. Das ist zwar bei einem Gestaltungsrecht grundsätzlich nicht möglich, weil die rechtsgestaltende Erklärung zu klaren Rechtsverhältnissen führen muss (Bedingungsfeindlichkeit der Gestaltungsrechte). Hier lässt die Rechtsprechung aber eine Ausnahme zu, weil der Bedingungseintritt allein vom Willen des Arbeitnehmers abhängig ist, der entscheiden kann, ob er das Alternativangebot zur Kündigung annimmt oder nicht (sog. Potestativbedingung).

Nach Zugang des Kündigungsschreibens muss der Arbeitnehmer, wenn er sich gegen **117** die Kündigung wehren will, innerhalb der **dreiwöchigen Frist** aktiv werden. Das schreibt § 4 KSchG vor: „Will ein Arbeitnehmer geltend machen, dass eine Kündigung sozial ungerechtfertigt oder aus anderen Gründen unwirksam ist, so muss er innerhalb von drei Wochen nach Zugang der Kündigung Klage beim Arbeitsgericht auf Feststellung erheben, dass das Arbeitsverhältnis durch die Kündigung nicht aufgelöst ist". Bei dieser Regelung handelt es sich um eine materielle Präklusionsfrist (Ausschlussfrist). Ohne rechtzeitige Erhebung der Feststellungsklage gilt die Kündigung als von Anfang an rechtswirksam, gleichgültig ob die geltend gemachte Unwirksamkeit auf der fehlenden sozialen Rechtfertigung oder auf anderen zivilrechtlichen Gründen (oben Rn. 95) beruht, § 7 Halbs. 1 KSchG.

Dabei muss man noch wissen, dass der Arbeitgeber eine Belehrung des Arbeitneh- **118** mers über diese Frist und die Folgen ihres Ablaufs nicht vorzunehmen braucht. Eine nachträgliche Zulassung einer verspäteten Kündigungsschutzklage erfolgt nur in seltenen Ausnahmefällen, vgl. § 5 KSchG.

Häufig wird dem Arbeitnehmer mit der betriebsbedingten Kündigung auch eine sog. **119** **Ausgleichsquittung** zur Unterschrift vorgelegt. Dabei ist Vorsicht geboten, weil darin gewöhnlich ein Verzicht auf den Kündigungsschutz (Klageverzichtsvertrag) enthalten ist. Vielfach wird die Entscheidung des aus betrieblichen Gründen gekündigten Arbeitnehmers, ob er fristgerecht Kündigungsschutzklage erheben soll, noch dadurch erschwert, dass das Gesetz dem Arbeitnehmer für den Fall des Klageverzichts einen Anspruch auf Abfindung gewährt, § 1a KSchG. Der Arbeitgeber wird den Entscheidungskonflikt des Arbeitnehmers oft noch dadurch erhöhen, dass er eine Abfindungssumme in Aussicht stellt, die diese gesetzliche Vorgabe übersteigt.

**Ergebnis im Fall 6**

Die von der Kündigung betroffenen Arbeitnehmer A und B (zu diesem vgl. § 4 S. 2 KSchG) können innerhalb von drei Wochen Klage beim Arbeitsgericht auf Feststellung erheben, dass das Arbeitsverhältnis nicht durch Kündigung aufgelöst ist (Arbeitnehmer A) oder (Arbeitnehmer B) die Umsetzung sozial ungerechtfertigt ist. Erheben A und B nicht oder nicht rechtzeitig die Klage, gilt die Kündigung als rechtswirksam und ist unangreifbar, § 7 KSchG.

# III. Kollektives Arbeitsrecht

120    Auch wenn der Schwerpunkt des arbeitsrechtlichen Modulinhalts auf der Darstellung des Individualarbeitsrechts liegt, soll am Ende doch ein Blick auf das kollektive Arbeitsrecht geworfen werden, das zwar Bezüge zum öffentlichen Recht aufweist, aber gleichwohl in unterschiedlicher Weise auf das Arbeitsvertragsrecht einwirkt. Dabei kommen hauptsächlich die Kollektivvereinbarungen des Tarifvertrags- und des Betriebsverfassungsrechts zur Sprache. Auf die wichtigen Fragen des Koalitions- und Arbeitskampfrechts kann im gegebenen Rahmen ebenfalls nur kursorisch eingegangen werden.

## 1. Tarifvertragsrecht

121    Tarifverträge kann nur schließen, wer die Tariffähigkeit i.S.v. § 2 TVG besitzt. Tariffähig sind die **Koalitionen**. Das sind einerseits Vereinigungen von Arbeitnehmern (*Gewerkschaften*, die herkömmlich als *nichtrechtsfähige Vereine* organisiert sind[27]) und andererseits einzelne Arbeitgeber selbst sowie Verbände von Arbeitgebern (Arbeitgeberverbände, i.d.R. rechtsfähige Vereine). Tritt als Vertragspartner ein Arbeitgeberverband auf, so kommt ein **Verbandstarifvertrag** zu Stande. Schließt die Gewerkschaft den Vertrag mit einem einzelnen Arbeitgeber, so handelt es sich um einen sog. **Firmentarifvertrag**. Die Besonderheit der Tarifverträge besteht darin, dass sie über die schuldrechtlichen, nur die Rechtsbeziehung der Vertragspartner untereinander betreffenden Regelungen hinaus normativ wirkende Bestimmungen enthalten („Rechtsnormen"), die sich unmittelbar auf tarifgebundene Dritte auswirken, § 1 TVG. Diese rechtliche Besonderheit soll demonstriert werden anhand von

---
**Fall 7** ──────────────────────────────────────

Als die zuständige IG Metall im Fall 6 von den Umstrukturierungsplänen der U-AG Kenntnis erhält, setzt sie in einer Vereinbarung mit der U-AG zum Schutz der Arbeitnehmer vor Freisetzungen durch, dass Arbeitnehmer mit Vollendung des 55. Lebensjahres nicht aus betrieblichen Gründen gekündigt werden dürfen. Der Arbeitnehmer A, seit über 25 Jahre Mitglied der IG Metall, hat dieses Alter. Fällt er unter die Regelung? Der Arbeitnehmer B, bisher nicht Gewerkschaftsmitglied, möchte ebenfalls von der Regelung profitieren. Ist das möglich?

---

27  Das geht auf die Zeiten der Sozialistenbekämpfung im Kaiserreich zurück. Die unerwünschten politischen Parteien und Gewerkschaften konnten und wollten im 19. Jahrhundert die Rechtsform des rechtsfähigen Vereins nicht wählen, weil Vereine nur durch staatliche Konzession (Verleihung der Rechtsfähigkeit durch staatlichen Hoheitsakt) entstehen konnten und in der Folge dann einer staatlichen Aufsicht unterstellt wurden.

Schutz vor ordentlicher Kündigung aus betriebsbedingten Gründen kann nur der Arbeitnehmer beanspruchen, für den die kollektive Vereinbarung gilt. Das beurteilt sich nach den Voraussetzungen des § 4 I 1 TVG. **122**

Zunächst müsste es sich um einen Tarifvertrag handeln. Die zwischen der zuständigen Industriegewerkschaft (dazu unten Rn. 126) und dem Arbeitgeber (U-AG) ausgehandelte Vereinbarung stellt einen Vertrag dar. Es handelt sich um einen Tarifvertrag, weil die Vereinbarung von tariffähigen Vertragsparteien abgeschlossen worden ist, § 2 I TVG. Der Abschluss des Tarifvertrages richtet sich nach den allgemeinen zivilrechtlichen Regeln über den Vertragsschluss (§§ 145 ff. BGB). **123**

Ein Tarifvertrag, z.B. ein Lohntarifvertrag, entfaltet zunächst wie jeder andere Vertrag **schuldrechtliche Wirkungen** nur zwischen den Vertragsparteien. Solange er läuft, also rechtsbeständig und nicht gekündigt ist, dürfen über einen im Vertrag geregelten Gegenstand nicht erneute Verhandlungen mittels eines Arbeitskampfes erzwungen werden (**Friedenspflicht**). Jede Vertragsseite muss durch Einwirkung auf ihre Mitglieder dafür Sorge tragen, dass die vereinbarten Arbeitsbedingungen tatsächlich eingehalten, also z.B. die Tariflöhne gezahlt werden (**Durchführungs**- und **Einwirkungspflicht**). **124**

Neben diesem schuldvertraglichen Teil, der ausschließlich die schuldrechtlichen Rechte und Pflichten der Tarifvertragsparteien betrifft, enthält der **normative Teil** des Tarifvertrags Rechtsnormen, die den Inhalt, den Abschluss oder die Beendigung von Arbeitsverhältnissen zum Gegenstand haben, § 1 I TVG[28]. Solche Rechtsnormen wirken **unmittelbar und zwingend** auf die einzelnen Arbeitsverhältnisse zwischen den beiderseits Tarifgebundenen ein, die unter den Geltungsbereich des Tarifvertrages fallen, § 4 I 1 TVG. **125**

**Tarifgebunden** i.S.v. § 4 I TVG sind die Mitglieder der Tarifvertragsparteien, im Fall 7 also das Gewerkschaftsmitglied A, sowie der Arbeitgeber U-AG, § 3 TVG. Auch wenn A z.B. als Elektriker oder Kraftfahrer bei dem Metall verarbeitenden Unternehmen der U-AG beschäftigt ist, ist die IG Metall für alle dort tätigen Arbeitnehmer zuständig (**Industrieverbandsprinzip**: „Ein Betrieb – eine Gewerkschaft")[29]. Nach diesem Grundsatz sind alle Arbeitnehmer eines Industriezwigs ohne Rücksicht auf ihre konkrete Tätigkeit im Betrieb in einer Gewerkschaft organisiert (z.B. IG Metall, IG Bergbau, IG Chemie). Die nach diesem Prinzip aufgebauten Einzelgewerkschaften sind im Deutschen Gewerkschaftsbund (DGB) zusammengeschlossen. Einzelne Gewerkschaften sind auch nach dem **Berufsverbandsprinzip** organisiert, bei dem die Mitglieder **126**

---

28  Daneben kann ein Tarifvertrag auch betriebliche und betriebsverfassungsrechtliche Fragen ordnen, sog. Betriebsnormen; zum Konkurrenzverhältnis zwischen Tarifvertrag und Betriebsvereinbarung vgl. unten Rn. 129 und 136.

29  Auch die Arbeitgeberverbände sind regelmäßig nach dem Industrieverbandsprinzip organisiert. In einem mehrstufigen Aufbau steht ein regionaler Fachverband eines bestimmten Wirtschaftszweiges auf der untersten Stufe, danach kommt der Landesverband und schließlich ein Spitzenverband auf der Bundesebene (z.B. Gesamtverband der metallindustriellen Arbeitgeberverbände e.V.).

einer bestimmten Berufsgruppe koalieren (z.B. Marburger Bund und die Ende 2007 bundesweit bekannt gewordene Gewerkschaft der Lokführer, GdL[30]).

**126a** Beanspruchen in Bezug auf ein und dieselbe Regelungsmaterie in einem Betrieb für die Arbeitsverhältnisse mehrere Tarifverträge Geltung, so entsteht ein Kollisionsproblem. Zwischen der Tarifpluralität und der Tarifeinheit besteht ein Prinzipienkonflikt. Es ist dann zu fragen, ob das allgemeine **Prinzip der Tarifeinheit**[31], wonach in einem Betrieb immer nur ein Tarifvertrag gelten soll, eingreift oder ob mehrere Tarifverträge in einem Betrieb bestehen können. Das Bundesarbeitsgericht hatte den Grundsatz der Tarifeinheit inzwischen aufgegeben und durch den Grundsatz der Tarifpluralität (konkurrierende Geltung mehrerer Tarifverträge innerhalb eines Betriebes) ersetzt[32]. Die Zulassung des Vertragspluralismus stärkt zwar das Berufsverbandsprinzip, führt aber zu erheblichen praktischen Problemen im Falle sich überschneidender Tarifverträge. Der Gesetzgeber hat  daher in dem Tarifeinheitsgesetz vom 3.7.2015 (BGBl. I 1130) im Interesse der Tarifautonomie dem früher geltenden Prinzip wieder Geltung verschafft und das Aufkommen neuer Spartengewerkschaften damit erschwert, vgl. § 4a TVG. Das BVerfG hat im Urteil vom 11.7.2017 die allgemeine Zielrichtung des Gesetzes gebilligt, jedoch beanstandet, dass der Gesetzgeber keine Vorkehrungen getroffen hat, die sicherstellen, dass die Interessen der verdrängten Berufsgruppen in dem maßgeblichen Tarifvertrag berücksichtigt werden (Verstoß gegen Art. 9 III GG). Insoweit muss der Gesetzgeber noch nachbessern.

**127** Im Fall 7 (Firmentarif) bestehen jedoch keine Anwendungszweifel. Die einschlägige Regelung im Tarifvertrag ist unabdingbar, sie gilt unmittelbar wie ein Gesetz und zwingend für das Arbeitsverhältnis der beiderseits Tarifgebundenen. Besteht allerdings im Einzelarbeitsverhältnis zwischen A und U-AG eine günstigere Vereinbarung, so geht diese vor, § 4 III TVG (**Günstigkeitsprinzip**). Daher spricht man auch davon, dass ein Tarifvertrag für die betroffenen Arbeitnehmer nur die Mindestarbeitsbedingungen regelt.

**Ergebnis**

A braucht eine Entlassung nicht zu befürchten. Eine gleichwohl ausgesprochene Kündigung der U-AG wäre gem. § 134 BGB i.V.m. § 4 I TVG unwirksam.

**128** Für den Arbeitnehmer B im Fall 7 besteht keine Tarifbindung, er kann aus dem Tarifvertrag unmittelbar für sich nichts herleiten. Etwas anderes würde gelten, wenn der Tarifvertrag für allgemeinverbindlich erklärt wäre, § 5 TVG. Unabhängig davon können die Arbeitsvertragsparteien das Arbeitsverhältnis einem Tarifvertrag nach ihrer Wahl

---

30 Diese Gewerkschaft pflegt für die kleine Berufsgruppe der Lokführer besonders günstige Arbeitsbedingungen in einem eigenständigen Tarifvertrag mit der Deutschen Bahn AG (Spartentarifvertrag) durchzusetzen.
31 Diesen Grundsatz hat das BAG früher in Fällen der Tarifkonkurrenz angewendet, wenn ein bestimmtes Arbeitsverhältnis von den Normen mehrerer Tarifverträge erfasst wird, etwa wenn ein Verbandstarifvertrag mit einem Firmentarifvertrag über denselben Regelungsgegenstand konkurriert, vgl. BAG NZA 2005, 1003.
32 BAG NZA 2010, 1068.

unterstellen und insoweit Gleichstellung eines nicht Tarifgebundenen mit den Tarifgebundenen erreichen (sog. Trittbrettfahrerklausel). Der Arbeitgeber kennt bei Begründung des Arbeitsverhältnisses ohnehin nicht die Gewerkschaftszugehörigkeit des Arbeitnehmers, er darf noch nicht einmal danach fragen (vgl. oben Rn. 43). Nur wenn im Arbeitsvertrag zwischen B und der U-AG die hier in Rede stehende Kollektivvereinbarung in Bezug genommen worden ist, stellt sich im Fall 7 der Arbeitnehmer B wie der Arbeitnehmer A. Die den B begünstigende Tarifnorm gilt in diesem Fall jedoch nicht normativ gem. § 4 I TVG, sondern lediglich kraft schuldrechtlicher Inbezugnahme im Einzelarbeitsvertrag.

Soweit Rechtsnormen des Tarifvertrages betriebliche oder betriebsverfassungsrechtliche Fragen regeln (sog. Betriebsnormen), wirken sie unabhängig von der Tarifbindung der Arbeitnehmer, § 3 II TVG. Solche Regelungen entfalten ihre normative Wirkung also auch gegenüber nicht gewerkschaftlich organisierten Arbeitnehmern. Die hiernach bestehende Rechtsetzungsmacht der Gewerkschaften für Außenseiter hat zu rechtspolitischer Kritik geführt. Die Rechtsprechung begegnet dieser Kritik mit der Einschränkung, dass als Inhalt eines Tarifvertrags mit Betriebsbezug lediglich solche Regelungsgegenstände zulässig sind, deren einheitliche Geltung in einem Betrieb unabdingbar ist. **129**

## 2. Arbeitskampfrecht

Für die sozialstaatliche Rechtsordnung unseres Gemeinwesens sind die verfassungsrechtlich geschützten **Koalitionen** (Art. 9 III 1 GG) von konstitutiver Bedeutung. Der verfassungsrechtliche Schutz der Koalitionen erfasst insbesondere auch den Abschluss von Tarifverträgen als deren spezifische Betätigung. Deshalb garantiert die Verfassung den Sozialpartnern auch die Möglichkeit, durch Tarifverträge die Arbeitsbedingungen ihrer Mitglieder festzulegen (**Tarifautonomie**). Ein wichtiger, unverzichtbarer Teil der Tarifautonomie ist das Recht zum Arbeitskampf als taugliches Lösungsmittel für solche Konfliktlagen, bei denen sich die Tarifparteien nicht einigen können. Der Staat darf grundsätzlich nicht in die Tarifauseinandersetzungen eingreifen (**Neutralitätspflicht des Staates**). **130**

Das Kampfmittel in einer Tarifauseinandersetzung besteht in jeder kollektiven Maßnahme der Störung der Arbeitsbeziehungen. **Streik** der Arbeitnehmer bedeutet daher die planmäßige, zielgerichtete und gemeinschaftliche Verweigerung der geschuldeten Arbeit (wie z.B. Fernbleiben, Sitzstreik, Bummelstreik, Dienst nach Vorschrift, flashmob-Aktionen wie das Befüllen und Stehenlassen von Einkaufswagen im Einzelhandel etc.). Der Arbeitgeberseite steht als Arbeitskampfmittel die Aussperrung zur Verfügung, von der jedoch schon lange nicht mehr Gebrauch gemacht worden ist. **131**

Die **vorsätzliche Schadenszufügung** durch den Streik der Arbeitnehmer ist nur auf der Grundlage eines rechtmäßigen Arbeitskampfes zulässig. Freilich sind die Voraussetzungen der Rechtmäßigkeit von Arbeitskampfmaßnahmen gesetzlich nicht festgelegt. Die Zulässigkeit eines Streiks bestimmt sich daher nach den Regeln und Rechtssätzen, die von der Rechtsprechung (Bundesarbeitsgericht) entwickelt worden sind (sog. Richterrecht). **132**

**133**  Danach kann **Kampfpartei** nur sein, wer **tariffähig** ist i.S.v. § 2 TVG (vgl. oben Rn. 121). Das leuchtet unmittelbar ein, weil nur solche Parteien einen Tarifvertrag schließen können. Einzelnen Arbeitnehmern ohne gewerkschaftliche Unterstützung ist es nicht gestattet, auf „eigene Faust" die Arbeit niederzulegen (to strike work: die Arbeit streichen). In einem solchen Fall spricht man von einem „wilden Streik". Der Arbeitskampf muss ferner ein **zulässiges Ziel** haben, also auf die Durchsetzung von materiellen Arbeitsbedingungen (z.B. Lohnerhöhung, Wochenarbeitszeit, Jahresurlaub) gerichtet sein. Verboten sind namentlich politische Streiks oder Sympathiestreiks zur Unterstützung eines anderen Arbeitskampfes. Ebenso sind Arbeitsniederlegungen, die gegen unternehmerische Entscheidungen des Arbeitgebers gerichtet sind, generell unzulässig, auch wenn sie immer wieder vorkommen. Der Arbeitskampf darf nicht gegen die (schuldrechtliche) **Friedenspflicht** aus einem bestehenden Tarifvertrag verstoßen (vgl. oben Rn. 124). Insbesondere muss der Einsatz der Arbeitskampfmittel den **Grundsatz der Verhältnismäßigkeit** beachten. Ein Streik ist erst dann zulässig, wenn alle zumutbaren Möglichkeiten einer friedlichen Einigung ausgeschöpft sind. Bei seiner Durchführung ist darauf zu achten, dass die Gegenseite nicht im Übermaß geschädigt wird (Gebot fairer Kampfführung). Hier eröffnet sich ein weites Feld, das u.a. Themen wie Warnstreiks während laufender, noch nicht gescheiterter Tarifverhandlungen, Schwerpunktstreiks und Übermaßverbot (Erhaltungs- und Sicherungsmaßnahmen) umfasst. Nicht gedeckt vom Arbeitskampfrecht sind solche Maßnahmen, die gegen das Strafrecht verstoßen (Nötigung, Körperverletzung).

**134**  Bei Vorliegen eines rechtmäßigen Streiks wird die **Arbeitspflicht** des Arbeitnehmers **suspendiert**. Dem Arbeitgeber steht weder ein Kündigungsrecht noch ein Anspruch auf Schadensersatz gegen die streikenden Arbeitnehmer zu. Diese verlieren allerdings auch den Lohnanspruch; es gilt der Grundsatz: Ohne Arbeit kein Lohn (oben Rn. 68). Die streikende Gewerkschaft entschädigt ihre Mitglieder aus der Streikkasse (Streikgeld).

**135**  Beteiligt sich ein Arbeitnehmer an einem rechtswidrigen, z.B. an einem wilden Streik, verletzt er seine Hauptpflicht aus dem Arbeitsverhältnis. Er kann dann je nach den Umständen des Einzelfalles (außerordentlich) gekündigt werden. Insbesondere haftet er bei Verschulden (§ 276 I, II BGB) dem Arbeitgeber auf Schadensersatz zusammen mit seinen Mitstreitern (§ 421 BGB). Bei einem durch eine Gewerkschaft geführten rechtswidrigen Streik (z.B. bei Verletzung des Übermaßverbotes) wird es häufig an einem Verschulden des Arbeitnehmers (Rechtsirrtum) fehlen.

### 3.  Betriebsverfassungsrecht

**136**  In der Praxis werden betriebliche oder betriebsverfassungsrechtliche Normen kaum von den Tarifvertragsparteien gesetzt (vgl. § 3 BetrVG). Auf diesem Gebiet greifen im Rahmen der **betrieblichen Mitbestimmung** die Beteiligungsrechte des Betriebsrates nach Maßgabe des spezielleren Betriebsverfassungsgesetzes ein. Die Regelungsbefugnis des Betriebsrates findet aber wiederum im originären Bereich von Tarifverträgen ihre Grenze, vgl. die absolute Regelungssperre des § 77 III BetrVG.

Das Betriebsverfassungsgesetz gilt nur für Betriebe der Privatwirtschaft (für den öffent-   **137**
lichen Dienst gelten die Personalvertretungsgesetze des Bundes und der Länder). Es
ordnet den betrieblichen Rahmen der Arbeitsverhältnisse zwischen Arbeitgeber und
Arbeitnehmern und gewährt den Arbeitnehmern in Person der gewählten Betriebsräte
ein kollektives Recht auf Mitwirkung und insbesondere auf Mitbestimmung im Betrieb
(Partnerschaftsgedanke). Von der betrieblichen Mitbestimmung ist die **Unternehmensmitbestimmung** in Großunternehmen nach den Mitbestimmungsgesetzen zu
unterscheiden. Diese ermöglichen den Arbeitnehmervertretern im Aufsichtsrat und im
Vorstand der Unternehmensgesellschaft (Arbeitsdirektor) eine Mitwirkung an wirtschaftlichen Entscheidungsprozessen (vgl. 2. Kapitel Rn. 173).

Die **Bildung eines Betriebsrates** in Betrieben mit regelmäßig mehr als fünf ständigen   **138**
wahlberechtigten Arbeitnehmern (§ 1 BetrVG) stellt ein Recht der Arbeitnehmer, jedoch keine rechtlich sanktionierte Pflicht dar[33]. Wahlrecht und Wählbarkeit, Amtszeit
und Wahlverfahren sind penibel in einem organisationsrechtlichen Teil des Gesetzes
(§§ 7–73b BetrVG) geregelt. Die Kosten der Wahl trägt der Arbeitgeber (§ 20 III 1
BetrVG). Nicht immer sträubt sich der Arbeitgeber gegen die Einrichtung eines Betriebsrates (wie z.B. das inzwischen wegen Insolvenz liquidierte Drogerieunternehmen
Fa. Schlecker), manchmal erweist er sich auch als großzügig bis hin zur strafbaren
Untreue (Lustreisen bei VW). Auf betriebliche Einrichtungen von Religionsgemein-
schaften sowie von sog. Tendenzbetrieben findet das Betriebsverfassungsrecht nach
§ 118 BetrVG keine Anwendung.

Das gewählte Mitglied des Betriebsrates hat ein Recht auf Freistellung von der Arbeit   **139**
ohne Minderung des Lohns (§ 37 II BetrVG: „Lohn ohne Arbeit") und genießt Schutz
vor ordentlicher Kündigung (§ 15 KSchG) bis ein Jahr nach Ablauf seiner 4-jährigen
Amtszeit. Eine außerordentliche Kündigung eines amtierenden Betriebsrates ist zwar
möglich, unterliegt aber der Beschränkung des § 103 BetrVG.

Die Mitwirkungs- und Mitbestimmungsbefugnisse des Betriebsrates sind in §§ 74–113   **140**
BetrVG geregelt. Wegen der Pflicht zur vertrauensvollen Zusammenarbeit (§ 2 I BetrVG)
untersagt das Betriebsverfassungsgesetz sämtliche Maßnahmen des Arbeitskampfes
zur Beilegung von Meinungsverschiedenheiten und zur Erreichung der Ziele der Belegschaft, **Streikverbot**, § 74 II 1 BetrVG. Bei Konflikten, die Arbeitgeber und Betriebsrat
nicht lösen können, ist eine **Einigungsstelle** anzurufen, § 76 BetrVG.

Es bestehen abgestufte Mitwirkungsrechte des Betriebsrates, die von bloßen Informa-   **141**
tionsrechten, Mitspracherechten (Anhörungsrecht) bis zu echten Mitbestimmungs-
rechten reichen, bei denen der Betriebsrat zur Wirksamkeit einer Maßnahme zwingend zustimmen muss. Die Mitbestimmung besteht

- in **sozialen Angelegenheiten** gemäß §§ 87 ff. BetrVG,   **142**
  insbesondere bei der Ordnung des Betriebs, der täglichen Arbeitszeit einschließlich der Pausen, der generellen Urlaubsregelung, der Einführung von Einrichtungen

---

33  Die SAP Deutschland AG, Walldorf, hat einen Betriebsrat erst 2007 gewählt.

zur Überwachung der Arbeitnehmer (biometrische Zugangskontrollen; Bildschirm-
arbeitsplätze), der Unfallverhütung, der betrieblichen Lohngestaltung;

**143** ▪ in **personellen Angelegenheiten** gemäß §§ 92–105 BetrVG,
insbesondere bei der Personalplanung, der Ausschreibung von Arbeitsplätzen, der
Einführung von Personalfragebögen, bei Einstellungen (§ 99 II BetrVG) und bei
Kündigungen (oben Rn. 37 und 106);

**144** ▪ in **wirtschaftlichen Angelegenheiten** (§§ 106–113 BetrVG),
insbesondere bei Betriebsänderungen in Betrieben mit mehr als 20 wahlberechtigten Arbeitnehmern; Voraussetzungen und Folgen der unternehmerischen Entscheidung sind Gegenstand eines zwischen Arbeitgeber und Betriebsrat zu ver-
einbarenden Interessenausgleichs und ggf. eines Sozialplans, §§ 111, 112 BetrVG
(näher dazu unten Rn. 281 f.).

**145** Ohne Zustimmung des Betriebsrates kann der Arbeitgeber im Fall der **echten Mitbestimmung** bei sozialen Angelegenheiten rechtlich nicht wirksam handeln, vgl. § 87 II
BetrVG. Darüber hinaus sieht das Gesetz auch an weiteren Stellen vor, dass der Betriebsrat eine Regelung (durch Abschluss einer Betriebsvereinbarung) mit dem Arbeitgeber erzwingen kann, z.B. §§ 39 I, 91, 94, 95, 98 IV, 112 I, IV BetrVG. Das geschieht
jeweils durch Anrufung der **Einigungsstelle** (§ 76 BetrVG). Dabei handelt es sich um
ein Gremium, das aus der gleichen Anzahl von Beisitzern, die vom Arbeitgeber und
Betriebsrat bestellt werden, und einem Vorsitzenden (häufig ein Arbeitsrichter) besteht. Der Vorsitzende der Einigungsstelle wird entweder durch Einigung zwischen
Arbeitgeber und Betriebsrat bestellt oder bei fehlender Einigung durch das Arbeitsgericht bestimmt. Wesentlich ist nun, dass der Spruch der Einigungsstelle die Einigung
zwischen Arbeitgeber und Betriebsrat ersetzt und damit die Betriebsvereinbarung zu
Stande bringt.

**146** Neben der förmlichen **Betriebsvereinbarung**, die maßgebliche Bedeutung bei der
Ausübung sämtlicher Mitwirkungsrechte des Betriebsrats hat, kommt auch eine formlose **Regelungsabrede** in Alltagsfragen vor (z.B. Betriebsrat und Arbeitgeber verständigen sich mündlich darauf, dass wegen der Übertragung eines Fußball-Länderspiels die
betriebliche Arbeitszeit geändert wird). Die Betriebsvereinbarung gem. § 77 II BetrVG
ist ein Vertrag (§§ 145 ff. BGB) zwischen Arbeitgeber und Betriebsrat über Angelegenheiten, die zum Aufgabenbereich des Betriebsrates (vgl. dazu allgemein § 80 I
Nr. 1–7 BetrVG) gehören. Sie entfaltet unmittelbare Rechtswirkung für alle betriebszu-
gehörigen Arbeitnehmer und hat – ebenso wie ein Tarifvertrag – **normative Wirkung**,
d.h. sie gilt (für die gesamte Belegschaft) wie ein Gesetz unmittelbar und zwingend,
§ 77 IV 1 BetrVG.

2. Teil

# Zivilprozess- und Insolvenzrecht

Im zweiten Teil dieses Kapitels sollen die Grundzüge des Zivilprozess- und des Insol-   **147**
venzrechts behandelt werden. Überwiegend wird im Curriculum zur Erlangung des
Bachelors an der Dualen Hochschule Baden-Württemberg und den Berufsakademien
das Insolvenzrecht als Pflichtstoff vorgeschrieben. Einzelne Studiengänge sehen aber
stattdessen oder daneben das Zivilprozessrecht vor. Beide Rechtsgebiete weisen eine
innere Verbindung auf. Die Insolvenzordnung kommt erst dann zum Zuge, wenn das
Vermögen des insolventen Schuldners nicht mehr ausreicht, sämtliche Forderungen
seiner Gläubiger im Wege der zivilprozessualen Einzelzwangsvollstreckung zu befriedigen. Deshalb sollen zunächst einige Grundelemente des Zivilprozessrechts (1. Abschnitt) und danach das Insolvenzrecht im Überblick (2. Abschnitt) dargestellt werden.

Abschnitt 1

## Zivilprozessrecht

In den bisherigen Kapiteln haben wir uns hauptsächlich mit materiell-rechtlichen   **148**
Ansprüchen und der Frage nach der Anspruchsgrundlage beschäftigt. Nicht oder nur
am Rande zur Sprache gekommen ist, wie der Gläubiger zu seinem Recht kommt. Das
ist eine Frage des (formellen) **Verfahrensrechts**. Recht haben und Recht bekommen,
sind zweierlei Dinge. Ob dem Einzelnen ein bestimmter Anspruch zusteht, entscheidet
sich nach dem materiellen Recht. Zur Durchsetzung seiner Rechte hat jeder Bürger
einen grundgesetzlich verbrieften Anspruch gegen den Staat, dass ihm die zuständigen staatlichen Organe, insbesondere die Gerichte, Rechtsschutz gewähren. Dieser
Justizgewährungsanspruch folgt aus dem Rechtsstaatsprinzip (Art. 20 III GG) und aus
Art. 101 I 2 GG (gesetzlicher Richter). Er wird konkretisiert durch die gesetzlichen Normen für das Zivilverfahren.

Das **Zivilprozessrecht** gehört zum **öffentlichen Recht**, weil es nicht nur Beziehungen   **149**
zwischen Privaten, sondern vor allem Rechtsverhältnisse zwischen dem durch die Ge-
richtsorgane handelnden Staat und Privaten gestaltet. Die Zivilprozessordnung (ZPO)
stellt die wichtigsten Vorschriften des Verfahrensrechts. Daneben regelt das Gerichtsverfassungsgesetz (GVG) den Aufbau der ordentlichen Gerichtsbarkeit (Amtsgericht,
Landgericht, Oberlandesgericht und Bundesgerichtshof) sowie die sachliche und funk-
tionelle Zuständigkeit dieser Gerichte. Die von der ZPO aufgestellten Verfahrensregeln
müssen von den Organen der Zivilrechtspflege, also hauptsächlich von den Zivilgerichten, bei Erfüllung ihrer Aufgaben angewendet und beachtet werden. Die Aufgabe
des vom Gläubiger mit der Klage angerufenen Gerichts ist die Verwirklichung der materiellen Rechtslage und die Sicherung des Rechtsfriedens. Konkret bedeutet das die
Feststellung und die Durchsetzung des Gläubigerrechts. Die Feststellung, ob das vom
Gläubiger vor Gericht verfolgte Recht besteht, erfolgt im Erkenntnisverfahren (I). In ei-

nem zweiten Akt wird das festgestellte und (im Urteil) titulierte Recht im Vollstreckungsverfahren verwirklicht, wenn der Schuldner auf das im Erkenntnisverfahren ergangene Urteil hin immer noch nicht freiwillig leistet (II).

## I. Erkenntnisverfahren

150    Das gerichtliche Erkenntnisverfahren mit der Feststellung des Gläubigerrechts geht für gewöhnlich der Zwangsvollstreckung voraus. Denn jedes Vollstreckungsverfahren setzt ein vollstreckbares Endurteil (§ 704 I ZPO) oder einen anderen Vollstreckungstitel voraus (vgl. § 794 ZPO: „ferner"), z.B. einen Vollstreckungsbescheid, § 794 I Nr. 4 ZPO. Ein Endurteil erstreitet der Gläubiger im Klageverfahren (1), während er einen Vollstreckungsbescheid in einem besonderen Verfahren, dem Mahnverfahren, erwirkt (dazu unter 2).

### 1. Klageverfahren

151    Das Klageverfahren empfiehlt sich für den Gläubiger insbesondere in den Fällen, in denen der Schuldner den Anspruch in tatsächlicher und/oder rechtlicher Hinsicht bestreitet, sodass eine richterliche Streitentscheidung unvermeidbar erscheint. Die Klageerhebung ist darauf gerichtet, dass der vom Gläubiger, der jetzt **Kläger** heißt, zur Entscheidung gestellte Anspruch vom Richter im Urteil festgestellt und für die anschließende Zwangsvollstreckung tituliert wird.

#### a) Erhebung der Klage

152    Der Weg bis zum Endurteil ist nicht einfach. Einige Stationen sollen anhand des folgenden Besprechungsfalles dargestellt werden.

---
**Fall 8**

Die Handelskette, Fa. gut und billig B-GmbH mit Sitz in Mannheim, bezieht für ihre Supermärkte in Nordbaden und der Pfalz seit einigen Jahren frischen Fisch von der Handelsgesellschaft A-GmbH & Co. KG in Hamburg. Ursprünglich handelte es sich dabei um ein einzelkaufmännisches Unternehmen des A, das aber seit längerem als A-GmbH & Co. KG im Handelsregister eingetragen ist. Geschäftsführer ist der A. Als die B-GmbH eine Lieferung Fische als verdorben rügte, bestritt der A den Sachmangel und weigerte sich, eine Ersatzlieferung vorzunehmen. Dadurch erlitt die B-GmbH einen Gewinnausfall von 5000 EUR; außerdem ist ihr dadurch ein großer Folgeauftrag entgangen, was zu einem weiteren Schaden von 16 000 EUR führte. Diese Beträge verlangt die B-GmbH ebenso wie die Rückgewähr ihrer Anzahlung auf den Kaufpreis in Höhe von 7000 EUR. Nachdem die vorgerichtliche Zahlungsaufforderung erfolglos geblieben war, hat der Rechtsanwalt der B-GmbH eine Klage vor dem Landgericht Mannheim gegen „Herrn A" aus Hamburg auf Zahlung von „mindestens 22 000 EUR" erhoben. Ist die Klage zulässig?

---

153    Dieser **Prozessrechtsfall** soll hier nicht in materiell-rechtlicher Hinsicht analysiert werden. Daher wird die mögliche Anspruchsgrundlage vorgegeben. Als Anspruchsgrund für den mit der Klage geltend gemachten Schadensersatzanspruch der B-GmbH kommt

§ 437 Nr. 3 BGB in Betracht, da die A-GmbH & Co. KG die an sich primäre Nachlieferung gem. §§ 437 Nr. 1, 439 BGB unter Bestreiten des Sachmangels verweigert hat,
§§ 440, 323 II BGB (vgl. dazu 1. Kapitel Rn. 320).

Die im Fall 8 zu beantwortende Frage geht vielmehr dahin, ob die **Klage zulässig** ist.    **154**
Die Antwort ist deshalb von praktischer Bedeutung, weil eine zulässige Klage Voraussetzung dafür ist, dass sich das angerufene Gericht mit der Sache (dem Klagebegeh-
ren) überhaupt befassen darf. Fehlt es an einer Zulässigkeitsvoraussetzung, ist die
Klage schon aus diesem Grund ohne Sachprüfung abzuweisen. Die Zulässigkeitsvor-
aussetzungen für eine Klage können entweder das Gericht selbst (z.B. seine Zuständigkeit), den Streitgegenstand (d.h. den mit der Klage geltend gemachten Anspruch)
oder die Prozessparteien betreffen. Auf der Grundlage dieser Differenzierung stellen
sich im Fall 8 folgende Einzelfragen: Ist die Klage bei dem richtigen Gericht (aa), mit
dem zulässigen Inhalt (bb) und gegen den richtigen Gegner (cc) erhoben?

**aa) Zuständigkeit des Gerichts**

Die Klage ist nur dann zulässig zum Landgericht Mannheim erhoben und das Land-    **155**
gericht darf sich mit der Klage nur dann sachlich befassen, wenn es als zuständiges
Gericht zur Entscheidung des Rechtsstreits überhaupt berufen ist. Die vorliegende bürgerlich-rechtliche Streitigkeit, so viel steht schon einmal fest, gehört vor die Zivilgerichte
(zum Zivilrechtsweg vgl. Überblick 1. Kapitel Rn. 14). Fraglich ist nur, vor welchem Gericht und an welchem Ort (Hamburg oder Mannheim) der Rechtsstreit auszutragen ist.

Die erste Frage betrifft die **sachliche Zuständigkeit**. Dabei geht es darum, welches    **156**
Gericht als erste Instanz den Rechtsstreit entscheiden muss; Amtsgericht oder Landgericht kommen hier in Betracht. Das regelt das Gerichtsverfassungsgesetz (oben
Rn. 149). Die Antwort hängt von dem Wert des Streitgegenstandes ab. Für alle Streitigkeiten bis zum Streitwert von 5000 Euro sind die Amtsgerichte zuständig; die Landgerichte entscheiden bei höheren Streitwerten, §§ 23 I Nr. 1, 71 I GVG. Mietstreitig-
keiten über Wohnraum, Unterhaltsstreitigkeiten sowie Familiensachen sind ganz den
Amtsgerichten zugewiesen, § 23 Nr. 2a, 23a GVG. Einen Überblick über die Ordnung
der Instanzen in Zivilsachen bietet das nachfolgende Schaubild.

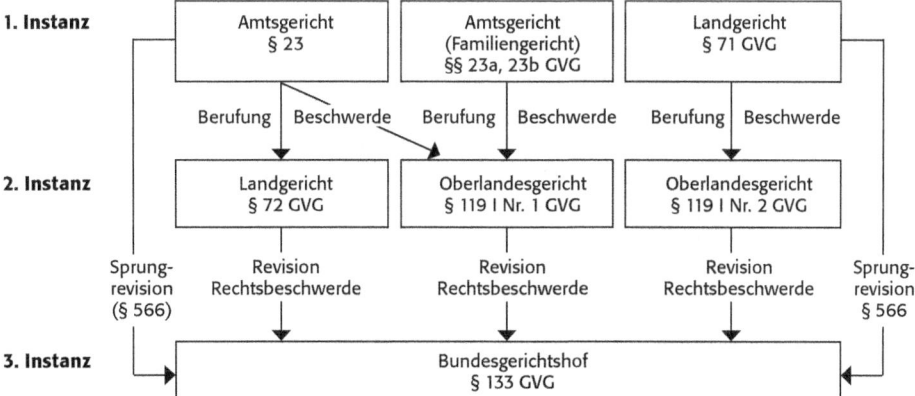

**157**   Es gibt aber viele Landgerichte, die jeweils für ein bestimmtes Gebiet (Gerichtsbezirk) zuständig sind. Deshalb muss die gerichtliche Zuständigkeit noch weiter differenziert und die Kategorie der **örtlichen Zuständigkeit** berücksichtigt werden. Das Gesetz spricht vom **Gerichtsstand** (§§ 12 ff. ZPO) und unterscheidet zwischen allgemeinen (für alle Ansprüche geltenden) und besonderen Gerichtsständen, die nur für bestimmte Ansprüche gelten.

**158**   **Allgemeiner Gerichtsstand**, also dasjenige Gericht, bei dem jedenfalls grundsätzlich alle Klagen gegen einen Bürger anhängig gemacht werden können, ist dessen Wohnsitz, §§ 12, 13 ZPO i.V.m. § 7 ff. BGB. Das Gesetz begünstigt damit den Beklagten, weil der Kläger, wenn nicht noch ein anderer Gerichtsstand eröffnet ist, seine Klage am Wohnsitzgericht des Beklagten anbringen und sich (ebenso wie sein Anwalt) zum Gerichtstermin dort einfinden muss. Das gilt auch für eine juristische Person oder – im Fall 8 bezüglich der A-GmbH & Co. KG – für eine Personengesellschaft, die als solche verklagt werden kann, § 17 I ZPO i.V.m. §§ 161 II, 124 I HGB. Diese sind also an ihrem Sitz zu verklagen.

**159**   Danach müsste im Fall 8 die Klage in Hamburg (Sitz der KG) erhoben werden. Es könnte hier aber der **besondere Gerichtsstand des Erfüllungsorts** gem. § 29 ZPO vorgehen, d.h. den allgemeinen Gerichtsstand nach § 17 ZPO verdrängen. Bei dem hier geltend gemachten Schadensersatzanspruch handelt es sich um eine Streitigkeit aus einem Vertragsverhältnis (Schlechterfüllung des Vertrags[34]). Entscheidend ist der Ort, an dem die streitige Primärverpflichtung (hier die Lieferung der KG) zu erfüllen ist, d.h. wo der Schuldner (das ist hier der Verkäufer) die Leistungshandlung vorzunehmen hat. Das bestimmt sich nach **§ 269 BGB** (Anknüpfung der ZPO an das BGB). Gem. § 269 I, II BGB liegt, wie wir bereits aus den Grundlagen zum Bürgerlichen Recht wissen (1. Kapitel Rn. 242 mit Fall 54), **grundsätzlich** eine **Holschuld** vor, bei der die Leistungshandlung am Sitz des Schuldners zu erfolgen hat. Der Gerichtsstand des Erfüllungsorts fällt daher häufig mit dem allgemeinen Gerichtsstand (§§ 12, 13 ZPO) zusammen, weil Erfüllungsort der (Wohn-)Sitz des Schuldners ist. Daraus folgt an sich gem. § 29 I ZPO für den Fall 8, dass die B-GmbH die Klage ebenfalls in Hamburg erheben müsste. Eine **Ausnahme** gilt nach § 269 BGB jedoch, wenn nach „den Umständen, insbesondere aus der Natur des Schuldverhältnisses" sich etwas anderes bezüglich des Leistungsorts ergibt. Das ist hier der Fall. Denn bei dem Kauf einer verderblichen Ware (Fisch) ist im Distanzgeschäft von einer **Bringschuld** des Verkäufers auszugehen. Damit ist im Fall 8 das Landgericht Mannheim örtlich zuständig.

**160**   Zum gleichen Ergebnis käme man, wenn die Parteien im vorliegenden Fall als vertraglichen Erfüllungsort Mannheim (Sitz der B-GmbH) vereinbart hätten. Eine solche **Vereinbarung über den Erfüllungsort** geschieht in der Praxis häufig. Sie ist aber – was ebenso häufig bei Zugrundelegung von Allgemeinen Geschäftsbedingungen verkannt wird – prozessual (d.h. hier gerichtsstandsbestimmend) nur wirksam, wenn die Vertragsparteien Kaufleute oder juristische Personen des öffentlichen Rechts sind, § 29 II ZPO. Diese Voraussetzung wäre im Fall 8 jedenfalls erfüllt, vgl. § 6 i.V.m. § 124 I

---

34   Zu den vertraglichen Sekundäransprüchen bei Schlechterfüllung, vgl. bereits 1. Kapitel Rn. 294 ff., 304 ff.

HGB und § 13 III GmbHG. Demgegenüber können **Privatpersonen** eine Vereinbarung über den Erfüllungsort mit der prozessualen Folge einer Festlegung des Gerichtsstandes für nachfolgende Rechtsstreitigkeiten **nicht** treffen.

Auch eine direkte (unmittelbare) Vereinbarung der sachlichen und örtlichen Zuständigkeit (sog. **Prorogation**, §§ 38, 40 ZPO) können Privatpersonen seit 1974 grundsätzlich nicht mehr vornehmen. Zuvor war es den Parteien in weitem Umfang möglich, den Gerichtsstand frei zu vereinbaren. Das Gesetz hat diese Freiheit abgeschafft, weil wirtschaftlich Stärkere immer mehr in Formularklauseln ihren Sitz zum Gerichtsstand erhoben hatten. Die frühere Rechtslage ist aber im Rechtsbewusstsein weiter Kreise immer noch präsent. Daraus erklärt sich die anhaltende Praxis, im Rahmen der AGB-Regelung einen Gerichtsstand am Sitz des Verwenders der AGB vorzugeben. Eine solche Klausel ist aber **gegenüber** einer **Privatperson unwirksam**. Eine Vereinbarung des Gerichtsstandes kann rechtswirksam nur von Kaufleuten und juristischen Personen des öffentlichen Rechts getroffen werden, § 38 I ZPO, und das auch nur, sofern sich die Vereinbarung auf ein bestimmtes Rechtsverhältnis (z.B. im Fall 8 aus der Lieferbeziehung zwischen der A-GmbH & Co. KG und der B-GmbH) bezieht, § 40 I ZPO. Im Übrigen ist eine Vereinbarung über die Zuständigkeit eines Gerichts durch Privatpersonen nur unter den engen Voraussetzungen des § 38 III ZPO zulässig: ausdrückliche und schriftliche Regelung *nach* der Entstehung der Streitigkeit. **161**

### Teilergebnis

Eine an sich mögliche Vereinbarung der sachlichen und örtlichen Zuständigkeit des Landgerichts Mannheim in Allgemeinen Geschäftsbedingungen ist nach dem Sachverhalt nicht erfolgt. Einer solchen bedarf es hier aber nicht, weil das Landgericht Mannheim sowohl sachlich als auch örtlich gem. § 29 I ZPO i.V.m. § 269 I BGB zuständig ist.

### bb) Notwendiger Inhalt der Klage

Das angerufene Landgericht Mannheim ist im Fall 8 also zur Entscheidung über die Streitsache zuständig. Eine Sachentscheidung ergeht aber nur dann, wenn die **Klage formell ordnungsgemäß erhoben** ist, d.h. den in der ZPO aufgestellten Anforderungen entspricht. Weist die Klage Mängel auf, die nicht geheilt werden (können), dann ist die Klage als unzulässig abzuweisen. **162**

Der unabdingbare Inhalt einer Klage ergibt sich aus § 253 II ZPO: „Die Klageschrift muss enthalten …". Neben der Bezeichnung der Parteien (wer klagt gegen wen? dazu noch unten cc) und des Gerichts (wo? dazu bereits oben aa) bestimmt das Gesetz, dass die Klageschrift zwingend enthalten muss „die bestimmte Angabe des Gegenstandes und des Grundes des erhobenen Anspruchs" (**woraus** wird geklagt?) sowie „einen bestimmten Antrag" (**auf was** wird geklagt?). Diese Voraussetzungen leuchten unmittelbar ein, weil klargestellt sein muss, was der Kläger begehrt (Antrag) und woraus er sein Begehren ableitet. Mit „Gegenstand und Grund des Anspruchs"[35] bezeich- **163**

---

35 „Anspruch" i.S. des § 253 II Nr. 2 ZPO ist hier ein prozessualer Begriff, der nicht im Sinne der Legaldefinition des § 194 I BGB zu verstehen ist. Er umschreibt vielmehr das vom Kläger mit der Klage geltend gemachte Recht i.w.S.

net das Gesetz den tatsächlichen Vorgang oder den Lebenssachverhalt, aus dem der Kläger sein Recht herleitet. Besteht insoweit keine Klarheit, weiß man schließlich weder worüber die Parteien eigentlich streiten noch worüber eigentlich entschieden worden ist. Die Arbeit des Gerichts wäre bei unbestimmter Grundlage am Ende ganz vergeblich. Daher verlangt das Gesetz die präzise Angabe des Klagegrundes (tatsächlicher Vorgang) und einen bestimmten Klägerantrag.

**164**    Im Fall 8 genügt die Klageschrift diesen Anforderungen nur im Hinblick auf die Bestimmtheit des Antrags. Dieser ist mit 22 000 EUR beziffert und damit selbstverständlich hinreichend bestimmt. Unklar bleibt aber nach dem Vortrag der Klägerin, woraus diese einen Zahlungsanspruch gerade in der angegebenen Höhe ableitet. Die Klage lässt nicht erkennen, welchen Teil des Gesamtschadens in Höhe von 28 000 EUR die Klägerin geltend machen will. Insoweit fehlt eine **bestimmte Angabe des Klagegrundes**. Aus der Klageschrift müsste sich ergeben, wie sich der eingeklagte Betrag auf die einzelnen Ansprüche verteilen soll (Anzahlung, entgangener Gewinn bezüglich der Lieferung oder des Folgeauftrags?). Die B-GmbH, vertreten durch ihren Rechtsanwalt, kann aber diesen Mangel noch beheben, indem sie die genannte Klagesumme auf die einzelnen Schadenspositionen zuordnet und z.B. angibt, dass sie in erster Linie die Anzahlung zurückverlangt, sodann den entgangenen Gewinn aus dem Kaufgeschäft und zuletzt den Schaden aus dem entgangenen Folgeauftrag. Erst mit dieser Erklärung ist die Klage hinreichend bestimmt. Davon wollen wir im Folgenden ausgehen.

### cc) Partei des Rechtsstreits

**165**    Weitere Zulässigkeitsbedenken könnten sich aus der Bezeichnung der Parteien (§ 253 II Nr. 1 ZPO) ergeben. Im Zivilprozess heißen die Beteiligten Kläger und Beklagter, das sind die „Parteien". Die Parteistellung ist unabhängig davon, ob die Parteien auch nach materiellem Recht Gläubiger und Schuldner sind. Im Fall 8 besteht auf der Beklagtenseite die Besonderheit, dass der vor Gericht in Anspruch genommene Beklagte A nicht der Schuldner ist. Das ist aber für seine verfahrensrechtliche Stellung als Partei nicht erheblich.

**166**    Denn nach dem allein maßgeblichen **formellen Parteibegriff** ist hier der A und nicht die Partnerin des Kaufvertrages (A-KG) verklagt. Wer Partei im Zivilprozess ist, richtet sich nicht danach, ob er nach materiellem Recht etwas verlangen kann oder etwas schuldet, also Gläubiger oder Schuldner ist. Daher ist der A im Fall 8 Prozesspartei, nämlich Beklagter, ohne Rücksicht darauf, ob er der B-GmbH tatsächlich die beantragte Leistung schuldet. Vielmehr wird A **allein deshalb Partei** (Beklagter) im Zivilrechtsstreit, weil die Klägerin **gegen ihn Rechtschutz** begehrt, d.h. den A in der Klageschrift als Gegner benannt hat, und die Klage dem A auf Veranlassung des angerufenen Landgerichts zugestellt worden ist, §§ 253 I, 261 I ZPO.

**167**    Es steht im Fall 8 nicht in Zweifel, dass die B-GmbH den A persönlich und nicht etwa die A-GmbH & Co. KG verklagt hat. Denn insoweit handelt es sich nicht um ein Versehen, weil die Klage ausdrücklich an „Herrn A" adressiert ist. Damit ist A nach dem formellen Parteibegriff im Rechtsstreit Partei (hier Beklagter) geworden.

Jede natürliche Person (§ 1 BGB) besitzt die Fähigkeit, Partei in einem Prozess zu sein, **168** sog. **Parteifähigkeit**, § 50 I ZPO. Das bedeutet, dass jeder parteifähig ist, der rechtsfähig ist; insbesondere auch alle juristische Personen, die OHG und die KG, vgl. §§ 124 I, 161 II HGB. Ebenso parteifähig ist die Außengesellschaft des bürgerlichen Rechts, die nach neuerer Rechtsprechung[36] teilrechtsfähig ist (vgl. 2. Kapitel Rn. 140) und daher auch Partei eines Rechtsstreits sein kann. Ein nichtrechtsfähiger Verein kann nach § 50 II ZPO nur verklagt werden (z.B. auf Zahlung einer Hallenmiete) und nicht selbst klagen, er ist (jedenfalls nach bisheriger Rechtsauffassung) also nur passiv parteifähig. Als aktiv und passiv parteifähig im Zivilprozess werden dagegen ohne gesetzliche Anordnung allein wegen ihrer verfassungsrechtlich verbrieften Sonderstellung (Art. 9 III GG, siehe oben Rn. 9) die Gewerkschaften angesehen. Im Arbeitsgerichtsprozess kommt ihnen bereits nach der Sonderregelung des § 10 ArbGG Parteifähigkeit zu.

Die Parteifähigkeit betrifft nur die Befugnis, als Partei vor Gericht klagen oder verklagt **169** werden zu können. Eine andere Frage ist, ob die Partei (Kläger oder Beklagter) vor Gericht auftreten und selbst handeln, d.h. wirksam Prozesshandlungen vornehmen kann, wie z.B. eine Klage erheben, Anträge stellen, einen Vergleich abschließen, die Klage zurücknehmen etc. Man unterscheidet insoweit **Parteiprozess** und **Anwaltsprozess**. Im Parteiprozess vor dem Amtsgericht kann jede Partei selbst auftreten, ein Zwang, sich durch einen Anwalt vertreten zu lassen, besteht nicht (Ausnahme allerdings vor dem Amtsgericht-Familiengericht, § 78 II ZPO). Vor dem Landgericht und im höheren Rechtszug besteht dagegen Anwaltszwang, § 78 I ZPO. Im Fall 8 kann daher nur ein Rechtsanwalt für die B-GmbH Klage beim Landgericht einreichen. Auch im weiteren Verfahrensgang müssen sich beide Parteien von einem Rechtsanwalt vertreten lassen. Hierfür bedarf der Rechtsanwalt einer Prozessvollmacht (vgl. §§ 80 ff. ZPO). Er vertritt vor Gericht die Partei, selbstverständlich ist er nicht selbst Partei des Rechtsstreits.

### Teilergebnis

Im Fall 8 ist A Partei (Beklagter) geworden ohne Rücksicht darauf, ob er auch nach materiellem Recht des BGB Schuldner der B-GmbH ist. Beide Parteien sind parteifähig, sie müssen sich aber vor dem Landgericht von einem Rechtsanwalt vertreten lassen. Nur dieser kann wirksam für sie Prozesshandlungen vornehmen.

### b) Verhandlung und Entscheidung über die Klage

Nachdem im Ausgangsfall Zulässigkeitsbedenken gegen die erhobene Klage nicht **170** (bzw. nicht mehr, vgl. oben Rn. 164 a.E.) bestehen, muss sich das Landgericht mit der ihm vorgetragenen Rechtssache beschäftigen und über die Berechtigung des von der Klägerin geltend gemachten Anspruchs entscheiden.

---

36 BGHZ 146, 341 = NJW 2001, 1056.

### aa) Verfahrensgrundsätze

171  Der weitere Ablauf des Zivilprozesses und das Verhalten von Gericht und Parteien werden durch eine Reihe von Verfahrensgrundsätzen (Prozessmaximen) bestimmt, die zwar nicht in der ZPO ausdrücklich geregelt sind, aber doch vielen Einzelbestimmungen zugrunde liegen. Die maßgeblichen Grundsätze können auf unserem kurzen Gang durch das Zivilprozessrecht nicht im Einzelnen nachgezeichnet werden. Hingewiesen sei schlagwortartig aber auf den **Dispositionsgrundsatz**, wonach den Parteien das Recht zusteht, über den Rechtsstreit als Ganzes zu verfügen (Klageerhebung, Beendigung des Rechtsstreits ohne Urteil z.B. durch Vergleich, Erledigungserklärung, Rücknahme der Klage etc.). Zu erwähnen ist auch der **Verhandlungsgrundsatz**, demzufolge die Parteien dem Gericht den Tatsachenstoff, über den entschieden werden soll, vortragen (beibringen, daher auch: Beibringungsgrundsatz) und gegebenenfalls, wenn Streit darüber besteht, beweisen müssen. Von sich aus darf das Zivilgericht den streitigen Lebenssachverhalt also nicht aufklären. Im Strafverfahren ist das selbstverständlich anders, dort hat das Gericht den Sachverhalt von Amts wegen aufzuklären.

172  Als letzter Verfahrensgrundsatz soll hier ein Verfahrensgrundrecht mit Verfassungsrang angeführt werden: der **Anspruch auf rechtliches Gehör, Art. 103 I GG**. Er verpflichtet das Gericht, den Parteien die Möglichkeit zu geben, ihre Sicht der Dinge in ausreichender und sachgerechter Weise im Prozess darzulegen, d.h. Anträge zu stellen, Tatsachen zu behaupten und dafür Beweis anzubieten sowie den gegnerischen Vortrag rechtzeitig zu erfahren. Das entsprechende Parteivorbringen darf der Richter nicht einfach übergehen. Dieses Verfahrensgrundrecht der Parteien wird in der ZPO ebenfalls nicht ausdrücklich genannt. Es ist vielmehr als Grundregel jedes rechtsstaatlichen Verfahrens vorausgesetzt und wird in vielen Einzelvorschriften der ZPO konkretisiert.

173  Im Fall 8 ist das Landgericht daher gehalten, dem Beklagten A die eingegangene Klageschrift der B-GmbH zuzustellen, d.h. förmlich bekannt zu geben, und ihm ein Äußerungsrecht einzuräumen, bevor es über die Klage mündlich verhandeln, d.h. insbesondere Anträge stellen lässt.

### bb) Verfahrensgang bis zum Urteil

174  Vor der streitigen Verhandlung der Parteien mit dem Sachantrag des Klägers und dem Antrag des Beklagten auf Abweisung der Klage muss der Richter grundsätzlich eine gütliche Lösung des Rechtsstreits versuchen, § 278 II ZPO. Diese Neuerung der ZPO hat ihr Vorbild im arbeitsgerichtlichen Verfahren (vgl. § 54 ArbGG), wo ein bedeutender Anteil der Streitverfahren (meist Kündigungsschutzprozesse) durch Vergleich erledigt wird.

175  Kommt es nicht zu einer einvernehmlichen Lösung des Streits, hat das Gericht zu prüfen, ob die vorgetragenen Tatsachen das vom Kläger behauptete Recht ergeben. Dazu muss es die entscheidungsrelevanten Tatsachen feststellen. Es darf aber seinem Urteil nur unstreitige oder bewiesene Tatsachen zugrundelegen. In der Praxis besteht die Hauptarbeit der Gerichte in der Ermittlung der tatsächlichen Entscheidungsgrundlage. Die Sachverhaltsfeststellung bereitet häufig größere Schwierigkeiten als die eigentliche Rechtsanwendung. Sie erfolgt durch Aufnahme der von den Parteien angebo-

tenen Beweise. Im gerichtlichen **Beweisverfahren** sind fünf Beweismittel vorgesehen: der Beweis durch Zeugen, Urkunden, Augenschein (Ortstermin), durch Sachverständige und (ganz selten) durch Parteivernehmung, §§ 355 ff. ZPO. Der Richter ist in der Würdigung der ihm vorgelegten Beweise frei, vgl. § 286 I ZPO. Was das Beweismaß angeht, wird zwar nicht absolute Sicherheit von einem Geschehensablauf verlangt (das gibt es ohnehin nicht), aber doch eine sichere Überzeugung des erkennenden Richters von der Wahrheit der Tatsachenbehauptung einer Partei.

Ist die Rechtssache schließlich entscheidungsreif, wird die mündliche Verhandlung **176** geschlossen und das **Urteil** verkündet (nicht: verkündigt, vgl. § 310 I ZPO). Im Fall 8 ist ein Beweis über die streitige Behauptung des Mangels der Fischlieferung erst gar nicht zu erheben, weil es darauf nicht ankommt. Denn der A ist nicht Vertragspartner und damit nicht Schuldner der B-GmbH. Unabhängig davon ist A gleichwohl Partei in dem Rechtsstreit geworden (vgl. oben Rn. 166). Es ist die falsche Person verklagt worden. Der Rechtsanwalt der B-GmbH kann seinen Fehler durch Rücknahme der Klage (§ 269 I ZPO) ausgleichen, freilich mit dem hieraus für die Klägerin (B-GmbH) entstehenden Kostennachteil, § 269 III 2 ZPO. Nimmt er die Klage nicht zurück, muss das Landgericht darüber entscheiden. Das Urteil kann nur auf Abweisung der Klage lauten. Auch in diesem Fall trägt die Klägerin die (noch etwas höheren) Kosten des Verfahrens. Der Tenor des Urteils lautet: „1. Die Klage wird abgewiesen. 2. Die Kosten des Rechtsstreits trägt die Klägerin."

Gegen erstinstanzliche Urteile des Amtsgerichts und des Landgerichts findet die Beru- **177** fung statt (§§ 511 ff. ZPO). Das **Rechtsmittel** der Berufung ist an das Berufungsgericht zu richten (vgl. oben Schaubild Rn. 156). Die Revision als dritte Instanz ist nur eröffnet, wenn die Rechtssache grundsätzliche Bedeutung hat oder die Fortbildung des Rechts oder die Sicherung einer einheitlichen Rechtsprechung eine Entscheidung des Revisionsgerichts, das ist der Bundesgerichtshof, erfordert, §§ 542, 543 ZPO. Die Rechtsmittelfrist für Berufung und Revision beträgt jeweils einen Monat ab Zustellung des anzufechtenden Urteils. Der Rechtsmittelführer muss sein Rechtsmittel auch begründen, dafür gibt ihm das Gesetz zwei Monate Zeit, wiederum gerechnet ab Zustellung des Urteils.

## 2. Mahnverfahren

Eine besondere Verfahrensart zur Durchsetzung von **Geldforderungen** stellt das **178** Mahnverfahren dar. Es ist in §§ 688–703d ZPO eingehend geregelt und von großer praktischer Bedeutung. Jährlich werden in Deutschland etwa 5–6 Millionen Mahnverfahren eingeleitet. Der Verfahrensgang kennt zwei Stufen, zunächst den Mahnbescheid (a) und sodann den Vollstreckungsbescheid (b).

### a) Mahnbescheid

Die Beliebtheit des Verfahrens beruht darauf, dass der „Kläger", der hier **Antragsteller** **179** heißt (denn eine Klage liegt ja nicht vor), schneller (ohne mündliche Verhandlung) und billiger (nur ½ Verfahrensgebühr des Gerichts) und ohne Rechtsanwaltszwang

(§ 78 III ZPO; also keine Rechtsanwaltskosten) einen Vollstreckungstitel (Vollstreckungsbescheid, § 794 I Nr. 4 ZPO) erwirken kann. Dieser Weg empfiehlt sich freilich uneingeschränkt nur, wenn die Geldforderung vom Schuldner, der hier **Antragsgegner** heißt, nicht bestritten wird, der Antragsgegner also bloß zahlungsunwillig oder zahlungsunfähig ist.

180   Für das Verfahren sind Vordrucke (auch als Online-Antrag) vorgesehen, die der Antragsteller selbst ausfüllen und beim zentralen Mahngericht (in Baden-Württemberg: Amtsgericht Stuttgart) einreichen kann. Über den Antrag entscheidet nicht der Richter, sondern der Rechtspfleger. Dieser prüft nicht, ob der erhobene Anspruch dem Antragsteller tatsächlich zusteht, § 692 I Nr. 2 ZPO. Das kann er auch gar nicht leisten, weil der Mahnantrag den geltend gemachten Anspruch lediglich stichwortartig kennzeichnen, aber nicht den gesamten Lebenssachverhalt schildern muss, aus dem der Antragsteller sein Zahlungsbegehren herleitet, § 690 I Nr. 2 ZPO. Ein Erkenntnisverfahren beim Mahngericht findet daher nicht (mehr)[37] statt. Heutzutage prüft der Rechtspfleger nur mehr die Zulässigkeit des Antrags und erlässt bei Einhaltung der Formalien den begehrten Mahnbescheid.

181   Gegen den ihm zugestellten Mahnbescheid steht dem Antragsgegner binnen zwei Wochen der **Rechtsbehelf des Widerspruchs** zu, § 694 I ZPO. Legt er den Widerspruch ein, ist das Mahnverfahren zu Ende, ein Vollstreckungsbescheid darf nicht ergehen, § 699 I 1 ZPO. Vielmehr wird auf Antrag einer Partei nun das streitige Verfahren (Zivilprozess, wie unter 1. beschrieben) durchgeführt. Das Mahngericht gibt zu diesem Zweck das Verfahren an das im Mahnantrag als zuständig bezeichnete Streitgericht ab. Dort verhandeln die Parteien dann streitig über das Zahlungsbegehren des Antragstellers, der jetzt in der Rolle des Klägers auftritt und sein Begehren zunächst einmal begründen muss.

## b) Vollstreckungsbescheid

182   Hat der Antragsgegner einen Widerspruch gegen den Mahnbescheid nicht erhoben, erlässt das Mahngericht auf Antrag des Antragstellers den Vollstreckungsbescheid, § 699 IV 1 ZPO. Nunmehr hält der Antragsteller einen **vollstreckbaren Titel** (§ 794 I Nr. 4 ZPO) in Händen.

183   Damit ist aber für den Gegner endgültig noch nichts verloren, vielmehr steht ihm auch gegen den Vollstreckungsbescheid ein Rechtsbehelf zu, der **Einspruch** heißt und sich in der Anordnung des § 700 I ZPO ein wenig versteckt, weil er erst über den Umweg der Verweisung auf § 338 ZPO erreicht werden kann. Ziel des Einspruchs des Antragsgegners ist es, die Berechtigung des im Vollstreckungsbescheid titulierten Zahlungsanspruchs von einem Richter überprüfen zu lassen. Die Einspruchsfrist beträgt zwei Wochen, § 339 I ZPO. Geht der Einspruch innerhalb dieser Frist ein, gibt das Mahngericht die Rechtssache an das Streitgericht ab. Damit findet eine Überleitung in das streitige Klageverfahren (wie nach Widerspruch gegen den Mahnbescheid) statt.

---

37  Ursprünglich ist das Mahnverfahren jedoch als schriftliches Urteilsverfahren mit eigener Schlüssigkeitsprüfung des damals noch zuständigen Richters konzipiert worden, dazu Braun, JuS 1992, 177, 178 ff.

Erhebt der Antragsgegner innerhalb der Einspruchsfrist den Rechtsbehelf gegen den **184** Vollstreckungsbescheid nicht, so wird der Vollstreckungsbescheid **rechtskräftig**. Es steht damit endgültig fest, dass der Antragsgegner dem Antragsteller die im Vollstreckungsbescheid angeführte Geldsumme nebst Zinsen und Kosten schuldet. Das ist einigermaßen bemerkenswert, weil die Berechtigung der titulierten Forderung in keinem Verfahrensstadium von einem Richter geprüft worden ist. Dies beruht aber in der Konsequenz darauf, dass der Antragsgegner von dem ihm zur Verfügung stehenden Rechtsbehelfen (Widerspruch, Einspruch) während des laufenden Mahnverfahrens nicht (bzw. nicht rechtzeitig) Gebrauch gemacht hat.

## II. Zwangsvollstreckung

Hat der Kläger gegen den Beklagten ein (rechtskräftiges) Leistungsurteil erstritten, **185** hängt der weitere Gang des Verfahrens davon ab, ob der Verurteilte die im Urteilstenor festgestellte Schuld freiwillig bezahlt oder nicht. Kommt er seiner Verpflichtung nicht nach, findet der Zivilprozess im Vollstreckungsverfahren seine Fortsetzung. Der Kläger heißt dann (Vollstreckungs-)**Gläubiger** und der Beklagte (Vollstreckungs-)**Schuldner**. Entsprechendes gilt, wenn ein rechtskräftiger Vollstreckungsbescheid vorliegt. Diese neue Situation illustriert der folgende

---

**Fall 9** ─────────────────────────────────────────────

Nehmen wir an, dass im Fall 8 das Landgericht den A zur Zahlung von 20 000 EUR an die B-GmbH verurteilt, obwohl der A nicht Schuldner der B-GmbH ist[38], und A gegen das Urteil keine Berufung einlegt, sodass es rechtskräftig wird (§ 705 ZPO). Die B-GmbH fragt ihren Rechtsanwalt, was jetzt zu tun sei.

---

Unter Rechtsanwälten geht das Bonmot, dass ein junger Rechtsanwalt nichts mehr **186** fürchtet, als einen Prozess zu gewinnen – weil er dann für seinen Mandanten das Urteil vollstrecken muss. Damit zeigt der Witz schon an, dass das Vollstreckungsrecht keine leichte Materie ist. Wir wollen uns hier auf die Zwangsvollstreckung wegen Geldforderungen konzentrieren (2), zuvor aber noch einen Blick auf die allgemeinen Voraussetzungen der Zwangsvollstreckung werfen (1).

### 1. Voraussetzungen der Zwangsvollstreckung

Im Vollstreckungsverfahren stellt der Staat dem Gläubiger seine Organe zur zwangs- **187** weisen Durchsetzung von privaten Rechten zur Verfügung und kommt damit dem verfassungsmäßigen Justizgewährungsanspruch nach. Der Berechtigte ist zur Durchsetzung seines Rechts auf diese staatliche Hilfe angewiesen (Verbot der Selbsthilfe)[39].

---

38  Das ist keine bloß theoretische Möglichkeit, vielmehr berichtet BGH NJW 1987, 1946 von einem solchen Urteil eines Landgerichts bei ähnlicher Ausgangslage.

39  Nur in engen Grenzen gewährt § 229 BGB dem in seinen Rechten verletzten Bürger ein Selbsthilferecht, das aber die Eintreibung von Forderungen nicht deckt.

Es versteht sich von selbst, dass die Durchsetzung von Rechten unter Anwendung von staatlicher Gewalt erst erfolgen darf, wenn bestimmte Voraussetzungen erfüllt sind.

**188**    Das Gesetz schreibt hier sogar eine besonders förmliche Vorgehensweise vor, damit jeder Missbrauch der staatlichen Gewalt durch den Titelgläubiger von vornherein unterbunden wird und die Rechte des Schuldners gewahrt werden. Eine Zwangsvollstreckung setzt nach einem gängigen Schlagwort dreierlei voraus: **Titel, Klausel** und **Zustellung**.

**189**    Der **Vollstreckungstitel** weist den materiell-rechtlichen Anspruch aus, der dem Gläubiger gegen den Schuldner zusteht und der im Wege der Zwangsvollstreckung durchgesetzt werden soll. Der in der Praxis mit Abstand bedeutsamste Vollstreckungstitel ist das Endurteil, § 704 I ZPO. Daneben führt das Gesetz in § 794 ZPO weitere Titel an. Von den dort genannten weiteren Vollstreckungstiteln spielen in der Praxis neben dem bereits erwähnten Vollstreckungsbescheid (§ 794 I Nr. 4 ZPO) der Prozessvergleich (§ 794 I Nr. 1 ZPO) und die vollstreckbare notarielle Urkunde (§ 794 I Nr. 5 ZPO) eine größere Rolle.

**190**    Die bloße Existenz eines Vollstreckungstitels genügt freilich nicht zur Durchführung von Vollstreckungsmaßnahmen des Gläubigers. Der Beginn der Zwangsvollstreckung setzt weiter die Erteilung einer amtlichen Bescheinigung voraus, dass der Titel auch vollstreckbar ist. Diese Bescheinigung heißt **Vollstreckungsklausel**, ihr Wortlaut ergibt sich aus § 725 ZPO: „Vorstehende Ausfertigung[40] wird dem usw. (Bezeichnung der Partei) zum Zwecke der Zwangsvollstreckung erteilt". Diese vollstreckbare Ausfertigung (vgl. § 724 I ZPO) des Vollstreckungstitels (z.B. eines Urteils) wird dem Gläubiger nur auf Antrag erteilt. Der Gläubiger muss die Zwangsvollstreckung also selbst in die Hand nehmen. Der Staat wird nicht von sich aus aktiv, um die im Urteil befohlene Zahlung durchzusetzen.

**191**    Aber damit nicht genug der Förmlichkeiten. Die Vollstreckung darf nämlich nur beginnen, wenn der Vollstreckungstitel (z.B. das Urteil) bereits an den Schuldner **zugestellt** (d.h. diesem förmlich bekannt gegeben) ist oder gleichzeitig mit dem Beginn der Vollstreckung zugestellt wird, § 750 I 1 ZPO. In jedem Fall werden Urteile ohne weiteres Zutun der Parteien, also von Amts wegen, diesen förmlich bekannt gegeben, § 317 I 1 ZPO. Der Gläubiger kann aber die Sache beschleunigen und das Urteil dem Gegner selbst (durch den Gerichtsvollzieher) zustellen lassen, § 750 I 2 ZPO.

## 2.  Zwangsvollstreckung wegen Geldforderungen

**192**    Hat der Kläger mit dem Urteil einen vollstreckbaren Titel gegen den Beklagten erstritten und die vorstehenden Voraussetzungen für die Zwangsvollstreckung herbeigeführt, so kann er mit der Vollstreckung beginnen.

---

40  Gemeint ist: des Titels.

## a)  Überblick

Das folgende Schaubild zeigt alle Arten der Zwangsvollstreckung im Überblick (Para-   **193**
graphen ohne Zusatz sind solche der ZPO):

| Zwangsvollstreckung | | | | | |
|---|---|---|---|---|---|

```
                         Zwangsvollstreckung
           ┌───────────────────────┴──────────────────────┐
    wegen                                          wegen
    Geldforderungen                                anderer Forderungen
    (§§ 802a–882a)                                 (§§ 883–898)
    ┌──────────┴──────────┐          ┌──────────────┬──────────────┐
  in das        in das un-      zur Erwirkung   zur Erwirkung   zur Erwirkung
  bewegliche    bewegliche      der Heraus-     von Unter-      von Hand-
  Vermögen      Vermögen        gabe von        lassungen       lungen
  (§§ 803–      (§§ 864–        Sachen          und Duldun-     (§§ 887,
  863)          871) + ZVG      (§§ 883–886)    gen (§ 890)     888)

  körper-   Forde-   sonstige   Heraus-   Heraus-   im Ge-     vertret-   unver-
  liche     rungen   Rechte     gabe be-  gabe von  wahrsam    bare       tretbare
  Sachen    (§§ 828– (§§ 857–   stimmter  Grund-    Dritter    Hand-      Hand-
  (§§ 808–  856)     863)       beweg-    stücken   (§ 886)    lungen     lungen
  827)                          licher    und                  (§ 887)    (§ 888)
                                Sachen    Schiffen
                                (§ 883)   (§ 885)
```

Aus dem Bild kann man ersehen, dass bei der Zwangsvollstreckung streng nach der   **194**
Art der Forderung, wegen der vollstreckt wird, und nach der Art des Gegenstandes, in
den vollstreckt wird, unterschieden werden muss. Wir wollen im Zusammenhang mit
dem Fall 9 lediglich auf die Zwangsvollstreckung in das bewegliche Vermögen wegen
Geldforderungen (linke Seite des Bildes) eingehen. Die anderen Vollstreckungsarten
betreffen andere als Geldforderungen. Sie dienen der Durchsetzung von Herausgabe-,
Unterlassungs- und Duldungstiteln oder von Ansprüchen auf Erwirkung von Handlungen (z.B. Nachlieferungsanspruch im Kaufrecht).

Die Art und Weise des Vorgehens und insbesondere die Entscheidung, in welche   **195**
Vermögenswerte jeweils vollstreckt werden soll, ist allein der Initiative des Titelgläu-
bigers – im Fall 9 der B-GmbH, d.h. ihrem Rechtsanwalt – überlassen. Der Gläubiger
muss selbst beurteilen, welche Vollstreckungsmaßnahmen er für aussichtsreich hält.
Das ist häufig sehr problematisch, weil der Gläubiger die Vermögenssituation des
Schuldners nicht kennt und daher nicht weiß, wo er mit der Zwangsvollstreckung ansetzen soll. Ob der Gerichtsvollzieher nach der zum 1.1.2013 erfolgten Reform der
Sachaufklärung in der Zwangsvollstreckung dem Gläubiger bei bestehender Unkenntnis über die konkreten Vermögensverhältnisse mehr als bisher behilflich sein kann,
wird die Zukunft erweisen.

Was die Zwangsvollstreckung wegen Geldforderungen angeht, so ist zu unterscheiden,   **196**
ob der Zugriff in das bewegliche Vermögen oder in das unbewegliche Vermögen (Im-

mobilien) erfolgt. Die Zwangsvollstreckung in das **unbewegliche Vermögen** wegen Geldforderungen ist in der ZPO nur rudimentär geregelt (§§ 864 ff. ZPO). Die bekannteste Zwangsmaßnahme, nämlich die **Zwangsversteigerung**, findet sich im Gesetz über die Zwangsversteigerung und die Zwangsverwaltung (ZVG). Die Zwangsvollstreckung in ein Grundstück des Schuldners wird häufig nicht ernsthaft in Betracht kommen, wenn dieses über den Verkehrswert hinaus mit Grundpfandrechten (Grundschulden und Hypotheken) belastet ist. In diesem Fall werden die Grundpfandgläubiger vor dem betreibenden Gläubiger befriedigt, sodass von dem Versteigerungserlös für den Gläubiger für gewöhnlich nichts mehr übrig bleibt.

197    Die Vollstreckung in das **bewegliche Vermögen** unterteilt sich nach dem Vollstreckungsgegenstand in körperliche Sachen, in Forderungen und in sonstige Vermögensrechte.

### b) Vollstreckung in körperliche Sachen

198    Weithin bekannt ist der Gerichtsvollzieher. Er ist zentrales Vollstreckungsorgan im System der Zwangsvollstreckung und wird u.a. bei der Vollstreckung in „körperliche Sachen" (§ 808 I ZPO) im Auftrag des Gläubigers tätig. Hierzu muss der Gläubiger dem Gerichtsvollzieher zunächst Titel, Klausel und Zustellung des Titels nachweisen.

199    Wenn der Gerichtsvollzieher beispielsweise im Fall 9 zur **Sachpfändung** bei dem A erscheint, hilft diesem die Beteuerung nichts, es liege ein Justizirrtum in Form eines Fehlurteils vor, weil er selbst nichts schulde; die B-GmbH müsse sich doch an die A-GmbH & Co. KG halten. Damit kann der Schuldner den Gerichtsvollzieher jedoch nicht beeindrucken. Dieser hält sich allein an das für vollstreckbar erklärte Urteil in der ihm von der Gläubigerin übergebenen vollstreckbaren Ausfertigung (Rn. 190), welches den A als Zahlungsschuldner ausweist. Außerdem ist das Zahlungsurteil in Rechtskraft erwachsen, weil der verurteilte A das Rechtsmittel der Berufung nicht eingelegt hat. Damit steht ein für allemal fest, dass der im Urteilstenor ausgewiesene Schuldner A zahlen muss, auch wenn das nicht dem materiellen Recht entspricht. Die Rechtskraft, so sagt man, „heilt" diesen Mangel, so bitter das für den A auch sein mag.

200    Die Pfändung der Sache erfolgt dadurch, dass sie der Gerichtsvollzieher in Besitz nimmt (§§ 803 I, 808 I ZPO). Größere und sperrige Sachen werden im Gewahrsam des Schuldners belassen, wobei die Pfändung durch Anlegung eines Siegels („Kuckuck") kenntlich gemacht wird, § 808 II 2 ZPO. Der Pfändung des Gerichtsvollziehers unterliegen alle beweglichen Sachen, die sich im **Gewahrsam** (Herrschaftsbereich) des Schuldners befinden, § 808 I ZPO. Der Gerichtsvollzieher kümmert sich nicht um den Einwand des Schuldners, die gepfändete Sache gehöre nicht ihm, sondern einem Dritten[41]. Auf das Eigentum kommt es bei der Pfändung überhaupt nicht an. Die Eigentumsverhältnisse kann der Gerichtsvollzieher vor Ort ohnehin nicht feststellen. Er muss nur die tatsächlichen Gewahrsamsverhältnisse prüfen, die regelmäßig einfach festzustellen sind.

---

41    Wer das nachlesen will, siehe BGHZ 80, 296, 298 f.

Durch die Pfändung erlangt der Gläubiger ein Pfandrecht an dem gepfändeten Gegen-    **201**
stand, § 804 I ZPO, auf Grund dessen die Sache regelmäßig vom Gerichtsvollzieher in
öffentlicher Versteigerung verwertet wird, § 814 ZPO. Seit 2009 ist auch eine Internetversteigerung durch den Gerichtsvollzieher zulässig. Gehört die gepfändete Sache einem Dritten (nicht dem Schuldner), so muss sich dieser mit einer besonderen Klage
(Drittwiderspruchsklage, siehe § 771 ZPO) gegen die Zwangsvollstreckung in sein Eigentum zur Wehr setzen. Der Versteigerungserlös dient zunächst der Begleichung der
angefallenen Vollstreckungskosten und sodann der Erfüllung der Verbindlichkeit des
Schuldners.

Die Sachpfändung ist aber schon lange nicht mehr der Regelfall, weil viele Schuldner    **202**
kaum pfändbare Habe in nennenswertem Umfang besitzen, sodass die Pfändung
häufig fruchtlos (vgl. § 807 I ZPO) ausgeht. Daher hat das Gesetz seit 1.1.2013 das
bisherige (umständliche) Verfahren zur Abgabe der eidesstattlichen Versicherung
(§§ 899 ff. ZPO a.F.; früher sog. Offenbarungseid) abgeschafft und den Schuldner verpflichtet, gegenüber dem Gerichtsvollzieher Auskunft über sein Vermögen zu erteilen.
In dem hierzu anberaumten Termin muss der Schuldner ein Verzeichnis seines gesamten Vermögens erstellen und dessen Richtigkeit an Eides Statt versichern, § 802c ZPO.
Weigert sich der Schuldner, wird gegen ihn vom (Vollstreckungs-) Gericht (nicht vom
Gerichtsvollzieher) ein Haftbefehl erlassen, § 802g ZPO.

### c) Vollstreckung in Forderungen

Erfolgversprechender als die Sachpfändung erscheint regelmäßig die Vollstreckung in    **203**
Forderungen, insbesondere in Ansprüche des Schuldners auf Lohnzahlung (**Lohn-
pfändung**) oder auf einen Aktivsaldo des Girokontos des Schuldners bei der Bank.
Dieser Vermögenszugriff vollzieht sich natürlich anders als bei beweglichen Sachen.
Geldforderungen werden nicht vom Gerichtsvollzieher gepfändet und verwertet, sondern durch ein anderes Vollstreckungsorgan, nämlich durch das Amtsgericht als Voll-
streckungsgericht auf Antrag des Gläubigers in Beschlag genommen. Funktionell zuständig für den Pfändungs- und Überweisungsbeschluss ist der Rechtspfleger. Dieser
pfändet die (Lohn-)Forderung und überweist sie dem Gläubiger zur Einziehung bei
dem sog. Drittschuldner (Arbeitgeber des Schuldners), §§ 828, 829, 835 ZPO.

Im Fall 9 ist dem Rechtsanwalt der Gläubigerin zu raten, die Entgeltforderung des A    **204**
aus dem Geschäftsführervertrag mit der Komplementär-GmbH vom Vollstreckungs-
gericht pfänden zu lassen. Dieser Zugriff ist von vornherein wesentlich einfacher,
kostengünstiger und Erfolg versprechender als eine Sachpfändung. Allerdings muss
der Gläubiger beachten, dass das Arbeitseinkommen die Existenzgrundlage für den
Schuldner bildet. Deshalb muss dem Schuldner so viel verbleiben, damit ihm eine
(bescheidene) Lebensführung ohne die Inanspruchnahme von Sozialhilfe möglich ist.
Das Gesetz sorgt dafür durch die Anordnung von **Pfändungsfreigrenzen** (Pfändungs-
schutz), §§ 850 ff. ZPO. Der Gesetzgeber ist dabei bemüht, die gegenläufigen Interessen des Gläubigers und des Schuldners in einen angemessenen Ausgleich zu bringen. Auf Einzelheiten der komplizierten Regelung in den §§ 850a–k ZPO können wir
verzichten.

Abschnitt 2

# Insolvenzrecht

**205**    Das Insolvenzrecht hat im Unterschied zum Vollstreckungsrecht der Zivilprozessordnung nicht einen oder mehrere Gläubiger, sondern sämtliche Gläubiger des Schuldners im Blick, dessen Vermögen zur Befriedigung seiner gesamten Schulden nicht mehr ausreicht. Nicht anders als im Zivilprozess geht es hier um die Durchsetzung von materiell-rechtlichen Forderungen. Insoweit schließt dieses Rechtsgebiet nahtlos an die bisherige Erörterung des Zivilverfahrensrechts an. Freilich muss auch diese vielschichtige Materie von großer praktischer Bedeutung in der folgenden Darstellung auf einige wesentliche Kernpunkte reduziert werden. Zunächst sollen die rechtlichen Zusammenhänge, die für das Grundverständnis des Insolvenzverfahrens unerlässlich sind, vorgestellt werden (I), bevor ausgewählte verfahrensrechtliche Details zur Sprache kommen (II).

## I.  Grundbegriffe und Grundlagen des Insolvenzverfahrens

**206**    Zum Verständnis des Rechtsgebiets hinführen sollen die Darlegung des Zwecks der Insolvenzordnung (1) und die Skizzierung des Verfahrensgangs beim gewöhnlichen Insolvenzverfahren sowie bei der Verbraucherinsolvenz (2). Abschließend ist dann noch kurz auf das im Rechtsleben weithin bekannte Institut der Restschuldbefreiung einzugehen (3).

### 1.  Zweck und Ziel des Verfahrens

**207**    Wenn das Vermögen eines Schuldners nicht mehr zur Befriedigung sämtlicher Gläubiger ausreicht, so besteht die Aufgabe der Rechtsordnung darin, dafür Sorge zu tragen, dass es keinen Wettlauf der Gläubiger gibt, bei dem einige wenige Gläubiger das vorhandene Schuldnervermögen an sich bringen und die anderen leer ausgehen. Vielmehr besteht das Ziel eines geordneten Verfahrens darin, „die Gläubiger ... gemeinschaftlich zu befriedigen, indem das Vermögen des Schuldners verwertet und der Erlös verteilt wird ...", § 1 S. 1 InsO. Dieses Verfahren heißt heute mit Blick auf den betroffenen Schuldner „Insolvenzverfahren" (abgeleitet vom lat. *solvere*, lösen, zahlen; negativ: ungelöst); die gesetzlichen Grundlagen dafür enthält die Insolvenzordnung. Vor Inkrafttreten der Insolvenzordnung zum 1.1.1999 sprach man noch – mit Blick auf die Gläubiger – von Konkurs (lat. *concurrere*: zusammenlaufen) und von der Konkursordnung (KO).

**208**    Das Ziel des Insolvenzverfahrens besteht in der **gemeinschaftlichen Befriedigung** der Gläubiger eines Schuldners. Man spricht auch von **Gesamtvollstreckung** im Unterschied zu der **Einzelzwangsvollstreckung** nach der Zivilprozessordnung. Bei dieser greift jeder Gläubiger für sich auf Grund eines Vollstreckungstitels (z.B. eines Urteils oder Vollstreckungsbescheids) auf einzelne Vermögensgegenstände des Gläubigers zu. Dabei gilt das strikte Prioritätsprinzip, d.h. die Befriedigung erfolgt bei Streit von zwei oder mehreren Gläubigern bezüglich eines bestimmten Gegenstandes nach der Reihenfolge des Pfändungszugriffs[42]. Genügt allerdings das Vermögen des Schuldners nicht zur Befriedigung seiner Gläubiger, wird die Einzelzwangsvollstreckung durch das Insolvenzverfahren ersetzt. Solange es andauert, darf ein Gläubiger, der jetzt **Insolvenzgläubiger** heißt, nicht im Wege der Einzelzwangsvollstreckung gegen den Schuldner vorgehen, § 89 I InsO. Er muss sich damit zufrieden geben, dass er bestenfalls nur eine anteilige Befriedigung (sog. Quote) erhält nach Maßgabe der zur Verteilung stehenden Insolvenzmasse (§ 35 InsO).

Bei einer **Unternehmensinsolvenz** ist die **Liquidation des Vermögens** (nicht zu verwechseln mit der gesellschaftsrechtlichen Liquidation, vgl. 2. Kapitel Rn. 153) nicht der einzige Weg für die Verwertung des Schuldnervermögens. Es kommt auch ein Verkauf des überlebensfähigen Unternehmens oder eines Teiles davon an einen anderen Unternehmensträger z.B. an einen Konkurrenten oder eine Auffanggesellschaft in Betracht (**übertragende Sanierung**) oder eine **Sanierung des insolventen Unternehmens** selbst, dessen Erträge dann zur Befriedigung der Gläubiger herangezogen werden. Über die Verwertungsform entscheidet die Gläubigerversammlung. Wie dabei vorzugehen ist, legt das Gesetz (Insolvenzordnung) fest. Die Gläubigerversammlung kann dem Insolvenzverwalter aber auch hiervon abweichende Vorgaben in einem **Insolvenzplan** machen. Nach § 1 S. 1 InsO besteht nämlich die Möglichkeit, die gemeinschaftlich anteilige Befriedigung der Gläubiger auch dadurch anzustreben, dass „in einem Insolvenzplan eine abweichende Regelung insbesondere zum Erhalt des Unternehmens getroffen wird".    **209**

Das Verfahren zur Verwertung des Schuldnervermögens führt zur quotalen Befriedigung der Gläubiger von durchschnittlich unter 5 %. Wegen des restlichen (unerfüllten) Teiles ihrer Forderungen können die Gläubiger grundsätzlich nach Abschluss des Insolvenzverfahrens weiter gegen den Schuldner vorgehen, § 201 InsO. Gegen ein solches Nachforderungsrecht hilft dem Schuldner[43] das Rechtsinstitut der **Restschuldbefreiung**. Auch davon handelt die programmatische Vorschrift des § 1 InsO, und zwar in Satz 2: „Dem redlichen Schuldner wird Gelegenheit gegeben, sich von seinen restlichen Verbindlichkeiten zu befreien". Dadurch soll dem Schuldner ein neuer Anfang (Aufbau einer neuen wirtschaftlichen Existenz) ermöglicht werden, was allerdings, darauf sei bereits hier hingewiesen, einen rechtzeitigen Insolvenzantrag des Schuldners voraussetzt, § 287 I 1 InsO. Damit verfolgt das Insolvenzrecht neben der Vermögensverwertung im Interesse der Gläubiger auch ein **eigenständiges Verfahrensziel** im Interesse des Schuldners selbst.    **210**

---

42  § 804 III ZPO bestimmt: Das durch eine frühere Pfändung begründete Pfandrecht geht demjenigen vor, das durch eine spätere Pfändung begründet wird.

43  Nach § 286 InsO kommt nur eine natürliche Person in den Genuss der Restschuldbefreiung. Juristische Personen und von der Insolvenzordnung sog. „Gesellschaften ohne Rechtspersönlichkeit", d.h. OHG, KG, EWIV oder GbR (vgl. unten Rn. 214), werden im Insolvenzverfahren entweder liquidiert oder saniert.

## 2. Der Gang des Insolvenzverfahrens

211    Bevor ein kursorischer Überblick über den typischen Ablauf eines Insolvenzverfahrens gegeben wird, sollen zunächst die beteiligten Akteure vorgestellt werden.

### a) Verfahrensbeteiligte

212    Im Mittelpunkt der Betrachtung stehen natürlich der Schuldner und die Gläubiger. Das Gesamtvollstreckungsverfahren richtet sich **gegen den Schuldner**, weil er es ist, der den Gläubigern eine Leistung schuldet, und weil er für seine Schuld mit seinem ganzen Vermögen haftet. Ein Insolvenzverfahren kann über das Vermögen jeder natürlichen oder juristischen Person eröffnet werden. Ausnahmen gelten für juristische Personen des öffentlichen Rechts; dazu der

---

**Fall 10**

Infolge Misswirtschaft und rückläufiger Gebühreneinnahmen ist der SWR gezwungen, die laufenden Zahlungen einzustellen. Muss der Sender, wie es früher hieß, den Gang zum „Konkursrichter"[44] antreten?

---

213    Der **Schuldner** muss insbesondere nicht ein Unternehmer sein. Aus § 304 InsO folgt ohne weiteres, dass **auch** der **Verbraucher** als Schuldner in einem Insolvenzverfahren auftreten kann. Freilich ist dieses sog. Verbraucherinsolvenzverfahren (§§ 304–314 InsO) gegenüber dem gewöhnlichen (Regel-)Insolvenzverfahren, das für juristische Personen und selbstständig tätige natürliche Personen mit nicht geringfügiger wirtschaftlicher Tätigkeit gilt, stark vereinfacht. Bei den Verbrauchern (unselbstständig beschäftigte natürliche Personen, z.B. Lohnempfänger) und bei selbstständigen natürlichen Personen mit geringfügiger wirtschaftlicher Tätigkeit (z.B. Kleinhandwerker, Betreiber einer Imbissbude oder Kiosk-Inhaber etc.) ist in der Regel auch nur wenig Vermögen zu verwerten. Dafür wäre das Regelinsolvenzverfahren zu aufwändig und zu formal (zur Verbraucherinsolvenz sogleich unter Rn. 227 ff.).

214    Nach § 11 II Nr. 1 InsO kann ein Insolvenzverfahren auch über das Vermögen einer **„Gesellschaft ohne Rechtspersönlichkeit"** eröffnet werden. Darunter versteht das Gesetz neben einer GbR auch eine OHG und eine KG. Diese Legaldefinition, auf die das Gesetz wiederholt zurückgreift (vgl. z.B. §§ 15, 18, 19, 31 InsO), ist jedoch nicht korrekt, weil diese Personengesellschaften, wie wir wissen (2. Kapitel Rn. 136 und 140), als teilrechtsfähige Gesamthandsgemeinschaften anzusehen sind.

215    Nach § 12 I Nr. 1 InsO ist ein Insolvenzverfahren über das Vermögen des Bundes oder eines Landes unzulässig (nicht dagegen eine Einzelzwangsvollstreckung, vgl. § 882a ZPO). Diese Gebietskörperschaften sind daher nicht insolvenzfähig. Die öffentlich-rechtliche Rundfunkanstalt im Fall 10 fällt jedoch nicht darunter. Sie untersteht aber als **juristische Person** (Anstalt) des **öffentlichen Rechts** der Aufsicht der an dem

---

44  Gemeint ist damit der Insolvenzantrag beim Insolvenzgericht, das ist das Amtsgericht. Diese sachliche Zuständigkeit folgt aus § 2 I InsO.

Staatsvertrag beteiligten Länder und ist daher ebenfalls nicht insolvenzfähig, § 12 I Nr. 2 InsO. Der Ausschluss der Insolvenz beruht auf der Finanzgarantie der öffentlichen Hand, die bei Zahlungsunfähigkeit eintreten, d.h. aus Steuermitteln Zahlung leisten muss. Daraus ergibt sich im **Fall 10**, dass ein Insolvenzverfahren nicht einzuleiten ist. Im Zuge der Staatsverschuldung in Europa wird jedoch mittlerweile auch die Einführung eines geordneten Insolvenzverfahrens für die Mitgliedstaaten der EU diskutiert.

Was die **Insolvenzgläubiger** (§ 38 InsO) betrifft, so besteht im Ausgangspunkt der **216** Grundsatz, dass alle im Zeitpunkt der Insolvenzeröffnung vorhandenen Gläubiger gleich zu behandeln sind, was die zur Verteilung stehende Insolvenzmasse angeht. Es gilt der Grundsatz: par conditio creditorum. Eine Gleichbehandlung innerhalb der Rangklasse (Gläubigergruppe) erfolgt auch tatsächlich, weil alle Gläubiger gem. § 38 InsO einen Prozentsatz des ihnen gegen den Schuldner zustehenden Betrages (Quote) erhalten. Aber es gibt durchaus Unterschiede bei der Verteilung. Ohne realistische Chance auf Ausschüttungen aus der Insolvenzmasse sind die sog. „nachrangigen Insolvenzgläubiger" gem. § 39 InsO (Rang nach den Insolvenzgläubigern). Davon sind insbesondere betroffen Ansprüche auf Rückzahlung von Gesellschafterdarlehen gegen die insolvente GmbH, § 39 I Nr. 5 InsO i.d.F. durch das MoMiG (vgl. oben 2. Kapitel Rn. 206). Andererseits gehen den Insolvenzgläubigern in jedem Fall die **Massegläubiger** vor, vgl. § 53 i.V.m. § 209 InsO[45]; das sind die Gläubiger, deren Ansprüche erst nach Verfahrenseröffnung begründet und durch das Verfahren selbst veranlasst worden sind, vgl. z.B. §§ 54, 55, 123 II 1 InsO.

Die Insolvenzgläubiger haben in der **Gläubigerversammlung**, an der auch der Insol- **217** venzverwalter und der Schuldner teilnehmen (§ 74 I InsO), das Sagen. Regelmäßig bilden die Gläubiger mit dem Gläubigerausschuss (§§ 67, 68 InsO) ein flexibles Gremium für die Zusammenarbeit mit dem Insolvenzverwalter.

Die zentrale Figur des Verfahrens ist jedoch der **Insolvenzverwalter**. Ihm steht das **218** Verwaltungs- und Verfügungsrecht über das zur Insolvenzmasse gehörende Schuldnervermögen zu (§ 80 I InsO). Der Insolvenzverwalter stellt die zu befriedigenden Ansprüche der Gläubiger zur Insolvenztabelle fest (§§ 174 ff. InsO) und nimmt die Erlösverteilung vor. Er unterliegt als Geschäftsbesorger (vgl. § 60 I 2 InsO) umfangreichen Pflichten gegenüber sämtlichen Beteiligten und untersteht der Aufsicht (nicht aber der Weisung) des Insolvenzgerichts. Die Eintragung der von einem Gläubiger angemeldeten Forderung in die Tabelle wirkt wie ein rechtskräftiges Urteil, also wie ein Vollstreckungstitel (vgl. oben Rn. 189), aus dem der Gläubiger nach Aufhebung des Insolvenzverfahrens gegebenenfalls gegen den Schuldner vollstrecken kann, § 201 II InsO (dazu bereits oben Rn. 210).

---

[45] In Fällen, in denen die Insolvenzmasse nicht einmal für die Massegläubiger reicht, spricht man von unzulänglicher Masse. Werden bereits die laufenden Kosten des Insolvenzverfahrens (Massekosten) nicht gedeckt, ist das Verfahren einzustellen, § 207 I InsO.

### b) Verfahrensablauf

219 Nachdem die Protagonisten des Verfahrens in etwa bekannt sind, kann der Verfahrensgang wie folgt grob skizziert werden.

### aa) Regelinsolvenzverfahren

220 Unabdingbar für jedes Insolvenzverfahren ist ein **Antrag des Schuldners** oder eines Gläubigers, § 13 InsO (Eröffnungsantrag). Für das Verbraucherinsolvenzverfahren gilt nichts anderes, vgl. unten Rn. 228.

221 Das **Insolvenzgericht** (Amtsgericht) **prüft** in dem anschließenden Eröffnungsverfahren, ob ein Eröffnungsgrund (vgl. dazu unten Rn. 240 ff.) vorliegt und ob **ausreichend Masse** vorhanden ist, um die entstehenden Verfahrenskosten zu decken, § 26 InsO. Unter diese Kosten fallen u.a. die Gerichts- und Sachverständigengebühren, die Vergütung für den Insolvenzverwalter und für die Mitglieder des Gläubigerausschusses. Bereits die Ermittlung der zur Eröffnung des Verfahrens hinreichenden Masse kann erhebliche Kosten verursachen und einige Zeit in Anspruch nehmen. In diesem Stadium scheitern (immer noch) die meisten Anträge in der Praxis, weil die insolventen Unternehmen/Schuldner bei Antragstellung schon so gut wie kein Aktivvermögen mehr aufweisen – (fast) alle Vermögensgegenstände sind belastet, gepfändet, verpfändet, zur Sicherheit übertragen oder stehen nur auf dem Papier oder sind uneinbringlich.

222 Liegt eine die **Kosten nicht deckende Masse** vor, dann weist das Gericht den Antrag auf Eröffnung des Insolvenzverfahrens nach § 26 I 1 InsO ab, es sei denn, ein Dritter, in der Regel der antragende Gläubiger (z.B. eine Bank) schießt die Kosten vor, § 26 I 2 InsO. Dafür besteht aber regelmäßig kein Anreiz. Seit 1.3.2012 sind jedoch die Geschäftsführer einer juristischen Person, die „pflichtwidrig und schuldhaft keinen Antrag auf Eröffnung des Insolvenzverfahrens" gestellt haben (Insolvenzverschleppung), zur Leistung des Vorschusses für die Verfahrenskosten verpflichtet, § 26 IV InsO. Stellt sich erst während des bereits eröffneten Insolvenzverfahrens heraus, dass nicht (mehr) genügend Masse vorhanden ist, um die Verfahrenskosten zu decken, muss das Insolvenzverfahren eingestellt werden, §§ 207, 208 InsO.

223 Bis diese erste Hürde (Feststellung einer ausreichenden Masse) übersprungen ist, kann das Insolvenzgericht Sicherungsmaßnahmen bezüglich der Insolvenzmasse im Interesse der Gläubiger ergreifen, z.B. einen **vorläufigen Insolvenzverwalter** einsetzen und gegenüber dem Schuldner ein allgemeines Veräußerungsverbot erlassen, was regelmäßig auch geschieht, §§ 21 ff. InsO.

224 Mit dem Eröffnungsbeschluss wird der Insolvenzverwalter ernannt, auf den das Verwaltungs- und Verfügungsrecht über die Insolvenzmasse vom Schuldner übergeht, § 80 I InsO. Er nimmt das Vermögen des Schuldners in Besitz und führt ab jetzt die Geschäfte. Insbesondere muss er Forderungen einziehen und Gegenstände, die in anfechtbarer Weise (Stichwort: Gläubigerbenachteiligung) aus dem Schuldnervermögen herausgelangt sind, wieder im Wege der Insolvenzanfechtung zur Masse ziehen (darüber im Einzelnen noch unten Rn. 265 ff.). Außerdem entscheidet er, wie bereits

erwähnt, über die Berechtigung der von den Gläubigern angemeldeten Forderung (Feststellung zur Tabelle, §§ 174 ff. InsO). Ein Streit hierüber muss zwischen dem betreffenden Gläubiger und dem Insolvenzverwalter vor den ordentlichen Zivilgerichten (also nicht vor dem Insolvenzgericht) ausgetragen werden. Das kann Jahre in Anspruch nehmen.

Erst wenn alle Forderungen zur Tabelle feststehen, folgen die Erlösverteilung gem. §§ 187 ff. InsO und der Schlusstermin für die abschließende Gläubigerversammlung (§ 197 InsO) sowie die anschließende Aufhebung des Verfahrens durch Beschluss des Insolvenzgerichts (§ 200 InsO). **225**

Das Verfahren auf Restschuldbefreiung des Schuldners (antragsberechtigt sind nur natürliche Personen, nicht juristische Personen oder OHG, KG, GbR) läuft gesondert. Voraussetzung ist jedoch, dass der Schuldner es beantragt (unten Rn. 234). Dieser Antrag (§ 287 InsO) kann nur in Kombination mit dem Antrag auf Eröffnung des Verbraucherinsolvenzverfahrens gestellt werden, § 305 I Nr. 2 InsO. **226**

### bb) Verbraucherinsolvenzverfahren

Für Verbraucher (§ 304 I 1 InsO) und für Schuldner, die früher (d.h. vor dem Eröffnungsantrag) nur eine geringfügige selbstständige wirtschaftliche Tätigkeit ausgeübt haben (§ 304 I 2, II InsO), hat der Gesetzgeber ein eigenes (vereinfachtes) Insolvenzverfahren geschaffen. Nicht unter dieses Verfahren fallen daher alle juristischen Personen, alle „Gesellschaften ohne Rechtspersönlichkeit" (OHG, KG, GbR) und alle noch wirtschaftlich selbstständig Tätigen. Für diese kommt nur das Regelinsolvenzverfahren in Betracht. Dagegen ist für alle anderen natürlichen Personen wie z.B. Arbeitslose, Arbeitnehmer etc. das Verbraucherinsolvenzverfahren zwingend vorgeschrieben. Die allgemeinen Regeln des (regulären) Insolvenzverfahrens gelten nur subsidiär, vgl. § 304 I 1 InsO. **227**

Hinsichtlich des Verfahrensganges macht es einen Unterschied, ob ein Gläubiger oder der Schuldner selbst den Antrag auf Eröffnung des Insolvenzverfahrens gestellt hat. Im ersten Fall kommt es nur zu einem – vereinfachten – Insolvenzverfahren, vgl. § 306 III, §§ 311 ff. InsO. Stellt der **Schuldner** selbst den **Eröffnungsantrag**, so läuft das Verfahren in **drei Stufen** ab, wobei das Insolvenzverfahren erst auf der dritten Stufe stattfindet: **228**

### (1) außergerichtlicher Versuch der Schuldenbereinigung **229**

Vor Antragstellung muss der Verbraucher sich selbst um eine außergerichtliche Einigung mit den Gläubigern bemühen, § 305 I Nr. 1 InsO; erst wenn er damit scheitert, kann er den Insolvenzantrag i.V.m. dem Antrag auf Restschuldbefreiung, auf die es dem Verbraucher hauptsächlich ankommt, stellen, und zwar unter Vorlage weiterer Unterlagen und Verzeichnisse, § 305 I Nr. 1–3 InsO.

### (2) gerichtlicher Versuch der Schuldenbereinigung **230**

Nach Eingang des Antrags des Verbrauchers auf Eröffnung des Insolvenzverfahrens über sein Vermögen setzt ein gerichtliches Vermittlungsverfahren ein, in dem der

Schuldenbereinigungsplan des Schuldners mit den Gläubigern erörtert wird. Wenn auch dieser Versuch fehlschlägt, kommt es zum

231 **(3) vereinfachten Insolvenzverfahren**

Akzeptieren die Gläubiger den gerichtlichen Plan zur Schuldenbereinigung nicht, wird das Eröffnungsverfahren wieder aufgenommen und das Gericht prüft, ob ein Eröffnungsgrund vorliegt und ob hinreichend Masse vorhanden ist. Wenn diese Voraussetzungen gegeben sind, wird das (stark vereinfachte) Insolvenzverfahren eröffnet. Das nachfolgende Schaubild zeigt den Verfahrensgang im Überblick:

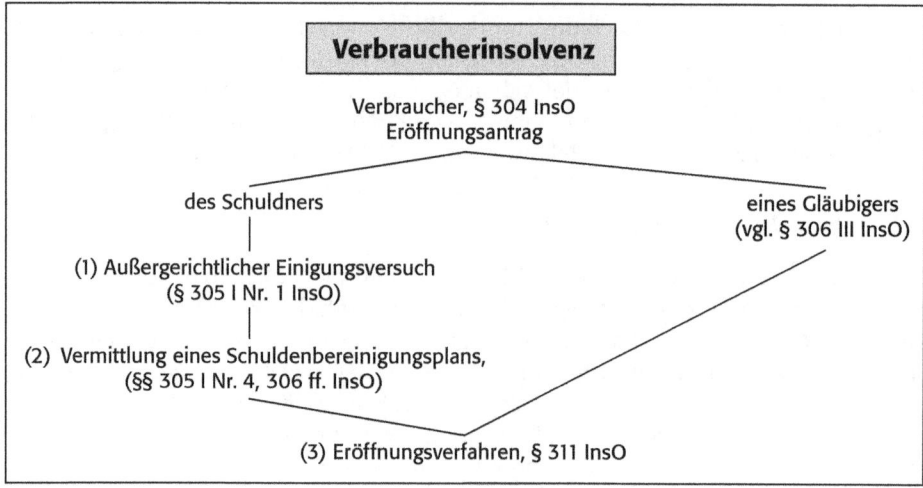

### 3.  Restschuldbefreiung

232 Nach Aufhebung des Insolvenzverfahrens können die Gläubiger ihre restlichen Forderungen gegen den Schuldner ohne Einschränkung geltend machen (§ 201 I InsO) und insbesondere auch Maßnahmen der Einzelzwangsvollstreckung wieder vornehmen, §§ 89 I, 201 II InsO (vgl. bereits oben Rn. 210). Freilich bleibt gem. § 201 III InsO der Weg der Restschuldbefreiung möglich, allerdings, wie schon mehrfach erwähnt, nur für natürliche Personen (§ 286 InsO). Restschuldbefreiung können aber nicht nur Verbraucher[46], sondern auch Einzelkaufleute und persönlich haftende Gesellschafter erlangen, wenn über ihr Vermögen gleichzeitig ein Insolvenzverfahren geführt wird.

233 Nach § 1 S. 2 InsO soll nur der **redliche Schuldner** in den Genuss der Befreiung von seinen restlichen Verbindlichkeiten kommen. Unredlich ist der Schuldner, wenn einer der Katalogfälle des § 290 I Nr. 1–7 InsO gegeben ist. Unabhängig von den dort aufgeführten, auf die Zeit vor Antragstellung bezogenen Sachverhalten muss sich der

---

46  Für diese greift die Restschuldbefreiung nur ein, wenn das Schuldenbereinigungsverfahren gem. §§ 304 ff. InsO keinen Erfolg hat.

Schuldner die Befreiung durch Wohlverhalten während des Verfahrens und für die Dauer von sechs Jahren, gerechnet ab Eröffnung des Insolvenzverfahrens, erst noch verdienen, §§ 287 II, 295 InsO. Insbesondere wird der Schuldner vom Gesetz angehalten, eine angemessene Erwerbstätigkeit auszuüben oder sich zumindest darum zu bemühen, §§ 287a, 295 I Nr. 1 InsO. Denn er soll nach der Vorstellung des Gesetzes während der 6-jährigen **Wohlverhaltensperiode** seine Gläubiger weiterhin nach Kräften befriedigen. Deshalb muss er gem. § 287 II InsO den pfändbaren Teil seines Arbeitseinkommens (vgl. oben Rn. 204) für diese Zeit an einen gerichtlich bestellten Treuhänder abtreten, der die Aufgaben des Insolvenzverwalters übernimmt, § 288 InsO. Vermögen, das er während dieser Zeit erwirbt (z.B. im Wege vorweggenommener Erbfolge oder als Erbe) muss er zur Hälfte herausgeben, § 295 I Nr. 2 InsO. Seit 1.7.2014 stellt das Gesetz dem Schuldner in Aussicht, bereits drei Jahre nach Abtretung der Lohnansprüche die Restschuldbefreiung zu erlangen, wenn er innerhalb dieser Zeit mindestens 35 % der (angemeldeten) Gläubigerforderungen und die Verfahrenskosten begleicht, § 300 I Nr. 2 InsO.

Das Verfahren setzt einen Antrag des Schuldners voraus, § 287 I InsO, der in der Regel **234** zusammen mit dem Antrag auf Eröffnung des Insolvenzverfahrens gem. § 305 InsO gestellt wird. Wenn der Schuldner in der Zeit der „Bewährung" seine Obliegenheiten verletzt, kann ihm die Restschuldbefreiung versagt werden. Hält der Schuldner „durch", so steht am Ende die „Befreiung". Die Gläubiger können ihre Forderungen gegen den Schuldner dann nicht mehr auf gerichtlichem Weg durchsetzen. Sie werden – das ist die Kehrseite der Medaille – gleichsam „enteignet".

## II. Einzelfragen zum Insolvenzverfahren

Auch wenn die Verbraucherinsolvenz in letzter Zeit eine immer größere Rolle spielt, **235** wollen wir, entsprechend dem wirtschaftsrechtlichen Schwerpunkt unserer Veranstaltung, uns etwas näher mit dem Regelinsolvenzverfahren beschäftigen. Dieses komplexe und auch schwierige Rechtsgebiet soll und kann hier jedoch nur in Grundzügen dargestellt werden. Mehr als einige „Kostproben" können daher nicht verabreicht werden.

Zunächst wollen wir noch einmal auf die Eröffnung des Insolvenzverfahrens blicken **236** (1) und uns sodann einigen Fragen im Zusammenhang mit der Entwicklung der Insolvenzmasse durch den Insolvenzverwalter zuwenden (2). Abschließend soll die Rechtsstellung der Arbeitnehmer in der Unternehmensinsolvenz erörtert werden (3).

### 1. Eröffnung des Insolvenzverfahrens

Es ist schon gesagt worden, dass nach § 13 I InsO ein Insolvenzverfahren nur auf **237** Antrag eröffnet werden kann. Das Amtsgericht (Insolvenzgericht) wird niemals von sich aus tätig. Antragsberechtigt sind die Gläubiger und der Schuldner, § 13 I 2 InsO; für bestimmte Schuldner besteht sogar Antragspflicht (a), wenn ein Grund für die

Eröffnung des Insolvenzverfahrens vorliegt (b). Die Entscheidung über den Eröffnungsantrag hat, gleichgültig wie sie ausfällt, erhebliche Konsequenzen für den Schuldner (c).

### a)  Antrag auf Eröffnung des Insolvenzverfahrens

**238**  Von der Antragsberechtigung des Gläubigers war bereits die Rede (vgl. oben Rn. 220). Der Gläubiger hat gegenüber dem Insolvenzgericht seine Forderung und den Eröffnungsgrund (dazu unten Rn. 240 ff.) glaubhaft machen, § 14 InsO. Hierzu muss er nicht nur zu den wirtschaftlichen Verhältnissen seines Schuldners vortragen, sondern diese auch plausibel machen. Das ist gar nicht so leicht. Der Gläubiger ist im Übrigen auch dann antragsbefugt, wenn ihm nur eine geringfügige Forderung zusteht. Wenn der Antrag jedoch rechtsmissbräuchlich erfolgt und zu einem Schaden des Schuldners führt, haftet ihm der Gläubiger auf Schadensersatz gem. § 826 BGB.

**239**  Eine Pflicht zur Antragstellung besteht für den Gläubiger nicht, er kann die Forderung gegenüber dem Schuldner daher auch als uneinbringlich abschreiben. Dagegen besteht auf der Schuldnerseite für die Organe einer **juristischen Person** die **Pflicht** zur Stellung des **Insolvenzantrags**, vgl. § 42 II BGB und (statt der bisher verstreuten Regeln §§ 130a, 177a HGB; § 92 II AktG; § 64 I GmbHG, jeweils a.F.) nunmehr einheitlich § 15a InsO für alle rechtsfähigen Unternehmensgesellschaften und Gesellschaften ohne Rechtspersönlichkeit, bei der kein persönlich haftender Gesellschafter eine natürliche Person ist. Die Verletzung dieser Pflicht (zur Antragspflicht des GmbH-Geschäftsführers vgl. sogleich Fall 11) stellt eine **Straftat** dar (§ 15a IV, V InsO); sie begründet aber auch Schadensersatzansprüche gegen die jeweiligen Vertretungsorgane des Schuldners (vgl. unten Rn. 264). Handelt es sich dagegen bei dem Schuldner um eine **natürliche Person**, so besteht keine unmittelbare Antragspflicht, jedoch übt das Gesetz einen mittelbaren Druck auf den Schuldner aus, bei Vorliegen der Insolvenzvoraussetzungen (hier: Zahlungsunfähigkeit) den Antrag auf Eröffnung eines Insolvenzverfahrens zu stellen. Das geschieht über die Strafandrohung der Insolvenzdelikte, §§ 283 ff. StGB. Das Gesetz stellt in § 283 StGB (Bankrott) qualifizierte Pflichtverletzungen des insolventen Schuldners unter Strafe, wie z.B. Manipulation bezüglich der Insolvenzmasse und der Handelsbücher, riskante und unwirtschaftliche Geschäfte, Täuschungshandlungen bezüglich der Rechtslage, der Handelsbilanz und der wirtschaftlichen Verhältnisse. Außerdem kann der Schuldner die Vergünstigung der Restschuldbefreiung (vgl. oben Rn. 233) verlieren, wenn er nicht rechtzeitig den Insolvenzantrag stellt, § 290 I Nr. 4 a.E. InsO.

### b)  Eröffnungsgründe

**240**  Der Antrag eines Gläubigers oder des Schuldners auf Eröffnung des Insolvenzverfahrens ist nur begründet, wenn ein Eröffnungsgrund gegeben ist, § 16 InsO. Dieser liegt bei Insolvenz des Schuldners vor. Insolvenz bedeutet **Zahlungsunfähigkeit**, § 17 InsO, bei einer juristischen Person außerdem noch **Überschuldung**, § 19 InsO.

---

**Fall 11**

Die K-GmbH stellt mit 40 Arbeitnehmern Kunststoffformteile für mobile Telefongeräte u.a. her. Sie beklagt seit Monaten eine rückläufige Auftragslage. Ihre Kreditlinie bei der Hausbank ist mangels weiterer Sicherheiten erschöpft. Die Zulieferer fordern bereits vereinzelt unter Eigentumsvorbehalt gelieferte Ware zurück, auch die Sozialversicherungsträger machen wegen rückständiger Beiträge Druck. Als die Buchhaltung den Eintritt einer Unterbilanz[47] meldet, fragt der Geschäftsführer G, ob er eine Gesellschafterversammlung gem. § 49 III GmbHG einberufen oder gleich Insolvenzantrag stellen muss.

Der „Gang zum Konkursrichter" ist für G zwingend vorgeschrieben, wenn ein Eröffnungsgrund für das Insolvenzverfahren über das Vermögen der K-GmbH vorliegt. Bei einer GmbH kommen Zahlungsunfähigkeit und/oder Überschuldung in Betracht.     **241**

### aa) Zahlungsunfähigkeit

Der allgemeine Eröffnungsgrund der Zahlungsunfähigkeit gilt für jeden Schuldner, also für natürliche und juristische Personen.     **242**

Dieser Grund liegt vor, wenn der Schuldner nicht in der Lage ist, die fälligen Zahlungspflichten zu erfüllen, § 17 II InsO. Nach einer Faustregel geht die Rechtsprechung vom Vorliegen dieses Insolvenzgrundes aus, wenn der Schuldner nicht im Stande ist, binnen einer Frist von 3 Wochen mehr als 90 % seiner fälligen Verbindlichkeiten zu befriedigen. Das ist im Fall 11 anzunehmen. Der K-GmbH fehlen die nötigen Zahlungsmittel, und zwar dauerhaft (seit Wochen) und nicht nur kurzfristig (bloße Zahlungsstockung). Die Schuldnerin kann erhebliche Teile der eigenen Verbindlichkeiten nicht mehr berichtigen und verfügt nicht mehr über abrufbare Kreditmittel. Auf Zahlungsunfähigkeit deuten auch die Reaktionen der Gläubiger (Lieferanten, Sozialversicherungsträger) hin. Im Übrigen liegt bei **Zahlungseinstellung** regelmäßig ein **Indiz für Zahlungsunfähigkeit** vor, § 17 II 2 InsO. Hierfür reicht die tatsächliche Nichtzahlung eines erheblichen Teils der fälligen Verbindlichkeiten aus. Wenn der Schuldner die Zahlungen noch nicht eingestellt hat, muss die Zahlungsunfähigkeit auf Grund einer Liquiditätsbilanz (Gegenüberstellung der fälligen Verbindlichkeiten und der kurzfristig verfügbaren Geldmittel) festgestellt werden.     **243**

Liegt **Illiquidität** im Zeitpunkt des Insolvenzantrags noch nicht vor, **droht** sie aber, besteht ebenfalls ein Eröffnungsgrund, wenn der Schuldner den Antrag gestellt hat, § 18 InsO. Die hierfür erforderliche Prognoseentscheidung gem. § 18 II InsO bezieht sich auf die künftig fällig werdenden Verbindlichkeiten (insbesondere die Löhne und Gehälter der Beschäftigten für die nächsten Monate). Eine solche Prognose ist im Fall 11 nicht erforderlich. Zahlungsunfähigkeit ist hier bereits eingetreten.     **244**

---

47  Unterbilanz liegt vor, wenn die Aktiva gem. § 42 GmbHG geringer als die Stammkapitalziffer (vgl. § 3 I Nr. 3 und § 5 GmbHG) sind.

### bb) Überschuldung

245   Neben dem Eröffnungsgrund der Zahlungsunfähigkeit kann im Fall 11 auch Überschuldung der K-GmbH in Betracht kommen, § 19 I InsO.

246   Nach der Legaldefinition liegt Überschuldung vor, wenn das Vermögen des Schuldners die bestehenden Verbindlichkeiten nicht mehr deckt. Zur Ermittlung der Überschuldung ist eine **Überschuldungsbilanz** aufzustellen, die eine Gegenüberstellung von Aktiva und Passiva enthält.

247   Für diesen Vorgang besagt die **Handelsbilanz** gem. § 42 GmbHG, §§ 242, 264 HGB nichts. Denn diese weist lediglich nach, wie die Wirtschaftslage der Gesellschaft zu beurteilen ist, und ermöglicht in Verbindung mit der vorhergehenden Bilanz die Aufstellung einer Gewinn- und Verlustrechnung. Sind die Aktiva geringer als das gezeichnete Kapital (sog. **Unterbilanz**), steht lediglich fest, dass die Verluste der Gesellschaft das Stammkapital angegriffen haben. Bei einem Verlust der Hälfte des Stammkapitals muss der Geschäftsführer gem. § 49 III GmbHG unverzüglich eine Gesellschafterversammlung einberufen.

248   Auch die Unterbilanz sagt noch nichts darüber aus, ob die **Gesellschaft überschuldet** ist. Dieser Fall tritt erst ein, wenn die **Verbindlichkeiten** (ohne Ansatz des Stammkapitals) **die Aktiva übersteigen**, d.h. wenn das Eigenkapital aufgezehrt ist. Im Einzelnen ist bei der Feststellung des Überschuldungsstatus immer noch streitig, nach welcher Methode und nach welchen Bewertungsgrundsätzen die Überschuldung zu ermitteln ist. Klar ist im Ausgangspunkt aber, dass die Wertansätze aus der Jahresbilanz nicht fortgeschrieben werden dürfen, weil der tatsächliche Wert des Unternehmens (unter Auflösung der stillen Reserven) zu ermitteln ist.

249   Die Erstellung des Überschuldungsstatus richtet sich seit dem 1.1.2014 nach der – ursprünglich (in der Finanzkrise 2007/2008) als Übergangsregelung vorgesehenen – Vorschrift des § 19 II InsO. Danach ist die Pflicht zur Stellung des Insolvenzantrags entschärft, weil schon eine positive Fortführungsprognose die Antragspflicht wegen Überschuldung aufhebt. Vereinfacht gesagt, ist folgende Prüfung vorzunehmen:

### 250   (1) Fortführungsprognose

Schon die positive Fortführungsprognose, das Überleben des Unternehmens sei „überwiegend wahrscheinlich", macht den Vergleich zwischen Aktivvermögen und Schuldenstand überflüssig. Eine Überschuldung ist dann zu verneinen. Freilich besteht im Rahmen der Fortführungsprognose ein Ermessensspielraum, ob tatsächlich die beabsichtigte Unternehmensstrategie den Eintritt der Zahlungsunfähigkeit vermeiden kann. Nur in diesem Fall dürfen Fortführungswerte zugrunde gelegt werden.

### 251   (2) Aktivvermögen mit Liquidationswerten

Für den Fall, dass die Prüfung der Fortführungsprognose zum negativen Ergebnis kommt, ist auf der zweiten Stufe zu untersuchen, ob rechnerische Überschuldung gegeben ist. Dabei sind die Aktiva mit Liquidationswerten anzusetzen, weil das Ziel des Insolvenzverfahrens grundsätzlich in der Gläubigerbefriedigung durch Verwertung der Insolvenzmasse besteht. Bei rechnerischer Überschuldung ist dann Überschuldung im Rechtssinne gegeben. Kaum denkbar ist der Fall, dass bei negativer Fortführungsprognose rechnerische Überschuldung nicht vorliegt.

Im Fall 11 deutet, ohne dass wir die wirtschaftlichen Kennziffern im Einzelnen kennen, vieles darauf hin, dass neben der Zahlungsunfähigkeit auch Überschuldung vorliegt. Das ist im Wirtschaftsleben übrigens häufig der Fall. Der Geschäftsführer G muss daher gem. § 15a I 1 InsO ohne schuldhaftes Zögern (d.h. unverzüglich, § 121 BGB), spätestens aber drei Wochen nach Eintritt der Zahlungsunfähigkeit oder Überschuldung den Insolvenzantrag stellen. Die Frist dürfte hier schon überschritten sein. Besondere Eile ist daher – auch im Hinblick auf die strafrechtliche Verantwortlichkeit des Geschäftsführers (oben Rn. 239 und 2. Kapitel Rn. 178) – geboten. **252**

### c) Entscheidung über den Antrag

Die Entscheidung des Insolvenzgerichts über den Insolvenzantrag kann auf Abweisung des Antrags oder auf Eröffnung des Insolvenzverfahrens lauten. **253**

### aa) Abweisung des Antrags

In einer erschreckend großen Anzahl von Fällen kommt es bereits „mangels Masse" nicht zur Eröffnung des Insolvenzverfahrens, weil die Bestandsaufnahme der Aktiva nicht einmal eine zur Deckung der Verfahrenskosten ausreichende verwertbare Insolvenzmasse ergibt. Der Staat kommt für die Kosten des Insolvenzverfahrens in keinem Fall auf. Denn das Verfahren dient nicht primär öffentlichen Interessen, sondern überwiegend den privaten Interessen der konkurrierenden Gläubiger. Ob die neu eingeführte Pflicht des Geschäftsführers einer juristischen Person, bei Insolvenzverschleppung die Verfahrenskosten gem. § 26 IV InsO vorzuschießen (oben Rn. 222), hieran etwas ändern wird, wird mit Recht bezweifelt. **254**

Die Abweisung des Antrags mangels Masse führt zu der rechtspolitisch unerwünschten Folge, dass ein geordnetes Verfahren nicht stattfindet und nur wenige Gläubiger beim Streit um das geringe verwertbare Schuldnervermögen zum Zuge kommen können. Aber auch für den Schuldner ergeben sich missliche Konsequenzen aus der Ablehnung des Antrags. Die Abweisung mangels Masse wird nämlich zum einen in das vom Amtsgericht geführte **Schuldnerverzeichnis**, sog. Schwarze Liste (§ 26 II InsO) eingetragen und dem Handelsregister mitgeteilt, soweit der Schuldner darin verzeichnet ist, § 31 Nr. 2 InsO. Zum anderen werden die von der Ablehnung betroffenen Gesellschaften kraft Gesetzes aufgelöst, § 131 I Nr. 3, II 1 Nr. 1 HGB; § 60 I Nr. 5 GmbHG. Nach ihrer Liquidation und der vollständigen Abwicklung werden die Unternehmensgesellschaften im Register gelöscht, § 394 I 1 FamFG (vgl. 2. Kapitel Rn. 155). **255**

### bb) Eröffnungsbeschluss

Mit dem Beschluss, der das Insolvenzverfahren über das Vermögen des Schuldners (nicht: über den Schuldner) eröffnet, werden zugleich der Insolvenzverwalter eingesetzt und die Gläubiger aufgefordert, ihre Rechte anzumelden. Auch dieser Beschluss wird vom Insolvenzgericht dem Handelsregister mitgeteilt, § 31 Nr. 1 InsO. **256**

**257**   Die einschneidende Folge für den Schuldner besteht in dem Verlust seiner Verwaltungs- und Verfügungsrechte über sein **Vermögen**, das nunmehr zur Verwertung für die Gläubiger in **Beschlag** genommen wird (§ 35 InsO) und unter der Verwaltungs- und Verfügungsherrschaft des Insolvenzverwalters steht (§ 80 I InsO). Dieses Vermögen dient – nach weiterer Bereinigung (vgl. unter 2) – der gleichmäßigen Befriedigung der Insolvenzgläubiger. Zu der Insolvenzmasse wird der **Neuerwerb** des Schuldners bis zum Abschluss des Verfahrens geschlagen, sodass die Insolvenzmasse durch Gehaltszahlung (Arbeitnehmer in der Verbraucherinsolvenz), Lottogewinn, Erbschaft u.a. einen Zuwachs erfahren kann. Zwar bleibt (wird) der Schuldner Eigentümer der Sachen und Gläubiger der Forderungen, er kann aber nicht mehr darüber verfügen, §§ 80 I, 81 I 1 InsO. Es ist nunmehr Sache des Insolvenzverwalters, im Interesse der Gläubiger die Insolvenzmasse zu verwerten. Im Einzelnen knüpfen sich an diese vermögensrechtlichen Befugnisse des Insolvenzverwalters eine große Zahl von Rechtsfragen (wie z.B. gutgläubiger Erwerb Dritter bei Veräußerung durch den Insolvenzschuldner, Pflichtverstöße des Insolvenzverwalters, Abwicklung von laufenden Rechtsgeschäften und schwebenden Prozessen), denen hier aber nicht mehr nachgegangen werden kann.

## 2. Arrondierung der Insolvenzmasse

**258**   Das dem Insolvenzverwalter zur Verwaltung anfallende Schuldnervermögen stellt noch nicht die verteilungsfähige Masse dar, aus der am Ende der Verwertungserlös zur quotalen Befriedigung der Insolvenzgläubiger gewonnen wird. Vielmehr muss der Insolvenzverwalter, wie es in der Fachterminologie heißt, im Laufe des Verfahrens aus der sog. Ist-Masse erst noch die Soll-Masse entwickeln. Dabei kommt es sowohl zur Vermehrung der ursprünglichen Vermögensmasse (b) als auch zu ihrer Verminderung (a).

### a) Verminderung der Ist-Masse

**259**   Was nicht zum Vermögen des Schuldners gehört, muss selbstverständlich dem Berechtigten herausgegeben, d.h. hier „ausgesondert" werden, § 47 S. 1 InsO. Unter das **Aussonderungsrecht** fallen z.B. die von Lieferanten unter Eigentumsvorbehalt gelieferten Sachen (Bedingung für den Eigentumsübergang ist die Zahlung des Kaufpreises, §§ 929, 185 I BGB). Die Vorbehaltslieferanten können ihr Eigentum aus der Ist-Masse vom Insolvenzverwalter herausverlangen (Anspruchsgrundlage ist § 985 BGB). Erfüllt dagegen der Insolvenzverwalter den Kaufvertrag und bezahlt die Ware (aus der Insolvenzmasse), besteht natürlich kein Aussonderungsrecht, vielmehr wird in diesem Fall der Vertrag programmgemäß ohne Rücksicht auf die Insolvenz des Käufers abgewickelt, § 103 I InsO. Das bis zur Zahlung des Kaufpreises vorbehaltene Eigentum der Lieferanten fällt dann in die Insolvenzmasse.

**260**   Auf der anderen Seite müssen sich natürlich in der Insolvenz des Schuldners die den Gläubigern vom Schuldner gestellten Sicherheiten wie z.B. das Sicherungseigentum (vgl. § 51 Nr. 1 InsO) oder die (Grund-) Pfandrechte (§§ 49, 50 InsO) bewähren. Da dem jeweiligen Gläubiger als Sicherungsnehmer aber im Sicherungsfall letztlich nicht die Sache selbst, sondern lediglich ihr Wert in Form des Verwertungserlöses zugewiesen ist, kommt es nicht zur Herausgabe des Gegenstandes aus der Masse, sondern nur zu einer abgesonderten Befriedigung aus dem Sicherungsgut (vorrangig vor den übrigen Gläubigern). Das Gesetz nennt das Vorabbefriedigungsrecht eines Gläubigers **Absonderungsrecht**, vgl. §§ 49, 50 InsO.

Die Ist-Masse wird weiter gemindert durch die schon mehrfach erwähnte Befriedigung der **Massegläubiger**, die vor Ausschüttung der Insolvenzquote an die Insolvenzgläubiger erfolgt, § 53 InsO. Die Liste der Masseverbindlichkeiten kann umfangreich ausfallen; dazu gehören insbesondere auch Verbindlichkeiten aus Sozialplänen, die nach der Verfahrenseröffnung aufgestellt werden, § 123 II 1 InsO (vgl. noch unten Rn. 281). Die Einordnung dieser Arbeitnehmerforderungen als Masseverbindlichkeiten ist an sich systemwidrig, da es sich nicht um Liquidationskosten des insolventen Schuldnerunternehmens handelt. Die Regelung beruht aber auf sozialpolitischen Erwägungen des Gesetzgebers.

**261**

## b) Vermehrung der Ist-Masse

Zur Vermehrung der Masse trägt vor allem die Einziehung sowohl von Forderungen des Schuldners als auch bestimmter Insolvenzgläubiger durch den Insolvenzverwalter bei (aa). Außerdem hat der Insolvenzverwalter fragwürdige (anfechtbare) Vermögensverschiebungen des Schuldners in zeitlicher Nähe zur Verfahrenseröffnung rückgängig zu machen (bb).

**262**

## aa) Forderungseinziehung

Der Insolvenzverwalter ist gehalten, fällige Forderungen des Insolvenzschuldners einzuziehen. Er ist zur Forderungseinziehung ermächtigt, da er mit Eröffnung des Insolvenzverfahrens verfügungsbefugt ist, § 80 I InsO. Zahlen die **Schuldner des Insolvenzschuldners** nicht, so kann der Insolvenzverwalter Klage erheben und die ausstehenden Leistungen zur Masse ziehen. Darunter fallen etwa auch Ansprüche einer insolventen GmbH gegen ihren Geschäftsführer auf Ersatz von Zahlungen, die dieser nach Eintritt der Zahlungsunfähigkeit oder nach Entstehung der Überschuldung an Gesellschaftsgläubiger geleistet hat, § 64 S. 1 GmbHG. Dies gilt auch bezüglich der Zahlungen des Geschäftsführers an die Gesellschafter, soweit diese die Zahlungsunfähigkeit der GmbH herbeiführen mussten, § 64 S. 3 GmbHG (vgl. oben 2. Kapitel Rn. 177). Durch diese Regelung sollen die in der Krise des Unternehmens zum Schaden der Gesellschaftsgläubiger erfolgten Vermögensverschiebungen zwischen der Gesellschaft und den Gesellschaftern rückgängig gemacht werden. Damit ergänzt das Gesetz das Verbot der Einlagerückgewähr gem. § 30 I 1 GmbHG (dazu 2. Kapitel Rn. 200) und erstreckt dieses Verbot zum Schutz der Gläubiger auch auf Zahlungen, die zwar das zur Erhaltung des Stammkapitals erforderliche Gesellschaftsvermögen nicht angreifen, die aber die Zahlungsunfähigkeit herbeizuführen drohen und tatsächlich auch herbeiführen.

**263**

Der Insolvenzverwalter kann (und muss) nicht nur Forderungen des Schuldners einziehen, das Gesetz gibt ihm sogar die Befugnis, bestimmte **Ansprüche der Insol-**

**264**

**venzgläubiger** gegen Dritte auf Leistung zur Insolvenzmasse geltend zu machen, § 92 InsO. Wenn der Geschäftsführer in der Krise der GmbH unter Verletzung seiner Pflicht zur Stellung des Insolvenzantrags (§ 15a I 1 InsO) die Geschäfte der GmbH weiterführt, sodass es zu einer Verminderung des verwertbaren Gesellschaftsvermögens kommt, können die Gläubiger der GmbH vom Geschäftsführer ebenfalls Schadensersatz verlangen. Durch die Verzögerung der Antragstellung werden zunächst diejenigen Gläubiger, die schon einen Anspruch hatten, als der Antrag auf Eröffnung des Insolvenzverfahrens hätte gestellt werden müssen (sog. „Altgläubiger"), insoweit geschädigt, als sie jetzt eine geringere Quote auf ihre Forderung erhalten wie bei rechtzeitiger Eröffnung des Insolvenzverfahrens (sog. Quotenschaden). Sie haben einen Anspruch gegen den Geschäftsführer der GmbH wegen Insolvenzverschleppung gem. § 823 II BGB i.V.m. § 15a I, IV InsO[48], den aber **nur** der **Insolvenzverwalter** gem. § 92 S. 1 InsO zur Auffüllung der Masse geltend machen kann. Auf der anderen Seite können diejenigen Insolvenzgläubiger, die erst nach Entstehung der Antragspflicht ein Rechtsgeschäft mit der GmbH abgeschlossen haben (sog. „Neugläubiger"), sich unmittelbar selbst an den Geschäftsführer halten und von ihm vollständigen Ersatz ihres Schadens verlangen, weil sie bei rechtzeitiger Antragstellung erst gar nicht mit der insolventen GmbH kontrahiert hätten.

### bb) Insolvenzanfechtung

265    Zur Ist-Masse bei Eröffnung des Insolvenzverfahrens gehören zwar nicht solche Gegenstände, die der Schuldner zuvor in unlauterer, d.h. anfechtbarer Weise aus seinem Vermögen an Dritte weggegeben hat. Das Gesetz erlaubt dem Insolvenzverwalter aber, solche Vermögensgegenstände unter bestimmten Voraussetzungen wieder von den begünstigten Dritten zurückzuholen. Es spricht von Insolvenzanfechtung, §§ 129 ff. InsO. Der Zweck des Gesetzes besteht darin, die vom Schuldner im Vorfeld der Insolvenzeröffnung der Masse unberechtigt entzogenen Vermögenswerte, die der gleichmäßigen Befriedigung aller Gläubiger dienen, der Masse wieder zuzuführen. Die durch einen die Gläubiger benachteiligenden Erwerb vor der Verfahrenseröffnung begünstigten Dritten müssen auf Verlangen des Insolvenzverwalters (= sog. Anfechtung des Erwerbs) den erlangten Sondervorteil wieder zur Masse zurückgeben. Die **Insolvenzanfechtung** begründet daher nur einen **schuldrechtlichen Anspruch** auf Rückgewähr; sie hat nichts mit der gleichnamigen Anfechtung einer Willenserklärung gem. §§ 119 ff. BGB (dazu 1. Kapitel Rn. 184 ff.) zu tun.

266    Die gesetzliche Systematik der §§ 129 ff. InsO ist nicht einfach zu durchschauen. Für unsere Demonstrationszwecke genügt der folgende einfach strukturierte

---

48  BGHZ 138, 217 noch zu § 64 I GmbHG a.F. (= § 15a I 1 InsO).

---

**Fall 12**

Das vom Einzelkaufmann K betriebene Handelsunternehmen bezieht seit Jahren in großen Mengen Elektrohaushaltsgeräte beim Hersteller H. Immer öfter kann K die laufenden Rechnungen des H und anderer Warenlieferanten nicht bezahlen und muss um Stundung oder Wechselzahlung bitten. Als sich die Situation drei Monate vor Stellung des Insolvenzantrags zuspitzt, setzt K auf Anraten des H alle Zahlungen gegenüber anderen Gläubigern fast vollständig aus und bedient nahezu ausschließlich die Forderungen des H mit insgesamt 80 000 EUR. Im letzten Monat vor dem Insolvenzantrag ist H dann nur noch gegen Aushändigung der wertvollen Münzsammlung des K als Sicherheit zu weiteren Lieferungen bereit. Welche Ansprüche kann der Insolvenzverwalter zu Gunsten der Insolvenzgläubiger geltend machen?

---

In Betracht kommt hier eine Insolvenzanfechtung durch den Insolvenzverwalter. Die **267**
Geltendmachung des Anfechtungsrechts erfolgt dadurch, dass der Insolvenzverwalter
die Herausgabe des anfechtbaren Erwerbs zur Insolvenzmasse verlangt. **Anspruchsgrundlage** ist der **§ 143 I 1 InsO** (in Verbindung mit dem jeweiligen Anfechtungstatbestand).

Als anfechtbare Vermögensverschiebungen, die der Insolvenzverwalter gem. § 143 I **268**
InsO zur Masse rückgängig machen kann, kommen im Fall 12 die Kaufpreiszahlungen
des K an den H während der letzten drei Monate vor Antragstellung sowie die Sicherungsübereignung der privaten Münzsammlung in Betracht. Dabei ist zu beachten,
dass zum verwertbaren Schuldnervermögen eines Einzelkaufmanns selbstverständlich
auch dessen gesamtes Privatvermögen gehört (vgl. 2. Kapitel Rn. 37). Daher steht
auch die Münzsammlung haftungsrechtlich den Gläubigern weiter zur Befriedigung
zur Verfügung, wenn die Vermögensübertragung des K anfechtbar ist.

Die Anfechtungstatbestände der §§ 130 ff. InsO setzen sämtlich eine **objektive Beein-** **269**
**trächtigung der Gläubiger** voraus, § 129 I InsO. Damit ist jeder Nachteil für die Masse
gemeint, der zu einer Verkürzung der Befriedigungsmöglichkeit der Gläubiger führt.
Daraus folgt etwa, dass Bargeschäfte (Ware gegen Geld) grundsätzlich nicht zu einer
Gläubigerbenachteiligung führen, wenn die ausgetauschten Leistungen gleichwertig
sind. Denn das Vermögen des Schuldners wird in diesem Fall nicht zu Lasten der
Gläubiger verkürzt, sondern lediglich „umgeschichtet", § 142 InsO.

Gläubigerbenachteiligung liegt stets vor, wenn der Schuldner einem Dritten eine **un-** **270**
**entgeltliche Leistung** erbringt, § 134 InsO. Ein solches Rechtsgeschäft ist anfechtbar,
wenn es innerhalb der letzten vier Jahre vor dem Eröffnungsantrag vollzogen wurde.
Eine vorsätzliche (willentliche) Benachteiligung der Gläubiger ist bei § 134 InsO nicht
erforderlich. Gläubigerbenachteiligung ist natürlich erst recht gegeben, wenn der
Schuldner und der Empfänger die anderen Gläubiger benachteiligen wollen, § 133
InsO. Für solche **vorsätzlichen Vermögensverschiebungen** beträgt der Anfechtungszeitraum sogar 10 Jahre. Solche Handlungen sind außerdem strafbar, vgl. oben Rn. 239.

Praktisch bedeutsamer sind jedoch Rechtsgeschäfte, die unmittelbar in der Krise und **271**
vor der Antragstellung vorgenommen werden. Für diese gelten insbesondere die
§§ 130, 131 InsO. Hat der Gläubiger dabei das erhalten, was ihm vertraglich zusteht
(sog. **kongruente Deckung**), so ist dagegen an sich nichts einzuwenden. Das gilt
jedoch aus der Sicht der übrigen Gläubiger des Schuldners nicht mehr, wenn der

Schuldner im fraglichen Zeitpunkt bereits zahlungsunfähig ist und der begünstigte Gläubiger hiervon Kenntnis hat. Dann liegt in dem Geschäft ein Verstoß gegen das Gleichbehandlungsgebot aller Gläubiger, sodass der Empfänger den erlangten Sondervorteil in die Masse zurückgewähren muss. Unter diesen Voraussetzungen sind Leistungen des Schuldners nach § 130 I 1 Nr. 1 InsO anfechtbar, die innerhalb der letzten drei Monate vor Antragstellung erfolgt sind.

272    Im Fall 12 darf daher H die von dem Schuldner in der kritischen Zeit empfangenen Kaufpreiszahlungen nicht behalten. Er muss sie vollständig in die Masse zurückgeben.

273    Darüber hinaus liegt im Fall 12 eine sog. **inkongruente Deckung** im letzten Monat vor dem Insolvenzantrag des K vor, weil H eine Sicherung aus dem Vermögen des Schuldners (Münzsammlung) erhalten hat, auf die er nach der kaufvertraglichen Rechtsbeziehung keinen Anspruch hatte. Diese so knapp vor dem Insolvenzantrag erlangte Vergünstigung muss H daher ohne weiteres wieder herausgeben, § 131 I Nr. 1 InsO. Die weiteren Anfechtungstatbestände der Nrn. 2 und 3 sind hier nicht einschlägig. Auf sie wird ebenso nicht weiter eingegangen wie auf die Anfechtungstatbestände der §§ 132, 135 InsO (zu § 135 I Nr. 2 InsO siehe 2. Kapitel Rn. 206).

274    Von besonderer Bedeutung für die „**Anfechtungsansprüche**" des Insolvenzverwalters ist in der Praxis die Bestimmung des § 146 InsO i.V.m. §§ 195, 199 I BGB, wonach die Ansprüche auf Rückgewähr zur Masse in drei Jahren ab Eröffnung des Insolvenzverfahrens (und Bestellung des Insolvenzverwalters) **verjähren**. Die Frist beginnt aber erst mit Kenntnis oder grob fahrlässiger Unkenntnis des Insolvenzverwalters vom Anfechtungsanspruch, die bei umfangreichen Insolvenzverfahren zweifelhaft sein kann. Im Fall 12 kommt Verjährung mangels näherer Angaben im Sachverhalt nicht in Betracht.

### 3.  Arbeitnehmer in der Unternehmensinsolvenz

275    Im letzten Abschnitt soll der Themenkreis des 3. Kapitels mit der Betrachtung der Rechtsstellung der Arbeitnehmer in der Insolvenz ihres Arbeitgebers geschlossen werden. Es ist schon oben im ersten Teil (Rn. 90) gesagt worden, dass die Insolvenz des Arbeitgebers das Arbeitsverhältnis nicht beendet. Das folgt, wie jetzt nachzutragen ist, aus § 108 I InsO: „Dienstverhältnisse bestehen mit Wirkung für die Insolvenzmasse fort". In jedem Fall droht allen oder den meisten Arbeitnehmern aber der Verlust der Arbeitsplätze, weil der Insolvenzverwalter das Unternehmen möglichst rasch liquidieren, sanieren oder im Wege der übertragenden Sanierung veräußern muss (vgl. oben Rn. 209). Daran knüpft sich eine Reihe von Rechtsfragen; auf einige der wichtigsten soll hier eingegangen werden.

### a)  Arbeitsverhältnis und Lohnanspruch

276    Der Eröffnungsbeschluss bringt zunächst noch keine Nachteile für die Arbeitnehmer, § 108 I InsO. Es gelten die allgemeinen Regeln des Arbeitsrechts; der Insolvenzverwalter nimmt in vollem Umfang die Funktion des Arbeitgebers wahr. Insbesondere folgt aus der Insolvenz als solcher nicht schon ein Grund für die fristlose Kündigung des

Arbeitsverhältnisses durch den Arbeitgeber. Vielmehr muss der Insolvenzverwalter die Arbeitnehmer weiterbeschäftigen und ihre laufenden **Löhne** und Gehälter **ungekürzt aus der Masse** bezahlen, sog. Masseschulden, § 55 I Nr. 2 InsO.

Häufig ist der Arbeitgeber **vor der Eröffnung** des Insolvenzverfahrens den Arbeitneh-  **277**  mern Lohnzahlungen ganz oder teilweise schuldig geblieben. Diese Forderungen waren noch unter der Geltung des früheren Rechts privilegiert (§ 59 I Nr. 3 KO), jetzt sind sie nur mehr **einfache Insolvenzforderungen**, die nicht bevorzugt befriedigt werden, § 108 III InsO. Mit dieser Änderung soll der (vorläufige) Insolvenzverwalter in die Lage versetzt werden, das Unternehmen im Interesse der Gläubiger mit den hierfür benötigten Arbeitnehmern fortzuführen, ohne dass die Masse mit Entgeltforderungen aus der Vergangenheit belastet wird. Stattdessen erhalten die Arbeitnehmer für die letzten drei Monate vor der Eröffnung des Insolvenzverfahrens von der Bundesagentur für Arbeit **Insolvenzgeld**, soweit sie noch Ansprüche auf Arbeitsentgelt haben (§§ 165 ff. SGB III). Notwendig hierfür ist ein Antrag des betroffenen Arbeitnehmers innerhalb der gesetzlichen Ausschlussfrist von 2 Monaten nach dem Insolvenzereignis, § 324 III 1 SGB III i.V.m. § 165 I 2 SGB III. Insolvenzgeld gibt es auch dann, wenn der Antrag auf Insolvenz mangels Masse abgewiesen wird, § 165 I Nr. 2 SGB III. Da der Anspruch auf Insolvenzgeld nur die letzten drei Monate der Beschäftigung vor dem Insolvenzereignis sichert (§ 165 I 1 SGB III), besteht eine Schutzlücke, wenn der Arbeitgeber schon mit früheren Lohnzahlungen rückständig war, was in der Praxis nicht selten vorkommt.

Kann der Insolvenzverwalter die Arbeitnehmer aus tatsächlichen Gründen (mangels  **278**  Arbeit) nicht beschäftigen, so wird er bestrebt sein, die Arbeitnehmer zunächst (von der Arbeit) freizustellen und zum nächstmöglichen Kündigungstermin zu entlassen (dazu b). Bis zur Wirksamkeit der Kündigung bleibt er allerdings zur vollen Lohnzahlung aus der Masse verpflichtet, auch wenn er die Arbeitnehmer mangels Arbeit nach Hause schicken muss. Das folgt aus dem Gesichtspunkt des Gläubigerverzugs nach § 615 S. 1 BGB. Reicht die vorhandene Insolvenzmasse nicht (mehr) aus, die fälligen Masseverbindlichkeiten zu erfüllen, so muss der Insolvenzverwalter dem Insolvenzgericht die Unzulänglichkeit der Masse anzeigen und die nachinsolvenzrechtlichen Lohnansprüche gem. der Regelung in § 209 I Nr. 2, II Nr. 2 und 3 InsO berichtigen, d.h. auszahlen. Selbstverständlich sind die betroffenen Arbeitnehmer zur fristlosen Kündigung des Arbeitsverhältnisses berechtigt (vgl. oben Rn. 100).

## b) Kündigung und Kündigungsschutz

Beide Vertragsteile können in der Insolvenz des Arbeitgebers das Arbeitsverhältnis  **279**  innerhalb der gültigen (gesetzlichen oder tarifvertraglichen) Kündigungsfrist ordentlich kündigen, der Insolvenzverwalter in jedem Fall aber mit einer reduzierten Frist von drei Monaten bis zum Monatsende, § 113 InsO. Der Insolvenzverwalter muss dabei allerdings die Beteiligungsrechte des Betriebsrats gem. § 102 BetrVG (vgl. oben Rn. 106) beachten. Die Arbeitnehmer können sich gegen die Kündigung des Insolvenzverwalters mit der Kündigungsschutzklage gem. §§ 1 ff. KSchG zur Wehr setzen. Das bedeutet, dass die Kündigung auch in der Insolvenz des Arbeitgebers sozial gerechtfertigt sein muss, sodass der Insolvenzverwalter etwa bei einer betriebsbedingten Kündigung gezwungen ist, eine Sozialauswahl zu treffen (vgl. oben Rn. 115 und unten Rn. 282). Der Verwalter muss außerdem den besonderen Kündigungsschutz der (werdenden) Mütter, Schwerbehinderten, Betriebsratsmitglieder u.a. (vgl. oben Rn. 103) beachten.

280    Bei einer größeren Zahl von „Freisetzungen" (sog. **Massenentlassungen**) hat der Insolvenzverwalter die Anzeigepflicht des § 17 I KSchG zu beachten und die Bundesagentur für Arbeit (BA) vor Abgabe der Kündigungserklärungen hiervon in Kenntnis zu setzen. Außerdem ist er gehalten, die Informationsrechte des Betriebsrates zu wahren, § 17 II KSchG. Die Kündigungen werden dann regelmäßig einen Monat nach der Anzeige wirksam, wenn die BA die Frist nicht um zwei Monate verlängert (sog. Entlassungssperre gemäß § 18 II KSchG).

### c)    Interessenausgleich und Sozialplan

281    Vielfach hat eine Insolvenz tief greifende Umstrukturierungen und Betriebsänderungen zur Folge: Stilllegung, Verlegung, Reduktion eines Betriebes oder Personalabbau (vgl. § 112a I BetrVG). Solche Maßnahmen kann der Arbeitgeber, nach Eröffnung der Insolvenz also der Insolvenzverwalter, nach dem Betriebsverfassungsgesetz nur im Zusammenwirken mit dem Betriebsrat vornehmen, § 111 I 1 BetrVG. Damit bezweckt das Gesetz einen **Interessenausgleich** über die geplante betriebliche Änderung (betr. organisatorische Fragen) im Wege einvernehmlicher Regelung, § 112 I 1 BetrVG. Hinsichtlich der hierbei den Arbeitnehmern entstehenden Nachteile (Entlassung, Gehaltskürzungen, Wegfall von Gratifikationen etc.) soll ein **Sozialplan** (betr. die finanziellen Folgen der Betriebsänderung) vereinbart werden, § 112 I 2 BetrVG. Für das Insolvenzverfahren enthalten §§ 121, 122 InsO insoweit einige Modifikationen, auf die wir hier nicht näher eingehen können.

282    Kommt es im Rahmen des Interessenausgleichs zwischen dem Betriebsrat und dem Insolvenzverwalter zur Erstellung einer **Kündigungsliste** von (namentlich) bestimmten Arbeitnehmern, so hat eine Kündigungsschutzklage dieser Arbeitnehmer gegen die betriebsbedingte Kündigung des Insolvenzverwalters so gut wie keine Chance, weil gem. § 125 InsO vermutet wird, dass die Kündigung auf dringenden betrieblichen Erfordernissen beruht und die Sozialauswahl ordnungsgemäß getroffen worden ist. Der gleichzeitig beschlossene Sozialplan mit dem Abfindungsanspruch für den gekündigten Arbeitnehmer kann den Verlust des Arbeitsplatzes in aller Regel bei weitem nicht wettmachen. Denn der Ausgleich ist auf maximal 2,5 Monatsgehälter (absolute Grenze des § 123 I InsO) und auch insoweit nach § 123 II 2 InsO (relative Grenze) beschränkt, als der Gesamtbetrag aller Sozialplanforderungen nicht mehr als ⅓ sämtlicher Masseverbindlichkeiten ausmachen darf.

### d)    Betriebsveräußerung

283    Kommt es im Rahmen der Liquidierung der Insolvenzmasse zur Veräußerung des Betriebes oder eines Teiles davon, so greift zu Gunsten der Arbeitnehmer die allgemeine Schutzvorschrift des § 613a BGB ein. Das bedeutet, dass kraft Gesetzes alle bestehenden **Arbeitsverhältnisse auf** den **Erwerber übergehen**. Diese Regelung erschwert

natürlich die Veräußerung eines insolventen Unternehmens ganz erheblich. Das ist zum Schutz der Arbeitnehmer vom Gesetzgeber jedoch gewollt.

§ 613a BGB gilt nur für „aktive" Arbeitnehmer, nicht jedoch für Ruheständler, die eine **284** Betriebspension beziehen. Insoweit springt für den insolventen Schuldner der Pensionssicherungsverein auf Gegenseitigkeit (PSVaG) in voller Höhe ein. Diese Gesellschaft ist eine (segensreiche) Selbsthilfeeinrichtung der deutschen Wirtschaft zum Schutz der betrieblichen Altersversorgung bei Insolvenz des Arbeitgebers. Der Topf, aus dem der Träger der Insolvenzsicherung schöpft, wird durch Pflichtbeiträge aller Arbeitgeber gespeist, die eine betriebliche Altersversorgung eingerichtet haben.

# Stichwortverzeichnis

Die Angaben verweisen auf die **Kapitel**, die Randnummern und *Hauptfundstellen*.